Franz-Xaver Kaufmann
Varianten des Wohlfahrtsstaats

*Der deutsche Sozialstaat
im internationalen Vergleich*

Suhrkamp

edition suhrkamp 2301
Erste Auflage 2003
© für diese Ausgabe: Suhrkamp Verlag Frankfurt am Main 2003
© Nomos Verlagsgesellschaft Baden-Baden 2001
Alle Rechte vorbehalten, insbesondere das der
Übersetzung, des öffentlichen Vortrags
sowie der Übertragung durch Rundfunk und Fernsehen,
auch einzelner Teile.
Kein Teil des Werkes darf in irgendeiner Form
(durch Fotografie, Mikrofilm oder andere Verfahren)
ohne schriftliche Genehmigung des Verlages reproduziert
oder unter Verwendung elektronischer Systeme verarbeitet,
vervielfältigt oder verbreitet werden.
Satz: Jung Crossmedia, Lahnau
Druck: Nomos Verlagsgesellschaft, Baden-Baden
Umschlag gestaltet nach einem Konzept
von Willy Fleckhaus: Rolf Staudt
Printed in Germany
ISBN 3-518-12301-7

1 2 3 4 5 6 – 08 07 06 05 04 03

Inhalt

Vorwort

Die vorliegende Abhandlung will zu einem besseren Verständnis dessen beitragen, was die Rede vom Sozial- oder Wohlfahrtsstaat im internationalen Kontext meint. Sie verbindet theoretische Überlegungen und die Analyse der politischen Selbstbeschreibungen von sechs führenden Industrienationen mit Bezug auf Staat, Gesellschaft und Wohlfahrtsproduktion.

Begriffliche Abgrenzungen sind eine Frage wissenschaftlicher Zweckmäßigkeit, und so läßt sich auch die begriffliche Fassung des Wohlfahrtsstaats nur diskursiv begründen, was überraschenderweise in der gängigen Literatur selten geschieht. Die meisten empirischen Untersuchungen orientieren sich bei der Auswahl ihres Materials an Äußerlichkeiten, beispielsweise der Zugehörigkeit zur OECD. Nach der hier vertretenen Auffassung impliziert der Begriff des Wohlfahrtsstaats jedoch zwangsläufig *normative* Annahmen. Er bezieht sich auf ein gesellschaftspolitisches Leitbild, das sich nach dem Zweiten Weltkrieg im Wechselspiel zwischen nationalen (vor allem in West- und Nordeuropa) und internationalen Entwicklungen herausgebildet hat. Es läßt sich in knappster Form als staatliche Selbstbindung in einem doppelten Sinne umschreiben: Als Gewährleistung von Handlungsfreiheit und Privateigentum an zentralen Produktionsmitteln und damit der Unabhängigkeit wirtschaftlicher Unternehmerfunktionen einerseits; und als Anerkennung von sozialen Schutz- und Teilhaberechten für alle Bürger und ihnen Gleichgestellte andererseits. Diese Position wurde im Kern bereits von Lorenz von Stein in Auseinandersetzung mit dem sozialistischen Denken seiner Zeit klassentheoretisch begründet. Das gesellschaftspolitische Leitbild formte sich allerdings erst im Zusammenhang mit der Entstehung der Allgemeinen Erklärung der Menschenrechte der Vereinten Nationen (1948), und zwar als Kompromiß zwischen der vor allem durch die Vereinigten Staaten repräsentierten liberal-kapitalistischen Tradition einerseits und den sozialistischen Forderungen des entstehenden Ostblocks andererseits. Diese Mittellage, gelegentlich auch als »Dritter Weg« apostrophiert, prägte die Nachkriegsentwicklung in Westeuropa und hat hier zu verschiedenen Varianten des Wohlfahrtsstaats geführt.

Der Zusammenbruch des Ostblocks und der Einflußgewinn Amerikas sowie seiner liberal-kapitalistischen Prinzipien im Rahmen der sogenannten Globalisierung hat die Position der europäischen Wohlfahrtsstaaten nachhaltig verändert. Die spannungsreiche Konfiguration des Wohlfahrtsstaats läßt sich nun nicht mehr mit dem Kompromiß einer Mittellage (»Weder Kapitalismus noch Sozialismus«) legitimieren, sondern bedarf einer eigenständigen theoretischen und politischen Begründung. Schon das Ende des »kurzen Traumes immerwährender Prosperität« (Burkart Lutz) der Nachkriegszeit, welche die Expansion der wohlfahrtsstaatlichen Einrichtungen förderte, hatte zu Krisendiagnosen des Wohlfahrtsstaates Anlaß gegeben. Aber die mit der Verlangsamung des Wirtschaftswachstums zunehmenden Verteilungskonflikte haben, trotz erbitterter politischer Auseinandersetzungen, nicht einmal in Großbritannien zu nachhaltigen Veränderungen des historisch gewachsenen gesellschaftlichen Arrangements der Wohlfahrtsproduktion geführt. Nicht die Konflikte um die Verteilung marginaler Einkommenszuwächse, wohl aber tiefer liegende gesellschaftliche Veränderungen bilden nachhaltige Herausforderungen für Politik und Gesetzgebung.

Während Jahrzehnten bildete die Differenzierung und institutionelle Trennung von Wirtschafts- und Sozialpolitik in den meisten europäischen Staaten ein stimmiges Verhältnis, wobei sich Wirtschafts- und Sozialpolitik wechselseitig ergänzten und im Ergebnis unterstützten. Diese *Synergie* zwischen Wirtschafts- und Sozialpolitik hat sich jedoch spätestens seit Mitte der achtziger Jahre vielerorts deutlich abgeflacht. Zumal in Deutschland, wo zudem die Familie auf gesamtgesellschaftlicher Ebene deutliche Erosionserscheinungen aufweist, abzulesen vor allem an der niedrigen, die Bevölkerung seit bald 30 Jahren nur noch zu zwei Dritteln repoduzierenden Fertilität. So wird der Ruf nach politischen Umsteuerungen lauter, für die es jedoch an allgemein anerkannten Kriterien und Situationsdefinitionen noch weithin fehlt. Andere Staaten Europas scheinen in jüngster Zeit mit ähnlichen Herausforderungen erfolgreicher umzugehen.

Wirtschafts- und sozialpolitische Probleme lassen sich zudem nicht mehr allein auf nationaler Ebene analysieren und bewältigen. Die zunehmende Verflechtung regionaler Wirtschaftsräume, die Globalisierung der Geld- und Finanzmärkte, das erstarkende Bewußtsein von der ökologischen Einheit der Welt und das wachsende Migrationsgefälle zwischen armen und reichen bzw. konfliktgeschüttelten und friedlichen Regionen der Welt fördern in Europa den Fortgang der institutionellen Integration, trotz im einzelnen unterschiedlicher kultureller und sozialer Voraussetzungen.

In dieser Situation sind die Sozialwissenschaften in besonderer Weise herausgefordert, das Ihre zu einem besseren wechselseitigen Verständnis von Gemeinsamkeiten und Verschiedenheiten nationaler Vorverständnisse beizutragen. Bezogen auf die Sozial- oder Wohlfahrtsstaatlichkeit erfordert dies vor allem, Gemeinsamkeiten und Differenzen zwischen den führenden europäischen Wohlfahrtsstaaten herauszuarbeiten und diese wiederum von den hegemonialen Verwirklichungen des kapitalistischen bzw. sozialistischen Leitbildes abzuheben. Deshalb werden in der vorliegenden Studie die Entwicklungsmuster der Wirtschafts- und Sozialpolitik in der Sowjetunion und den Vereinigten Staaten einerseits mit denjenigen von Großbritannien, Schweden, Frankreich und Deutschland andererseits verglichen und vorzugsweise durch Eigenarten des jeweiligen *nationalen* Kontextes erklärt. Die Ausgangshypothese der vorliegenden Studie lautet somit, daß nationale ›Eigensinnigkeiten‹ (Idiosynkrasien) für die jeweilige wohlfahrtsstaatliche Entwicklung von entscheidender Bedeutung sind. Damit ist allerdings keine kulturalistische Engführung des Problems gemeint. Idiosynkrasien entstehen aus der fortgesetzten Wechselwirkung zwischen kulturellen, politisch-sozialen und institutionellen Eigenarten.

Soll ein fairer internationaler Vergleich gelingen, so ist zu berücksichtigen, daß auch die Sozialwissenschaftler selbst mit unterschiedlichen politisch-sozialen Kontexten im Austausch stehen und mit einer gewissen Zwangsläufigkeit an den bisher weithin national geprägten Voraussetzungen des politisch-sozialen Denkens Anteil haben. Diese alltägliche Verbundenheit mit dem Erfahrungsobjekt läßt sich auf der Individualebene einzelner Forscher z. B. durch persönliche Mobilität entschärfen und reflektieren. Für die kollektive Ebene internationaler Vergleiche soll das hier praktizierte Verfahren dazu dienen, die verschiedenen nationalen Traditionen explizit zur Kenntnis zu nehmen, um die Eigenarten der je eigenen Tradition besser interpretieren zu können.

Der internationale Vergleich kann auch in einem praktischen

Sinne dem besseren Verständnis des eigenen ›Systems‹ dienen. Die fortschreitende europäische Integration bringt die unterschiedlichen institutionellen Lösungen ähnlicher sozialer Probleme in weitreichende Wechselwirkungen. Das Verständnis für andere europäische Systeme ist notwendig, um konvergierende oder zum mindesten einander nicht beeinträchtigende Lösungen von Abstimmungsproblemen zwischen verschiedenen Systemen zu finden. Und schließlich nimmt derzeit auch in der politischen Argumentation der Rekurs auf ausländische Problemlösungen zu, die als Vorbild für inländische Reformen ›gehandelt‹ werden. Da kann es nützlich sein, sich der Ähnlichkeiten und Unterschiede ausländischer Kontexte zu vergewissern.

All diese Gründe haben zum Ansatz dieser Untersuchung beigetragen. Sie besteht im Kern aus den genannten sechs Länderstudien, wobei die jeweilige institutionelle Entwicklung des Arbeitsrechts und der Wohlfahrtssektoren im Horizont charakteristischer historischer Veränderungen des jeweiligen Verhältnisses von Staat und Gesellschaft sowie von Eigenarten der Wirtschaftsentwicklung interpretiert werden. Damit wird an frühe Denkansätze der Sozialstaatstheorie in Deutschland angeknüpft, die Sozialpolitik als Vermittlung von ›Staat‹ und ›bürgerlicher Gesellschaft‹ bestimmten. Zwar ist diese Denkfigur für gesellschaftstheoretische Zwecke heute sicher zu einfach geworden, aber für die Rekonstruktion der wohlfahrts*staatlichen* Problematik bleibt es heuristisch fruchtbar, im allgemeinsten Zugriff den Staat als politisch konstituierte und politisch prozessierende Handlungseinheit den übrigen Gesellschaftsbereichen gegenüberzustellen, die sich – zum mindesten unter liberalen Verfassungsprämissen – durch ausgeprägte Eigendynamiken einem politischen Steuerungsanspruch teilweise zu entziehen vermögen.

Die folgende Ausarbeitung beginnt mit methodischen (Kapitel 1) und theoretischen Überlegungen zur vergleichenden Wohlfahrtsstaatsforschung (Kapitel 2), um das gewählte Vorgehen zu begründen und im Kontext des bisher erreichten Forschungsstandes zu verorten. Es folgen die Länderstudien zur Sowjetunion und zu den Vereinigten Staaten von Amerika (Kapitel 3), vor deren konträrem Hintergrund sich die Eigenarten europäischer Wohlfahrtsstaatlichkeit deutlicher abheben. Mit Großbritannien, Schweden, Frankreich und Deutschland werden sodann die bedeutendsten Repräsentanten unterschiedlicher wohlfahrtsstaatlicher Traditionen vorgestellt (Kapitel 4 und 5). Das Schwergewicht der Darstellung liegt dabei auf der Skizzierung relativ dauerhafter nationaler Zusammenhänge, die in institutionellen Analysen meist verkürzt unter dem Begriff der ›Pfadabhängigkeit‹ thematisiert werden. Die Studie schließt mit kurzen Überlegungen zur wohlfahrtsstaatlichen Entwicklung im Zuge der europäischen Integration (Kapitel 6).

Das Vorhaben erwies sich als wesentlich schwieriger und zeitaufwendiger als geplant. Die Literaturauswahl, bei der ich, soweit vorhanden, deutschsprachigen Werken den Vorzug gab, konzentriert sich auf Werke, die ihrerseits einen Überblick über größere Sachgebiete anstreben. Denn bei diesen knappen Länderstudien geht es nicht um Details, sondern um Skizzen institutioneller Entwicklungen, die wesentliche und längerfristig wirksame Gesichtspunkte hervorheben. Die Darstellung strebt deshalb auch hinsichtlich der neuesten sozialpolitischen Entwicklungen keine Vollständigkeit an.[1] Bewußt auf wenige Hinweise beschränkt wird auch die zahlenmäßige Veranschaulichung der skizzierten Sachverhalte. Ohne eine Klärung der zugrundeliegenden Definitionen sind Zahlen im internationalen Vergleich häufig irreführend.

Schließlich einige persönliche Vorbemerkungen zur Entstehung dieses Bandes. Mitte der achtziger Jahre packte mich die Idee, eine Theorie des Wohlfahrtsstaats zu entwickeln. Die in den siebziger Jahren aufgekommene Rede von einer »Krise des Wohlfahrtsstaates« hatte sich als wenig problemaufschließend erwiesen, aber die wachsende Spannung zwischen der Resistenz sozialpolitischer Strukturen und den Herausforderungen des ökonomischen, demographischen und kulturellen Wandels drängte auf eine intellektuelle Durchdringung des bislang fast nur in der politischen Rhetorik präsenten Problembereichs, der international als ›welfare state‹ thematisiert wird. Hieran haben sich in den letzten zwei Jahrzehnten viele Wissenschaftler unterschiedlicher Disziplinen beteiligt, vor allem Soziologen, Politikwissenschaftler, Historiker, Juristen, Ökonomen und Philosophen. Eine breite internationale Literatur ist entstanden, die längst für keinen einzelnen Autor mehr überschaubar ist. Meine persönliche Arbeit an

[1] Zu den neuesten Entwicklungen vgl. insbesondere: Welfare and Work in the Open Economy. Hg. v. Fritz W. Scharpf u. Vivien A. Schmidt. 2 Bände. Oxford 2000.

der Thematik wurde immer wieder durch andere Vorhaben unterbrochen und hat erst seit 1994 eine gewisse Kontinuität erreicht.[2] Dabei stieß ich auf die Schwierigkeit, daß einerseits soziologische Theorien, insbesondere die hier einschlägigen Gesellschaftstheorien, zu abstrakt bleiben, um die in Frage stehenden Phänomene systematisch zu erfassen. Andererseits verbleiben die gegenstandsnahen wissenschaftlichen Bestimmungsversuche meist in allzu großer Nähe zur jeweiligen politischen Rhetorik des Forschungskontextes, und zwar in nationaler wie in ideologischer Hinsicht. Mir wurde immer deutlicher, daß ein vertieftes Verständnis der wohlfahrtsstaatlichen Entwicklung die Klärung sowohl von Gemeinsamkeiten wie von nationalen Verschiedenheiten der Entwicklung erfordert.

Den unmittelbaren Anlaß zur Erarbeitung dieser Studie bildete eine Initiative des Bundesministeriums für Arbeit und Sozialordnung und des Bundesarchivs, die Geschichte der Sozialpolitik in Deutschland seit 1945 zu dokumentieren und aufarbeiten zu lassen. Als Mitglied des wissenschaftlichen Beirates für dieses Projekt hatte ich mich dafür stark gemacht, in den einführenden Grundlagenband auch ein Kapitel »Der deutsche Sozialstaat im internationalen Vergleich« aufzunehmen, was alsbald die Gegenfrage nach sich zog, ob ich denn auch bereit wäre, dieses Kapitel zu schreiben. Ich ließ mich darauf ein, noch ohne zu wissen, wohin mich das führen würde.[3] Da der Text im Rahmen des auf 11 Bände geplanten Werkes insbesondere für Studierende nur schwer zugänglich bleibt, wird er hier mit kleineren Überarbeitungen und Ergänzungen in Buchform veröffentlicht. Ich danke den Herausgebern und dem Nomos Verlag für die Genehmigung zu seiner Weiterverwendung.

Schließlich bedurfte es zum Gelingen dieser Untersuchung technischer Unterstützung und der Möglichkeit zu großer Konzentration. Beides bot mir zunächst das Wissenschaftskolleg zu Berlin, dem ich im Jahre 1998/99 als Fellow angehören durfte. Ich

2 Aus meiner Sicht wichtige, auf Theoriebildung bezogenen Beiträge sind nun zusammengefaßt veröffentlicht in: Kaufmann, Franz-Xaver: Sozialpolitik und Sozialstaat: Sozialwissenschaftliche Analysen. Opladen 2002.
3 Kaufmann, Franz-Xaver: Der deutsche Sozialstaat im internationalen Vergleich. In: Bundesministerium für Arbeit und Sozialordnung, Berlin/Bonn, Bundesarchiv, Koblenz, Hg. Geschichte der Sozialpolitik in Deutschland seit 1945; Band 1: Grundlagen der Sozialpolitik. Baden-Baden: Nomos Verlag, 2001, S. 799-989.

verdanke zahlreichen Konfellows viele Anregungen und bin vor allem der Bibliothek des Wissenschaftskollegs zu großem Dank verpflichtet für Recherchen und für die reibungslose Erfüllung vieler Buchwünsche. Namentlich danke ich Theresa Kulawik, Stephan Leibfried, Lutz Leisering, Andrei Markowits, Gerhard A. Ritter, Edeltraud Roller, Manfred G. Schmidt und Waltraud Schelkle für ergänzende Hinweise und kritische Anmerkungen zu Teilen des Entwurfs, der Ende 1999 abgeschlossen und anschließend nur noch selektiv aktualisiert worden ist. Ein gutes Ende gelang im heimischen Arbeitszimmer dank der umsichtigen Unterstützung durch meine liebe Frau. Ihr sei diese Schrift in großer Dankbarkeit gewidmet.

1. Methodische Vorbemerkungen

Auch wenn die international vergleichend vorgehende sozialwissenschaftliche Forschung in den letzten drei Jahrzehnten vor allem in der Politikwissenschaft, aber zunehmend auch in der empirischen Wirtschaftsforschung und in der Soziologie stark an Bedeutung gewonnen hat, sind die Ergebnisse sowohl in methodischer als auch in inhaltlicher Hinsicht nach wie vor erheblicher Kritik ausgesetzt.[4] Die Schwierigkeiten müssen einleitend angedeutet werden, um das gewählte Vorgehen verständlich zu machen.

In Frage steht hier der Vergleich nationaler Politikfelder oder Institutionenkomplexe, welche als Ausdruck von *Sozialstaatlichkeit* gelten können.[5] Die entsprechenden Beobachtungseinheiten sind somit Staaten (polities), die Institutionen ihres Sozial- oder Wohlfahrtssektors sowie deren Operationen (social policies), aber auch die zu deren Konstitution bzw. Veränderung führenden

4 Zusammenfassende Darstellungen der vergleichenden Methode, ihrer unterschiedlichen Techniken und der dabei zu berücksichtigenden Schwierigkeiten geben: Madison, Bernice Q.: The Meaning of Social Policy: The Comparative Dimension in Social Welfare. London 1980; Higgins, Joan: States of Welfare. Comparative Analysis in Social Policy. Oxford 1981, S. 1-46; Jones, Catherine: Patterns of Social Policy. An Introduction to Comparative Analysis. London u. New York 1985; Vergleichende Politikwissenschaft. Hg. v. Dirk Berg-Schlosser u. Ferdinand Müller-Rommel. 3. Aufl. Opladen 1997. – Grundlegend für eine Hermeneutik des Vergleichs ist Matthes, Joachim: The Operation Called ›Vergleichen‹. In: Zwischen den Kulturen? Die Sozialwissenschaften vor dem Problem des Kulturvergleichs. Hg. v. Joachim Matthes. SW, Sonderband 8, Göttingen 1992, S. 75-99.
5 Während im deutschen Kontext vorwiegend von ›Sozialstaat‹ die Rede ist, dominiert im internationalen Kontext die Semantik des ›Wohlfahrtsstaates‹. Wir schließen uns dieser doppelten Begrifflichkeit in dem Sinne an, daß ›Sozialstaat‹ (und vielfach auch ›Soziale Marktwirtschaft‹) hier als typisch deutsche Bezeichnungen der wohlfahrtsstaatlichen Programmatik gelten. ›Wohlfahrtsstaat‹ meint somit hier nicht nur das ›skandinavische Modell‹ des (aus deutscher Sicht so genannten) ›Versorgungsstaates‹, sondern eine in Abschnitt 2 näher zu beschreibende, allgemeinere Konfiguration, die den deutschen Fall mit einschließt. Wir unterscheiden ferner zwischen (Sozial- bzw.) *Wohlfahrtsstaat* als objektsprachlicher Bezeichnung und (Sozial- bzw.) *Wohlfahrtsstaatlichkeit* als theoretischem Begriff zur Kennzeichnung der spezifischen Programmatik von Wohlfahrtsstaaten.

politischen Auseinandersetzungen (social politics) und die diesen zugrundeliegenden Vorstellungen (social ideas). Drei grundsätzliche Herangehensweisen lassen sich für den Vergleich derartiger Makrophänomene unterscheiden:

Die verbreitetste, sog. *quantitative Methode* bedient sich statistischer Indikatoren, wie sie vor allem von den nationalen Statistischen Ämtern, gelegentlich aber auch im Rahmen wissenschaftlicher Einrichtungen und Vorhaben produziert werden.[6] Diese Daten sind eine unerläßliche Grundlage für die Deskription nationaler Systeme und auch für ihre vergleichende Darstellung. Allerdings suggeriert die tabellarische Zusammenstellung von Daten, die in unterschiedlichen nationalen Kontexten generiert wurden, ein Maß an Eindeutigkeit, das in der Regel nicht gegeben ist. Zusätzlich zu den üblichen Kriterien der Gültigkeit und Verläßlichkeit der Daten stellt sich hier das Problem ihrer Vergleichbarkeit, das angesichts unterschiedlicher Definitionen von Ausgangsdaten und von divergierenden Routinen der Datenaggregation in vielen Bereichen zu schwer lösbaren Problemen führt. In sachlicher Hinsicht noch gravierender ist vielfach das Problem der Datenlücken: Statistische Informationen werden meist für praktische Zwecke erhoben und aufbereitet, nicht für die Zwecke bestimmter wissenschaftlicher Fragestellungen. So passen die Daten häufig nicht zu den eigentlich interessierenden Fragestellungen; das Operieren in Anpassung an die vorhandenen Daten führt dann leicht zu verzerrenden Antworten. Schließlich stellt sich das Problem der Auswertungsmethoden: Die meisten statistischen Modelle setzen stochastische Merkmalsverteilungen und große Fallzahlen voraus; beides trifft bei Ländervergleichen in der Regel nicht zu. Obwohl grundsätzlich die Verwendung quantitativer Methoden den Vergleich erleichtert, zeigt die umfangreiche Forschungspraxis, daß die Summe dieser Schwierigkeiten oft der Erzielung stabiler Ergebnisse im Wege steht. Weitere Probleme der Vergleichbarkeit ergeben sich aus der Verschiedenheit der politi-

6 Wegweisend für die quantitative Wohlfahrtsstaatsforschung wurde die Studie von Wilensky, Harold L.: The Welfare State and Equality. Structural and Ideological Roots of Public Expenditures. Berkeley 1975; Überblicke über den diesbezüglichen Forschungsstand geben Wilensky, Harold L. u. a. (Hg.): Comparative Social Policy. Theories, Methods, Findings. Berkeley 1985; und mit programmatischen Akzenten Janoski, Thomas, u. Alexander M. Hicks: The Comparative Political Economy of the Welfare State. Cambridge 1994.

schen oder wissenschaftlichen Erkenntnisinteressen, welche die
Selektion und Auswertung der Daten strukturieren.[7]

Eine gewisse Tradition hat sich im Bereich der *historisch vergleichenden Wohlfahrtsstaatsforschung* entwickelt.[8] Der historische Zugriff auf den Gegenstand ist der bei weitem flexibelste und
gestattet die Verknüpfung von Informationen unterschiedlicher
Provenienz im Rahmen von mehr oder weniger plausiblen Argu-
mentationsketten.[9] Solange sich der Vergleich auf zwei Länder
beschränkt und ein klar umgrenztes Untersuchungsfeld bezieht,
finden sich hier trotz einer im wesentlichen induktiven Methode
eine Reihe hoch informativer Studien.[10] Beim Einbezug einer größeren Zahl von Staaten macht die extreme Flexibilität des Zugriffs
den Vergleich jedoch auf umgekehrte Weise schwierig wie die
Rigidität statistischer Maßzahlen: Werden die Vergleichsgesichts-
punkte nicht genau genug spezifiziert, so unterliegt die Selektion
der verglichenen Informationen einem unkontrollierbaren Maß
an subjektiver Willkür des Autors. Insbesondere wenn sich der

7 Vgl. O'Connor, Julia S. u. Robert J. Brym: Public Welfare Expenditure in
OECD Countries: Towards a Reconciliation of Inconsistent Findings. In:
The British Journal of Sociology 31 (1980), S. 47-68.

8 Zur methodischen Problematik vgl. Welskopp, Thomas: Stolpersteine auf
dem Königsweg. Methodenkritische Anmerkungen zum internationalen
Vergleich in der Gesellschaftsgeschichte. In: ASG 35 (1995), S. 339-367;
Haupt, Heinz-Gerhard u. Kocka, Jürgen: Historischer Vergleich: Methoden, Aufgaben, Probleme. Eine Einleitung. In: Geschichte und Vergleich –
Ansätze und Ergebnisse international vergleichender Geschichtsschrei-
bung. Hg. v. Heinz-Gerhard Haupt u. Jürgen Kocka. Frankfurt/New York
1996, S. 9-45.

9 Wegweisend Briggs, Asa: The Welfare State in Historical Perspective. In:
Archives européennes de sociologie 2 (1961), S. 221-258; vgl. ferner die be-
deutenden Studien von Rimlinger, Gaston V.: Welfare Policy and Indu-
strialization in Europe, America, and Russia. New York u. a. 1971; de Laubier, Patrick: L'âge de la politique sociale. Acteurs, idéologies, réalisations
dans les pays industrialisés depuis 1800. Paris 1978; The Development of
Welfare States in Europe and America. Hg. v. Peter Flora u. Arnold J. Heidenheimer. New Brunswick u. London 1981; Ashford, Douglas E.: The
Emergence of the Welfare States. Oxford 1986; Ritter, Gerhard A.: Der
Sozialstaat: Entstehung und Entwicklung im internationalen Vergleich.
2. Aufl. München 1991; Baldwin, Peter: The Politics of Social Solidarity:
Class Bases of the European Welfares States 1875-1975. Cambridge 1990.

10 Vgl. Bremme, Gabriele: Freiheit und Soziale Sicherheit. Motive und Prinzipien sozialer Sicherung, dargestellt an England und Frankreich. Stuttgart
1961; Heclo, Hugh: Modern Social Politics in Britain and Sweden. New
Haven u. London 1974; Ritter, Gerhard A.: Social Welfare in Germany and
Britain. Origins and Developments. Leamington Spa u. New York 1986.

Vergleich auf ein breites thematisches Feld wie die wohlfahrtsstaatliche Entwicklung bezieht, muß dieses Feld zunächst theoretisch strukturiert werden, wenn der Vergleich dem Vorwurf der Beliebigkeit entgehen soll. Theorien wohlfahrtsstaatlicher Entwicklung gibt es jedoch erst in noch wenig konvergierenden Ansätzen.[11] So bestehen die meisten Versuche zu historischen Makrovergleichen aus einer mehr oder weniger koordinierten Juxtaposition von Länderberichten.[12]

Angesichts dieser Schwierigkeiten hat sich ein dritter Typus des *institutionellen Vergleichs* als ›mittlere Lösung‹ entwickelt, bei dem bestimmte Teilsysteme oder Bereiche der Sozialpolitik einem systematischen Vergleich unterzogen werden.[13] Vorausset-

11 Vgl. als kritische Referate des Standes der theoretischen Diskussion Therborn, Göran: States, Populations and Productivity: Towards a Political Theory of Welfare States. In: Politics and Social Theory. Hg. v. Peter Lassman. London u. New York 1989, S. 62-84; Lessenich, Stephan: Soziologische Erklärungsansätze zur Entstehung und Funktion des Sozialstaats. In: Soziologie des Sozialstaats. Gesellschaftliche Grundlagen, historische Zusammenhänge und aktuelle Entwicklungstendenzen. Hg. v. Jutta Allmendinger u. Wolfgang Ludwig-Mayerhofer. Weinheim u. München 2000, S. 39-78.

12 Vgl. z.B. Ein Jahrhundert Sozialversicherung in der Bundesrepublik Deutschland, Frankreich, Großbritannien, Österreich und der Schweiz. Hg. v. Peter A. Köhler u. Hans F. Zacher. Berlin 1981; Growth to Limits: The Western European Welfare States since World War II. Hg. v. Peter Flora. Berlin u. New York, Bd. 1 u. 2 1986, Bd. 4 1987; dieser auf 5 Bände geplante, wohl ambitiöseste Versuch eines umfassenden internationalen Vergleichs der wohlfahrtsstaatlichen Entwicklung in Europa ist über die Publikation von acht der geplanten zwölf Länderstudien sowie einen vergleichend aufgebauten Quellenband nicht hinausgekommen. – Eine bemerkenswert gelungene Ausnahme bildet die ihr Problemfeld theoretisch strukturierende Studie von Alber, Jens: Vom Armenhaus zum Wohlfahrtsstaat. Analysen zur Entwicklung der Sozialversicherung in Westeuropa. Frankfurt/New York 1982.

13 Auf diese Weise operiert insbesondere der internationale Arbeits- und Sozialrechtsvergleich. Vgl. z.B. The Making of Labour Law in Europe. A Comparative Study of Nine Countries up to 1945. Hg. v. Bob Hepple. London u. New York 1986; Alterssicherung im Rechtsvergleich. Hg. v. Hans F. Zacher. Baden-Baden 1991; Invaliditätssicherung im Rechtsvergleich. Hg. v. Hans-Joachim Reinhard, Jürgen Kruse u. Bernd Baron von Maydell. Baden-Baden 1998. Als vergleichbar anspruchsvolle sozialwissenschaftliche Studien seien erwähnt: Alber, Jens u. Brigitte Schenkluhn: Westeuropäische Gesundheitssysteme im Vergleich: Bundesrepublik Deutschland, Schweiz, Frankreich, Italien, Großbritannien. Frankfurt/M. 1992; Kohl, Jürgen: Alterssicherung im internationalen Vergleich. Analysen zu Strukturen und Wirkungen der Alterssicherungssysteme in fünf

zung für das Gelingen entsprechender Vergleiche ist jedoch eine klare Problemstellung, die sich aus dem Zusammenhang zwischen sozialen Problemlagen und institutionellen Zusammenhängen ergibt.[14] Hans F. Zacher hat das methodische Problem prägnant formuliert:

»Vergleich, soll er gültig sein, darf sich aber nicht damit begnügen, daß die Problemlösungen einander ähnlich sind oder sehen. Er muß vielmehr darauf achten, daß die Probleme, die damit gelöst werden, einander gleich sind – realistischer freilich, da mit völliger Gleichheit fast nie zu rechnen ist: einander möglichst ähnlich sind. Das vorausliegende – cum grano salis – gemeinsame Problem ist das tertium comparationis der zu vergleichenden Problemlösungen. Für den Rechtsvergleich heißt das: das gemeinsame vorrechtliche Problem ist das tertium comparationis der zu vergleichenden rechtlichen Lösungen.
Nun existieren soziale Probleme aber nicht per se. [...] soziale Probleme werden dadurch konstituiert, daß überhaupt an Problemlösungen gedacht wird. [...] Und soziale Probleme werden geformt, indem gewisse Problemlösungen [...] ergriffen werden. Historisch ist unübersehbar, daß Herausforderungen Antworten hervorbringen, daß aber auch jede Antwort die Welt der Antworten, damit aber auch die Welt der Herausforderungen selbst wieder verändert.«[15]

Erschwert wird hier der internationale Vergleich durch den Umstand, *daß dieser Zusammenhang zwischen sozialen Problemlagen und institutionellen Antworten sich zumeist auf national unterschiedlichen Pfaden entwickelt.* So werden beispielsweise Tatbestände wie ›Invalidität‹ oder ›Arbeitslosigkeit‹ in verschiedenen Ländern unterschiedlich konstruiert, normativ aufgeladen und u. U. im Zusammenhang mit weiteren Problemen (z. B. ›Krankheit‹, ›Berufsunfall‹ bzw. ›Armut‹) institutionell bearbeitet. Deshalb ist auch hier die Eindeutigkeit des Vergleichs eine Herausforderung für das konstruktive und methodische Geschick des oder der Forscher.

westeuropäischen Ländern. Habilitationsschrift Universität Bielefeld, Fakultät für Soziologie, 1994; ders.: The Public/Private Mix in the Income Package of the Elderly: A Comparative Study. In: Reforms in Eastern and Central Europe. Beveridge 50 Years After (EISS Yearbook 1992). Leuven 1993, S. 445-476.
14 So schon Rodgers, Barbara N., Abraham Doron u. Michael Jones: The Study of Social Policy: A Comparative Approach. London 1979, S. 187.
15 Zacher, Alterssicherung, S. 17.

Drei in einschlägigen internationalen Vergleichen erfahrene Sozialwissenschaftler faßten ihre frustrierenden Erfahrungen gegen Ende der achtziger Jahre wie folgt zusammen:

»In trying to account for the growing sense of crisis in the contemporary welfare state, we found ourselves confronted with a literature that left us largely unsatisfied. The problem we faced was the huge discrepancy between the rich diversity that national histories of social policy portray and the theoretical literature's tendency to reduce comparative welfare state developments to one, or a few, common denominators.«[16]

Die vergleichende Erforschung wohlfahrtsstaatlicher Entwicklungen bedarf somit einer komplexen theoretischen Fundierung, wenn sie Gemeinsamkeiten und Unterschiede aus den heute vorhandenen vielfältigen nationalen Materialien herausarbeiten will. Und auch dies kann nicht ohne erkenntnisleitende Fragestellungen geschehen, bleibt also stets perspektivisch und wird niemals umfassend.

Einen weiterführenden Forschungsimpuls brachte schließlich die *typologische Methode*: Indem bestimmte, in mehreren Ländern beobachtete Gemeinsamkeiten in einen Zusammenhang gebracht werden, lassen sich ›Typen‹ oder ›Familien‹ von Wohlfahrtsstaaten oder von bestimmten institutionellen Lösungen konstruieren, welche einem mittleren Verallgemeinerungsgrad entsprechen.[17] Nach dem britischen Pionier Richard Titmuss[18]

---

16 Rein, Martin, Gösta Esping-Andersen u. Lee Rainwater. Preface. In: Stagnation and Renewal in Social Policy. The Rise and Fall of Policy Regimes. Hg. v. Martin Rein, Gösta Esping-Andersen u. Lee Rainwater. Armonk 1987, S. VII. Vgl. auch den skeptischen Überblick über den Forschungsstand bei Conrad, Christoph: Wohlfahrtsstaaten im Vergleich: Historische und sozialwissenschaftliche Ansätze. In: Haupt u. Kocka, Geschichte und Vergleich, S. 155-180.

17 Zur typologischen Methode vgl Kaufmann, Franz-Xaver, u. Bernd Rosewitz: Typisierung und Klassifikation politischer Maßnahmen. In: Implementation politischer Programme II: Ansätze zur Theoriebildung. Hg. v. Renate Mayntz. Opladen 1983, S. 25-49.

18 Titmuss unterscheidet: (1) ein ›residual‹ (d. h. an der subsidiären Gewährleistung von Mindeststandards orientiertes) Modell der Sozialpolitik, (2) ein auf die Absicherung unselbständiger Arbeit orientiertes »industrial achievement-performance model« und (3) ein an der Herstellung möglichst gleichmäßiger Bedürfnisbefriedigung orientiertes »institutional redistributive model of social policy«. Titmuss, Richard M.: Social Policy: An Introduction. London 1974, S. 30f.

hat vor allem Gösta Esping-Andersen durch seine Typologie der vergleichenden Wohlfahrtsstaatsforschung neue Impulse gegeben. Er unterscheidet drei ›Regime‹ der wohlfahrtsstaatlichen Entwicklung: (1) das ›liberale‹ Regime, das sich vor allem in angelsächsischen Ländern durchgesetzt hat; (2) das ›konservativ-korporatistische‹, das sich in vielen Ländern Kontinentaleuropas findet; und (3) das ›sozial-demokratische‹, das vor allem in Skandinavien zu Hause ist.[19] Als wesentliche theoretische Dimensionen des Unterschieds dieser Regime postuliert er zum einen das Ausmaß, in dem staatliche Vorkehrungen die Bevölkerung eines Landes vom Zwang unabhängig machen, ihre Arbeitskraft zu verkaufen (›Decommodification of Labour‹);[20] und zum anderen das Ausmaß, in dem wohlfahrtsstaatliche Leistungen zur Aufrechterhaltung sozialer Ungleichheit, insbesondere auch von Statusdifferenzen beitragen oder diese zu reduzieren trachten.[21] Das skandinavische ›sozialdemokratische‹ Wohlfahrtsregime erscheint in beiden Dimensionen – Dekommodifizierung und Abbau von Statusdifferenzen – den beiden anderen Regimen überlegen.

Die an die Veröffentlichung Esping-Andersens anschließende Diskussion hat an der typologischen Methode festgehalten, aber z. T. andere Klassifizierungen einzelner Länder und neue Typen oder ›Wohlfahrtsregime‹ vorgeschlagen,[22] oder auch die Methode selbst in Frage gestellt.[23] Während die Zugehörigkeit der skandi-

---

19 Esping-Andersen, Gösta: The Three Worlds of Welfare Capitalism. Cambridge 1990, S. 26-29.
20 Esping-Andersen, Three Worlds, S. 35-54.
21 Esping-Andersen, Three Worlds, S. 55-77.
22 Die bedeutendste Studie stammt von van Kersbergen, Kees: Social Capitalism. A Study of Christian Democracy and the Welfare State. London u. New York 1995. Vgl. auch: Wilensky, Harold L.: Leftism, Catholicism, and Democratic corporatism: the role of political parties in recent welfare state development. In: The Development of Welfare States, S. 345-382; Huber, Evelyne, Charles Ragin u. John D. Stephens: Social Democracy, Christian Democracy, Constitutional Structure, and the Welfare State. In: American Journal of Sociology 99 (1993), S. 711-749; Castles, Francis G: On religion and public policy: Does Catholicism make a difference? In: European Journal of Political Research 25 (1995), S. 19-40; Ferrera, Maurizio: Le trappole del welfare. Bologna 1998, S. 79-105.
23 So z. B. vom empirischen Standpunkt Sainsbury, Diane: Analysing Welfare State Variations: The Merits and Limits of Models based on the Residual-Institutional Distinction. In: Scandinavian Political Studies 14 (1991), S. 1-30; Castles, Francis G.: Comparing the Australian and Scandinavian

navischen Staaten zu einem gemeinsamen Typus kaum in Frage gestellt wird, erscheint der liberale Typus weniger homogen; insbesondere deutliche Unterschiede zwischen den Vereinigten Staaten und den Staaten des ehemaligen British Commonwealth werden hervorgehoben. Am umstrittensten ist die Klassifizierung der westeuropäischen Staaten unter dem gemeinsamen Dach des Konservatismus und Korporatismus. So wird bald der Einfluß des Katholizismus, bald der Unterschied zwischen den mitteleuropäischen und den südeuropäischen Staaten hervorgehoben. Sodann stellt sich die Frage, wie mit Entwicklungen in nichtwestlichen Ländern – z. B. Japan, aber auch in den Schwellenländern Südostasiens und Lateinamerikas – umzugehen ist.[24] Schließlich zeigt sich, daß die Staaten sich zu unterschiedlichen Clustern gruppieren, je nachdem, welche Aspekte der Wohlfahrtsstaatlichkeit der Klassifizierung zugrunde gelegt werden. So hat die typologische Methode zwar zu einer komplexeren Rekonstruktion der Wohlfahrtsstaatlichkeit und damit auch zu einer besseren Darstellung von Zusammenhängen und zu einer Klärung von Gemeinsamkeiten und Differenzen beigetragen; sie hat jedoch bisher nicht zu einer stabilen Klassifikation von Staaten innerhalb einer allgemein anerkannten Typologie geführt.

Besonders bedenklich ist dabei die ausschließlich induktive Vorgehensweise. Bevor über typologische Differenzen debattiert werden kann, bedarf es der Definition der gemeinsamen Merkmale des Wirklichkeitsbereichs, auf den sich eine Typologie bezieht. ›Es geht beim Vergleich um Ähnlichkeiten *und* Unter-

Welfare States. In: Scandinavian Political Studies 17 (1994), S. 31-46; grundsätzlicher Baldwin, Peter: The Past Rise of Social Security: Historical Trends and Patterns. In: Reforming the Welfare State. Hg. v. Herbert Giersch. Berlin u. a. 1997, S. 3-24, hier S. 4-6; vgl. auch Kohl, Jürgen: Der Wohlfahrtsstaat in vergleichender Perspektive. Anmerkungen zu Esping-Andersens »The Three Worlds of Welfare Capitalism«. In: ZSR 39 (1993), S. 67-82, sowie die umfassende Diskussion in: Welten des Wohlfahrtskapitalismus – Der Sozialstaat in vergleichender Perspektive. Hg. v. Stephan Lessenich u. Ilona Ostner, Frankfurt/New York 1998; dazu die weiterführende Rezension von Toft, Christian: Jenseits der Dreiweltendiskussion. In: ZSR 46 (2000), S. 68-86.

24 Zum Einbezug Ostasiens in den Bereich der Wohlfahrtsstaatstheorie vgl. Rieger, Elmar, u. Stephan Leibfried: Wohlfahrtsstaat und Sozialpolitik in Ostasien – Der Einfluß von Religion im Kulturvergleich. In: SW, Sonderband 13: Globalisierung. Hg. v. Gert Schmidt u. Rainer Trinczek. Baden-Baden 1999, S. 413-499.

schiede.‹[25] Der bloße Rekurs auf institutionelle Merkmale wie z. B. ›Staaten der EU‹ oder ›OECD-Staaten‹ erleichtert zwar statistische Vergleiche, verwischt jedoch gleichzeitig die Frage definitorischer Gemeinsamkeiten und Unterschiede.

Angesichts der aufgezeigten methodischen Schwierigkeiten und des schmalen Bereichs gesicherter Ergebnisse, aber auch mit Rücksicht auf den begrenzten Umfang dieser Darstellung und ihren Zweck, für die Eigenarten der deutschen Form der Sozialstaatlichkeit zu sensibilisieren, wird im folgenden auf die typologische Methode verzichtet und statt dessen versucht, anhand einzelner ausgewählter Länder und mit Bezug auf *bestimmte* Aspekte der Gesamtproblematik Vergleiche zu ziehen. Will sich dieses Vorgehen nicht dem Vorwurf der Willkürlichkeit aussetzen, so bedarf es allerdings einer vorgängigen theoretischen Bestimmung der ausgewählten Vergleichsdimensionen.

»Man kann Phänomene nicht in ihrer vielschichtigen Totalität – als volle Individualitäten – miteinander vergleichen, sondern immer nur in bestimmten Hinsichten. Der Vergleich setzt mithin Selektion, Abstraktion und Lösung aus dem Kontext voraus.«[26]

Da der hier anvisierte Vergleichsbereich, nämlich die *institutionellen Aspekte von wohlfahrtsstaatlichen Entwicklungen in ihrem jeweiligen nationalen Kontext*, selbst hoch komplex ist, kommt einer vorgängigen theoretischen Konstruktion des Vergleichsgegenstandes besondere Bedeutung zu.

25 Haupt u. Kocka, Historischer Vergleich, S. 9.
26 Haupt u. Kocka, Historischer Vergleich, S. 23.

2. Theoretische Grundlagen

In der bisherigen vergleichenden Wohlfahrtsstaatsforschung lassen sich – grob gesagt – drei leitende Fragestellungen ausmachen.

1. Wie läßt sich die unterschiedliche historische Entwicklung zum Wohlfahrtsstaat in verschiedenen Ländern beschreiben und erklären?

2. Wie lassen sich die institutionellen Unterschiede im Rahmen der bestehenden Wohlfahrtssektoren und deren unterschiedliche Leistungsfähigkeit beschreiben und erklären?

3. Wie läßt sich die unterschiedliche Fähigkeit von Staaten beschreiben und erklären, den tendenziell widersprüchlichen Anforderungen von Kapital und Arbeit bzw. Wirtschafts- und Sozialpolitik gerecht zu werden? Diese Frage stellt sich heute verschärft unter dem Gesichtspunkt intensivierter internationaler Konkurrenz im Zeichen der sogenannten Globalisierung als Frage nach der Fähigkeit zur Änderung sozialpolitischer Prioritäten und zu entsprechenden institutionellen Reformen.

Für die Beantwortung dieser drei Leitfragen fehlt es bisher an einem ihren Zusammenhang thematisierenden theoretischen Referenzrahmen. Der ganz überwiegende Teil der Forschung geht empirisch-induktiv vor, setzt also die Kenntnis dessen voraus, was mit ›Wohlfahrtsstaat‹ oder ›wohlfahrtsstaatlicher Entwicklung‹ gemeint ist,[27] und beschränkt zudem den internationalen Vergleich meist auf bestimmte, rechtlich-institutionell oder statistisch operationalisierte Aspekte. In der international vergleichenden Wohlfahrtsstaatsforschung dominiert ein Verständnis, das ›welfare state‹ mit den Institutionen der ›social security‹ oder ›social protection‹ und eventuell weiteren, öffentlich finanzierten ›social services‹ identifiziert. Hierfür verwenden wir im folgenden die Bezeichnung *Wohlfahrtssektor*, weil damit über die Involviertheit des Staates noch nichts ausgesagt ist. Wohlfahrtsrelevante öffentliche oder öffentlich finanzierte Einrichtungen – also ein Wohlfahrtssektor – entstehen in praktisch allen sich mo-

---

27 Wir ziehen die Bezeichnung *wohlfahrtsstaatliche Entwicklung* als den Forschungsbereich abgrenzenden Begriff vor, um den historischen Charakter der Institutionengenese und -transformation zu betonen.

dernisierenden Gesellschaften; insoweit sind funktionale Imperative wirksam.[28] Ein politischer Konsens über die Verantwortung des Staates für die elementare Wohlfahrt der Gesamtbevölkerung – also das Programm der *Wohlfahrtsstaatlichkeit* – ist dagegen weit voraussetzungsvoller.

Das Anliegen dieser Ausarbeitung unterscheidet sich von der herkömmlichen Wohlfahrtsstaatsforschung in dreierlei Hinsicht:

a. Nicht die sozialpolitisch induzierten institutionellen Einzelentwicklungen stehen im Zentrum des Interesses, sondern die jeweilige Konfiguration dieser Einzelentwicklungen, das unterschiedliche Gewicht, das ihnen im Rahmen der wohlfahrtsstaatlichen Entwicklung verschiedener Länder zukommt.

b. Entwicklung und Gestalt des Wohlfahrtssektors werden im umfassenderen Rahmen einer Theorie gesellschaftlicher Wohlfahrtsproduktion interpretiert. Es kommt zentral auf die variable Rolle des Staates mit Bezug auf die gesellschaftliche Wohlfahrtsproduktion an.

c. Es soll die ›Eigensinnigkeit‹ unterschiedlicher nationaler Entwicklungen der Sozialpolitik verdeutlicht werden. Wer sich auf die wohlfahrtsstaatliche Entwicklung verschiedener Länder in ihrer Komplexität einläßt, erkennt bald, daß es sich hier trotz offenkundiger Parallelitäten stets um eigenständige politische Entwicklungen handelt, die von den jeweiligen Vorbedingungen ebenso abhängig sind wie von den politischen Kräfteverhältnissen und den dominierenden Problembestimmungen. Die theoretischen Implikationen dieses Sachverhalts werden im folgenden verdeutlicht.

---

28 Das gilt insbesondere für die soziale Sicherung von in staatlichem Auftrag Tätigen (Militär, öffentlicher Dienst); aber auch im Bereich des Umgangs mit Armut und mit Arbeitsunfällen bzw. Berufskrankheiten ergeben sich nahezu zwangsläufig staatliche Interventionserfordernisse, weil – wie schon Sismondi hervorgehoben hat, die spezifische Differenz des kapitalistischen Unternehmers zum feudalen Grundherrn in der Vertragsfreiheit des ersteren besteht. Er ist demzufolge von allen Fürsorgepflichten für seine Arbeiter befreit, an die der Feudalherr gebunden war.

2.1 Bisherige theoretische Erklärungsansätze

Auch wenn gelegentlich von einem ›merkantilistischen‹, vorliberalen Wohlfahrtsstaat der frühen Neuzeit die Rede ist,[29] so herrscht doch weitgehende Übereinstimmung, daß die näher zu bestimmenden Phänomene der wohlfahrtsstaatlichen Entwicklung erst *im Horizont der Industrialisierung* auftraten, deren gesellschaftstransformierende Dynamik fast überall durch liberalisierende Reformen in Gang kam, insbesondere durch die Verallgemeinerung von Persönlichkeitsrechten und durch die Einführung der Gewerbefreiheit. Die wohlfahrtsstaatliche Entwicklung hat offensichtlich mit der Abarbeitung von Folgeproblemen der sozioökonomischen Transformationen der Neuzeit zu tun, als deren offenkundigste Aspekte Industrialisierung und Verstädterung gelten.

Funktionalistische Erklärungsansätze der wohlfahrtsstaatlichen Entwicklung sehen in der Industrialisierung jenen Prozeß, der gleichzeitig soziale Probleme erzeugt und durch das damit einhergehende Wirtschaftswachstum die Mittel zu ihrer Bewältigung hervorbringt.[30] Dieser Position zufolge spielen historische Umstände und die politischen Verhältnisse in den einzelnen Staaten nur eine untergeordnete Rolle für die Erklärung der Höhe der sog. Sozialleistungsquote, d. h. des Anteils der Sozialausgaben mit Bezug auf das Volkseinkommen. Die Höhe der *staatlich verordneten Aufwendungen für soziale Zwecke* wird hier als wichtigste Operationalisierung der wohlfahrtsstaatlichen Entwicklung angesehen, und diese gilt als Funktion der industriellen Entwicklung. Die Größe und Entwicklung der Sozialleistungsquote wird hier im wesentlichen durch die Veränderung des Anteils der unselbständig Erwerbenden und durch die Zeitdauer des Bestehens der leistungserbringenden Systeme erklärt.[31]

Kritiker dieser Position weisen zum einen darauf hin, daß die Höhe der Sozialaufwendungen noch wenig über deren Vertei-

29 Vgl. z. B. Maier, Hans: Die ältere deutsche Staats- und Verwaltungslehre. 3. Aufl. München 1986; Dorwart, R. A.: The Prussian Welfare State before 1740. Cambridge, Mass., 1971.
30 So z. B. Rimlinger, Welfare Policy; Wilensky, Comparative Social Policy, insb. S. 78 f.
31 Vgl. insb. Wilensky, The Welfare State; aber auch bereits Zöllner, Detlef: Öffentliche Sozialleistungen und wirtschaftliche Entwicklung. Berlin 1963.

lungswirkungen und über den Zusammenhang von sozialen Problemen und deren Lösung aussage. Sie betonen dagegen die Bedeutung politischer Machtkonstellationen und ideologischer Einflüsse für die wohlfahrtsstaatliche Entwicklung, die sich in unterschiedlich ausgeprägten *Rechtsansprüchen* verschiedener sozialer Gruppen niederschlage. Diese *konflikttheoretischen Erklärungsansätze* gehen zumeist von einer klassentheoretischen Gesellschaftsauffassung aus und betrachten den Konflikt zwischen Kapital und Arbeit als das dynamisierende und seine politische Schlichtung im Rahmen unterschiedlicher Parteikonstellationen als das erklärende Moment der wohlfahrtsstaatlichen Entwicklung.[32] Entsprechende Analysen verbinden sich häufig mit der normativen Vorstellung, daß eine möglichst weitgehende Transformation der kapitalistischen Produktionsverhältnisse in Richtung auf eine Kontrolle der Wirtschaft durch die Arbeitnehmer – oder den von ihnen demokratisch kontrollierten Staat – den wünschenswerten Endzustand der wohlfahrtsstaatlichen Entwicklung darstelle.[33]

Eine dritte theoretische Schule betont die Bedeutung institutioneller Faktoren wie die Struktur der politischen Partizipationschancen und die Pfadabhängigkeit der institutionellen Entwicklungen im Wohlfahrtssektor für den Gang der wohlfahrtsstaatlichen Entwicklung.[34] Aus der Perspektive dieser *institutionalistischen Erklärungsansätze* treten weniger die Konsequenzen der wohlfahrtsstaatlichen Entwicklung in Form von

---

32 So z. B. Korpi, Walter: The Working Class in Welfare Capitalism. London 1978; ders., The Democratic Class Struggle. London 1983; Schmidt, Manfred G.: Wohlfahrtsstaatliche Politik unter bürgerlichen und sozialdemokratischen Regierungen. Frankfurt/M. 1982. Esping-Andersen, Gösta: Politics against Markets. The Social Democratic Road to Power. Princeton, N. Y., 1985.

33 Vielfach wird in diesem Zusammenhang die wohlfahrtsstaatliche Entwicklung auch mit der Demokratisierung sich industrialisierender Gesellschaften in Verbindung gebracht. Dieser Zusammenhang ist aber, wie die empirische Evidenz zeigt, keineswegs zwingend. Vgl. Manfred G. Schmidt: Sozialpolitik im demokratischen und im autokratischen Staat. Zes-Arbeitspapier 14/98, Universität Bremen 1998.

34 So z. B. Bringing the State Back In. Hg. v. Peter B. Evans, Dieter Rueschemeyer u. Theda Skocpol. Cambridge 1985; The Politics of Social Policy in the United States. Hg. v. Margaret Weir, Ann Shola Orloff u. Theda Skocpol. Princeton, N. J., 1988; Rieger, Elmar: Die Institutionalisierung des Wohlfahrtsstaates. Opladen 1992.

Rechtsansprüchen oder Sozialaufwendungen denn die *Prozesse der politischen und administrativen Problemlösung* in den Vordergrund.

Offensichtlich widersprechen sich diese drei Erklärungsansätze nicht grundsätzlich; sie bringen vielmehr *unterschiedliche* Aspekte der wohlfahrtsstaatlichen Entwicklung in den Vordergrund und können mit Bezug auf viele Fragestellungen als sich *ergänzende* Perspektiven eingesetzt werden. Das gilt sowohl für die Analyse wohlfahrtsstaatlicher Arrangements im ganzen als auch für spezifischere Analysen bestimmter institutioneller Aspekte der wohlfahrtsstaatlichen Entwicklung. Durch die Kombination der Vorgehensweisen bzw. der Ergebnisse vorliegender Studien im Rahmen von Metaanalysen lassen sich verläßlichere und problemgemäßere Ergebnisse erzielen.[35]

Gemeinsam ist diesen drei Erklärungsansätzen, daß sie die staatlichen Interventionen in ökonomische und soziale Zusammenhänge *ausschließlich unter dem Aspekt ihrer institutionellen Ergebnisse* betrachten. Vielfach wird der Begriff ›welfare state‹ sogar mit der Gesamtheit dieser institutionellen Ergebnisse in eins gesetzt. Darin liegt insofern eine Verengung, als damit weder die Motive, d. h. die Zusammenhänge zwischen sozialen Problemlagen, ihrer soziokulturellen Definition und den politischen Auseinandersetzungen einerseits, noch die gesellschaftlichen Wirkungen von Sozialpolitik, d. h. der Zusammenhang zwischen den getroffenen Maßnahmen und ihren Folgen andererseits zureichend berücksichtigt werden. Um eben diese Fragen geht es jedoch in den *politischen* Auseinandersetzungen um sozialpolitische *Innovationen* – oder heute meist *Revisionen* bestehender Maßnahmen.

2.2 Normative und theoretische Orientierungen

Die bisherigen Schritte zur Umschreibung des Forschungsgegenstandes ›wohlfahrtsstaatliche Entwicklung‹ lassen die *norma-*

35 Ein gutes Beispiel für das metaanalytische Vorgehen in unserem Untersuchungsfeld bietet Schmidt, Manfred G.: Sozialpolitik in Deutschland. Historische Entwicklung und internationaler Vergleich. 2. Aufl. Opladen 1998, S. 175-295, insb. S. 291-295 mit Bezug auf die behaupteten Wirkungen wohlfahrtsstaatlicher Politik.

tiven Aspekte unterbelichtet.[36] Es entspricht zwar dem verbind-lichen Habitus der Sozialwissenschaften, um möglichste Distanz zu den Wertungen in ihrem Objektbereich bemüht zu sein, doch setzt dies voraus, die Wertungen des Objektbereichs als solche zu erkennen und in ihrer Bedeutung ernst zu nehmen.[37] Eben hieran mangelt es häufig; ein Großteil der sozialwissenschaftli-chen Literatur über Sozialpolitik ist selbst *sozialpolitisch,* d. h., sie bezieht ihre impliziten Kriterien aus normativen Vorstellun-gen, die im Objektbereich geläufig oder aber dem Geläufigen gerade kritisch entgegengesetzt sind. Zudem gibt es *nationale Idiosynkrasien* (unreflektierte Eigensinnigkeiten) in der verglei-chenden Wohlfahrtsstaatsforschung, wobei die Begrifflichkeit wie auch die normativen Kriterien des Vergleichs sich an den Eigenarten des eigenen wohlfahrtsstaatlichen Arrangements orientieren.[38] Damit wird allerdings jeder internationale Ver-gleich präjudiziert und eine die Unterschiede nationaler Eigen-arten unvoreingenommen ins Auge fassende Perspektive un-möglich.

2.2.1 Der integrationsbezogene ›Eigensinn‹ nationaler Traditionen wohlfahrtsstaatlicher Entwicklung

Um hier die notwendige theoretische Distanz zu gewinnen, ohne das Problem aus den Augen zu verlieren, gehen wir davon aus, *daß wohlfahrtsstaatliche Entwicklungen auf Probleme gesell-schaftlicher Integration und Kohärenz bezogen sind.*[39] Das gilt

36 Zu ihrem Stellenwert siehe Madison, The Meaning, S. 27-45.
37 Hierzu hat Max Weber bereits das Wesentliche gesagt; vgl. Weber, Max: Die ›Objektivität‹ sozialwissenschaftlicher und sozialpolitischer Erkennt-nis. In: ders.: Gesammelte Aufsätze zur Wissenschaftlehre. 3. Aufl. Tübin-gen 1968, S. 146-214, insb. S. 148-157.
38 Dies wird beispielsweise bei Esping-Andersen, Three Worlds, deutlich, wo die ›Überlegenheit‹ des ›sozialdemokratischen‹ Modells die theoretischen Dimensionen prägt; vgl. auch O'Connor u. Brym, Public Welfare Expen-diture.
39 In diesem Ausgangspunkt treffen sich analytische und praktische Erkennt-nisinteressen. Vgl. hierzu grundsätzlich Kaufmann, Franz-Xaver: Geht es mit der Integrationsfunktion des Sozialstaates zu Ende? In: Differenz und Integration. Die Zukunft moderner Gesellschaften. Verhandlungen des 28. Kongresses der Deutschen Gesellschaft für Soziologie in Dresden 1996. Hg. v. Stefan Hradil. Frankfurt/M. 1997, S. 135-153; (überarbeitete Fas-

zunächst ganz praktisch: Sozialpolitik setzt die Existenz eines politischen Gemeinwesens als Solidaritäts- und Reziprozitätshorizont für die Bevölkerung und für handlungsfähige politische Eliten voraus, die ein Interesse an der friedlichen Fortexistenz des Gemeinwesens haben. Sozialpolitischen Durchbrüchen gingen vielfach politisch kritische Situationen wie Kriege, Wirtschaftskrisen, soziale Unruhen oder schwerwiegende Arbeitskämpfe voraus. Sozialpolitik wird für politische Eliten attraktiv, wenn sie sich davon Loyalitätsgewinne der Bevölkerung versprechen. Und aus der Sicht der Demokratie kann Sozialpolitik nicht primär unter dem Gesichtspunkt der ja vielfach konträren Interessen attraktiv sein, sondern nur als Herstellung oder Bestätigung einsichtiger Reziprozitätsverhältnisse, als Ausdruck ›fairer‹ Bedingungen des Zusammenlebens innerhalb des Gemeinwesens.[40] Die Konkretisierung dieser Fairneß resultiert aus normativen Diskursen auf der Basis der in einem bestimmten Gemeinwesen herrschenden Vorstellungen, welche – gerade im Bereich der Sozialpolitik – vielfach von sozialwissenschaftlichen Diskursen und Befunden mit beeinflußt wurden.[41] In komplexen Gesellschaften entwickeln sich dabei differenzierte Gerechtigkeitsstandards,[42] und politisch tragfähige Lösungen setzen oft ›Paketlösungen‹ von Konzessionen unterschiedlicher Interessengruppen voraus. So wurde die wohlfahrtsstaatliche Entwicklung in zahlreichen Ländern durch ausdrückliche Abkommen zwischen Arbeitgeberver-

sung in Kaufmann, Franz-Xaver: Sozialpolitik und Sozialstaat: Soziologische Analysen. Opladen 2002, Kapitel 10).

40 Zu ›Fairneß‹ als Grundintuition von Gerechtigkeitstheorien vgl. Rawls, John: Eine Theorie der Gerechtigkeit. Frankfurt/M. 1979. Dementsprechend gerät die Legitimation bestimmter sozialpolitischer Einrichtungen stets dort in Gefahr, wo die Fairneß ihrer Resultate in Frage gestellt wird.

41 Vgl. für den deutschen Fall Kaufmann, Der Begriff Sozialpolitik und seine wissenschaftliche Deutung. In: Bundesministerium für Arbeit und Sozialordnung, Berlin/Bonn, Bundesarchiv, Koblenz, Hg. Geschichte der Sozialpolitik in Deutschland seit 1945; Band 1: Grundlagen der Sozialpolitik. Baden-Baden 2001, S. 3-101 (Demnächst auch unter dem Titel »Sozialpolitisches Denken: Die deutsche Tradition« in der edition suhrkamp). Für Großbritannien Pinker, Robert: Social Theory and Social Policy. London 1971; The Goal of Social Policy. Hg. v. Martin Bulmer, Jane Lewis u. David Piachaud. London 1989; für Frankreich vgl. Bode, Ingo: Solidarität im Vorsorgestaat. Der französische Weg sozialer Sicherung und Gesundheitsversorgung. Frankfurt/M. 1999.

42 Vgl. Walzer, Michael: Sphären der Gerechtigkeit. Frankfurt/New York 1992.

bänden und Gewerkschaften stabilisiert.[43] Aber auch grundlegende Unterschiede in den Gerechtigkeitsauffassungen prägen Unterschiede in den Reaktionen auf die Herausforderungen sozioökonomischer Veränderungen.[44]

Überlappungen zwischen ideologischen Orientierungen und sozialwissenschaftlichen Diskursen sind im Bereich wohlfahrtsstaatlicher Entwicklungen und ihrer Erklärungen eher die Regel als die Ausnahme. Will man einer wertenden Parteinahme beim internationalen Vergleich entgehen, so bieten sich zwei Strategien an: Entweder man rekurriert auf hoch abstrakte Problemstellungen, wie sie beispielsweise seitens der soziologischen Gesellschaftstheorie mit Konzepten wie Differenzierung und Integration oder dem Konzept der Inklusion angeboten werden. Diese Spur wird im vorliegenden theoretischen Kapitel verfolgt. Oder man sucht leitende Problemstellungen, die in der wohlfahrtsstaatlichen Entwicklung eines Landes sowohl die Diskurse als auch die institutionelle Entwicklung längerfristig beeinflußt haben. Dieser Ansatz wird mit Bezug auf die Darstellung der nationalen Traditionen in den folgenden Kapiteln verfolgt.[45] Zwischen beiden Vorgehensweisen vermittelt die Vermutung, daß Fragen gesellschaftlicher Integration auch in den politischen Diskursen wenigstens implizit zur Sprache kommen.

Die wohlfahrtsstaatliche Entwicklung resultiert aus der Vermittlung zwischen Wirtschaft, Politik und Kultur; genauer aus der Vermittlung zwischen der Eigendynamik des wirtschaftlich-technischen Fortschritts und seiner sozioökonomischen Folgen einerseits und ihrer öffentlichen Thematisierung in normativen Diskursen sowie den durch sie und vielfältige Interessenlagen

43 Ein für die längerfristige erfolgreiche wohlfahrtsstaatliche Entwicklung erforderliches Gleichgewicht zwischen Wirtschafts- und Sozialpolitik setzt »konzertierte Politik und sozialpartnerschaftliche Beziehungen« voraus. Vgl. Schmidt. Manfred G.: Politische Bedingungen erfolgreicher Wirtschaftspolitik. Eine vergleichende Analyse westlicher Industrieländer (1960-1985). In: Journal für Sozialforschung 26 (1986), S. 251-273, Zitat S. 268.

44 Vgl. Roller, Edeltraud: Marktwirtschaftliche und wohlfahrtsstaatliche Gerechtigkeitsprinzipien in Deutschland und den USA. In: Die Vermessung kultureller Unterschiede. Deutschland und USA im Vergleich. Hg. v. Jürgen Gerhards. Opladen 2000, S. 89-110.

45 So ansatzweise bereits Kaufmann, Franz-Xaver: Nationale Traditionen der Sozialpolitik und Europäische Integration. In: Probleme und Perspektiven europäischer Einigung. Hg. v. Lothar Albertin. Düsseldorf 1986, S. 69-82.

motivierten und durch das jeweilige politische System vorstrukturierten politischen Entscheidungen andererseits. Sie ist deshalb ein zentrales Moment der fortgesetzten Auseinandersetzung eines politischen Gemeinwesens mit Veränderungen in seiner äußeren und inneren Umwelt, d. h. eine bestimmte Weise, in der es sich seiner Identität vergewissert. *Wie die ›soziale Frage‹ gestellt wird, wie also das Leitproblem der jeweiligen Sozialpolitik zu Beginn der Entwicklung formuliert wurde, wird im folgenden als ein aussagekräftiger Schlüssel für das Verständnis nationaler Entwicklungen der Wohlfahrtsstaatlichkeit postuliert.*

Aus den hoch kontingenten politischen Auseinandersetzungen resultiert unter nationalstaatlichen Bedingungen[46] der *idiosynkratische Charakter* wohlfahrtsstaatlicher Entwicklungen.

»One of the most striking features of the modern welfare state seen comparatively and across the long trajectory of its development during the last century is its heterogeneity. [...] Different nations, different welfare states, have taken strikingly different approaches to what in other senses are common problems.«[47]

Konfrontiert man die Forscher aus unterschiedlichen nationalen Forschungstraditionen untereinander, so wird besonders deutlich, wie sehr bestimmte Traditionen des sozialpolitischen oder wohlfahrtsstaatlichen Denkens *eigenständige Kosmologien* bilden, die primär aus sich selbst verstanden werden wollen, bevor ein systematischer internationaler Vergleich möglich wird.[48] Das

---

46 In dem Maße, wie die europäischen Nationalstaaten im Zuge der Europäisierung ihre Souveränität und im Zuge der Globalisierung ihre Autonomie verlieren, verändert sich auch der bisherige Solidaritätshorizont. Das kann nicht ohne Folgen für die wohlfahrtsstaatliche Entwicklung bleiben; vgl. hierzu Abschnitt 6.2.

47 Baldwin, The Past Rise, S. 4 f.

48 Entsprechende Erfahrungen vermittelten insbesondere die bilateralen Treffen französischer Forscher mit den Vertretern britischer, deutscher, südeuropäischer und skandinavischer Forschungstraditionen auf Initiative der *Mission Recherche des Ministères chargés des Affaires sociales et de la Santé* (MIRE) in Paris. Vgl. MIRE (Hg.): Comparer les systèmes de protection sociale en Europe. Vol 1: Rencontres d'Oxford, France-Grande Bretagne. Paris 1995 (auch engl.); Vol. 2: Rencontres de Berlin, France-Allemagne. Paris 1996 (Die historischen Beiträge der französisch-deutschen Konferenz wurden auf deutsch durch Werner Abelshauser in: Geschichte und Gesellschaft, 22. Jg., Heft 3 (Juli-September 1996), veröffentlicht; die aktuellen Beiträge durch Franz-Xaver Kaufmann in: Zeitschrift für Sozial-

beginnt bei den verwendeten Bezeichnungen und den dadurch mitgeführten Assoziationen, setzt sich fort in unterschiedlichen Grundauffassungen über das Verhältnis von Staat und Gesellschaft und kulminiert in den unterschiedlichen sozialpolitischen Idealen und den damit verbundenen Problembestimmungen. Damit wird jedoch deutlich, daß es nicht genügt, die Unterschiede im Bereich der Sozialsektoren zu untersuchen, sondern daß diese nur als Aspekte der jeweiligen nationalgesellschaftlichen Entwicklung angemessen zu begreifen sind. *Wir gehen hier davon aus, daß derartige Unterschiede in den historischen Grundlagen von tragender Bedeutung für das Verständnis nationaler Unterschiede wohlfahrtsstaatlicher Entwicklungen sind.*

Beispielhaft sei dies am Unterschied zwischen dem deutschen Verständnis von ›Sozialstaatlichkeit‹ und dem angelsächsischen bzw. skandinavischen Verständnis von ›welfare state‹ verdeutlicht: Im deutschen Verständnis ist ›Sozialstaatlichkeit‹ in erster Linie ein Element der verfassungsmäßigen Bestimmung *des Staates*, die heute meist als ein Staatsziel unter anderen verstanden wird.[49] ›Welfare state‹ meint dagegen die (national unterschiedlich definierte) Gesamtheit der Wohlfahrtseinrichtungen, die auch unter Begriffen wie ›social security‹, ›social welfare‹ und/oder ›social services‹ thematisiert werden.[50] Viele Mißverständnisse resultieren aus dem Umstand, daß im deutschen Fall das institutionelle Ergebnis sozialstaatlich legitimierter Gesetzgebung nicht notwendigerweise selbst staatlichen Charakter trägt. Gerade für Deutschland ist es charakteristisch, daß die Träger sozialer Maßnahmen zumeist selbständige Körperschaften des öffentlichen

reform, 41 Jg., Heft 11/12 (November/Dezember 1995); Vol. 3: Conférence de Florence, France – Europe du Sud. Paris 1997 (auch engl.); Vol. 4: Comparing Social Welfare Systems in Nordic Europe and France. Copenhagen Conference. Paris 1999. – Zum ›kosmologischen‹ Zusammenhang zwischen Staatsentwicklung und Sozialwissenschaften vgl. Wagner, Peter: Sozialwissenschaften und Staat: Frankreich, Italien, Deutschland 1870-1890. Frankfurt/New York 1990.

49 Vgl. Zacher, Hans F.: Das soziale Staatsziel. In: Handbuch des Staatsrechts der Bundesrepublik Deutschland. Hg. v. Josef Isensee u. Paul Kirchof. Bd. 1, Heidelberg 1987, S. 1045-1111.

50 Eine differenzierte Einführung in die besondere Semantik des britischen Sozialsektors gibt Schulte, Bernd: Einführung in das Recht der sozialen Sicherheit von Großbritannien. In: Igl, Gerhard, Bernd Schulte u. Thomas Simons: Einführung in das Recht der sozialen Sicherheit von Frankreich, Großbritannien und Italien. Berlin 1978, S. 149-337.

Rechts wie Sozialversicherungen oder Kommunen sind; in manchen Fällen erfolgt die Aufgabenerfüllung sogar teilweise über private Träger, während in Großbritannien und Skandinavien die Trägerschaft typischerweise in den Bereich der staatlichen und kommunalen Administration eingefügt ist.[51] Im Zuge der jüngsten Problematisierung einer ausschließlich administrativ gesteuerten Leistungserbringung gewinnen auch in diesen Ländern Perspektiven des ›Wohlfahrtspluralismus‹ an Einfluß.[52]

2.2.2 Erkenntnisleitende Unterscheidungen

Ein international vergleichender Referenzrahmen kommt um die Frage nicht herum, *worin die spezifische Differenz wohlfahrtsstaatlicher Entwicklungen besteht.* Damit kommen jedoch unmittelbar normative Optionen ins Spiel. Faßt man die wohlfahrtsstaatliche Entwicklung im funktionalistischen Sinne als *notwendiges* Element modernisierender Gesellschaftstransformation auf, wird man alle sich modernisierenden Gesellschaften als wohlfahrtsstaatlich orientiert auffassen müssen. Die funktionalistische These impliziert jedoch, daß ähnliche Problemlagen ähnliche Problemlösungen provozieren, so daß eine weitgehende institutionelle Ähnlichkeit zwischen den Sozialsektoren von Staaten desselben sozioökonomischen Entwicklungsstandes bestehen müßte, was nicht der Fall ist. Die funktionalistische Betrachtungsweise unterschlägt die Bedeutung kultureller und politischer Faktoren für die wohlfahrtsstaatliche Entwicklung. Dennoch bleiben natürlich die im Zentrum dieses Erklärungsansatzes stehenden ökonomischen und soziodemographischen Entwicklungen wichtige Erklärungsfaktoren auch im Rahmen eines umfassenderen theoretischen Ansatzes.

51 Diesen unterschiedlichen institutionellen Arrangements entsprechen vielfach negative Stereotypen über anders strukturierte ausländische Systeme. So gilt z. B. das schwedische System den Deutschen als ›bevormundend‹ und ›versorgungsstaatlich‹, während die Skandinavier das deutsche System als ›konservativ‹ und ›von autoritärer Herkunft‹ bezeichnen.
52 Vgl. Shifts in the welfare mix: their impact on work, social services, and welfare policies. Hg. v. Adalbert Evers u. Helmut Wintersberger. Frankfurt/M. u. Boulder, Col., 1990; Wohlfahrtspluralismus: Vom Wohlfahrtsstaat zur Wohlfahrtsgesellschaft. Hg. v. Adalbert Evers u. Thomas Olk. Opladen 1996.

Zur klareren begrifflichen Unterscheidung werden im folgenden die institutionellen Ausprägungen der sozialstaatlichen Verantwortung als *Sozial- oder Wohlfahrtssektor* eines bestimmten Landes bezeichnet, dessen Gestaltung oder Veränderung das Ergebnis *sozial- oder wohlfahrtsstaatlicher Politik*, also von intervenierender staatlicher Gesetzgebung ist. Dies entspricht der politikwissenschaftlichen Unterscheidung zwischen den Prozessen der politischen Programmformulierung (Gesetzgebung) und der administrativen Umsetzung (Implementation) sowie derjenigen von ›politics‹ und ›policies‹. Die Betonung der Unterscheidung zwischen ›Sozialsektor‹ und ›sozialstaatlicher Politik‹ erleichtert auch eine deutlichere Abgrenzung zwischen ›Modernisierung‹ und ›wohlfahrtsstaatlicher Entwicklung‹.[53]

Im Sinne der vorangehenden Skizze gehen wir davon aus, daß die spezifische Differenz wohlfahrtsstaatlicher Politik an einer Verknüpfung von normativen Vorstellungen und institutionellen Realisierungen festzumachen ist. Es ist eine *petitio principii*, wenn – dem funktionalistischen Paradigma folgend – *alle* sich modernisierenden Staaten als ›Wohlfahrtsstaaten‹ qualifiziert werden. Damit werden die Unterschiede zwischen einem kapitalistischen und einem sozialistischen Weg der Modernisierung ebenso verwischt wie die Unterschiede zwischen marktzentrierten und staatszentrierten Entwicklungsmodellen.[54] Zwar lassen sich bestimmte Begleiterscheinungen einer fortschreitenden Industrialisierung nahezu überall feststellen – insbesondere die Verstädterung und der damit einhergehende Verlust an Selbstversorgungsmöglichkeiten sowie die Entstehung neuer Klassenlagen. Aber selbst diese das herkömmliche Verständnis der ›sozialen Frage‹ prägenden Sachverhalte hatten und haben von Land zu Land un-

53 Schulte, Bernd: Die Folgen der EG-Integration für die wohlfahrtsstaatlichen Regimes. In: ZSR 37 (1991), S. 548-580, hier S. 560-563, sucht einen ähnlichen Unterschied an der Unterscheidung von ›Wohlfahrtsstaat‹ (deskriptiv) und ›Sozialstaat‹ (normativ) festzumachen. Gleichzeitig versteht er ›Wohlfahrtsstaat‹ als sozialwissenschaftliche, ›Sozialstaat‹ dagegen als rechtswissenschaftliche Kategorie. Meines Erachtens liegen diese Unterscheidungen noch allzu nahe bei deutschen Vorverständnissen. Eine international vergleichende Perspektive muß, um fruchtbar zu werden, von begründeten analytischen Unterscheidungen ausgehen.
54 Es trifft zwar zu, daß die damit angesprochenen Unterschiede ihre Relevanz vor allem aus unterschiedlichen ideologischen Positionen ziehen, doch haben diese Positionen, soweit sie historisch einflußreich wurden, auch institutionelle Konsequenzen, auf die es hier ankommt.

terschiedliches Gewicht, und erst recht unterscheiden sich die politischen Reaktionen auf die damit entstehenden Herausforderungen. Auch wenn wir in nahezu allen sich modernisierenden Ländern z. B. die Entstehung von kollektiven Versicherungs- oder Versorgungssystemen für *bestimmte* Bevölkerungsgruppen (insbesondere für Militär und Staatsbedienstete) beobachten können, so läßt sich daraus nicht unbedingt schließen, daß es sich hier um den ersten Schritt einer wohlfahrtsstaatlichen Entwicklung im Sinne einer *durch politisches Handeln vermittelten kollektiven Verantwortung für das Wohlergehen der Gesamtbevölkerung* handelt. Dies aber kann als weitgehend akzeptierte Umschreibung der spezifischen Differenz wohlfahrtsstaatlicher Entwicklungen gelten.[55] Allerdings trifft diese Umschreibung auch auf die Programmatik ›sozialistischer‹ Gemeinwesen zu; von ihnen unterscheidet sich das wohlfahrtsstaatliche institutionelle Arrangement durch die Autonomie des marktwirtschaftlichen Systems, welches sie wiederum mit den durch Wirtschaftsinteressen dominierten ›kapitalistischen‹ Gemeinwesen verbindet.

Mit dieser erweiterten Perspektive sollen zwei Schwierigkeiten der herkömmlichen Wohlfahrtsstaatsforschung umgangen werden: Zum einen eine Tendenz zur *Verdinglichung des wohlfahrtsstaatlichen Denkens*. Vielfach wird der jeweils bestehende Sozialsektor als Inbegriff des ›welfare state‹ vorausgesetzt und damit seine politische Kontextualität und historische Variabilität ausgeblendet; um dem entgegenzuwirken, haben wir das in Frage stehende Erfahrungsobjekt von Anfang an als ›wohlfahrtsstaatliche Entwicklung‹ und nicht als ›Wohlfahrtsstaat‹ bezeichnet. Sodann die *explizite Einbeziehung der kulturell-normativen Dimension*: Sobald die Möglichkeit sich verändernder politischer Kontexte und sozioökonomischer Wandlungen als Motoren sich verändernder sozialpolitischer Problemlagen mitbedacht werden, kann nämlich die historische Entwicklung selbst nicht mehr als eine eindeutig gerichtete unterstellt werden. Es bedarf dann eines ex-

---

55 In diesem Sinne bereits 1968 die International Encyclopedia of the Social Sciences: »The welfare state is the institutional outcome of the assumption by a society of legal and therefore formal and explicit responsibility for the basic well-being of all of its members. Such a state emerges when a society or its decision-making groups become convinced that the welfare of the individual [...] is too important to be left to custom or to informal arrangements and private understandings and is therefore a concern of government.« Girvetz, Harry: Welfare State. In: IEES 16, S. 512-521, Zitat S. 512.

pliziten Kriteriums, um ›*wohlfahrts*staatliche‹ und ›wohlfahrts-
staatliche‹ Entwicklungen von anderen politischen und ökonomischen Veränderungen abzuheben. Hierfür bietet sich das
international akzeptierte normative *Kriterium zunehmender Gewährleistung sozialer Rechte* an.

Wohlfahrtsstaatliche Entwicklungen setzen gesellschaftliche
Prozesse der Problemartikulation und politische Prozesse der
Problembearbeitung voraus. Bestimmte, unmittelbar wahrnehmbare Entwicklungen (z. B. Mobilität der Landbevölkerung, Kinderarbeit, Marktabhängigkeit der Unterschichten) wurden nur
dadurch zu politischen Problemen, daß sie in bestimmter Weise
gedeutet und in der Folge mit Hilfe von staatlichen Maßnahmen
›*behandelt*‹ wurden. Zumeist waren es Publizisten, Geistliche,
Wissenschaftler oder ›moralische Unternehmer‹, welche zuerst
durch wertende Information die Öffentlichkeit für bestimmte
›Mißstände‹ sensibilisiert haben. Nicht selten entstanden dann soziale Bewegungen, die entsprechenden politischen Forderungen
Nachdruck verliehen. In Ländern der Dritten Welt ist heute der
Einfluß internationaler Organisationen (insbesondere der ILO)
auf die sozialpolitischen Diskussionen unverkennbar. Solche
Problematisierungen können jedoch nur insoweit auf politische
Resonanz hoffen, als die zugrundeliegenden *Wertungen* von den
politisch Verantwortlichen oder aber von einer sie in etwa kontrollierenden Öffentlichkeit geteilt werden. Für die sozialpolitische Entwicklung in Europa war deshalb die dem Bürgertum und der Arbeiterbewegung *gemeinsame*, in Christentum und
Aufklärung wurzelnde *Überzeugung vom Eigenwert jedes Menschen und die Perspektive eines friedlichen Zusammenlebens in
Freiheit und Gleichheit* eine entscheidende normative Voraussetzung.[56] Im Rahmen dieser sehr allgemeinen und entweder religiös
oder utilitaristisch begründeten Überzeugungen wurden jedoch
recht unterschiedliche Situationsdiagnosen und politische Pro-
grammatiken entwickelt. Dabei waren sowohl grenzüberschrei-

---

56 Dies ist implizites Gemeingut nahezu aller sozialpolitischen Argumentationen im 19. und 20. Jahrhundert, wobei allerdings die Standards von
   ›Gleichheit‹ sehr unterschiedlich interpretiert wurden. Theoretisch reflek-
   tiert wurde die Bedeutung der ›sozialen Idee‹ für die sozialpolitische Entwicklung zuerst bei Heimann, Eduard: Soziale Theorie des Kapitalismus.
   Theorie der Sozialpolitik (1929), Neudruck Frankfurt/M. 1980. Eine Analyse normativer Wohlfahrtsdiskurse gibt Goodin, Robert E.: Reasons for
   Welfare. The Political Theory of the Welfare State. Princeton, N. J., 1988.

tende ideologische Deutungssysteme[57] als auch die spezifischen Erfahrungskontexte innerhalb der einzelnen Staaten einflußreich.

2.2.3 Menschenrechte als normative Grundlage wohlfahrtsstaatlicher Inklusion

Von einer wohlfahrts*staatlichen* Entwicklung sollte nur insoweit gesprochen werden, als *politisch* induzierte institutionelle Entwicklungen die sozioökonomischen Versorgungsstrukturen eines Landes nachhaltig in Richtung auf eine umfassendere Teilhabe der Gesamtbevölkerung verändern. Das Leitbild eines *soziale Teilhaberechte gewährleistenden politischen Gemeinwesens* hat sich im Vorfeld der Gründung der Vereinten Nationen und im Zusammenhang mit der internationalen Doktrin der Menschenrechte entwickelt.[58] Soziale und kulturelle Teilhaberechte wurden in den Art. 22-27 der Allgemeinen Menschenrechtserklärung der Vereinten Nationen von 1948 verankert, und die Charta der Vereinten Nationen entwickelte in Art. 55 sogar die seinerzeit von Großbritannien ausgehende Zukunftsvision einer *internationalen Wohlfahrtsverantwortung* (welfare internationalism). Nach langwierigen Auseinandersetzungen wurde 1966 – gegen den Widerspruch der USA – von der Vollversammlung der Vereinten Nationen ein ›Internationaler Pakt über wirtschaftliche, soziale und kulturelle Rechte‹ verabschiedet und zur

57 Es fällt auf, daß bereits in der zweiten Hälfte des 19. Jahrhunderts die charakteristischen gesellschaftspolitischen Argumentationsmuster des Liberalismus, Konservatismus, Sozialismus und Reformismus in den meisten Ländern Europas ausgebildet waren, welche bis heute die sozialpolitischen Auseinandersetzungen fundieren.

58 Eine umfassende Dokumentation dieser Entwicklungen findet sich bei Köhler, Peter A.: Sozialpolitische und sozialrechtliche Aktivitäten der Vereinten Nationen. Baden-Baden 1987. Zur Vorgeschichte vgl. auch Gut, Walter: Eine Sternstunde der Menschheit. Rückblick auf die Entstehung der Allgemeinen Erklärung der Menschenrechte. In: Stimmen der Zeit 216 (1998), S. 675-682. Zum Zusammenhang mit spezifischen Entwicklungen in den USA und in Großbritannien vgl. Kaufmann, Franz-Xaver: Sicherheit als soziologisches und sozialpolitisches Problem. Untersuchungen zu einer Wertidee hochdifferenzierter Gesellschaften. 2. Aufl. Stuttgart 1973, S. 92-108. Zur verfassungsrechtlichen Problematik vgl. Wildhaber, Luzius: Soziale Grundrechte. In: Der Staat als Aufgabe. Gedenkschrift für Max Imboden. Hg. v. Peter Saladin u. Luzius Wildhaber. Basel u. Stuttgart 1992, S. 371-391.

Ratifizierung aufgelegt. Diese internationale Konvention gewährleistet zwar keine unmittelbar von Individuen einklagbaren Rechtsansprüche wie der ebenfalls 1966 verabschiedete ›Internationale Pakt über bürgerliche und politische Rechte‹, aber doch eine Selbstverpflichtung der sie ratifizierenden Staaten gegenüber ihren Bürgern, diese Rechte nach ihren Möglichkeiten zu gewährleisten.[59]

Es handelt sich dabei im wesentlichen um folgende ›rights‹:

Wirtschaftliche Rechte: Recht auf Arbeit, Recht auf gerechte und günstige Arbeitsbedingungen, Gewerkschaftsrechte;

Soziale Rechte: Recht auf soziale Sicherheit, Schutzrechte für die Familie, Mütter und Kinder, Recht auf einen angemessenen Lebensstandard, Recht auf Gesundheit;

Kulturelle Rechte: Recht auf Bildung und Teilhabe am kulturellen Leben, Wissenschaftsfreiheit.

Die Konvention wurde bis März 1999 von 141 Staaten ratifiziert, darunter von allen namhaften Industriestaaten – *mit Ausnahme von Südafrika und den Vereinigten Staaten von Amerika*. Auch wenn der Verbindlichkeitsgrad der damit eingegangenen Verpflichtungen bescheiden bleibt, so ist damit doch eine eindeutige *Richtung der gesamtgesellschaftlichen Entwicklung* angegeben, die wir als *wohlfahrtsstaatliche Programmatik* bezeichnen können.[60]

Diese Programmatik besteht heute nicht mehr nur aus politischen Deklarationen, sondern auch aus völkerrechtlich verbindlichen Abkommen. Allerdings entbehrt nahezu alles Völkerrecht eines effektiven Sanktionsmechanismus,[61] und im vorliegenden Falle bleibt auch der formelle Verpflichtungsmodus äußerst ›weich‹: Es handelt sich um Selbstverpflichtungen der einzelnen Staaten bzw. ihrer Regierungen, die keine unmittelbare Wirkung auf das jeweilige innerstaatliche Recht haben.[62] Deshalb bleibt die

59 Vgl. Köhler, Aktivitäten, S. 928- 1007.
60 Die Wissenschaftsfreiheit wirkt in unserem Zusammenhang etwas unsystematisch und wird im folgenden nicht weiter berücksichtigt.
61 Im Falle der dem ›Sozialrechtspakt‹ der UNO in etwa vergleichbaren ›Europäischen Sozialcharta‹ (1961) besteht zum mindesten eine periodische Berichtspflicht der Signatarstaaten an die zuständigen Organe des Europarates, welche zu diesen Berichten Stellung nehmen können.
62 Hiervon zu unterscheiden sind internationale Abkommen wie z. B. das ›Europäische Fürsorgeabkommen‹ (1953) im Rahmen des Europarates oder bilaterale Sozialversicherungsabkommen, welche Ausländern mit Be-

nationalstaatliche Ebene der Sozialpolitik die entscheidende und auch wissenschaftlich relevantere.

Ausgehend von diesen internationalen Entwicklungen hat der britische Soziologe T. H. Marshall bereits 1949 ein Konzept von ›citizenship‹ entwickelt, welches die Entwicklung der Staatsbürgerrolle als sukzessive Entfaltung bürgerlicher Freiheitsrechte, politischer Mitbestimmungsrechte und sozialer Teilhaberechte interpretiert.[63] Dieser Ansatz wurde in der neueren Gesellschaftstheorie von Talcott Parsons und Niklas Luhmann unter dem Begriff ›Inklusion‹ aufgenommen.[64] Dies impliziert die gesellschaftstheoretische These, daß die modernisierende Transformation vormals agrarischer Gesellschaften ohne entsprechende institutionelle Vorkehrungen zum Ausschluß (Exklusion) erheblicher Bevölkerungsteile von den typischen Lebensmöglichkeiten industrieller oder postindustrieller Gesellschaften führt. Während älterer Gesellschaftsformationen die Inklusion über die Zugehörigkeiten zu Haushalten regelten, die ihrerseits einen eindeutigen Platz in der jeweiligen Gesellschaftsordnung besaßen, regeln in modernen Gesellschaften die ausdifferenzierten Funktionssysteme die Teilhabe (in Form von Mitgliedschaftsrechten oder Leistungsansprüchen) grundsätzlich unabhängig voneinan-

zug auf bestimmte Sozialleistungen den Inländern analoge Rechtsansprüche einräumen; und erst recht besitzt das supranationale Recht der EU innerstaatliche Verbindlichkeit.

63 Marshall, T(homas) H(umphreys): Social Class and Citizenship (1949), deutsch in: ders., Bürgerrechte und soziale Klassen. Zur Soziologie des Wohlfahrtsstaates. Frankfurt/New York 1992, S. 33-94. Als deskriptives Schema der historischen Entwicklung hat sich der Ansatz als zu eng erwiesen, vgl. Therborn, States, S. 63f.; als heuristisches Muster kommt dem Ansatz jedoch in jüngerer Zeit wachsende Bedeutung zu, vgl. z. B. Twine, Fred: Citizenship and Social Rights – The Interdependence of Self and Society. London u. a. 1994; Citizenship today: The Contemporary Relevance of T. H. Marshall. Hg. v. Bulmer, Martin u. Rees, Anthony M. London 1996.

64 Vgl. zusammenfassend Kaufmann, Sozialpolitik und Sozialstaat, S. 249-252; eine bemerkenswerte neuere Interpretation des Inklusionspostulates gibt Heclo, Hugh: The Social Question. In: Poverty, Inequality, and the Future of Social Policy. Western States in the New World Order. Hg. v. Katherine McFate, Roger Lawson u. William Julius Wilson. New York 1995, S. 665-691. – Am Rande sei notiert, daß ›der Schutz der physischen Gesundheit der Arbeitermassen und die Ermöglichung steigender Anteilnahme an den materiellen und geistigen Gütern unserer Kultur für sie‹ bereits bei Max Weber als sozialpolitische Zielumschreibung auftauchte; Weber, Die ›Objektivität‹, S. 159.

der, so daß die Individuen keinen strukturell gesicherten sozialen Status mehr besitzen. Mittels bürgerlicher, politischer und sozialer Rechte soll politisch gewährleistet werden, daß zum mindesten kumulative Ausschlußtendenzen verhindert werden.[65] Die Programmatik des Wohlfahrtsstaates postuliert, daß Inklusion nur auf politisch-staatlichem (und nicht z. B. auf rein marktwirtschaftlichem) Wege zustande kommen kann, da es um die Gewährleistung subjektiver Rechte geht.

2.2.4 Wohlfahrtsproduktion als Grundbegriff

Allerdings präjudiziert die skizzierte wohlfahrtsstaatliche Programmatik noch nicht das Ausmaß und die Art des staatlichen Eingreifens in die gesellschaftlichen Verhältnisse zur Gewährleistung sozialer Teilhabe. Der internationale Vergleich zeigt hier vielmehr sehr unterschiedliche Strategien und Kombinationen zwischen staatlicher, marktlicher, betrieblicher, assoziativer und familialer Wohlfahrtsproduktion. Die jeweilige Konfiguration unterschiedlicher Versorgungsformen sei im folgenden als *Arrangement der Wohlfahrtsproduktion* bezeichnet. Unter ›wohlfahrtsstaatlichem Arrangement‹ wird somit die jeweilige Konfiguration zwischen staatlichen, marktlichen, verbandlichen und privaten Formen der Wohlfahrtsproduktion verstanden, welche in ihrem Zusammenhang als Konsequenz politischer Entscheidungen interpretiert werden. Die mehr oder weniger ungleichen Lebenslagen verschiedener Bevölkerungsgruppen sind institutionell im wesentlichen durch das jeweilige wohlfahrtsstaatliche Arrangement bestimmt.

Der basale Begriff der Wohlfahrtsproduktion wurde gewählt, um eine von der politischen Rhetorik unabhängige Position zu gewinnen.[66] ›Wohlfahrtsproduktion‹ bezeichnet die Gesamtheit der Nutzen für Dritte stiftenden Transaktionen, seien sie öffentlicher oder privater Art, entgeltlich oder unentgeltlich, formell oder in-

65 Vgl. Luhmann, Niklas: Inklusion und Exklusion. In: ders., Soziologische Aufklärung 6. Die Soziologie und der Mensch. Opladen 1995, S. 237-264.
66 Vgl. hierzu Kaufmann, Franz-Xaver: Staat und Wohlfahrtsproduktion. In: Derlien, Hans Ulrich u. a. (Hg.): Systemrationalität und Partialinteresse. FS Renate Mayntz. Baden-Baden 1994, S. 357-380 (auch in Kaufmann, Soziologie und Sozialstaat, Kapitel 8).

formell.[67] Nutzen kann dabei auf unterschiedlichen Ebenen sozialer Wirklichkeit definiert werden, insbesondere als individueller, organisationsspezifischer oder kollektiver, d. h. auf eine bestimmte politische Einheit bezogener Nutzen. Das Problem der Sozial- oder Wohlfahrtsstaatlichkeit bezieht sich demzufolge analytisch auf die Rolle des Staates mit Bezug auf den Gesamtprozeß der Wohlfahrtsproduktion. Wie zu zeigen sein wird, wird diese in den sechs untersuchten Fällen (Sowjetunion, Vereinigte Staaten, Großbritannien, Frankreich, Schweden, Deutschland) recht unterschiedlich definiert; demzufolge sind auch unterschiedliche sozialpolitische Institutionen entstanden. Sozialpolitische Interventionen lassen sich zwar in all diesen Ländern beobachten, aber in unterschiedlicher Form, durch unterschiedliche Träger und mit unterschiedlicher Reichweite. Dementsprechend unterscheidet sich das gesellschaftliche Arrangement der Wohlfahrtsproduktion zwischen allen untersuchten Ländern erheblich.

Der *Verteilungskonflikt* gehört zu den konstitutiven Merkmalen wohlfahrtsstaatlicher Arrangements. Sobald großräumige ökonomische Verteilungsergebnisse nicht ausschließlich auf anonymem Wege durch Konkurrenz auf Märkten zustande kommen, sondern auf politischem Wege durch staatliches Recht und durch Budgetentscheidungen beeinflußt werden, artikulieren sich Interessengegensätze zwangsläufig politisch und damit häufig konfliktuell. Zwar bringt es die in vielen Wohlfahrtsstaaten hohe und parteiübergreifende Akzeptanz wohlfahrtsstaatlicher Vorkehrungen in der Bevölkerung[68] mit sich, daß sozialpolitische

---

67 Insoweit derartige Transaktionen formeller und entgeltlicher Art sind, werden sie bekanntlich in der volkswirtschaftlichen Gesamtrechnung erfaßt. Dabei bleibt jedoch sowohl der Bereich der Haushalts- und Netzwerkproduktion als auch derjenige der sog. Schattenwirtschaft und der ehrenamtlichen Tätigkeiten ausgeschlossen, die wir angesichts der Auswirkungen staatlicher Gesetzgebung auch auf diese Bereiche zum mindesten analytisch stets mit im Auge haben müssen. Mit Hilfe von Zeitbudgeterhebungen gelingt es im übrigen zunehmend, auch diese Bereiche zu quantifizieren.

68 Vgl. für Deutschland zuletzt Roller, Edeltraud: Staatsbezug und Individualismus. Dimensionen des sozialkulturellen Wertwandels. In: 50 Jahre Bundesrepublik Deutschland: Rahmenbedingungen – Entwicklungen – Perspektiven. Hg. von Thomas Ellwein u. Everhard Holtmann. Opladen 1999, S. 229-246; zum internationalen Vergleich vgl. Beliefs in Government. 5 Bde. Oxford 1995, insb. Bd. 3: The Scope of Government. Hg. v. Ole Borre u. Elinor Scarbrough.

Gesetze vielfach im parteiübergreifenden Konsens verabschiedet werden. Das ändert jedoch nichts an der zugrundeliegenden verteilungspolitischen Konfliktlage, die jederzeit in den Vordergrund des politischen Geschehens rücken kann. Vor allem in Zeiten geringen Wirtschaftswachstums oder wenn aus anderen Gründen eine Reduzierung sozialstaatlicher Leistungen gefordert wird, ist mit harten politischen Auseinandersetzungen zu rechnen. Diese sind selbst bei einer allgemein gewordenen grundsätzlichen Anerkennung sozialer Rechte unvermeidlich, denn über das Ausmaß zulässiger sozialer Ungleichheit und die Dringlichkeit von Problemlagen kann demokratisch nur in politischen Auseinandersetzungen entschieden werden. Dieser vor allem in jüngster Zeit unter dem Druck der Globalisierung aktuelle, häufig als ›Krise‹ apostrophierte Aspekt der wohlfahrtsstaatlichen Entwicklung[69] kommt trotz seiner Aktualität in der nachfolgenden Darstellung nur am Rande vor, geht es hier vor allem doch um die institutionellen Entwicklungen in ihrem historischen Zusammenhang. Diese aber sind das bleibende Ergebnis der jeweiligen politischen Auseinandersetzungen, denen vergleichbare Kontinuitäten fehlen. Ihre Erwähnung rechtfertigt sich deshalb nur, sofern ihnen eine langfristig weichenstellende Wirkung zuzusprechen ist.

2.3 Modernisierung und wohlfahrtsstaatliche Entwicklung

Ein ›nationenneutraler‹ internationaler Vergleich setzt voraus, daß die Konzeption der grundlegenden Begriffe sich an umfassenden Gemeinsamkeiten orientiert. Als mögliches theoretisches

69 Vgl. als Überblicke: Die ›Krise des Sozialstaats‹ in international vergleichender Perspektive – Denkanstöße für die Bundesrepublik Deutschland. Themenheft, hg. v. Bernd von Maydell. SF 46 (1997), Heft 1-2; Welfare States in Transition. National Adaptations in Global Economies. Hg. v. Gösta Esping-Andersen. London u. a. 1996. Ein umfangreiches, international vergleichendes Projekt wurde am Max-Planck-Institut für vergleichende Gesellschaftsforschung (Köln) unter der Leitung von Prof. Dr. Fritz W. Scharpf durchgeführt. Vgl. Welfare and Work in the Open Economy. Hg. v. Fritz W. Scharpf u. Vivian A. Schmidt. Band 1: From Vulnerability to Competitiveness; Band 2: Diverse Responses to Common Challenges. Oxford 2000.

Paradigma bietet sich hier die Modernisierungstheorie in ihren verschiedenen Facetten an.[70] Denn daß wohlfahrtsstaatliche Entwicklungen sich typischerweise im Rahmen der neuzeitlichen Transformationsprozesse ereignet haben und auch heute einen gewissen Grad der ökonomischen und politischen Entwicklung voraussetzen, ist unbestritten. Das Laboratorium dieser neuzeitlichen Transformationen aber war Nord-, West- und Mitteleuropa, und hier kam der Sozialpolitik auch eine zwar von Land zu Land verschiedene, aber in der Regel doch konstitutive Bedeutung für die innere Entwicklung zu.[71] Nach Ansicht des Verfassers stellen aber nicht erst die Risiken der Industrialisierung, sondern schon der *Verlust der Selbstversorgungsmöglichkeiten* durch originären Zugang zu Grund und Boden im Zuge der privatrechtlichen Aneignung allen Bodens und der wachsenden Verstädterung einen problemerzeugenden Prozeß der Exklusion dar, welcher – zumeist als Armutspolitik – staatliches Eingreifen provozierte.[72] Auch wenn die frühe Armenpolitik meist repressiv war, so zeigten sich spätestens mit der Armengesetzgebung von Elisabeth I. (1598/1601) doch auch erste protektive Maßnahmen von seiten des Staates. Diese Gesetze gelten denn auch als der Beginn

70 Matthes, The Operation Called ›Vergleichen‹, S. 81-88, weist zu Recht auf den ›westlichen‹ Charakter soziologischer Modernisierungstheorien und deren ›nationalgesellschaftliche‹ Implikationen hin. Dies prägt auch das gesamte ›wohlfahrtsstaatliche‹ Denken, so daß auch unser Ansatz mit der Einschränkung des westlichen Denkhorizonts zu versehen ist. Da allerdings auch die Menschenrechtsdoktrin diesem Denkhorizont entstammt, ist ein die postulierte Andersartigkeit nichtwestlicher Kulturen einschließender Denkansatz bisher nicht in Sicht. Zur Sicht der Dinge im Horizont des Konfuzianismus vgl. Rieger u. Leibfried, Wohlfahrtsstaat und Sozialpolitik in Ostasien.

71 Eine bemerkenswerte Konzeptualisierung des europäischen Modernisierungsprozesses gibt Therborn, Göran: European Modernity and Beyond. London 1995. In den grundlegenden Bestimmungen von Modernität (S. 3-5) stimme ich mit Therborn weitgehend überein; vgl. Kaufmann, Franz-Xaver: Religion und Modernität. Tübingen 1989, S. 35-48.

72 Nicht von ungefähr ließ Rousseau die ›bürgerliche Gesellschaft‹ mit dem Privateigentum an Grund und Boden beginnen. Vgl. auch die eindrückliche Beschreibung der ›Enclosures‹ und der damit zusammenhängenden Armenpolitik im Kapitel über die ›ursprüngliche Akkumulation‹ bei Marx, Karl: Das Kapital, Buch 1, 10. Aufl. Hamburg 1923, S. 679-726. – Zur Substitution von ›Selbstversorgung‹ durch ›Staatsversorgung‹ vgl. Kaufmann, Franz-Xaver, u. Schäfer, Peter: Das Problem bürgernaher Sozialpolitik. In: Kaufmann, Franz-Xaver (Hg.): Bürgernahe Sozialpolitik. Frankfurt/New York 1979, S. 13-62.

staatlicher Sozialpolitik in England, wo die Armutsproblematik bis heute das sozialpolitische Denken beherrscht.

Will man im Hinblick auf den internationalen Vergleich einen gegenüber bestimmten nationalen Vorverständnissen möglichst neutralen Interpretationsrahmen für den Vergleich von wohlfahrtsstaatlichen Entwicklungen bilden, so bieten modernisierungstheoretische Konzepte eine brauchbare Grundlage, um die Gemeinsamkeiten der in unseren Vergleich einbezogenen Länder zu thematisieren. Zur Schärfung der Differenz *wohlfahrtsstaatlicher* Entwicklungen bietet die im vorangehenden skizzierte Programmatik sozialer Grundrechte einen ersten Anhaltspunkt, der im wesentlichen normativer Art ist und die *Entwicklungsrichtung* angibt, der tatsächlich beobachtbare institutionelle Veränderungen genügen müssen, um im normativen Sinne als sozial- oder wohlfahrtsstaatlich qualifiziert werden zu können.

Die *empirische Sozialpolitik- und Wohlfahrtsstaatsforschung* orientiert sich nur sehr mittelbar an den skizzierten normativen Vorgaben oder selbst ihren nationalen Konkretionen, sondern an den institutionellen Entwicklungen, und diese weisen – vor allem in jüngster Zeit – keineswegs immer in die Richtung einer Ausweitung oder Konsolidierung sozialer Rechte.[73] Deshalb kommt man um eine zusätzliche, induktiv vorgehende Umschreibung der einschlägigen Maßnahmenkomplexe in einem möglichst alle relevanten Traditionen berücksichtigenden Sinne nicht herum. *Schaubild 1* verdeutlicht in schematisierender Weise die typischen sozialen Probleme und ihre sozialpolitische Bearbeitung. Dabei

73 Man kann, um die Ambivalenz einer Sozialpolitik des ›welfare backlash‹ zu umgehen, begrifflich zwischen *Sozialpolitik erster und zweiter Ordnung* unterscheiden. Sozialpolitik erster Ordnung geht von öffentlich thematisierten und dann politisierten sozialen Problemlagen aus, legitimiert sich somit durch ihren ›sozialen‹ Charakter und trägt in der Regel unmittelbar zum Ausbau oder zur Konsolidierung sozialer Rechte bei. Sozialpolitik zweiter Ordnung legitimiert sich dagegen durch Anpassungsnotwendigkeiten der im Zuge von Sozialpolitik erster Ordnung entstandenen Interventionsapparaturen. Hier geht es z. B. um eine verstärkte Systematisierung und Rationalisierung der Interventionen, um Finanzierungsfragen und Ausgabenbeschränkungen oder um die Stellung und die Kompetenzen bestimmter kollektiver Akteure. Vgl. Kaufmann, Franz-Xaver: Der Sozialstaat als Prozeß – für eine Sozialpolitik zweiter Ordnung. In: Verfassung, Theorie und Praxis des Sozialstaates. FS Hans F. Zacher. Hg. v. Franz Ruland u. a. Heidelberg 1998, S. 307-322 (auch in Kaufmann, Sozialpolitik und Sozialstaat, Kapitel 5).

werden frühe und fortgeschrittene institutionelle Lösungen unterschieden. Typischerweise entstehen in diesem Zusammenhang neue kollektive Akteure, welche in der Folge ihrerseits Einfluß auf die sie mit betreffenden sozialpolitischen Willensbildungsprozesse zu gewinnen versuchen. In der vorletzten Spalte wird schließlich auf den mutmaßlich kollektiven Nutzen der entsprechenden Maßnahmen hingewiesen, auf einen Nutzen also, der nicht nur den Adressaten zugute zu kommen, sondern der auch ein öffentliches Interesse an den Maßnahmen zu begründen vermag.[74] Für viele der hier angedeuteten sozialpolitischen Maßnahmen ist charakteristisch, daß sie die Lebenslage der unter Marktabhängigkeit lebenden Menschen stabilisieren und die Bedingungen ihrer Regeneration wie auch ihrer Reproduktion, d. h. der Gründung von Familien, verbessern. Dabei liegt ihr Sinn nicht nur im individuellen, sondern auch im *kollektiven Nutzen*, z. B. der Humanvermögensbildung der Aufrechterhaltung des sozialen Friedens oder der Steigerung der Arbeitsproduktivität.

Im wesentlichen lassen sich drei große Problem- und Institutionenkomplexe unterscheiden, die mit unterschiedlichen Gewichtungen in den verschiedenen Staaten den Inhalt wohlfahrtsstaatlicher Politik ausmachen:

1. Die Regulierung und Förderung der Arbeitsverhältnisse und des Status der abhängig Beschäftigten: *Sozialpolitik im Produktionsbereich.* Hier geht es vor allem um die Ausgestaltung des Koalitions- und Streikrechts, die Regulierung betrieblicher Arbeitsverhältnisse und den gerichtlichen Arbeitnehmerschutz, aber auch um Mitbestimmungsregelungen sowie Arbeitsmarkt- und Beschäftigungspolitik.

2. Die Gewährung sozialer Sicherheit gegen die sogenannten Standardrisiken des Einkommensverlustes – Krankheit, Berufsunfall, Alter und Invalidität, Arbeitslosigkeit und Familienlasten – und damit die Etablierung eines Systems der aus Steuern oder

---

74 Zur Systematisierung des Nutzens wohlfahrtsstaatlicher Entwicklungen vgl. Kaufmann, Franz-Xaver: Herausforderungen des Sozialstaates. Frankfurt/M. 1997, S. 34 - 48. Die gegenwärtige Wohlfahrtsstaatskritik betont vor allem unerwünschte Nebenwirkungen der wohlfahrtsstaatlichen Entwicklung wie z. B. das Überhandnehmen staatlicher Regulierungen, rigide Löhne, eine die Investitionsbereitschaft lähmende Grenzbelastung der unternehmerischen Gewinne u. a. m. Die Abwägung von Nutzen und unerwünschten Nebenwirkungen führt in ein weites Feld auch politischer Einschätzungen, auf das im folgenden nur beiläufig eingegangen werden kann.

Schaubild 1: Zentrale soziale Probleme und ihre institutionellen
Lösungen

Problem	Frühe institutionelle Lösungen	Typische kollektive Akteure	Kollektive Nutzen	Fortgeschrittene institutionelle Lösungen
Anerkennung der Gleichberechtigung der Arbeiter	Koalitionsrecht Tarifverträge Schlichtung	Gewerkschaften Arbeitgeber (-verbände) Schlichtungseinrichtung Arbeitsgerichte	Pazifizierung des Klassengegensatzes Politische Integration	Verhandlungssysteme Mitwirkung an öffentlichen Aufgaben Mitbestimmung
Schutz vor Risiken im Produktionsprozeß	Arbeitsrecht Gewerbehygiene Arbeitsschutz Unfallversicherung	Fabrikinspektion Sicherheitskommissionen Unfallversicherungsträger	Steigerung der Arbeitsproduktivität	Arbeitsmedizin Unfallprävention Humanisierung des Arbeitslebens
Schutz vor Armut	Hilfskassen Sozialversicherung Staatsfinanzierte Grundsicherung	Kassen bzw. Versicherungsträger und ihre Verbände Aufsichtsbehörden	Entlastung der Armenfürsorge Stabilisierung der Familienverhältnisse Stärkung der Nachfrage	Universalistische soziale Sicherungssysteme
Arbeitslosigkeit	Geregelte Arbeitsvermittlung	Arbeitsverwaltungen Gewerkschaften Betroffenenbewegungen	Hoher Beschäftigungsgrad Wirtschaftswachstum Reduktion von Lohnersatzleistungen	(Voll-)beschäftigungspolitik Arbeitsmarktpolitik
Krankheit Behinderung	Armenmedizin Kassenmedizin Öffentliches Gesundheitswesen	Ärzteverbände Kassen (-verbände) Kliniken (-verbände) Sonstige Produzentenverbände	Erhaltung von Humanvermögen	Nationale Krankenversorgungssysteme Korporatistische Steuerungssysteme des Gesundheitswesens

Problem	Frühe institutionelle Lösungen	Typische kollektive Akteure	Kollektive Nutzen	Fortgeschrittene institutionelle Lösungen
Fehlende Handlungskompetenz	Volksschule Arbeiterbildung Berufsausbildung	Schulen (-verbände) Lehrerverbände Weiterbildungseinrichtungen	Schaffung von Humanvermögen Volkswirtschaftliche Produktivität	Differenzierte Bildungssysteme Professionalisierung
Fehlende Erziehung	Familienhilfen Jugendfürsorge	Soziale Dienste (+ Verbände) Familienverbände Jugendverbände	Nachwuchssicherung Prävention abweichenden Verhaltens	Ganztagsschulen Verbindung von Schüler- und Jugendarbeit
Wohnungsnot	Obdachlosenunterkünfte Betriebliches Wohnen Wohnungsgenossenschaften	Mieterverbände Eigentümerverbände	Erhaltung von Humanvermögen Stabilisierung der Familienverhältnisse	Mieterschutz Öffentliche Förderung des Wohnungsbaus

Zwangsbeiträgen finanzierten ›Zweiten Einkommensverteilung‹: *Sozialpolitik im Verteilungsbereich.*[75]

3. Die Gewährleistung unentgeltlicher oder zum mindesten staatlich weitgehend subventionierter Sach- und Dienstleistungen, insbesondere im Bereich der Bildung, der medizinischen Versorgung und Pflege, der Wohnung sowie der Hilfe in persönlichen Notlagen: *Sozialpolitik im Reproduktionsbereich.*

75 Für die interpersonelle Einkommensumverteilung ist somit nicht nur die Ausgestaltung der Sozialleistungen, sondern ebenso die Ausgestaltung des Abgabensystems von Bedeutung. Dieser Aspekt kann in der folgenden Darstellung nur sehr pauschal hinsichtlich der Finanzierungsweise der Sozialleistungen angesprochen werden. Die Gestaltung des Steuersystems bleibt außer Betracht, weil mir hierzu vergleichende Darstellungen nicht bekannt sind und die Verteilungswirkungen vielfach auch auf nationaler Ebene nur ungenügend untersucht werden. Geht man von der Gewährleistung sozialer Rechte als spezifischer Differenz der Wohlfahrtsstaatlichkeit aus, so handelt es sich hierbei auch um einen systematisch sekundären, politisch allerdings höchst brisanten Gesichtspunkt.

Der oben eingeführte Begriff des Sozial- oder Wohlfahrtssektors bezieht sich auf die Maßnahmenkomplexe unter 2. und 3., also im wesentlichen auf die Maßnahmen der sozialen Sicherung und die sozialen Dienste, nach deutscher Terminologie auf den Bereich des Bildungs- und Sozialrechts. Der für den deutschen Begriff der Sozialpolitik konstitutive Bereich des Arbeitsrechts wird dagegen dem angelsächsischen Begriff des ›welfare state‹ häufig nicht subsumiert. Jedoch spielt die Arbeitsmarkt- und Beschäftigungspolitik im Rahmen des ›skandinavischen Modells‹ eine zentrale Rolle. Die national unterschiedlichen Klassifikationen bilden selbst eine Dimension des internationalen Vergleichs.

Jeder Versuch, einen ›gemeinsamen Sinn‹ in diesen Maßnahmen zu finden, also die spezifische Differenz der hier als wohlfahrtsstaatlich bezeichneten Maßnahmen herauszuarbeiten, impliziert theoretische und normative Annahmen, wie gezeigt wurde. Die Praxis der international vergleichenden Forschung in diesem Bereich konzentriert sich einerseits stark auf Gewerkschaftsfragen (also auf einen Aspekt von ›occupational welfare‹) und auf Fragen der sozialen Sicherung andererseits.[76] Umfassendere Perspektiven, welche die wohlfahrtsstaatliche Entwicklung im Zusammenhang international vergleichend betrachten, sind vorerst noch selten.[77]

2.4 Zum Anspruch der vorliegenden Studie

Die vorangehend skizzierte Perspektive ist zwar umfassender als die meisten in den Sozialwissenschaften vertretenen Interpretationen des Wohlfahrtsstaats, ohne ihnen jedoch inhaltlich zu widersprechen. Sie steht im Hintergrund unserer weiteren Darstellung, ohne daß es hier möglich wäre, die über die Länderstudien hinausreichenden Erkenntnisinteressen auszuführen.[78] Bezogen

76 Alber, Jens: A Framework for the Comparative Study of Social Services. In: Journal of European Social Policy 5 (1995), S. 131-149, mahnt zu Recht die Einbeziehung der sozialen Dienste in den internationalen Vergleich an.
77 Der meistdiskutierte Versuch ist Esping-Andersens »The Three Worlds of Welfare Capitalism«; vgl. auch Families of Nations. Patterns of Public Policy in Western Democracies. Hg. Francis G. Castles. Aldershot 1993.
78 Eine zusammenfassende Darstellung der vom Verfasser vertretenen wohlfahrtsstaatstheoretischen Position findet sich in: Kaufmann, Sozialpolitik und Sozialstaat, insb. Kapitel 11.

auf die in Kapitel 1 unterschiedenen methodischen Zugriffe wird man das hier gewählte Vorgehen am ehesten als Verbindung von historischem und institutionellem Vergleich charakterisieren dürfen.

Das Ziel der vorliegenden Studie bleibt in Hinsicht auf *vergleichende* Ansprüche jedoch bescheiden. Denn ihr anspruchsvolles Hauptziel ist es, den idiosynkratischen Charakter nationaler Entwicklungen zur Wohlfahrtsstaatlichkeit hervorzuheben. Im Unterschied zu den vorherrschenden Tendenzen der vergleichenden Wohlfahrtsstaatsforschung wird daher auf eine ›Variablensoziologie‹ und auf eine typologische Klassifizierung verzichtet und statt dessen versucht, die ›*Gestalt*‹ der jeweiligen nationalen Entwicklungen und der ihnen zugrundeliegenden Ideen und Realfaktoren *im Zusammenhang* zu skizzieren.[79] Um mehr als Skizzen kann es sowohl wegen des beschränkten Umfangs dieser Studie als auch aus sachlichen Gründen nicht gehen. Denn natürlich bedarf auch der Versuch, den Zusammenhang zwischen grundlegenden politischen und gesellschaftlichen Merkmalen eines Landes einerseits und den institutionellen Ausprägungen seines Wohlfahrtssektors andererseits herzustellen, der Vereinfachung, ja gelegentlich sogar *grober Vereinfachung*. Denn nur in der von vielen Details und historischen Kontingenzen abstrahierenden Herausarbeitung einiger Hauptlinien der Entwicklung kann ein Erkenntnisgewinn gegenüber historischen Gesamtdarstellungen oder den im einzelnen präziseren Spezialuntersuchungen gelingen.

Von einer bloßen Beschreibung unterscheiden sich die folgenden Skizzen durch die Grundannahme langfristig wirksamer Zusammenhänge zwischen politischen, sozioökonomischen und kulturellen Eigenschaften der untersuchten Gemeinwesen einerseits und der Gestalt der resultierenden Arrangements der Wohlfahrtsproduktion andererseits. Diese Zusammenhänge sind nicht im Sinne eindeutiger Ursache-Wirkungsbeziehungen, sondern von *vermittelten Wechselwirkungen* zu verstehen. Die Grundan-

79 Ähnlich kritisch schätzt Stephan Lessenich den bisherigen Forschungsstand ein. Er fordert als Ergebnis seiner Auseinandersetzung, insbesondere auch mit der typologischen Methode, »die Spezifität und Einzigartigkeit einzelner Wohlfahrtsstaaten und ihres Wandels analytisch wieder ernster zu nehmen.« Lessenich, Soziologische Erklärungsansätze zu Entstehung und Funktion des Sozialstaats, S. 69.

nahme ist somit derjenigen ähnlich, die Francis Castles seiner Typologie von ›Families of Nations‹ zugrunde legt:

»It suggests that some of the more important policy similarities between groups of nations and their differences from other groups may be attributable as much to history and culture and their transmission and diffusion amongst nations as to the immediate impact of the economic, political, and social variables that figure almost exclusively in the contemporary public policy literature.«[80]

Auch wenn unsere Darstellung sich auf einzelne Länder und nicht auf bestimmte Typen oder Familien von Ländern bezieht, so sollen damit grenzüberschreitende Gemeinsamkeiten und Einflüsse doch keineswegs bestritten werden. Sie sind im Falle Skandinaviens offenkundig, und auch zwischen Deutschland und Österreich oder zwischen Frankreich und Belgien gibt es viele institutionelle und ideologische Verwandtschaften. Ob die Gemeinsamkeiten größerer Ländercluster stark genug sind, um die Vielfalt der Einzelfälle in heuristisch fruchtbarer Weise auf einige wenige Typen zu reduzieren, scheint mir auf der Basis des gegenwärtigen Forschungsstandes jedoch eher zweifelhaft. Die Resultate empirischer Untersuchungen fügen sich der typologischen Interpretation häufig nicht.[81]

Die anschließenden Länderstudien sind nichtsdestoweniger auch von einem typisierenden und vergleichenden Erkenntnisinteresse getragen. Typisierend geht es darum, im Vergleich zur Sowjetunion als Repräsentanten eines ›sozialistischen‹ Entwicklungstypus und zu den Vereinigten Staaten als Repräsentanten eines ›privatkapitalistischen‹ Entwicklungstypus die Eigenarten der für Westeuropa charakteristischen wohlfahrtsstaatlichen Vergesellschaftungsform herauszuarbeiten und zugleich deren interne Variabilität zu verdeutlichen. Das vergleichende Moment liegt im parallelen Aufbau aller Länderstudien: Nach kurzen historischen Hinweisen folgt eine Skizze des Verhältnisses von po-

80 Castles, Francis G. In: Families of Nations, S. XV.
81 Vgl. beispielsweise die gängige politikwissenschaftliche Vorannahmen in Frage stellenden empirischen Befunde bei Lane, Jan-Erik, u. Svante O. Ersson: Politics and Society in Europe. 3. Aufl. London 1994; Toft, Jenseits der Dreiweltendiskussion, weist zudem in Esping-Andersens Werk theoretische Inkonsistenzen nach, welche den Wert seines typologischen Ansatzes grundsätzlich in Frage stellen.

litischer und gesellschaftlicher Organisation und ihrer Reflexion in der Polarität von ›Staat‹ und ›(bürgerlicher) Gesellschaft‹.[82] Es folgen dann Hinweise zu den Eigenarten des Wirtschaftssystems, und in diesem Zusammenhang zur Entwicklung der Arbeiterbewegung und des rechtlichen Umgangs mit dem Problem der industriellen Arbeit. Hieran schließen Abschnitte zu den Formen der Einkommenssicherung und den wichtigsten sozialen Dienstleistungssystemen an. Jede Länderstudie enthält ferner eine etwas eingehendere Darstellung eines bestimmten Problembereichs, der mir für die Sozialpolitik dieses Landes besonders charakteristisch erscheint, sowie zur Auffassung der ›sozialen Frage‹ und zu Eigenarten des institutionellen Arrangements der Wohlfahrtsproduktion.

82 Ich bediene mich dieser von Hegel herkommenden und durch Lorenz von Stein für die Theorie des Sozial- oder Wohlfahrtsstaats wegweisend gemachten Unterscheidung im Bewußtsein ihrer Ambivalenz; aber die neuerliche Rede von der ›Zivilgesellschaft‹ erscheint mir auch nicht erhellender.

3. Wohlfahrtsstaatlichkeit zwischen Kapitalismus und Sozialismus

Die normativen Implikationen analytischer Unterscheidungen und theoretischer Orientierungen werden besonders deutlich, wenn man das Konzept der wohlfahrtsstaatlichen Entwicklung zum klassischen Spannungsverhältnis zwischen ›Kapitalismus‹ und ›Sozialismus‹ in Beziehung setzt. Vielfach ist hier von einem ›dritten Weg‹ die Rede, den insbesondere die westeuropäischen Staaten eingeschlagen hätten und der sich deutlich vom ›kapitalistischen‹ Weg der Vereinigten Staaten und vom ›sozialistischen‹ Weg‹ der Sowjetunion und der von ihr abhängigen Staaten unterscheide.

In der hier zugrundegelegten, an der Gewährleistung sozialer Rechte orientierten normativen Perspektive erscheint es in der Tat als durchaus fragwürdig, ob die Entwicklung in den Vereinigten Staaten von Amerika als ›wohlfahrtsstaatlich‹ zu qualifizieren ist.[83] Wie bereits erwähnt, haben sich die USA bisher allen internationalen Institutionalisierungen der wohlfahrtsstaatlichen Programmatik gegenüber ablehnend verhalten, und auch die meist vorherrschenden Meinungstendenzen in den USA sind hinsichtlich staatlicher Lösungen der Wohlfahrtsprobleme äußerst kritisch eingestellt.

Einen anderen, vom ›westeuropäischen Modell‹ abweichenden Fall stellten die sich selbst als sozialistisch bezeichnenden Staaten des Ostblocks dar. Auch wenn sich der Modernisierungspfad des ›real existierenden Sozialismus‹ als vergleichsweise wenig erfolgreich herausgestellt hat, ist er unter wohlfahrtsstaats-

---

83 In der angelsächsischen Forschung wird dies als selbstverständlich vorausgesetzt. Der theoretische Bezugsbegriff ist dann allerdings nicht ›welfare state‹, sondern ›welfare capitalism‹. Dies hängt mit dem schwach entwickelten Staatskonzept im angelsächsischen Bereich zusammen. Gegen den möglichen Einwand, daß die hier vertretene Position eine typisch kontinentaleuropäische sei, läßt sich nur die Gegenfrage stellen, ob die eingeführten Unterscheidungen nicht doch heuristisch fruchtbarer sind. Im übrigen scheinen nun auch die amerikanischen Wohlfahrtsstaatsforscher den ›Staat‹ zu entdecken, vgl. z. B. den programmatischen Titel »Bringing the State Back In« (Hg. v. Evans u. a., 1985).

theoretischen Gesichtspunkten dennoch beachtlich. Denn nicht wenige Verfechter und vor allem Kritiker einer wohlfahrtsstaatlichen Programmatik glaubten, der Sozialismus sei der Zielpunkt wohlfahrtsstaatlicher Entwicklungen. Das Wort ›Sozialismus‹ deckt nicht nur sozialrevolutionäre, sondern auch sozialreformerische Vorstellungen, so daß wir hier bestimmter vom marxistisch-leninistischen Modell des Sozialismus sprechen müssen. Dieses beansprucht, soziale Rechte für jedermann in besonders hohem Umfange zu gewährleisten, und erscheint demzufolge der wohlfahrtsstaatlichen Programmatik im skizzierten Sinne verpflichtet. Die spezifische Differenz zum ›westeuropäischen Modell‹ liegt hier zum einen in der unterschiedlichen Wirtschaftsverfassung und zum anderen in der wesentlich kollektivistischeren gesellschaftspolitischen Programmatik und der damit verbundenen enormen Distanz zwischen Ideal und Wirklichkeit. Die Zentralisierung aller Machtmittel in den Händen einer einzigen Partei und der damit verbundene Versuch, auch die Wirtschaft zentral zu steuern, ist angesichts der mit Modernisierungsprozessen zwangsläufig verbundenen gesellschaftlichen Komplexitätssteigerung offenbar kein taugliches Modell.

Auch in zahlreichen westlichen Staaten schwebte der Arbeiterbewegung lange ein Leitbild kollektiver Wirtschaftssteuerung unter maßgeblicher Beteiligung der Arbeiter vor: In Deutschland war vornehmlich von ›Gemeinwirtschaft‹, in Frankreich von ›Syndikalismus‹ die Rede. Die verschiedenen ›wohlfahrtsstaatlichen Kompromisse‹ – Abkommen zwischen Arbeitgeberverbänden und Gewerkschaften mit weitreichenden sozialpolitischen Konsequenzen – welche in mehreren europäischen Staaten zustande gekommen sind,[84] folgen einem anderen Muster, das bereits Lorenz von Stein als produktive Lösung des Klassenkampfes empfohlen hatte:[85] Die Gewerkschaften anerkennen die marktwirtschaftliche Ordnung und das Privateigentum an den Produktionsmitteln sowie die damit verbundene Leitungskompetenz der

---

84 Zu nennen sind das ›Septemberagreement‹ in Dänemark (1900), das Stinnes-Legien-Abkommen in Deutschland (1918), das Matignon-Abkommen (1936) in Frankreich, das schwedische Abkommen von Saltsjöbaden (1938) u. a. m.
85 Vgl. Stein, Lorenz von: Die Geschichte der sozialen Bewegung in Frankreich von 1789 bis auf unsere Tage. Leipzig 1850 (Div. Nachdrucke); sowie zusammenfassend Kaufmann, Der Begriff Sozialpolitik, S. 15-18.

Unternehmer; die Unternehmer anerkennen im Gegenzug nicht nur die Gewerkschaften als legitime Vertreter der Arbeiterinteressen, sondern stimmen auch staatlichen Maßnahmen zum Schutz und zur Förderung der Arbeiter zu. Diese Kompromisse waren zum einen die Konsequenz von Machtverhältnissen, in deren Rahmen die Arbeiterbewegung ihre weiterreichenden sozialistischen Vorstellungen nicht verwirklichen konnte. Sie bedeuteten jedoch gleichzeitig *Lernprozesse*, und zwar sowohl auf seiten der Arbeitgeber wie der Arbeitnehmer, insofern als neben den in der Theorie des Klassenkampfes betonten Interessengegensätzen auch die Vorteilhaftigkeit friedlicher Arbeitsbeziehungen erkannt wurde.

Wir können demzufolge als Spezifika des genuinen, westeuropäischen Modells der Wohlfahrtsstaatlichkeit die *Kombination von marktwirtschaftlich kontrollierter Unternehmerverantwortung und von staatlich gewährleisteten wirtschaftlichen und sozialen Rechten* festhalten. Im Rahmen dieses ›westeuropäischen Modells‹ existieren jedoch auch deutliche nationale Varianten.

Die skizzierten Unterscheidungen bewegen sich primär auf der Ebene von Selbstwahrnehmungen und Fremdzuschreibungen beteiligter Akteure, also auf der Ebene der politischen Rhetorik. Diese Deutungsmuster sind zwar auch für den wissenschaftlichen Vergleich nicht belanglos, aber sie sollten nicht unbesehen übernommen werden. Um dieser Differenz Rechnung zu tragen, gehe ich in zwei Schritten vor: In diesem Kapitel werden zunächst Länderstudien zur Sowjetunion und zu den Vereinigten Staaten präsentiert, welche als kontrastierende Fälle den Bereich der wohlfahrtsstaatlichen Entwicklung im europäischen Sinne beleuchten; beide Länder drängen sich aufgrund ihrer besonderen politischen Bedeutung auf. Im folgenden Kapitel wird sodann anhand dreier europäischer Staaten (Großbritannien, Schweden und Frankreich) die Variabilität der vom deutschen Fall abweichenden wohlfahrtsstaatlichen Lösungen in Europa verdeutlicht. Anschließend werden einige Eigenarten des deutschen Sozialstaates im Lichte der ausländischen Vergleichsfälle betont.

3.1 Die Sowjetunion

Als politische Einheit existiert die Ende 1922 gegründete ›Union der Sozialistischen Sowjetrepubliken‹ (UdSSR) seit 1991 nicht mehr, und ihre Nachfolgestaaten befinden sich in einer so unübersichtlichen Transformation, daß hier eine Beschränkung auf den historisch abgeschlossenen Fall zweckmäßig erscheint. Die Materiallage ist aber auch diesbezüglich recht heterogen: Tenor und Inhalt der meisten Studien sind sowohl vom politischen Standort der Autoren als auch vom Zeitpunkt ihrer Entstehung deutlich abhängig. Das sehr unvollständige statistische Material ist mit demjenigen der OECD-Staaten nicht vergleichbar, und die offiziellen Statistiken werden hinsichtlich ihrer Aussagekraft von westlichen Experten angezweifelt.[86]

Wir beschränken uns hier im wesentlichen auf eine Beschreibung der grundsätzlichen systemischen Unterschiede zu den westlichen Staaten und ihres Bezugs zum Arbeitsrecht und zum Sozialsektor.[87] Es geht insbesondere um die Verdeutlichung des Umstandes, daß trotz der der wohlfahrtsstaatlichen ähnlichen sozialistischen Programmatik die sozialpolitischen Probleme der USSR aus gesellschaftsstrukturellen Gründen anders gelagert

---

86 »Das Gebiet der Sozialpolitik gehört begreiflicherweise zu den empfindlichsten Stellen der sowjetischen Statistik und Fachliteratur: Kein anderer Bereich der sowjetischen Gesellschaftspolitik wurde bisher so wenig erforscht und analytisch beschrieben, nur wenige Sektoren der sowjetischen Volkswirtschaft weisen so viele weiße Stellen in den Angaben auf und sind mit so vielen Publikationstabus behaftet wie das System der sozialen Sicherung.« Stiller, Pavel: Sozialpolitik in der UdSSR 1950-80. Baden-Baden 1983, S. 294. Ähnlich bereits Madison, Bernice: Social Services Administration in the U.S.S.R. In: Meeting Human Needs. An Overview of Nine Countries. Hg. v. Daniel Thursz u. Joseph L. Vigilante. Beverly Hills u. London 1975, S. 241-280.

87 Soweit nicht anders vermerkt, entstammen hier wie im folgenden die allgemeinen Länderinformationen neueren Nachschlagewerken, insbesondere: Great Soviet Encyclopedia. A translation of the third edition. 31 Bände, New York u. London 1973-1982; Encyclopaedia Universalis, 18 Bände, Paris 1985; The New Encyclopaedia Britannica, 15. Aufl., 29 Bände, Chicago 1994; Brockhaus-Enzyklopädie, 19. Aufl., 24 Bände, Mannheim 1986-94; Staatslexikon, hg. v. der Görres-Gesellschaft, 7. Aufl., Bd. 6: Die Staaten der Welt I. Freiburg i. Br. 1992; Der Große Ploetz. Würzburg 1991. Spezialliteratur wird an Ort und Stelle zitiert. Angesichts der Breite des abzudeckenden Feldes konnte dabei stets nur eine dem Verfasser bekannte bzw. zugängliche Auswahl an Sekundärliteratur berücksichtigt werden.

waren und daher auch die institutionellen Lösungen nur schwer mit denjenigen der USA und Westeuropas vergleichbar sind.

3.1.1 Staat und Gesellschaft

Die Sowjetunion konnte auf einer jahrhundertealten Tradition der *Staatsentwicklung* Rußlands aufbauen. Seit dem 11. Jahrhundert lassen sich als Identitätsmomente die zunächst zwangsweise Christianisierung und die ethnische Homogenisierung von herrschenden und beherrschten Schichten feststellen. Die Annäherung an Byzanz wurde durch eine über 200jährige Mongolenherrschaft unterbrochen, dann gegen Ende des 15. Jahrhunderts erneuert. Seitdem bildete Moskau nahezu ununterbrochen das Zentrum des ostslawischen Reiches. Von Byzanz wurde die imperiale Reichsidee übernommen, und von 1613 bis 1917 blieb das Zarentum bzw. Kaisertum in der Familie der Romanows. Mit Peter I., genannt der Große (1682-1725), begann eine Politik der Modernisierung Rußlands, die sich u. a. in einer Verwaltungs- und Bildungsreform niederschlug, jedoch auch die Leibeigenschaft verallgemeinerte und einer Zweiteilung der Gesellschaft in Adel und Leibeigene Vorschub leistete. Unter ihm verdrängte Rußland Schweden aus seiner Vormachtstellung im Ostseeraum und begann, mit den Habsburgern im mittel- und osteuropäischen Raum zu rivalisieren. Modernisierung blieb in Rußland aber auch in der Folge eine Angelegenheit ›von oben‹ und bezog sich im wesentlichen auf die Effizienz des autokratisch geführten Staatswesens und die Entwicklung der Wirtschaft, nicht jedoch auf eine Entfaltung der Bürgerrechte. Die Herrschaft des Zaren und seiner Verwaltung war durch keinerlei Gesetze – mit Ausnahme einer gewissen Anerkennung des Privateigentums – beschränkt. Eine recht effektive Geheimpolizei kontrollierte das Land.

Dementsprechend konnte sich bis zur bolschewistischen Revolution von 1917 eine ›*bürgerliche Gesellschaft*‹ *nur in rudimentären Ansätzen* entwickeln. Die Leibeigenschaft der Bauern wurde erst 1861 abgeschafft, doch blieben die lokalen Bauerngemeinden (Mir) als Produktions-, Schutz- und Haftungsverbände für Abgaben bestehen, so daß ein freies Bauerntum sich erst ab den Agrarreformen von 1906 entwickeln konnte. Die Industrialisierung beschränkte sich auf wenige Regionen. Die Verstädterung beschleunigte sich erst gegen Ende des 19. Jahrhunderts, noch 1917 lebten vier Fünftel der Bevölkerung auf dem Lande. Ansätze zu einer bürgerlichen Öffentlichkeit beschränkten sich auf eine schmale Intelligenzschicht, die gegenüber dem autoritären Zarenregime mehrheitlich kritisch bis revolutionär gesinnt war. Ihre Opposition wurde denn auch immer wieder polizeilich unterdrückt. Dennoch befand sich Rußland bei Ausbruch des Ersten Weltkriegs bereits in einem Transformationsprozeß: »1913 betrug der Anteil der höheren und mittleren sozialen Schichten unter Einschluß des gewerbetreibenden Bürgertums und der ›Kulaken‹ 15,9 v. H. Dazu kamen 16,7 v. H. Arbeiter und Angestellte sowie 65,1 v. H. Einzelbauern und Heimarbeiter.«[88]

Das starke Bevölkerungswachstum und die *autokratischen Herrschaftsverhältnisse* führten gegen Ende des 19. Jahrhunderts zu wachsender Unzufriedenheit und zu revolutionären Bewegungen. In den 1890er Jahren wurden hier auch marxistische Ideen rezipiert, und 1898 wurde die Sozialdemokratische Arbeiterpartei Rußlands gegründet. Diese spaltete sich 1903 in eine sozialdemokratische (menschewistische) und in eine revolutionäre (bolschewistische) Nachfolgepartei. Nach der Niederlage im Russisch-Japanischen Krieg (1904/05) entlud sich die Unzufriedenheit in offenen Unruhen und blutiger Repression, die zu halbherzigen Zugeständnissen des Zaren Nikolaus II. führten, welche jedoch die Lage nicht bereinigen konnten. So wurde der Boden für den Untergang des Zarentums als Folge des militärischen und wirtschaftlichen Niedergangs im Ersten Weltkrieg bereitet.

In dieser Krise vermochte die bolschewistische Partei unter W. I. *Lenin*s Führung die Macht im Staate zu erringen, welche sich 1918 in ›Kommunistische Partei Rußlands‹ und nach 1922 in ›Kommunistische Partei der Sowjetunion‹ (KPdSU) umbenannte. Sie wurde zur allein bestimmenden Macht in der nach den revolutionären Wirren gegründeten Sowjetunion. Zu ihren ersten Maßnahmen gehörte die Überführung der Industriebetriebe in Gemeineigentum. Die Kollektivierung der Landwirtschaft erfolgte allmählicher, doch blieb das Ziel eine zentralistische Steue-

88 Ruffmann, Karl-Heinz: Der soziale Strukturwandel in Rußland bis zur Oktoberrevolution. In: Sowjetgesellschaft im Wandel. Rußlands Weg zur Industriegesellschaft. Hg. v. Boris Meissner. Stuttgart 1966, S. 9-26, Zitat S. 24.

rung der gesamten Volkswirtschaft und die Herrschaft der Partei.

Karl Marx und Friedrich Engels hatten in ihrem Werk dem Staat nur eine untergeordnete Rolle eingeräumt und erwarteten die Revolutionierung der Produktionsverhältnisse erst als Ergebnis einer kapitalistischen Entfaltung der Produktivkräfte. Schon 1899 hatte Lenin in seiner Schrift »Die Entwicklung des Kapitalismus in Rußland« behauptet, der Kapitalismus sei in Rußland voll entfaltet; eine proletarische Revolution sei hier deshalb ohne eine vorherige bürgerliche Revolution möglich. Lenins revolutionärer Plan ging davon aus, daß mit der Erringung der Macht in einem Lande die Chancen für die von ihm erwartete Weltrevolution zugunsten der Arbeiterklasse sich verbessern würden. Unmittelbar vor der Oktoberrevolution stellte er sich der Aufgabe, aus den kapitalismustheoretischen Analysen des bisherigen Marxismus ein Konzept für die Zukunft Rußlands zu entwerfen. Unter dem Titel »Staat und Revolution« schrieb er im Sommer 1917 eine Programmschrift, welche die Priorität der politischen Revolution vor der ökonomischen begründete und unter Heranziehung der spärlichen Hinweise aus den Schriften von Marx und Engels eine Theorie des Übergangs zur kommunistischen Gesellschaft entwarf. Ihr zufolge war es zunächst die Aufgabe der Arbeiterklasse, auf revolutionärem Wege die Herrschaft im Staate zu erringen, und dann den Sozialismus als Gemeineigentum an den Produktionsmitteln nach dem Verteilungsprinzip ›Jeder nach seinen Fähigkeiten – jedem nach seinen Leistungen‹ zu verwirklichen. Im Zuge der Entfaltung des Sozialismus sollte dann durch Gewöhnung der Arbeiter an *freiwillige Arbeit* – »nachdem die Arbeit nicht nur Mittel zum Leben, sondern selbst das erste Lebensbedürfnis geworden« – der Staat als gewaltsames Herrschaftsinstrument langsam absterben. Dadurch würde der Übergang in das kommunistische Endstadium der Entwicklung eingeleitet, nach dem Prinzip ›Jeder nach seinen Fähigkeiten – jedem nach seinen Bedürfnissen‹.[89]

Nicht zuletzt infolge einer Erkrankung wurde Lenin schon vor seinem Tod (1924) durch den allmählich entstehenden Parteiapparat entmachtet, in welchem Josef *Stalin* die Fäden zog. Dieser

---

89 Lenin, W(ladimir) I(ljitsch): Staat und Revolution. Die Lehre des Marxismus vom Staat und die Aufgabe des Proletariats in der Revolution. 3. Aufl. Berlin 1951, Zitate (nach Marx, Kritik des Gothaer Programms), S. 100.

setzte sich in der Folge durch und regierte die Sowjetunion mit diktatorischer Macht und terroristischen Mitteln bis zu seinem Tode im Jahre 1953. Er forcierte die Industrialisierung des Landes, welche nicht zuletzt die erfolgreiche Führung des Zweiten Weltkriegs ermöglichte. Dabei wurde einseitig die großbetriebliche Schwerindustrie gefördert, so daß das Wirtschaftswachstum der Bevölkerung kaum zugute kam.[90]

Unter seinen Nachfolgern verfolgte zunächst Nikita Chruschtschow (1953 Generalsekretär der KPdSU, 1958 auch Premierminister) ein in seinen Zielen überzeugt sozialistisches, in den Mitteln jedoch konsumentenfreundlicheres und liberalisierendes Programm regionaler Dezentralisierung und erhöhter betrieblicher Autonomie, das zunehmend auf Widerstand im Parteiapparat stieß und zu Chruschtschows Absetzung (1964) beitrug. Aus der daraufhin eingesetzten kollektiven Führungsgruppe schälte sich Leonid Breschnew (1964 Generalsekretär der KPdSU) als starker Mann heraus, der 1977 auch Präsident der UdSSR wurde. Er machte die strukturellen Dezentralisierungsbemühungen Chruschtschows rückgängig und behinderte durch seine Politik de facto auch die ökonomischen Reformbemühungen seines Premierministers Alexej Kossigyn. Zwar erreichte die Sowjetunion unter Breschnew den Gipfel ihrer internationalen Macht, doch die mißglückende Intervention in Afghanistan und die zunehmenden Schwierigkeiten einer planwirtschaftlichen Leitung der komplexer werdenden Wirtschaft führten zu einem politischen und ökonomischen Niedergang, den auch seine Nachfolger Yuri Andropow (1982-1984), Konstantin Tschernenko (1984/85) und Michail Gorbatschow (1985-1991) nicht aufhalten konnten. Gleichzeitig verflüchtigte sich der Glaube an die Überlegenheit des sozialistischen Systems auch unter den Eliten mehr und mehr. In der Folge löste sich die Sowjetunion 1991 durch Sezession einiger Republiken und schließlich durch Beschluß der übrigen auf.

Trotz wiederholter Verfassungsänderungen und Umstrukturierungen hat die Sowjetunion die Form ihres politischen und seit dem ersten Fünfjahresplan (1929-34) auch ihres ökonomischen

90 »Im Durchschnitt wurden in den dreißiger Jahren 25 bis 35 Prozent des Nationaleinkommens investiert, wobei zu berücksichtigen ist, daß das Nationaleinkommen pro Kopf der Bevölkerung außerordentlich niedrig war.« Rußland. Fischer Weltgeschichte, Band 31. Hg. und verfaßt von Carsten Goerke u. a. Frankfurt/M. 1973, S. 343.

Systems nicht grundsätzlich geändert.[91] Beide sind durch eine hochgradige Zentralisierung, durch eine ausschließlich hierarchische Leitung ›von oben nach unten‹ und durch ihre weitgehende Fusion in der Spitze zu kennzeichnen. Staat und Wirtschaft standen weitgehend unter der Leitung und Kontrolle der KPdSU, deren Generalsekretär sich stets als der mächtigste Mann im Lande erwies. Die historische Möglichkeit dieses *fortgesetzten autoritären Zentralismus* beruhte nicht nur auf den terroristischen Methoden Lenins und Stalins, sondern auch auf den zentralistischen Strukturen des zaristischen Rußland, dem Traditionalismus der dominierenden Landbevölkerung und dem Fehlen bürgerschaftlicher und erst recht demokratischer Traditionen. Die für alle anderen sich modernisierenden Staaten charakteristische Entwicklung einer staatsunabhängigen Sphäre des Wirtschaftens, der bürgerlichen Selbstorganisation und der öffentlichen Meinungsbildung fiel im russischen Falle völlig aus und wurde in den nach 1945 von Rußland kontrollierten osteuropäischen Staaten gewaltsam unterdrückt.[92]

3.1.2 *Wirtschaftssystem und Gewerkschaften, Arbeitsrecht*

Nach einer Phase vielfältigen Experimentierens wurde die sowjetische Volkswirtschaft von 1929 bis 1990 im wesentlichen auf der Basis verbindlicher *Fünfjahrespläne* koordiniert, deren Erstellung in den Händen einer zentralen Behörde – Gosplan – lag. Gosplan arbeitete bei der Vorbereitung der Fünfjahrespläne mit

91 Auch in programmatischer Hinsicht wurde das Parteiprogramm von 1919 erst durch das Parteiprogramm von 1961 überholt. Letzteres stellte in Aussicht, daß in den folgenden 20 Jahren der Anteil der nach dem Bedarfsprinzip verteilten sozialen Dienstleistungen, der sogenannte kollektive Lohn, stärker zunehmen werde als der Individuallohn, und dies wurde als Fortschritt in Richtung auf eine kommunistische Gesellschaft interpretiert. Weitere Aussagen über die Merkmale des erst für nach 1980 angekündigten ›kommunistischen Stadiums‹ der Gesellschaftsentwicklung wurden nicht gemacht. Vgl. Osborn, Robert J.: Soviet Social Policies: Welfare, Equality, and Community. Homewood, Ill., 1970, S. 2 f.

92 Dagegen wurden dort die präsozialistischen sozialpolitischen Einrichtungen vielfach beibehalten. Auch aus diesem Grunde bietet sich die Sowjetunion besser für einen kontrastierenden Vergleich des sozialistischen Programms an.

den für die verschiedenen Wirtschaftszweige zuständigen Ministerien und einer Vielzahl von Komitees zusammen, und das Ergebnis dieses Prozesses wurde schließlich vom Ministerrat der Sowjetunion als eine Art Gesetz in Kraft gesetzt.[93] Diese mittelfristigen Fünfjahrespläne setzten verbindliche Ziele zunächst für die zuständigen Ministerien und Komitees, welche nun ihrerseits mit den im Vergleich zum Westen meist sehr großen Industriebetrieben bzw. mit den staatlichen und genossenschaftlichen Landwirtschaftsbetrieben, aber auch mit Einrichtungen von Wissenschaft und Kultur sowie des Bildungs- und Gesundheitswesen u. ä. *Ziele vereinbarten* bzw. diese oktroyierten. Soweit es sich um Produktionsziele handelte, wurden diese nicht in Geld, sondern in materiellen Einheiten ausgewiesen. Solange die Wirtschaft nicht allzu komplex war und die Zielgrößen der Planung sich primär an politisch gesetzten Zielen und nicht an den Bedürfnissen der Bevölkerung ausrichteten, war diese Methode nicht ohne Erfolge und führte zu bemerkenswerten Steigerungsraten des Volkseinkommens. Mit fortschreitender Industrialisierung und wachsender Vernetzung der Volkswirtschaft nach innen und außen nahmen jedoch die Probleme einer zentralen Wirtschaftsplanung erheblich zu, was zu den Dezentralisierungsversuchen unter Chruschtschow Anlaß gab.

Geld und Preise spielten in der sowjetischen Volkswirtschaft keine die Produktionsplanung steuernde Rolle, sie waren jedoch für die Verteilung des Volkseinkommens nicht unwichtig. Nicht nur wurden die Arbeitskräfte in Geld entlohnt, sondern auch für die Lieferungen zwischen den Betrieben wurden Verrechnungspreise festgesetzt, und Konsumgüter waren zu festgesetzten Preisen zu kaufen und zu verkaufen. Die Erreichung der Planziele setzte Initiative in den Betrieben voraus,[94] welche ihr Personal selbst zu rekrutieren hatten. Die Entlohnung war durch staatlich verordnete Mindestlöhne gesichert, wobei ursprünglich eine weitgehende Nivellierung der Lohnstruktur für alle Werktätigen angestrebt wurde. Eine leistungsorientierte höhere Entlohnung wurde jedoch schon in den dreißiger Jahren zunehmend geduldet oder gar aus Anreizgründen gefördert, so daß trotz des allgemein

---

93 Vgl. Lane, David: Soviet Economy and Society. New York 1985, S. 10, sowie Appendix I, ebda. S. 316-319.

94 Entsprechende Spielräume wurden seit den 1960er Jahren erweitert; vgl. Lane, Soviet Economy, S. 21.

niedrigen Lohnniveaus große Lohnunterschiede entstanden.[95] Da die Arbeitskräfte grundsätzlich frei in der Wahl ihrer Arbeitgeber waren, spielte auch die Knappheit des Arbeitsangebots für die Lohnhöhe eine gewisse Rolle. Die Kaufkraft der Löhne wurde durch konstant niedrige Preise der Güter für den Grundbedarf stabilisiert.

Ein zentrales Problem der sowjetischen Wirtschaftsentwicklung stellte die *Landwirtschaft* dar. Die Versuche einer raschen Kollektivierung führten zu einem solchen Produktionsabfall, daß sie wieder rückgängig gemacht werden mußten. Aber auch in der Folge war die ungenügende Produktivität der Landwirtschaft, welche sich in der Nichterfüllung der Pläne ausdrückte, ein dauerndes Problem. Das den früheren ›Mirs‹ nicht unähnliche Kolchossystem prägte die sowjetische Landwirtschaft bis zum zweiten Weltkrieg, wurde dann jedoch zunehmend durch die noch größeren staatseigenen Betriebe (Sowchosen) verdrängt. Daneben spielte die Möglichkeit privater Kleinproduktion und deren Verkauf auf eigene Rechnung im Rahmen lokaler Märkte eine für den Lebensstandard der Verkäufer wie der Käufer nicht unerhebliche Rolle.[96] Die Werktätigen in den landwirtschaftlichen Betrieben waren grundsätzlich den Industriearbeitern gleichgestellt, mußten jedoch sowohl bei den Löhnen als auch auf dem Gebiet der sozialen Leistungen erhebliche Benachteiligungen in Kauf nehmen.

Auch wenn der *Hierarchie der Wirtschaftsleitung* zentrale Bedeutung für das Funktionieren der Volkswirtschaft zukam, so wurde ihr Handlungsspielraum doch durch zwei weitere Hierarchien nicht unerheblich eingeschränkt, nämlich durch die Partei und die Gewerkschaften. Der *kommunistische Parteiapparat* kontrollierte nicht nur die politischen Entscheidungen an der Spitze, sondern blieb auch auf regionaler und lokaler Ebene einflußreich, bis hin zu betriebsspezifischen Parteizellen. Vielfach wurden Parteimitgliedern besondere Kontrollaufgaben zugewie-

---

95 »Während das Gros der Arbeiter auf einen durchschnittlichen Monatslohn von etwa 100 Rubel kam, verdiente eine relativ kleine Gruppe 1000 und mehr Rubel im Monat. Der Lohn der Stachanovarbeiter, die in der zweiten Hälfte der dreißiger Jahre an der Spitze der Lohnpyramide standen, übertraf den Verdienst der untersten Kategorien oft um das Zwanzig- bis Dreißigfache.« Rußland, S. 351.
96 Vgl. hierzu Lane, Soviet Economy, S. 11-15.

sen, um betriebliche Mißstände anzuzeigen. Die Existenz einer parallelen Kontrollhierarchie war jedoch nicht geeignet, die Effektivität der Betriebsleitungen zu erhöhen.

Gewerkschaften hatte es in vorrevolutionärer Zeit nur in bescheidenen Ansätzen gegeben, und bis in die dreißiger Jahre blieben große Teile der Industriearbeiterschaft mit ihrer bäuerlichen Herkunft verbunden; eine proletarische Klassenlage als gemeinsamer Horizont der Industriearbeiterschaft entstand erst sehr allmählich. Zwar schwebte den Revolutionären zunächst eine Arbeiterselbstverwaltung der enteigneten Betriebe und eine Einebnung des Unterschieds zwischen militärischer und wirtschaftlicher Arbeit vor: »Die Arbeit wird militarisiert, und die Armee wird industrialisiert«.[97] Doch die katastrophale Entwicklung der Wirtschaft führte zunächst zur Wiederherstellung marktwirtschaftlicher Verhältnisse (1921-1928) und dann zu einer staatszentrierten Wirtschaftsplanung. An die Stelle von Betriebssowjets traten Gewerkschaften, denen jedoch eine deutlich andere Stellung als im Rahmen der westlichen Gesellschaften zukam. Insbesondere hatten die Gewerkschaften keinen Einfluß auf die Lohnpolitik, nahmen jedoch nach 1933 wichtige Funktionen in der Verwaltung des sozialen Sicherungssystems wahr.

Grundsätzlich war die Mitgliedschaft freiwillig, doch gehörten 1983 98 % der Hand- und Kopfarbeiter einer Gewerkschaft an, ebenso 85 % der Kolchosbauern und ein Großteil der Studenten und Schüler.[98] Die Gewerkschaften waren nach dem Branchenprinzip gegliedert, dem auch die Gliederung der Ministerien entsprach. Wie in der Partei galt auch hier das Prinzip des ›demokratischen Zentralismus‹, d. h. nur die unterste Ebene der Repräsentanten wurde direkt gewählt, die höheren Ebenen wurden von den Repräsentanten der nächst tieferen Ebene bestimmt. Dieser mehrstufige Wahlmodus sicherte eine zunehmende Repräsentanz ›regimetreuer‹ Mitglieder und marginalisierte eventuelle Kritiker. Zugleich galt auch hier das hierarchische Prinzip der Anweisungsbefugnis höherer Organe gegenüber den niedrigeren. Zudem wurden die hauptamtlichen Gewerkschaftsfunktionäre nicht gewählt, sondern von zentralen Organen ernannt. An der

---

97 Leo Trotzki, Rede auf dem neunten Parteitag der Russischen Kommunistischen Partei (1919), zit. n. Rußland, S. 293.
98 Lane, Soviet Economy, S. 28; ebda. S. 30 ein Schema der Gewerkschaftsstrukturen.

Spitze der Gewerkschaftsbewegung stand ein Zentralrat aller Gewerkschaften, welcher weitgehend die Politik der Einzelgewerkschaften bestimmte, aber auch Einfluß auf die Prozesse der Wirtschaftsplanung nahm.

Auf der die Arbeitnehmer vor allem interessierenden *betrieblichen Ebene* wurden die advokatorischen Rechte der Gewerkschaften seit 1957 erweitert und ihnen auch Funktionen bei der Regelung betrieblicher Konflikte und im Bereich des Arbeitsschutzes zugewiesen. Doch die Hauptaufgabe der Gewerkschaften bestand weiterhin in der Administration sozialer Einrichtungen sowie in der Mobilisierung der Mitglieder zu erhöhtem Arbeitseinsatz.[99] Auch die mit dem neunten Fünfjahresplan (1971-75) eingeführte, im Grundsatz partizipativ gedachte ›Sozialplanung‹ auf der betrieblichen Ebene vermochte sich nicht auf breiter Front durchzusetzen.[100] Die Erweiterung der Gewerkschaftsrechte, welche schließlich auch Beschwerdemöglichkeiten gegen Betriebsleitungen beinhalteten, führte gleichzeitig zu einer weiteren Aushöhlung der Autorität der Betriebsleitung, soweit diese nicht selbst in den Gewerkschaftsorganen präsent war. Denn anders als in westlichen Gewerkschaften gehörte auch das Management normalerweise zu den Mitgliedern.

Alles in allem stellten die Gewerkschaften die Prinzipien der zentralistischen Wirtschaftsleitung nicht in Frage, ja sie fungierten eher als deren Verstärker. Durch Personalunion zwischen wirtschaftlichen Führungspositionen, Parteifunktionen und Gewerkschaftsfunktionen vermochten zudem viele Führungskräfte sich besondere Macht zu sichern. Die kollektive Wahrnehmung von Arbeiterinteressen konzentrierte sich auf den sozialen Bereich, doch blieb auch hier der Handlungsspielraum im Rahmen der Planvorgaben.

Die sowjetische Verfassung sah ein ›Recht auf Arbeit‹ für jedermann vor, das in der Folge stets als sozialistische Errungenschaft gepriesen wurde, dem jedoch gleichzeitig eine Pflicht zur Leistung »gesellschaftlich nützlicher Arbeit« gegenüberstand. »Aus der notwendigen Verknüpfung von Recht und Pflicht zur Arbeit (folgte), daß das Recht auf Arbeit nicht als *status negati-*

99 Vgl. Lane, Soviet Economy, S. 32-37.
100 Vgl. Huber, Mária: Betriebliche Sozialplanung und Partizipation in der UdSSR. Frankfurt/New York 1983.

vus, d. h. als Recht auf Nichtarbeit gewährleistet war. Durch die allgemeine Pflicht zur Arbeit wurde die Nichtarbeit von vornherein ausgeschlossen. Der in nichtsozialistischen Staaten diskutierte Aspekt des Rechts auf Arbeit in Form der Existenzsicherung bei Erwerbslosigkeit schied somit in der sowjetischen Verfassung notwendig aus.«[101] Das galt grundsätzlich auch für die *Frauen*. Entsprechend der ursprünglich von Friedrich Engels entwickelten Doktrin galt die Eingliederung der Frauen in den Produktionsprozeß als zentrales Moment ihrer Emanzipation und Gleichberechtigung. Die Familie in ihren vorbürgerlichen und bürgerlichen Formen sollte im Sozialismus überwunden und die Kindererziehung eine öffentliche Aufgabe werden.[102]

Was die individuellen Rechte der Werktätigen im Produktionsprozeß betrifft, so wurde nach der Revolution ein ›sozialistisches Arbeitsrecht‹ geschaffen, das jedoch in der Folge vor allem zu Zwecken vermehrter Disziplinierung der Arbeitskräfte fortgeschrieben wurde.[103] Formell beinhaltete der ›Arbeitskontrakt‹ zwischen ›Werktätigen‹ und ›Betrieben, Behörden und Organisationen‹ ein weitreichendes Bündel wechselseitiger Rechte und Pflichten, deren Verwirklichung jedoch sowohl von den ökonomischen Umständen als auch von den betrieblichen Verhältnissen abhing. Insoweit von sozialpolitisch relevanten Rechtsansprüchen die Rede sein kann, wurde über sie nahezu ausschließlich auf der betrieblichen Ebene entschieden (vgl. Abschnitt 3.1.4). Unter Stalin konnte von Rechtssicherheit kaum die Rede sein; aber auch nach 1953 standen die Werktätigen unter erheblichen sozialen Kontrollen. Wirkliche Verbesserungen brachten erst die Revisionen des Arbeitsgesetzbuches von 1970 und 1971, so insbesondere hinsichtlich des Schutzes vor willkürlichen Entlassungen und der

101 Schrader, Carsten: Die Transformation des russischen Individualarbeitsrechts. Diss. FU Berlin 1995, S. 7 f.
102 Zur wechselhaften Politik der Sowjetführung mit Bezug auf die Familie und zu den tatsächlichen, recht vielschichtigen Entwicklungen vgl. The Family in the U. S. S. R. Documents and Readings. Hg. v. Schlesinger, Rudolf (1949). Reprint London 1998; Geiger, H. Kent: The Family in Soviet Russia. Cambridge, Mass., 1968.
103 Zum sowjetischen Arbeitsrecht vgl. Brown, Emily Clark: Soviet Trade Unions and Labor Relations. Cambridge, Mass., 1966; Andersen, Wolfgang: Grundzüge des sowjetischen Arbeitsrechts. Trittau/Holst. 1969, zeigt kaum Verständnis für die Eigensinnigkeiten der sowjetischen Ordnung.

Freiheit, den Arbeitsplatz zu wechseln.[104] An der Pflicht, Arbeit anzunehmen, hat sich dadurch jedoch nichts geändert.

Arbeitskonflikte blieben auf der kollektiven Ebene definitionsgemäß ausgeschlossen. Zur Regelung individueller Arbeitskonflikte gab es grundsätzlich drei Möglichkeiten: Die betrieblichen Schlichtungskommissionen, das Betriebskomitee der Gewerkschaften oder den Volksgerichtshof, letzteren vor allem im Falle ungerechtfertigter Entlassungen.[105] Auch individuelle Regelverletzungen wurden als Ausdruck einer noch unvollendeten ›sozialistischen Erziehung‹ interpretiert und galten deshalb, anders als in der westlichen Rechtspraxis, nicht als Gegenstand einer besonderen Rechtspflege. Im wesentlichen wurden betriebliche Konflikte im Rahmen von ›Kollegengerichten‹ geschlichtet, deren Ursprünge sich bis in vorrevolutionäre Zeiten verfolgen lassen.[106]

3.1.3 Der Wohlfahrtssektor

Die sozialpolitischen Vorgaben aus der *zaristischen Zeit* waren sehr bescheiden.[107] Zwar hatte schon Peter der Große eine nicht ausschließlich repressive Armengesetzgebung erlassen, die durch Katharina II. im Sinne öffentlich geförderter Wohltätigkeit ergänzt wurde, doch blieb die Armenfürsorge chronisch unterfinanziert. Die dominierende Form sozialer Sicherung im Falle der Arbeitsunfähigkeit blieb die familiale und dorfgenossenschaftliche Solidarität.

Bereits 1866 hatte ein Gesetz alle Fabriken verpflichtet, ihren Arbeitern unentgeltliche medizinische Behandlung zu sichern. Anfänge einer Arbeiterschutzgesetzgebung brachte ein Gesetz von 1886, doch beide Gesetze wurden nur ungenügend implementiert. Eine Haftpflicht für Betriebsunfälle in Bergwerken, im Eisenbahnwesen und in der Schiffahrt wurde 1881 eingeführt und

---

104 George, Vic, u. Nick Manning: Socialism, Social Welfare and the Soviet Union. London 1980, S. 22.

105 Vgl. Brown, Soviet Trade Unions, S. 198-238.

106 Vgl. Schmidt, Hans-Theodor: Die sowjetischen Gesellschaftsgerichte am Beispiel der RSFSR. Köln 1969.

107 Vgl zum folgenden das Standardwerk von Madison, Bernice Q.: Social Welfare in the Soviet Union. Stanford 1968, S. 3-24; Rimlinger, Welfare Policy, S. 245-252.

1903 auf weitere Personengruppen, u. a. auf alle Staatsbediensteten, ausgedehnt, jedoch nicht mit einer Versicherungspflicht der Unternehmer verbunden. Der ungenügende Schutz durch dieses Gesetz löste breite Debatten aus und führte schließlich 1912 zur Einführung einer Kranken-, Mutterschafts- und Berufsunfallversicherung. Doch diese Versicherung berechtigte nur etwa ein Viertel der Industriearbeiter und gewährte sehr bescheidene Leistungen, so daß auch dieses Gesetz enttäuschte.

Lenin griff die Vorlage für dieses Gesetz auf der 6. Allrussischen Konferenz in Prag (1910) an und forderte *die Einbeziehung aller Lohnarbeiter und ihrer Familien in der Stadt und auf dem Lande; Einkommenshilfen im Falle aller Risiken der Arbeitsunfähigkeit und in der Höhe des bisherigen Lohnes; sowie eine Verwaltung der Versicherungseinrichtungen durch die Versicherten, bei gleichzeitiger alleiniger Finanzierung der Leistungen durch Unternehmen und Staat.* Damit formulierte Lenin das Leitbild einer sozialistischen Sozialpolitik, zu dem die klassischen Schriften des Marxismus kaum etwas beigetragen hatten.

Mit der Propagierung sozialpolitischer Ziele hofften die Bolschewiken, unmittelbar nach ihrer Machtergreifung politische Unterstützung in der Bevölkerung zu gewinnen. So wurden die genannten Prinzipien, welche schon 1914 in einem Antrag der Bolschewiken in der Duma ausformuliert worden waren, zum Programm erhoben und weitgehend in Gesetzesform gebracht:

»By a decree of October 31, 1918, social insurance, or, as it was now called, social security [...] was extended to cover all those who were gainfully employed, as long as they were not employing hired labor. This included wage and salary earners as well as self-employed peasants, artisans, and others, and the members of their families. The covered risks included all major contingencies of life. There was protection in cash and in kind in case of illness, permanent disability, unemployment, old age, and the loss of breadwinner. There were also maternity benefits and burial grants. Cash benefits and pensions were egalitarian; they were geared to the average wage in a locality instead of to the previous earnings of the beneficiary. The main source of financing was employer contributions. This program of universal and comprehensive protection was consistent with the universal duty to work that had been decreed in 1918 and became embodied in the Bolshevik Labour Code of 1919. An individual was either working or incapable of work and, therefore, was entitled to support.«[108]

108 Rimlinger, Welfare Policy, S. 260.

Auch wenn dieses Gesetz angesichts des folgenden Zusammenbruchs des ökonomischen Systems kaum mehr als Papier blieb, ist es doch aufschlußreich für das zugrundeliegende *Konzept sozialistischer Wohlfahrtspolitik*. Die ihm zugrundeliegenden Vorstellungen lassen sich wie folgt zusammenfassen:

1. Mit der Abschaffung des Kapitalismus und der Einführung einer sozialistischen Wirtschaftsordnung sind die gegensätzlichen Interessen zwischen Individuum und Gesellschaft aufgehoben. Eine sozialistische Gesellschaft ist eine harmonische Gesellschaft ohne innere Konflikte.

2. Die Arbeitspflicht ist somit kein Zwang, sondern entspricht dem natürlichen Bedürfnis eines Menschen, der um die Sorge des Gemeinwesens für sein Wohl weiß. Eben dies sollte das umfangreiche Programm sozialer Sicherung dokumentieren.

3. Auf die sozialen Leistungen besteht somit ein Rechtsanspruch, dem nach dem Grundsatz der Reziprozität die Pflicht zur Arbeit entspricht.

4. Der durch Arbeit oder Sozialleistungen gewährleistete Lebensstandard verbessert die Lebenssituation der Werktätigen in einer Weise, die sie zu einer Erhöhung ihrer Arbeitsproduktivität motiviert und damit einen ökonomischen Wachstumsprozeß in Gang setzt, der zu einer fortgesetzten Steigerung führt.

Mit der Einführung des Sozialismus galt die ›soziale Frage‹ somit grundsätzlich als gelöst. Der Sozialismus sollte die materiellen Voraussetzungen dafür schaffen, daß sich die Motive und Verhaltensweisen der Werktätigen ändern und ein ›neuer Mensch‹ entstehe.[109]

Wie bereits erwähnt, bestätigten sich diese optimistischen Annahmen in der Folge nicht, so daß statt dessen der *Kampf um die Arbeit und die Produktivität der Werktätigen* mit allen Mitteln bis zu Zwangsarbeit und Terror geführt wurde.[110] Dennoch wurden auf den Gebieten des Bildungs- wie des Gesundheitswesens schon 1918/19 die Grundlagen für eine langfristige, schließlich nahezu die gesamte Bevölkerung erfassende Entwicklung gelegt.

Bis zum ersten Weltkrieg hatte die Alphabetisierung etwa 40 % der Bevölkerung erreicht. Zu den ersten Maßnahmen der Kommunistischen Partei gehörte die *Reform des Bildungswesens*: Ein

---

109 Vgl. auch Rimlinger, Welfare Policy, S. 252-257; Madison, Social Welfare, S. 25-30, 50-52.
110 Zur Arbeitsdisziplinierung vgl. Rimlinger, Welfare Policy, S. 271f.

unentgeltliches achtjähriges Pflichtschulwesen für alle Kinder sollte geschaffen werden, und auch das höhere Bildungswesen sollte allen geeigneten Jugendlichen unabhängig von Geschlecht und ethnischer Herkunft unentgeltlich zugänglich werden.[111] Frühzeitig wurden auch die Grundlagen für ein System kollektiver Kleinkinderziehung und außerfamilialer Kinderbetreuung gelegt, wobei zunächst vor allem die obdachlosen, verlassenen und herumstreunenden Kinder ins Auge gefaßt wurden, deren Zahl bis 1923 auf 7 Millionen anstieg.[112] Zunehmend trat jedoch auch das Moment der Freisetzung der Mütter für die Produktion und das Interesse an einer sozialistischen Erziehung hinzu. Die Sorge für die nachwachsenden Generationen blieb stets ein Schwerpunkt der sowjetischen Wohlfahrtspolitik, und der Ausbau eines flächendeckenden, auch qualitativ sich fortlaufend verbessernden Bildungswesens kann zu den dauerhaften Erfolgen der sowjetischen Modernisierungspolitik gezählt werden. Allerdings gerieten die egalitären Bildungsziele stets erneut in Konflikt mit wirtschaftlichen Interessen an einer beruflichen und sozialen Differenzierung.[113]

Auch die Grundlagen des schließlich völlig verstaatlichten *Gesundheitswesens* wurden unmittelbar nach der Revolution gelegt. Medizinische Versorgung sollte »jedermann, rechtzeitig, auf hohem qualitativem Niveau und unentgeltlich« zugänglich sein.[114] Die Verwirklichung dieses Programms stieß zunächst nicht nur an ökonomische Grenzen, sondern vor allem auch auf den Wider-

---

111 Zum sowjetischen Bildungswesen vgl. Anweiler, Oskar: Bildungspolitik und Sozialstruktur in der Sowjetunion. In: Sowjetgesellschaft im Wandel. Rußlands Weg zur Industriegesellschaft. Hg. v. Boris Meissner. Stuttgart 1966, S. 153-184; George u. Manning, Socialism, S. 64-103; Lane, Soviet Economy, S. 262-309; Ruban, Maria Elisabeth, u. a.: Wandel der Arbeits- und Lebensbedingungen in der Sowjetunion 1955-1980. Planziele und Ergebnisse im Spiegelbild sozialer Indikatoren. Frankfurt/New York 1983, S. 247-259.

112 Vgl. hierzu Madison, Social Welfare, S. 35-40.

113 Vgl. Anweiler, Bildungspolitik, S. 160-179; Beyme, Klaus von: Reformpolitik und sozialer Wandel in der Sowjetunion (1970-1988). Baden-Baden 1988, S. 129-144.

114 So der gesundheitspolitische Berater Lenins und erste Gesundheitskommissar, N. A. Semashko, zit. bei George u. Manning, Socialism, S. 105; ebda. S. 104-128 ein Überblick über die Entwicklung des sowjetischen Gesundheitswesens. Vgl. ferner für die neuere Entwicklung Ruban u. a., Wandel, S. 241-247; Stiller, Sozialpolitik, S. 171-179; Ryan, Michael: The Organization of Soviet Medical Care. Oxford u. London 1978.

stand der hauptsächlich in den Städten etablierten Mediziner, auf die die Kommunisten angesichts der einsetzenden und bis 1924 dauernden Epidemien (mit rund 10 Millionen zusätzlichen Todesfällen) dringend angewiesen waren. So wurde die Verstaatlichung des Gesundheitswesens erst in den dreißiger Jahren durchgeführt. Die medizinische Versorgung wurde nach der Art eines Wirtschaftszweiges planwirtschaftlich in einem eigenen Ministerium institutionalisiert. Eine Konsequenz hiervon war die zunehmende Verlagerung der medizinischen Versorgung in den Bereich der Krankenhäuser. Dabei gelang es den Medizinern, wiederum Einfluß zu gewinnen und ihre Standards gegen diejenigen der Bürokratie wenigstens teilweise durchzusetzen. An dieser Organisationsform hat sich auch in der Folge kaum etwas geändert, doch ist es der Sowjetunion in beachtlichem Maße gelungen, allmählich eine flächendeckende medizinische Versorgung einzurichten.[115] Nach der Entwicklung der mittleren Lebenserwartung und der Säuglingssterblichkeit als allgemeinsten Erfolgskriterien zu urteilen, hat sich die medizinische Versorgung insbesondere zwischen 1939 und 1955 verbessert. Seither ist die Sterblichkeit der Männer kaum mehr gesunken, wozu nicht zuletzt ein grassierender Alkoholismus beitragen dürfte.[116] Die Säuglingssterblichkeit erreichte ein Minimum um 1971 und hat anschließend wieder zugenommen;[117] die Entwicklung blieb allerdings regional sehr unterschiedlich.[118] Die Aufwendungen für das Gesundheitswesen sind zwischen 1955 und 1980 um etwa das Fünffache gestiegen, blieben damit jedoch hinter der durchschnittlichen Gesamtzunahme der Sozialausgaben von ca. 760 % im gleichen Zeitraum zurück.[119]

Was die Lohnersatzleistungen betrifft, so wurden die einleitend skizzierten großzügigen Perspektiven Lenins nie verwirklicht.[120] An die Stelle bedarfsorientierter, egalitärer Leistungen

115 Nach George u. Manning, Socialism, S. 116, erreichte die räumliche Streuung der medizinischen Versorgung um 1975 nahezu britische Ausmaße und war wesentlich günstiger als in den Vereinigten Staaten. Eine deutlich skeptischere Einschätzung bei Ryan, The Organization, S. 129.
116 Vgl. Treml, Vladimir G.: Drinking and Alcohol Abuse in the USSR in the 1980s. In: Soviet Social Problems. Hg. v. Anthony Jones, Walter D. Connor u. David E. Powell. Boulder u. Oxford 1991, S. 119-136.
117 Ruban u. a., Wandel, S. 246f.
118 Vgl. Beyme, Reformpolitik, S. 202.
119 Ruban u. a., Wandel, S. 236.
120 Vgl. zum folgenden Rimlinger, Welfare Policy, S. 260-301; George u.

trat im Rahmen der Neuen Ökonomischen Politik zunächst eine Sozialversicherung für Arbeiter und Angestellte, deren Leistungen mit den Reformen im Rahmen des ersten Fünfjahresplans (1929-1934) allerdings deutlich eingeschränkt und an der wirtschaftlichen Nützlichkeit der Arbeitskräfte orientiert wurden. So wurden im Zuge der Durchsetzung einer allgemeinen Arbeitspflicht die Leistungen bei Arbeitslosigkeit ganz abgeschafft. Substantielle Leistungen wurden im Falle von Krankheit und Mutterschaft gewährt, jedoch der Höhe nach am bisherigen Lohn und der Dauer der Arbeitstätigkeit orientiert. Besonders problematisch blieb in der Stalin-Ära die Versorgung alter Menschen. Die Zahlung von Altersrenten beschränkte sich auf privilegierte Gruppen wie Offiziere, Lehrer und Facharbeiter, so daß der ganz überwiegende Teil alter Menschen auf fortgesetzte eigene Arbeit und notfalls auf Unterstützung durch die eigene Familie und evt. Nachbarschaft angewiesen blieb. Eine breitere Einbeziehung der Arbeiter und Angestellten in die kollektive Alterssicherung erfolgte 1956, diejenige der ländlichen Bevölkerung 1964. Allerdings blieben die Rentenleistungen weiterhin sehr bescheiden.[121] Dennoch stieg der Anteil der Altersrenten am Gesamt der Sozialleistungen zwischen 1955 und 1980 überproportional an; noch stärker stieg allerdings der Anteil der übrigen Geldbeihilfen.[122]

Beibehalten wurde der Grundsatz, daß nur derjenige Geldleistungen erhalten könne, der sich entsprechende Ansprüche durch Erwerbsarbeit erworben hat. Die Erwerbsunfähigen bildeten damit eine Armutspopulation unbekannter Größe, für die ein öffentliches Fürsorgesystem nicht existierte.[123] Aber auch ein erheblicher Teil der Rentner blieb unterhalb der offiziellen Armutsgrenze.[124] Ihrer völligen Verelendung wirkten die niedrigen Preise

Manning, S. 31-63; Stiller, Sozialpolitik, S. 89-190; ebenda S. 305-309 eine chronologische Übersicht über die sowjetische Sozialgesetzgebung.

121 Ihr im Verhältnis zu den Löhnen relativer Wert nahm von 1950 bis 1980 jedoch ziemlich kontinuierlich zu und erreichte 1980 im Durchschnitt 37% des Durchschnittslohnes bei den Arbeitern und Angestellten bzw. 26% bei den Kolchosbauern. Stiller, Sozialpolitik, S. 161.

122 Ruban u. a., Wandel, S. 236.

123 Vgl. Madison, Bernice Q.: Soviet Insurance Maintenance Policy for the 1970ies. In: Journal of Social Policy 2 (1973), S. 97-117, hier S. 113-115.

124 Nach westlichen Schätzungen war Mitte der sechziger Jahre etwa ein Drittel der (gesamten!) Bevölkerung ›arm‹ im Sinne der *sowjetischen* Standards; vgl. George u. Manning, Socialism, S. 62.

für Grundnahrungsmittel entgegen. In der Periode der Perestroika entstand endlich Kritik an dem infolge vielfältiger Privilegierungen immer unüberschaubarer und ungerechter gewordenen Alterssicherungssystem.[125]

Das Erziehungs- und das Gesundheitswesen dürfen als die beiden erfolgreichsten Sektoren der sowjetischen Wohlfahrtspolitik gelten. Auch im Wohnungsbereich wurden seit Stalins Tod erhebliche Anstrengungen unternommen, doch führten diese nicht zu einer Einebnung der sozialen und regionalen Unterschiede der Wohnungsversorgung.[126] Immerhin bezeichnet Klaus von Beyme die *Wohnungspolitik* als »Kernstück der Sozialpolitik« in der Sowjetunion, wie überhaupt im Sozialismus.[127] Alle übrigen Bereiche der Wohlfahrtspolitik wurden mehr oder weniger vernachlässigt. Im Bereich der personenbezogenen sozialen Dienste (Sozialarbeit) blieb das Angebot im wesentlichen auf Städte beschränkt und weit hinter den Bedürfnissen zurück.[128] Soziale Pflegeeinrichtungen für alte und behinderte Menschen wurden kaum geschaffen.

Zusammenfassend läßt sich die Entwicklung des Wohlfahrtssektors unter dem Leistungsaspekt dahingehend kennzeichnen, daß während der Stalin-Ära ein Schwergewicht auf die Förderung der nachwachsenden Generation, auf Dienstleistungen statt Geldleistungen und auf den Primat der Produktion gelegt wurde, während diejenigen, von denen keine produktiven Beiträge erwartet wurden, kaum Berücksichtigung fanden. Erst nach Stalins Tod wurden gewisse Korrekturen an diesen Einseitigkeiten vorgenommen. Das nunmehr stärkere Wachstum der Geldleistungen stellte jedoch gleichzeitig einen Rückschritt gegenüber den kommunistischen Idealen dar. Denn Sach- und Dienstleistungen galten als ›kollektiver Lohn‹ (social wage), als grundsätzlich egalitäre

125 Vgl. Beyme, Reformpolitik, S. 107-114.
126 Vgl. George u. Manning, Socialism, S. 129-159.
127 Beyme, Reformpolitik, S. 122-128.
128 So jedenfalls die 1968 veröffentlichten Einschätzungen von Madison, Social Welfare, passim. – Beyme, Klaus von: Sozialismus oder Wohlfahrtsstaat? Sozialpolitik und Sozialstruktur der Sowjetunion im Systemvergleich. München 1977, S. 77-107, macht überdies darauf aufmerksam, wie sehr die Sozialfürsorge in den Bereich der Bekämpfung abweichenden Verhaltens und überwiegend repressiver sozialer Kontrolle mit einbezogen war. Nicht die Bedürftigsten, sondern die Auffälligsten waren das bevorzugte Objekt der Sozialfürsorge.

und damit dem ›kommunistischen‹ Prinzip »Jedem nach seinen Bedürfnissen« näher kommende Leistungen der Gesellschaft. Deren Verteilung erfolgte allerdings in der Praxis keineswegs nach egalitären Prinzipien.[129]

Will man die Leistungsfähigkeit des sowjetischen Wohlfahrtssektors international vergleichen, so ist man angesichts der völlig abweichenden Wirtschaftsstrukturen und Rechenwerke auf indirekte Methoden angewiesen. Stiller, der die wohl gründlichste Untersuchung vorgelegt hat, nimmt als Vergleichsmaßstab den Anteil der unselbständig Erwerbenden (AN) an der Gesamtbevölkerung und zeigt, daß sich

»die sowjetische SL [Sozialleistungs]-Quote bei gleich hoher AN-Quote in *jeder* Entwicklungsphase *unter* dem Niveau der hochentwickelten westlichen (und östlichen) Industrieländer (befindet). Diese Differenz vergrößert sich noch, wenn man die Tatsache berücksichtigt, daß die nach der sowjetischen Methodik konstruierte SL-Quote zumindest um einen Prozentpunkt höher liegen dürfte als die nach westlichem Muster errechnete Quote. Da jedoch das sowjetische System sozialer Sicherung in der Fassung von 1975, was die Leistungsarten betrifft, den westlichen Systemen nicht wesentlich nachsteht, ist der große *Rückstand* bei den Soziallasten nicht auf das Fehlen der einen oder anderen wichtigen Leistungsart zurückzuführen, sondern auf

• die vergleichsweise beträchtlich niedrigere Höhe der Sozialleistungen, die u. a. auch dem niedrigeren Lohnniveau und dem niedrigeren Anteil des Privatkonsums am Nationaleinkommen entspricht;

• die Vernachlässigung bestimmter Gebiete (Familienbeihilfen, Behindertenversorgung, Sozialhilfe), die sich in erster Linie in engen Berechtigtenkreisen niederschlägt;

• die geringere Qualität und Intensität der Leistungen, z. B. im Gesundheitswesen, in der beruflichen und sozialen Rehabilitation, sowie

• die zeitlich nicht dynamisierte Höhe der Geldleistungen (hauptsächlich bei Renten und Beihilfen); so wurden die Altrentner gegenüber den Neurentnern bei steigenden Arbeitseinkommen und Preisen immer stärker benachteiligt.

Der Rückstand der UdSSR hat sich nach Chruscevs Sturz *ver-*

129 Vgl. Osborn, Soviet Social Policies, S. 31-53.

größert, obwohl heute, im Vergleich zu den 50er Jahren, *enorme Mittel* für soziale Sicherung aufgewendet werden.«[130]

Dieser Vergleich klammert die Unterschiede der Arbeitsproduktivität und der Wohlstandsentwicklung aus, bezieht sich also auf die Leistungsfähigkeit des Wohlfahrtssystems *bei gegebenem Volkseinkommen*. Würde man die Unterschiede der Produktivitätsentwicklung der Volkswirtschaften in den Vergleich mit einbeziehen, wäre das Ergebnis für die Sowjetunion noch ungünstiger.[131]

3.1.4 *Die Finanzierung und Organisation des Wohlfahrtssektors*

Seit den ersten Erklärungen Lenins blieb der Grundsatz erhalten, daß die sozialen Dienstleistungen unentgeltlich und die Lohnersatzeinkommen unabhängig von Beiträgen der gesicherten Risikogruppen gewährt werden sollten. Die Finanzierung sollte entweder von seiten der Unternehmen oder von seiten des Staates erfolgen. Nach Einführung der staatswirtschaftlichen Planung (1929) war dieser Unterschied allerdings im wesentlichen ein buchhalterischer geworden, da auch die Haushalte der Unternehmen grundsätzlich zum Staatshaushalt gehörten.

Die Gesamtheit der zum Wohlfahrtssektor gehörenden Ausgaben wurde in der sowjetischen Statistik als »Ausgaben für soziale und kulturelle Maßnahmen (SKM)« ausgewiesen.[132] Darunter fielen im wesentlichen die Budgets der Ministerien für Erziehung und für höhere Bildung, des Ministeriums für Gesundheit sowie der Haushalt der staatlichen Sozialversicherung.[133] Diese stand formell unter der Verwaltung der Gewerkschaften, welche auf betrieblicher Ebene ein wichtiges Wort bei der Entscheidung über

130 Vgl. Stiller, Sozialpolitik, S. 234-269, Zitate S. 251f.
131 Vgl. hierzu die Vergleiche bei Lane, Soviet Economy, S. 50-67.
132 Vgl. zum folgenden insbesondere Stiller, Sozialpolitik, S. 17-57; ferner Lane, Soviet Economy, S. 50-67; George u. Manning, Socialism, passim.
133 Die im übrigen nach westlichen Standards die Bezeichnung ›Versicherung‹ kaum verdient, da das System zur Hauptsache stets aus allgemeinen Haushaltsmitteln finanziert wurde. Versichertenbeiträge gab es grundsätzlich nicht, und die Beiträge der Betriebe reichten nur zur Finanzierung von etwa einem Drittel der Ausgaben; vgl. Stiller, Sozialpolitik, Tabelle 2, S. 313.

die Vergabe von Leistungen und bei der ›Entdeckung von Simulanten‹ zu sagen hatten.[134] 1971 sollen vier Millionen ehrenamtliche Aktivisten an den Aufgaben der Gewerkschaften im Bereich der Sozialversicherungen teilgenommen und insbesondere auch ihren Kameraden beim erforderlichen ›Papierkrieg‹ geholfen haben.[135] Die Organisation der Sozialversicherung wird wie folgt beschrieben:

»What exists in the Soviet Union today is a complex bureaucratic government with substantial trade union participation. The State Committee for Labour and Wages is the central body which interprets decisions of the soviet government and issues directives which are binding to the fifteen Republic Ministries of Social Welfare. These ministries operate through regional, district and local offices. The trade unions are involved at the central as well as regional level, but particularly at the local level. [...] The administration of short-term benefits for sickness and maternity is the total responsibility of the trade unions. The local social insurance commissions decide both on the entitlement and the amount of benefit, and they keep in touch with the sick in order to be of service and to minimise abuse of the system.«[136]

Die Ausgaben für SKM insgesamt machten 1940 weniger als ein Viertel, zwischen 1960 und 1975 gut ein Drittel der gesamten Staatsausgaben aus. Der Anteil der Ausgaben für »Bildung und Wissenschaft« an diesem ›Wohlfahrtsbudget‹ ist von 55 % im Jahre 1940 auf 42 % im Jahre 1975 ziemlich kontinuierlich gesunken, ebenso der Anteil für »Gesundheitswesen und Sport« von 22 auf 16 %, während der Haushalt der Sozialversicherung von 19 auf 43 % zugenommen hat; der Rest entfällt auf andere Leistungen des sozialen Sicherungssystems.[137]

Die Finanzierung des Wohlfahrtssektors erfolgte ganz überwiegend aus dem allgemeinen Staatshaushalt und war damit unmittelbar von der allgemeinen Wirtschaftsentwicklung abhängig.[138] Aber auch den Betrieben kam eine gewisse Bedeutung für

---

134 Hierzu detailliert: Rimlinger, Gaston V.: The Trade Union in Soviet Social Insurance. Historical Development and Present Functions. In: Industrial and Labor Relations Review 14 (1960/61), S. 397-418, hier S. 407-418.
135 Madison, Social Services Administration, S. 266f.
136 George u. Manning, Socialism, S. 61.
137 Stiller, Sozialpolitik, Tabelle 2 und 3.4, S. 313 und 317; neuere Zahlen konnte ich nicht finden.
138 Einen schematischen Überblick über die Finanzierungsstruktur gibt Stiller, Sozialpolitik, S. 304.

die Finanzierung zu. Das gilt zunächst für die betrieblichen Beiträge zur Sozialversicherung. Diese »werden in allen Branchen der Volkswirtschaft von den jeweiligen Gewerkschaftsverbänden erhoben, und zwar als bestimmter *Prozentsatz vom gesamten Lohnfonds* (einschließlich Prämien) der im Betrieb, der Institution oder in der Organisation arbeitenden Personen.«[139] Der Gesamtwert der Beiträge deckte etwa ein Drittel der Ausgaben der gesamten Sozialversicherung. Auch im Bereich ›Bildung und Wissenschaft‹, dessen Anteil an den gesamten SKM rückläufig war, zeigte sich ein teilweise kompensierender Anstieg der betrieblichen Aufwendungen; d. h., die Betriebe beteiligten sich mehr und mehr am Unterhalt von Vorschul- und Schuleinrichtungen.[140] In schwächerem Umfang ereignete sich Ähnliches im Bereich ›Gesundheitswesen und Sport‹. Neben der staatlichen entstand somit in der Nach-Stalin-Ära auch eine *betriebliche Sozialpolitik*, die natürlich von Branche zu Branche und von Betrieb zu Betrieb große Unterschiede aufwies. Über derartige und selbst über regionale Verteilungsmuster der Sozialleistungen ist so gut wie nichts bekannt.

3.1.5 Zusammenfassung und Ausblick

Fassen wir das Gesagte in international vergleichender Absicht zusammen, so zeigt sich, daß die Sowjetunion zu Beginn eine sozialpolitische Programmatik entfaltete, die auf eine umfassende Sicherung und Förderung der gesamten Bevölkerung hinauslief, wobei gleichzeitig die Erwerbsbeteiligung aller Arbeitsfähigen vorausgesetzt und eingefordert wurde. Dies liest sich durchaus als eine wohlfahrtsstaatliche Programmatik. Die im Rahmen dieses Konzeptes beseitigte Arbeitslosigkeit wurde stets als entscheidende positive Differenz zum kapitalistischen Wirtschaftssystem hervorgehoben. Allerdings verwandelte sich das ›Recht auf Arbeit‹ in der Folge mehr und mehr zu einer grundsätzlich erzwingbaren ›Pflicht zur Arbeit‹. Die Möglichkeit und Notwendigkeit eines extrem hohen Beschäftigungsgrades beruhte dabei nicht zu-

---

139 Stiller, Sozialpolitik, S. 45; nach der dortigen Tabelle variieren die Beiträge von 2,4 % (Kolchosen) bis 9 % (Bergbau), bei einem Durchschnittssatz von über 6 %; zu Finanzierung, Administration und Leistungen der Sozialversicherung vgl. auch Andresen, Grundzüge, S. 93-114.
140 Stiller, Sozialpolitik, S. 52.

letzt auf den geringen Fortschritten der Arbeitsproduktivität. Das ›Recht auf soziale Sicherheit‹ beschränkte sich grundsätzlich stets auf die Arbeitsbereiten und wurde hier vor allem in der Stalin-Ära höchst selektiv zur Prämiierung hoher Produktionsbeiträge ausgestaltet. Den grundsätzlich Arbeitsunfähigen wurde kaum politische Beachtung zuteil, sie verblieben bestenfalls in der Obhut der Familien. *Das Gesamtsystem erhielt so eine stark ›produktivistische‹ Ausrichtung.* Auch wenn die Abhängigkeit von den marktgesteuerten kapitalistischen Verwertungsbedingungen aufgehoben wurde, so waren die Zwänge, denen die Bevölkerung sich um ihres Lebensunterhaltes willen unterwerfen mußte, nicht geringer und nicht weniger selektiv.

»In der klassischen leninistisch-stalinistischen Version der sowjetischen Staats- und Gesellschaftsordnung war die Notwendigkeit einer eigenständigen Sozialpolitik für die UdSSR negiert worden; der Sozialismus sollte eine *per se* sozial effektivere und gerechte Ordnung sein, die einer nachlaufenden Korrektur, oder, polemisch ausgedrückt, Reparaturpolitik wie die westlichen kapitalistischen Staaten nicht bedürfe.«[141]

Mit der unter Michail Gorbatschow einsetzenden Umorientierung auf marktwirtschaftliche Steuerung begann man, auch die Notwendigkeit einer ausdifferenzierten Sozialpolitik zu bejahen. Doch hat dies bisher nicht zu effektiven Sozialreformen geführt, was angesichts der noch nicht gelungenen Wirtschaftsreform kaum überraschen kann.

Soweit ersichtlich, waren die Verhältnisse in den übrigen Staaten des Ostblocks nicht grundsätzlich verschieden, auch wenn der höhere Industrialisierungsgrad z.B. in der DDR und der Tschechoslowakei ein geringeres Maß an zwangsmäßiger Arbeitsdisziplinierung erforderlich machte. Ob unter günstigeren Voraussetzungen die Entstehung freiheitlicherer sozialistischer Wirtschafts- und Gesellschaftssysteme möglich gewesen wäre, oder ob – wie die liberalen Kritiker behaupten – jedes entfaltete Wirtschaftssystem ohne Privateigentum an den Produktionsmitteln zwangsläufig zu Unwirtschaftlichkeit und zu politischer Unfreiheit tendiert, bleibt vor der Geschichte eine offene Frage.[142]

141 Lohmann, Ulrich: Perestrojka, Sozialpolitik und -recht in der UdSSR 1985-1990. In: Zeitschrift für ausländisches und internationales Arbeits- und Sozialrecht 5 (1991), S. 306-326, Zitat S. 306.
142 Eine bemerkenswerte modernisierungstheoretische Auseinandersetzung

Festzuhalten ist jedoch, daß die wohlfahrtsstaatliche Entwicklung, wie sie sich in den Ländern Westeuropas vollzogen hat, keinesfalls als eine Phase der Entwicklung zum Sozialismus marxistischer Prägung zu interpretieren ist.[143] Die strukturellen Gegebenheiten waren und sind dort grundsätzlich andere, wie zu verdeutlichen sein wird. Insbesondere bringt die grundsätzliche Trennung von Politik und Wirtschaft Freiheitsgrade in das Gesellschaftssystem, die dem Sozialismus fehlen. Hinzu kommt als Strukturmerkmal eine völlig andere Auffassung von Demokratie, welche als Bewegung von unten nach oben und nicht im Sinne des ›Demokratischen Zentralismus‹ von oben nach unten konzipiert ist. Da das sowjetische System subjektive (bürgerliche, politische und soziale) Rechte für jedermann nicht gewährleistete und im Rahmen der herrschenden Strukturen wohl auch nicht gewährleisten konnte, kann es im Sinne unserer Begriffsbestimmung ebensowenig als ›wohlfahrtsstaatlich‹ bezeichnet werden wie das US-amerikanische. Trotz einer der wohlfahrtsstaatlichen ähnlichen Programmatik handelte es sich bei den real existierenden sozialistischen Systemen sowohl konzeptionell als auch praktisch um eine von den westeuropäischen Wohlfahrtsstaaten grundsätzlich verschiedene Struktur.

Was die Entwicklung seit dem Zusammenbruch des Ostblocks betrifft, so sind zunächst ähnliche Tendenzen in den meisten Ländern festzuhalten.[144] Überall ist die bis dahin versteckte Arbeitslosigkeit offenkundig geworden und hat zu einer breiten Schicht hilfebedürftiger Personen geführt, die von den traditionellen betrieblichen Sozialleistungen ausgeschlossen sind. Armut und sogar Verelendung haben dramatisch zugenommen und vielerorts zu deutlich erhöhter Sterblichkeit geführt. In den meisten Ländern wird unter dem Einfluß der die internationalen Kreditbedingungen kontrollierenden Weltbank versucht, das Lohnniveau

mit der Geschichte der Sowjetunion gibt Arnason, Johann P.: The Future that Failed. Origins and Destinies of the Soviet Model. London 1993.

143 So auch das Ergebnis von Beymes in: Sozialismus oder Wohlfahrtsstaat, S. 108-130.

144 Vgl. zum folgenden Standing, Guy: Social Protection in Central and Eastern Europe: a Tale of Slipping Anchors and Torn Safety Nets. In: Esping-Andersen, Gösta: Welfare States in Transition. London u. a. 1996, S. 225-255; Die Umgestaltung der Systeme sozialer Sicherheit in den Staaten Mittel- und Osteuropas: Fragen und Lösungsansätze. Hg. v. Bernd Baron von Maydell u. Eva-Maria Honerlein. Berlin 1993.

und insbesondere die Mindestlöhne niedrig zu halten. Da Sozialleistungen herkömmlicherweise oft als Faktor des Mindestlohnes bestimmt wurden, bleiben sie ebenfalls nominell niedrig und wurden vielerorts durch die Inflation entwertet. Die Umstrukturierung der im Sozialismus großbetrieblich organisierten Wirtschaft in konkurrenzfähige kleinere Einheiten macht meist nur langsame Fortschritte und ist mit weiteren Verlusten an sozialer Sicherheit verbunden. Insoweit die hohe soziale Sicherheit jedoch von der Bevölkerung zu den wertvollen Errungenschaften des Sozialismus gezählt wurde, kann ihr Abbau auch die Legitimität der nachsozialistischen Entwicklungen in Frage stellen.[145]

Im einzelnen sind die Verhältnisse je nach der ökonomischen Entwicklung recht unterschiedlich, im Gebiet der ehemaligen Sowjetunion sind sie besonders ungünstig. In der russischen Föderation ist die mittlere Lebenserwartung bei der Geburt für das männliche Geschlecht seit Ende der 1980er Jahre von 65 auf 58 Jahre gesunken und liegt damit um 10 Jahre unter derjenigen der Frauen.[146] Während in den Nachfolgestaaten der UdSSR von sozialpolitischen Restrukturierungen noch kaum die Rede ist, bemühen sich einige mitteleuropäische Länder darum, wiederum funktionsfähige Sozialversicherungs- und Sozialhilfesysteme aufzubauen.[147] Es ist jedoch noch zu früh, um von klaren Entwicklungstendenzen zu sprechen.

145 Dies zeigt für die ehemalige DDR Roller, Edeltraud: Sozialpolitik und demokratische Konsolidierung. Eine empirische Analyse für die Neuen Bundesländer. In: Wahlen und politische Einstellungen in Deutschland und Österreich. Hg. v. Fritz Plasser u. a. Bern u. a. 1999, S. 313-346.
146 Standing, Social Protection, S. 235.
147 Vgl. Nelson, Joan M.: The Politics of Pension and Health Care Delivery Reforms in Hungary and Poland. Collegium Budapest, Discussion Paper No. 52, November 1998; Götting, Ulrike: Transformation der Wohlfahrtsstaaten in Mittel- und Osteuropa. Eine Zwischenbilanz. Opladen 1998; Die Sozialordnung in Polen und Deutschland in einem zusammenwachsenden Europa. Gedächtnisschrift für Czeslaw Jackowiak. Hg. v. Bernd Baron von Maydell u. Tadeusz Zielinski. Warschau 1999; ferner dokumentiert die Zeitschrift für ausländisches und internationales Arbeits- und Sozialrecht in Heft 1 von Jg. 12 (1998) die Referate anläßlich des Colloquiums »Transformation von Systemen sozialer Sicherheit als Gegenstand rechtlicher sowie wirtschafts- und sozialwissenschaflicher Forschung« des Max-Planck Instituts für ausländisches und internationales Sozialrecht, München.

3.2 Die Vereinigten Staaten von Amerika

Während die historischen Voraussetzungen der Modernisierung im Falle Rußlands durch eine ungebrochene Tradition zentralistischer Herrschaft geprägt und damit beeinträchtigt worden waren, waren die historischen Voraussetzungen der Modernisierung in den Vereinigten Staaten (USA) nahezu umgekehrt: Sie wurden nicht nur durch den Mythos der Freiheit, sondern auch durch die säkulare Erfahrung der nach Westen offenen ›Frontier‹ geprägt, d. h. der Erfahrung nahezu unbegrenzter Möglichkeiten für jeden, der den Mut zu neuen Unternehmungen aufbrachte. Es gibt hier weder die Vorgeschichte traditionaler Herrschaft noch diejenige des absolutistischen Staates, sondern die Vereinigten Staaten sind als Einheit im Prozeß der Modernisierung selbst entstanden, ja sie bildeten in vielfacher Hinsicht das Experimentierfeld und das Pionierland von Entwicklungen, welche die europäische Modernisierung vorangebracht haben. Dem politischen Selbstverständnis der Vereinigten Staaten entspricht, wie schon Alexis de Tocqueville hervorgehoben hat, der Aufbau der politischen Ordnung von unten nach oben und das Prinzip der Selbstverwaltung unter Beteiligung aller Bürger. Und bis heute stellt der Glaube an die überlegene Leistungs- und Anpassungsfähigkeit dezentralisierter und fragmentierter Machtstrukturen ein zentrales Moment des ›american creed‹ dar.[148] Die USA sind auch der einzige Großraum der Erde, in dem sich die Prinzipien des Kapitalismus unter nur bescheidenen politischen Hemmungen haben entfalten können. Sie bilden deshalb eine zweite Kontrastfolie zu den europäischen Wohlfahrtsstaaten.

Im Gegensatz zu Rußland ist die sozialwissenschaftliche Materiallage für die USA insgesamt überwältigend, nicht sosehr jedoch für den hier in Frage stehenden Bereich der Sozialpolitik. Zwar gibt es in den Vereinigten Staaten durchaus aus politischen Prozessen hervorgegangene und öffentlich administrierte Sozialeinrichtungen, unter denen die ›Social Security Administration‹ die bedeutendste ist. Aber die Sozialpolitik spielt doch für die Identität des Landes eine weit geringere Rolle als in vielen europäischen Ländern, und auch die wissenschaftliche Beschäftigung

---

148 Vgl. z. B. Ostrom, Vincent: The Meaning of American Federalism. Constituting a Self-Governing Society. San Francisco 1991.

mit ihr stellt ein eher marginales Feld dar.[149] Eine maßgebliche deutsche Studie behauptet:

»Die USA des ausgehenden 20. Jahrhunderts verfügen auch über alle wesentlichen Institutionen, die bei uns als Grundpfeiler des Sozialstaates gelten, Tarifautonomie, direkte Besteuerung und insbesondere das ›soziale Netz‹, und letzteres heißt: Sozialversicherung, soziale Entschädigung und soziale Hilfen – öffentliche Transfers an ältere Menschen, Invalide, Kranke, Arbeitslose, Arme. Der Inbegriff dieser vom Staat an den Einzelnen erbrachten Leistungen wird in den USA ›social security‹ genannt.«[150]

Dem liegt eine typisch deutsche Perspektive zugrunde. In unserer Terminologie: Die USA haben zwar einen – vergleichsweise fragmentierten – Wohlfahrtssektor, aber sie sind kein Sozial- oder Wohlfahrtsstaat; sie kennen kein gemeinsames Vorverständnis einer öffentlichen Verantwortung für die grundlegenden Aspekte des Wohlergehens aller Bürger. Und ihr politisches System folgt Grundsätzen, die mit dem europäischen Staatsverständnis wenig gemein haben. So bemerken denn auch drei der bedeutendsten sozialwissenschaftlichen Experten für die amerikanische Sozialpolitik:

»The United States has no comprehensive ›welfare state‹ in the European sense. Instead it has developed a disjointed patchwork of programs bifurcated into two tiers. In the realm of social transfers, the upper tier is ›social security‹. Since the 1950s, this portion of public social provision has been politically protected by a strong bureaucracy and a broad base of public support made possible by its relatively universal scope. In contrast, the lower tier of social transfers includes programs grouped under the rubric of ›welfare‹, programs that have been far less popular and much more vulnerable to political counter-pressures than those considered part of the ›social security‹ system.«[151]

149 Insbesondere fehlt es an systematischen Reflexionen des Zusammenhangs unterschiedlicher Maßnahmen, wie sie in Deutschland insbesondere anhand der Begriffe ›Sozialpolitik‹, ›Sozialstaat‹ und ›Sozialrecht‹, in Großbritannien anhand der Begriffe ›social administration‹, ›welfare state‹ oder ›social services‹ geleistet werden.

150 Eichenhofer, Eberhard: Recht der sozialen Sicherheit in den USA. Baden-Baden 1990, S. 16. Als deutschsprachiger Gesamtüberblick ist immer noch empfehlenswert: Murswieck, Axel: Sozialpolitik in den USA. Opladen 1988; für die jüngere Entwicklung vgl. ders.: Sozialpolitik unter der Clinton-Administration. In: APuZG 1996, B 8-9, S. 11-21.

151 Weir, Margaret, Ann Shola Orloff u. Theda Skocpol: The Future of Social Policy in the United States: Political Constraints and Possibilities. In: Dies. (Hg.): The Politics of Social Policy in the United States. Princeton, N. J., 1988, S. 421-445, Zitat S. 422f.

Da die Vereinigten Staaten auf Grund ihrer erfolgreichen Wirtschaftspolitik heute vielfach als Vorbild für eine Reform der Wirtschafts- und Sozialpolitik in Europa hingestellt werden, sei im folgenden das Schwergewicht der Darstellung auf die strukturellen und institutionellen Unterschiede der Gesellschaftssysteme und weniger auf die Details der sozialpolitischen Maßnahmen gelegt.

3.2.1 Staat und Gesellschaft[152]

Auch wenn die Vereinigten Staaten heute als wirtschaftliche und politische Supermacht im Konzert der Staaten die erste Geige spielen und durch ihre außenpolitische Handlungsfähigkeit und militärische Effizienz beeindrucken, so sind die politischen Strukturen im Inneren doch von jener Einheitlichkeit weit entfernt, die wir bei den meisten westeuropäischen Staaten beobachten können. Die Verhältnisse in den 50 Gliedstaaten sind trotz ähnlicher politischer Strukturen wesentlich unterschiedlicher als in anderen Bundesstaaten, und dies gilt in besonderem Maße für die hier im Zentrum stehende Wohlfahrtspolitik. Mehr noch: Die je nach einzelstaatlicher Verfassung unterschiedlich ausgeprägte Autonomie der gemeindlichen Ebene (municipalities, counties) bringt es mit sich, daß die sozialen Maßnahmen nicht nur ihrem Umfang, sondern auch ihrer Art nach u. U. von Gemeinde zu Gemeinde variieren können. Hieraus entstehen nicht nur Probleme der Erfassung und Darstellung des amerikanischen Wohlfahrtssektors, sondern auch erhebliche praktische Probleme. Überdies geben ethnische, klimatische, wirtschaftliche und kulturelle Unterschiede den Einzelstaaten bzw. bestimmten Staatengruppen ihr eigentümliches Gepräge. Diese regionale und politische Heterogenität kann hier nur konstatiert und in ihren Auswirkungen auf die Bundespolitik angedeutet, nicht jedoch im einzelnen beschrieben werden.

Die politische Einheit der USA ist 1789 durch den Zusammenschluß von zunächst 13 vormaligen englischen Kolonien entstanden, die sich nach dem erfolgreichen Unabhängigkeitskrieg gegen

---

152 Eine anschauliche Einführung gibt Lösche Peter: Amerika in Perspektive. Politik und Gesellschaft in den Vereinigten Staaten. Darmstadt 1989.

England zu eigenständigen Gemeinwesen entwickelt hatten. Im Zuge der Expansion nach Westen wurden neue Staaten mit ähnlichen politischen Strukturen und gleicher innerer Autonomie gegründet. Die Unterschiede in der dominierenden Herkunft der Siedler, aber auch der Sozialstruktur (Sklaverei, Unterschichtung durch Schwarze oder Hispanics, im Westen zunehmende Einwanderung von Asiaten) prägen bis heute die Verhältnisse in den Einzelstaaten und ihre unterschiedliche Neigung zum Ausbau sozialer Maßnahmen. Im Unterschied zur deutschen Bundesstaatlichkeit gibt es keinen Finanzausgleich zwischen den Einzelstaaten, welche deshalb auch in einem weit kompetitiveren Verhältnis zueinander stehen.

Der Zusammenschluß der Vereinigten Staaten war von Anfang an von der Spannung zwischen den ›Föderalisten‹ als Verfechtern einer starken Einheit des Bundes und den ›Anti-Föderalisten‹ als Verfechtern einer möglichst weitgehenden Souveränität der Einzelstaaten[153] geprägt, und diese Spannung bestimmt die amerikanische Sozialpolitik bis heute. Die Kompetenzen des Bundesstaates stehen nicht in der Verfassung, sondern sind ihm durch die höchstrichterliche Rechtsprechung in Reaktion auf entsprechende politische Initiativen zugewachsen. Das weitverbreitete amerikanische *Mißtrauen gegen einen ›umfangreichen Staat‹*[154] geht zum einen auf einzelstaatliche Interessen und zum anderen auf fehlende administrative Kompetenzen und schließlich auf freiheitliche Traditionen zurück.

Nicht nur für die USA, sondern auch für England gilt, daß die Tradition des ›common law‹ eine wesentlich andere Rechtskultur und damit auch ein anderes Verständnis politischer Herrschaft als in den vom römischen Recht geprägten kontinentaleuropäischen Ländern begründet hat. In letzteren ist der *Staat* der Inbegriff einer einheitlichen rechtlichen und politischen Gesellschaftsordnung, welche durch die Selbstbegrenzung des Verfassungsstaates und die damit einhergehende Freisetzung der ›bürgerlichen Ge-

---

153 Man beachte die dem europäischen Sprachgebrauch konträre Terminologie!
154 Es geht bei der Auseinandersetzung also nicht um die Frage nach einem ›starken‹ oder ›schwachen‹ Staat, sondern um die Reichweite seiner Zuständigkeiten; im Bereich seiner Zuständigkeit (z. B. Polizei, Steuern) wird eine effektive, ja Europäer zuweilen rücksichtslos anmutende Verwaltungstätigkeit durchaus bejaht.

sellschaft‹ deutlich in zwei von unterschiedlichen Rechtsprinzipien – dem öffentlichen und dem privaten Recht – dominierte Bereiche getrennt ist. Das angelsächsische Konzept des *government* dagegen versteht dieses als Funktion der ›civil society‹.[155] Hier liegt also der alte aristotelische Begriff der ›politischen Gemeinschaft‹ zugrunde, während die Unterscheidung von ›Staat‹ und ›bürgerlicher Gesellschaft‹ vor allem von Hegel ausgearbeitet wurde.[156] Hinzu kommt für die USA die schon von den calvinistischen Ursprüngen her legitimierte *demokratische Auffassung des Gemeinwesens*.

Diesem unterschiedlichen Verständnis der Regierungsfunktionen entsprechen auch unterschiedliche Verwaltungtraditionen. Im angelsächsischen Bereich blieb die Verwaltung bis weit ins 19. Jahrhundert eine ehrenamtliche Angelegenheit wohlhabender Bürger, während auf dem Kontinent in Frankreich seit Colbert und in Preußen seit dem Großen Kurfürsten Friedrich Wilhelm, also in der 2. Hälfte des 17. Jahrhunderts, die Idee des professionellen Staatsdieners und demzufolge eines einheitlichen Beamtenstandes Gestalt annahm.[157] Während in Großbritannien seit der viktorianischen Zeit schließlich ebenfalls ein einheitlicher ›civil service‹ entstand, hat sich in den Vereinigten Staaten bis heute keine einheitliche Verwaltungskultur entwickelt. Allerdings haben sich eine Reihe von hoch professionalisierten und vergleichsweise politisch unabhängigen Spezialverwaltungen entwickelt; Weir, Orloff und Skocpol nennen

»the Social Security administration and the Department of Agriculture. Both of these parts of the U. S. federal bureaucracy have, since their origins, enjoyed unusual jurisdictional autonomy within the national government, and thus they have had the ability to plan new policies and devise their own ideological and technical rationales for favorite policies.‹ Aber solche Spezialverwaltungen ›were typically isolated islands of expertise within local, state, and federal governments, limited by the ongoing jurisdictional dis-

155 Die gründlichste Analyse dieser Differenzen gibt Dyson, Kenneth H. F.: The State Tradition in Western Europe. Oxford 1980. Vgl. auch Morstein Marx, Fritz: Amerikanische Verwaltung. Berlin 1963.

156 Zur Bedeutung dieser Unterscheidung für die Grundlegung des deutschen Verständnisses von Sozialpolitik vgl. Kaufmann, Der Begriff Sozialpolitik, S. 12-18.

157 Vgl. Barker, Ernest: The Development of Public Services in Western Europe 1660-1930. London 1944.

putes among these levels. Moreover, many areas of American civil administration in the twentieth century have remained partially dominated by
patronage-oriented political parties, and all have continued to be plagued
by divisions beween legislatures and executives, and by divisions among
specialized administrative bureaus themselves.«[158]

Da die Wahrnehmung von Verwaltungsaufgaben ursprünglich
ehrenamtlich erfolgte, jedoch gleichzeitig Macht und Einfluß verstärkte, war die *Entstehung eines parteipolitischen Patronage-*
systems mit der Zunahme der Verwaltungsaufgaben in den USA
eine nahezu natürliche Entwicklung. Die Professionalisierung
der amerikanischen Verwaltung setzte erst in diesem Jahrhundert
ein und blieb bis heute ein inkrementaler Prozeß, der auf der Bundesebene wesentlich weiter fortgeschritten ist als auf derjenigen
der meisten Gliedstaaten und Kommunen.[159] Insbesondere auf
der kommunalen Ebene erscheinen die administrative Autonomie und die koordinativen Fähigkeiten des ›city government‹
nach wie vor bescheiden und der Einfluß von Interessengruppen
vielerorts kaum kontrollierbar. Daß die negativen Wirkungen des
daraus resultierenden Mißmanagements nicht offenkundiger
werden, führt L. J. Sharpe auf ein populistisches Demokratiever-
ständnis, auf den Reichtum und die dünne Besiedlung großer
Teile des Landes, auf die ethnische Diversität und das Fehlen einer
politischen Partei zurück, die an der Thematisierung derartiger
Mißstände ein Interesse haben könnte.[160]
   Bis heute wird die spezifische ›Offenheit‹ des amerikanischen
politischen Systems hervorgehoben. *Nicht nur ist die Verwaltung*
hochgradig fragmentiert, sondern auch die politische Willensbil-
dung. Eine den meisten europäischen Regierungssystemen eigene
Parteiendisziplin existiert im Kongreß kaum. Wichtige Entscheidungen fallen in den Ausschüssen (Committees), ohne daß das
Plenum von Repräsentantenhaus oder Senat entscheidet. Initiativen einflußreicher Abgeordneter können somit in sehr unterschiedlichen Koalitionen zum Erfolg führen. Insbesondere wohl
organisierten gesellschaftlichen Interessen gelingt es daher relativ
leicht, sich im politischen Prozeß Gehör zu verschaffen, während
wenig organisierte Interessen auch dann geringe Durchsetzungs-

158 Weir, Orloff und Skocpol, The Future, S. 431.
159 Vgl. Marx, Amerikanische Verwaltung, S. 41-57.
160 Vgl. Sharpe, Lawrence J.: American Democracy Reconsidered. In: British
     Journal of Political Science 3 (1973), S. 1-28, 129-167.

chancen haben, wenn sie eine erhebliche Minderheit oder gar die Mehrheit der Bevölkerung betreffen.

Anders geartet ist auch das Rechtsverständnis und damit die Aufgabe der Gerichte.

»The intellectual ›strangeness‹ of the continental European state tradition is compounded by its association with the idea of law as the articulation of the state, and the dominant role of lawyers in theorizing about the state and in its administration.«[161]

Während für das kontinentaleuropäische Rechtsverständnis das Recht *als Gesetzesrecht* sozusagen den Inbegriff der staatlichen Ordnung ausmacht und demzufolge objektivistisch verstanden wird und *inhaltlich* das gesellschaftliche Leben mitbestimmen soll, ist das angelsächsische Rechtsverständnis subjektivistisch: Die Rechtssubjekte machen ihre u. U. konfligierenden Rechtspositionen geltend, und im Konfliktfalle obliegt es den Gerichten, nach den Präzedentien des *Richterrechts* zu entscheiden. Im objektiven Sinne ist somit die Rechtsordnung vor allem eine *Verfahrensordnung* zur Vermeidung und Lösung von Konflikten. Dem Gerichtswesen kommt daher eine von der staatlichen Gesetzgebung wesentlich unabhängigere und durch das Element der Laienrichter noch verstärkte Position zu. *Es liegt also gar nicht im Horizont des amerikanischen Rechtsverständnisses, daß die gesellschaftlichen Verhältnisse durch die Schaffung von Gesetzen einer intentionalen politischen Transformation ausgesetzt werden könnten, wie dies vor allem dem deutschen Verständnis von Sozialpolitik entsprach.* Vielmehr bringt es die Fragmentierung des politischen Systems in den Vereinigten Staaten und seine Beeinflußbarkeit durch Interessenpolitik mit sich, daß den obersten Gerichten eine weit höhere Bedeutung für die Einheit der Rechtsordnung und für die Politik zukommt als in Europa.[162] Beschlüsse der Legislative – gerade im Bereich der Arbeitsbeziehungen und der Sozialpolitik – wurden häufig durch den ›Supreme Court‹ aufgehoben. Aber Entscheidungen der Gerichte können auch Rechtsansprüche begründen. So beruht z. B. die vergleichsweise günstige Rechtsposition von Behinderten im Arbeitsmarkt

161 Dyson, The State Tradition, S. 17f.
162 Vgl. Neely, Richard: How Courts Govern America. New Haven u. London 1981.

auf dem von den Gerichten hochgehaltenen Grundsatz der Nichtdiskriminierung.

Dementsprechend erfüllen in den USA die Gerichte auch Schutzfunktionen für die Bevölkerung, die nach kontinentaleuropäischen Vorstellungen Gesetzgebung und Verwaltung zukämen. Von größter Bedeutung ist in diesem Zusammenhang die Neigung amerikanischer Gerichte, die Haftung für nachgewiesene Schäden (Tort Law) weit auszulegen und großzügige Entschädigung zuzusprechen, vor allem, wenn der Schädiger als finanzkräftig gilt. Dies wirkt sich insbesondere gegenüber den staatlicherseits wenig kontrollierten Wirtschaftsunternehmen aus, die sowohl von seiten geschädigter Konsumenten als auch von seiten geschädigter Arbeitnehmer erfolgreiche Klagen befürchten müssen.

Schließlich ist auf kulturelle Traditionen hinzuweisen. Die die britische Kolonisierung Nordamerikas einleitende Emigration der religiösen ›Dissenters‹ ließ von Anfang an einen besonderen Nachdruck auf den Rechten der Glaubens- und Meinungsfreiheit entstehen; ferner vertraten die Calvinisten die Lehre von der Volkssouveränität im Gegensatz zur Souveränität der Fürsten. Zusammen mit der einleitend erwähnten Situation der ›Frontier‹ entstand somit eine *kulturelle Tradition der Anerkennung persönlicher Freiheiten*, die sich schließlich auch in der amerikanischen Unabhängigkeitserklärung und in den spezifische Freiheitsrechte verbürgenden amendments der amerikanischen Verfassung niederschlug.[163] So ist die amerikanische Kultur in besonderem Maße individualistisch und durch ein spezifisches Pathos der Autonomie und Konkurrenz geprägt, das sich mit Bezug auf die sozialen Verhältnisse in den Prinzipien der Selbsthilfe, der privaten Wohltätigkeit und der dominanten Leistungsorientierung des Gerechtigkeitskonzeptes äußert. Diese Kultur ist daher wesentlich stärker geneigt, auch erhebliche soziale Ungleichheiten als das natürliche Ergebnis menschlichen Zusammenlebens zu akzeptieren. Diese *Legitimität sozialer Ungleichheit* wurde schon durch die calvinistische Prädestinationslehre vorbereitet und fand

---

163 Auch hier ist auf eine – aus europäischer Sicht – ›Verkehrung‹ der Terminologie hinzuweisen: Radikale Verfechter des Freiheitsgedankens heißen in den USA ›konservativ‹ während die Verfechter sozialpolitischer Maßnahmen als ›liberal‹ bezeichnet werden. Dasselbe gilt für die entsprechenden Ideologien des ›Konservatismus‹ und ›Liberalismus‹.

im Zuge der Säkularisierung ihren ideologischen Ausdruck im sogenannten Sozialdarwinismus, demzufolge u. a. der Erfolg Zeichen von Tüchtigkeit und der Schutz der weniger Tüchtigen dem gesellschaftlichen Fortschritt abträglich sei.[164] Mit der Ausnahme ethnischer Differenzen waren jedoch die *Strukturen* sozialer Ungleichheit im 19. Jahrhundert weniger ausgeprägt als in Europa, wo die Standesunterschiede weiterhin wirksam blieben. Es sind vor allem die Unterschiede des Einkommens und des Vermögens, welche soziale Ungleichheit formieren, und so bleibt die vertikale Mobilität grundsätzlich hoch.

Die *negative Einstellung zur sozialpolitischen Intervention*, die sich aus all diesen Momenten entwickelt hat, mag abschließend die Begründung eines Vetos des amerikanischen Präsidenten Grover Cleveland gegen ein Gesetz verdeutlichen, durch das nach einer Dürrekatastrophe im Jahre 1887 der amerikanische Kongreß den betroffenen Landwirten durch die Verteilung von Saatgut helfen wollte:

»Ich kann keine Ermächtigung zu einer solchen Maßnahme in der Verfassung finden, und ich glaube nicht, daß die Zuständigkeit der Bundesregierung auf die Erleichterung individuellen Leidens ausgedehnt werden sollte, das in keiner Beziehung zum Dienst für das Gemeinwesen oder zu seinem Nutzen steht. Der erkennbaren Tendenz, die beschränkte Mission unserer Macht und Pflicht zu übersehen, sollte standhaft entgegengetreten werden. Es gilt, die Lehre beständig einzuschärfen, daß zwar das Volk die Regierung, nicht aber die Regierung das Volk zu unterstützen hat. [...] Eine Hilfe des Bundes in solchen Fällen würde die Erwartung auf paternalistische Fürsorge von seiten der Regierung ermutigen und die Kraft unseres Nationalcharakters schwächen. Gleichzeitig würde sie die Bereitschaft zu jenem mitmenschlichen Gefühl und Verhalten in unserem Volke schwächen, das es brüderlich verbindet.«[165]

Abgesehen von den Amtszeiten der Präsidenten Roosevelt und Johnson hat diese Einstellung die Bundespolitik dominiert; selbst der sozialpolitischen Maßnahmen eher gewogene Präsident

164 Vgl. Hofstadter, Richard: Social Darwinism in American Thought. Rev. ed. New York 1959; differenzierter Bannister, Robert C.: Social Darwinism: Science and Myth in Anglo-American Social Thought. Philadelphia 1979.

165 Übersetzt nach Cohen, Nathan E.: Changing Perspectives on U. S. Social Services. In: Meeting Human Needs, S. 219-240, Zitat S. 222f.

Nixon war der sozialdarwinistischen Meinung: »The welfare ethics breeds weak people.«[166]

3.2.2 Wirtschaftssystem und Gewerkschaften, Arbeitsrecht

Der natürliche Reichtum von großen Teilen der Vereinigten Staaten und die hier von allem Anfang an herrschende religiöse, wirtschaftliche und persönliche Freiheit übten eine große Attraktivität auf zunächst meist europäische Einwanderer aus und haben zur Entwicklung eines besonders dynamischen und auf den Prinzipien politisch uneingeschränkter Konkurrenz beruhenden privatkapitalistischen Wirtschaftssystems geführt. Der besonders ›kapitalistische‹ Charakter des amerikanischen Wirtschaftssystems kommt auch im Gesellschaftsrecht zum Ausdruck, das eine schärfere Kontrolle der Geschäftsleitung durch die Aktionäre als in Europa vorsieht. Das Interesse der Aktionäre (›shareholders value‹) dominiert daher die Unternehmenspolitik weit stärker als z. B. in Deutschland, wo die Rechtsordnung der Unternehmensleitung größere Spielräume und den Arbeitnehmervertretungen größeren Einfluß einräumt.

Je stärker die Konkurrenz, desto naheliegender das Bemühen, sie nach Möglichkeit durch oligopolistische und monopolistische Praktiken, also durch die Akkumulation privatwirtschaftlicher Macht einzuschränken. Hiergegen ergriffen die USA auf Initiative eines ›Anti-Trust-Movement‹ schon früh gesetzliche Maßnahmen (Sherman Act, 1890, Clayton Act 1914), die in der Folge vorbildhaft für die wettbewerbsfördernde Gesetzgebung in anderen Ländern wurden. So ist die amerikanische Wirtschaftsordnung keineswegs frei von staatlichen Eingriffen; diese versuchen jedoch vor allem, die *Kontrollfunktion der Konkurrenz* zu stärken, während staatliche Maßnahmen der Wirtschaftskontrolle, soweit sich hierfür überhaupt politische Mehrheiten fanden, spätestens vor dem Supreme Court scheiterten.

Im Unterschied zu den meisten Ländern Europas standen im 19. Jahrhundert der Selbstorganisation der Arbeiter in *Gewerkschaften* keine grundsätzlichen politischen oder gesetzlichen

166 Zitiert bei Cohen, Changing Perspectives, S. 236.

Hindernisse entgegen. Allerdings bekämpften Arbeitgeber vielfach die Entstehung und Tätigkeit von Arbeiterzusammenschlüssen in ihrem Einflußbereich, und die Rechtsprechung gab überwiegend den Interessen der Arbeitgeber recht.[167] Dennoch hat sich in den USA nie eine politisch einflußreiche Arbeiterbewegung gebildet, und der Einfluß der Gewerkschaften blieb auf einige Branchen beschränkt. Der Umstand, daß den Arbeitern keine *politischen* Rechte vorenthalten wurden, hat wohl maßgeblich dazu beigetragen, daß die natürlich auch dort vorhandenen Probleme der Industrialisierung nie zur Thematisierung der ›sozialen Frage‹ als Arbeiterfrage geführt haben. Als zentrales Problem der gesellschaftlichen Integration stellte sich vielmehr zunächst das Problem der Sklaverei und nach deren Aufhebung das Problem insbesondere der schwarzen, aber auch anderer *Minderheiten* dar. Dabei haben die Vorbehalte der weißen gegen die farbigen Arbeiter wesentlich zur Dethematisierung der Klassenfrage beigetragen.[168]

So entstanden Gewerkschaften in Amerika im wesentlichen als Assoziationen von Facharbeitern zur Verfolgung der ökonomischen Interessen ihrer Mitglieder, und deren durchschnittlicher Lebensstandard scheint schon um die Jahrhundertwende deutlich höher als in Europa gewesen zu sein. Da die individuellen Aufstiegsmöglichkeiten zudem durch keinerlei ständische Schranken beeinträchtigt waren, konnte sich auch kaum eine kollektive Klassenlage der Industriearbeiter bilden. So blieben die Arbeitskonflikte meist auf den Bereich einzelner Betriebe und Unterneh-

167 Einen Überblick über die Entwicklung der Rechtsprechung mit Bezug auf die Gewerkschaften bis 1935 gibt Gould, William B.: Einführung in das Arbeitsrecht der USA, übersetzt von Jörg Dierolf. Frankfurt/M. 1988, S. 21-38; vgl. auch Armingeon, Staat und Arbeitsbeziehungen, S. 217-220.
168 Eine komplexe Erklärung für das weitgehende Scheitern sozialer Reformbewegungen in den USA hat kürzlich C. Noble vorgelegt: »A divided and disorganized working class; powerful, antistatist business elites; two-party politics; and divided institutions all loaded the dice against collective action by workers, and the pursuit of more substantial state action by social reformers. Together, these limiting factors pushed political elites who wanted a welfare state to moderate their demands and drove reformist presidents to the center where they tried to build coalitions spanning business and labor rather than mobilize a mass-based movement in support of structural reform.« Noble, Charles: Welfare As We Knew It. A Political History of the American Welfare State. New York u. Oxford 1997, S. 35.

mungen beschränkt. Versuche zur Gründung politischer Arbeiterparteien hatten wenig Erfolg.[169] Das Fehlen sozialistischer Parteien wird von ›liberalen‹ amerikanischen Autoren vielfach für den ›American Exceptionalism‹ mit Bezug auf die wohlfahrtsstaatliche Entwicklung verantwortlich gemacht.

Die ältere Gewerkschaftsbewegung entwickelte sich aus lokalen und regionalen handwerklichen Assoziationen und schloß sich 1886 nach Auseinandersetzungen mit stärker politisch motivierten Gruppen zur ›American Federation of Labour‹ (AFL) zusammen. Diese verfolgte ausschließlich ökonomische Ziele, nämlich höhere Löhne und bessere Arbeitsbedingungen (»pure and simple unionism«).[170] Die AFL blieb der dominierende Gewerkschaftsverband bis 1935, doch verstanden es größere Firmen häufig, seinen Einfluß durch die Schaffung von Betriebsgewerkschaften u. ä. zu neutralisieren. Hinzu kam der geringe Organisationsgrad der Arbeiter und das Fehlen jeglichen staatlichen Schutzes, so daß seine Erfolge bescheiden blieben. Vor allem die amerikanischen Gerichte brachten immer wieder Gesetze auf der Ebene der Bundesstaaten zum Schutze der Arbeiter zu Fall:

»While British trade unionists were benefiting from legislative enactments gained through a system in which Parliament was supreme, the American trade union movement, operating in a polity with judicial supremacy over legislatures, repeatedly ran up against judicial vetoes of social legislation and of legislation guaranteeing union rights to organize and strike.«[171]

Wie auch in den übrigen Bereichen der Sozialpolitik war es die Große Depression und der Amtsantritt von Franklin D. Roosevelt als Präsident der Vereinigten Staaten (1933), welche eine Wende einleiteten. Sein erdrutschartiger Sieg bei den Präsidentschaftswahlen ermöglichte ihm die Durchsetzung einer umfassenden Wirtschafts- und Sozialgesetzgebung im Kongreß während seiner ersten beiden Regierungsjahre. Zwar wurde eine erste

169 Vgl. hierzu Marks, Gary: Unions in Politics. Britain, Germany, and the United States in the Nineteenth and Early Twentieth Centuries. Princeton, N. J., 1989, S. 195-234.
170 Ein guter Überblick über die Geschichte der amerikanischen Gewerkschaftsbewegung findet sich in: The New Encyclopedia Britannica, Bd. 29, S. 950-953, Zitat S. 951.
171 Skocpol, Theda: Protecting Soldiers and Mothers. The Political Origins of Social Policy in the United States. Cambridge, Mass., u. London 1992, S. 226.

Arbeitsgesetzgebung vom Supreme Court aufgehoben, doch der 1935 verabschiedete ›National Labor Relations Act‹ (Wagner Act) konnte bestehen und bildete in der Folge die Grundlage des *kollektiven Arbeitsrechts* der USA. Der Wagner Act enthielt ein detailliertes Verfahrensrecht, ohne irgendwelche Vertragsinhalte zu präjudizieren. Er sicherte die kollektive Verhandlungskompetenz der Arbeitnehmer und unterwarf beide Tarifparteien bestimmten Regeln, jedoch unter Anerkennung des Streikrechts. Gleichzeitig erlaubte er kartellartige Absprachen innerhalb bestimmter Branchen zur Dämpfung der zerstörerisch gewordenen Konkurrenz.

Die organisatorischen Einheiten der AFL waren nach dem Berufsprinzip geordnet. Dies erwies sich unter den neuen Bedingungen als nicht mehr zweckmäßig, so daß eine Abspaltung der AFL, der ›Congress of Industrial Organizations‹ (CIO) in der Folge zur führenden Gewerkschaftsorganisation wurde, welche für bestimmte Branchen einheitliche Tarifverträge aushandelte und es gleichzeitig verstand, während des 2. Weltkriegs die betriebliche Disziplin der Arbeiter zu stärken. Ganz überwiegend werden jedoch Tarifverträge dezentral, d. h. auf der örtlich-betrieblichen Ebene ausgehandelt. Demzufolge kommt den betrieblichen Gewerkschaften in den USA weit größere Bedeutung zu als typischerweise in Europa. Allerdings schränkte der Taft-Hartley Act bereits 1947 die bis dahin sehr offenen strategischen Möglichkeiten der Gewerkschaften massiv ein; die so definierte Verfahrensordnung kollektiver Tarifverträge bewährte sich bis in die sechziger Jahre. Eine verstärkte weltwirtschaftliche Konkurrenz und eine politische Deregulierung sowie schließlich die Wirtschaftskrise zu Beginn der 1980er Jahre ließen dann das Verhandlungssystem zusammenbrechen und führten zu einem starken Mitglieder- und Machtverlust der Gewerkschaften außerhalb des öffentlichen Sektors. Die Entwicklung der Dienstleistungsproduktion hat dazu geführt, daß über 40 % der Erwerbstätigen nicht unter den Wagner Act fallen; vielerorts sind zudem wiederum Praktiken der Arbeitgeberseite zur Verhinderung der gewerkschaftlichen Organisation in ihrem Einflußbereich zu beobachten.[172]

172 Zur neueren Problematik des amerikanischen Arbeitsrechts vgl. Restoring the Promise of American Labor Law. Hg. v. Sheldon Friedman u. a. Ithaca, N. Y., 1994.

Das *individuelle Arbeitsrecht* in den Vereinigten Staaten orientiert sich nach wie vor an den herkömmlichen Grundsätzen des ›common law‹, welches beispielsweise keine Kündigungsfristen und erst recht keinen Kündigungsschutz kennt. Allerdings legt der »Fair Labor Standards Act« von 1938 Minimalbedingungen für Arbeitsverträge fest. Darüber hinausgehende gesetzliche Einschränkungen der unternehmerischen Dispositionsfreiheit gibt es nur im Bereich der Arbeitssicherheit[173] und bezüglich der Diskriminierung von Personen wegen ihres Geschlechts, ihres Alters, religiöser Besonderheiten u. a. m. Angesichts des Rückgangs des kollektivvertraglichen Schutzes tendieren obere amerikanische Gerichte neuerdings dazu, auch in individuellen Arbeitsstreitigkeiten den Rechtsstandpunkt der Arbeitnehmer in Fragen des Kündigungsschutzes zu stärken.[174] Eine spezialisierte Arbeitsgerichtsbarkeit gibt es nicht. Die gerichtliche Wahrnehmung von Interessen aus dem Arbeitsverhältnis setzt – wie jede erfolgversprechende gerichtliche Auseinandersetzung in den USA – den Einsatz beträchtlicher finanzieller Mittel für qualifizierte Anwälte und viel Zeit voraus!

Morstein Marx bemerkt, daß das bereits 1913 gegründete ›Department of Labor‹, dem die Aufsicht über den ›Wagner-Act‹ obliegt, »der Zwerg unter den departments« und weit kleiner als viele Sonderbehörden sei.[175] Im Gegensatz zum zweiten sozialpolitischen Ministerium, dem 1953 gegründeten ›Department of Health, Education, and Welfare‹ konnte es nie größeren Einfluß gewinnen.[176] Dies scheint symptomatisch für die *untergeordnete Stellung des Arbeitsrechts in der amerikanischen Politik*. Es ist unter diesen Verhältnissen auch verständlich, daß vom Arbeitsrecht in der amerikanischen Sozialpolitikforschung kaum die Rede ist. Das Interesse konzentriert sich dort im wesentlichen auf das soziale Sicherungssystem und die sozialen Dienste.

173 Erst 1970 wurde der »Occupational Safety and Health Act« erlassen; vgl. dazu Gould, Einführung, S. 182-184.
174 Vgl. Gould, Einführung, S. 193-195. Zu den Grundannahmen des amerikanischen Arbeitsrechts vgl. Atleson, James B.: Values and Assumptions in American Labor Law. Amherst 1983.
175 Morstein Marx, Amerikanische Verwaltung, S. 96.
176 Entgegen den Vorschlägen Roosevelts wurde dem ›Department of Labor‹ auch die Sozialversicherung nicht unterstellt, sondern hierfür eine Sonderbehörde, die ›Social Security Agency‹, geschaffen.

3.2.3 Anfänge und Grundlagen der
amerikanischen Sozialpolitik

Als Ursprung der amerikanischen Sozialpolitik, d.h. der politischen Sorge um die Wohlfahrt bestimmter Bevölkerungsgruppen, gilt heute die Gesetzgebung über den Unterhalt der *Kriegsveteranen* des amerikanischen Bürgerkriegs (1861/65). Handelte es sich hierbei ursprünglich nur um eine Fürsorge für die Kriegsinvaliden, -witwen und -waisen aus den Nordstaaten dieses bei weitem blutigsten Krieges in der amerikanischen Geschichte, so wurden durch spätere Gesetze die Anspruchsgründe erweitert, so daß – zugleich infolge einer extensiven Auslegung der Gesetze – schließlich mehr als 90% aller Kriegsveteranen der Nordstaaten in den Genuß der Leistungen dieser Gesetzgebung kamen. Nach Skocpol handelte es sich hierbei im wesentlichen um eine Patronagepolitik der im Norden dominierenden Republikanischen Partei, welche sich auf diese Weise eine umfangreiche Wahlklientel schuf.[177] Da die USA im 20. Jahrhundet sich in vielen Kriegen engagierten, wurde seit dem 1. Weltkrieg das Kriegsveteranenprogramm immer weiter ausgebaut, und so können heute die Kriegsveteranen und ihre Hinterbliebenen als die am umfassendsten gesicherte und geförderte sozialpolitische Zielgruppe der Vereinigten Staaten gelten.[178] Die Bedeutung dieser Programme wird dadurch unterstrichen, daß die hierfür 1930 geschaffene selbständige Sonderbehörde im Jahre 1989 den Rang eines Ministeriums (›Department of Veterans Affairs‹) erhielt.[179]

Vergleichsweise früh – zumeist zwischen 1902 (Maryland) und 1920 (43 Staaten) – wurde auch die *Haftpflicht für Berufsunfälle und -krankheiten* geregelt, allerdings nicht auf der Ebene des Bundes, sondern der Gliedstaaten. Dabei wurden jedoch nur in wenigen Staaten staatliche Versicherungträger geschaffen; und eine Zwangsversicherung wurde als verfassungswidrig erklärt. So steht es den Betrieben frei, entweder die gegenüber dem ›common

---

177 Vgl. Skocpol, Theda: Protecting Soldiers, S. 102-151.
178 Eine 1974 erstellte Übersicht des Joint Economic Committee des U. S. Congress über die Wohlfahrtsprogramme auf Bundesebene umfaßt 89 items; davon beziehen sich 10 ausschließlich auf Veteranen. Vgl. Zöller, Michael: Welfare – Das amerikanische Wohlfahrtssystem. Köln 1982, S. 71-88.
179 Vgl. hierzu Eichenhofer, Recht, S. 187-193.

law‹ verschärften Haftungsbedingungen im Rahmen arbeitsvertraglicher Verpflichtungen anzuerkennen oder aber entsprechende Versicherungen bei privaten oder ggf. öffentlichen Versicherungsträgern abzuschließen.[180]

Eine weitere frühe Initiative zur Schaffung einer staatlichen Sozialpolitik auf Bundesebene bezog sich auf *Mütter und Kinder*. Bildeten im ersten Beispiel die Verbände der Kriegsveteranen eine einflußreiche Pressure group, so waren es hier die weit verbreiteten und bereits vor dem 1. Weltkrieg gut organisierten Frauenverbände welche – noch vor der Einführung des Frauenwahlrechts! – die Einrichtung einer ›Federal Agency‹ für die Belange kindlicher Wohlfahrt erreichten. Das ›Children's Bureau‹ entfaltete sogleich eine erhebliche Aktivität, die schließlich 1921 zum »Federal Act for the Promotion and Hygiene of Maternity and Infancy« (Sheppard-Towner Act) und zu zahlreichen weiteren Initiativen auch auf regionaler und örtlicher Ebene führte. Maßgeblich für das Zustandekommen des Sheppard-Towner Acts wurde, daß er nicht als karitative Initiative zugunsten der minder Bemittelten, sondern als erzieherische und gesundheitspolitische Initiative dargestellt wurde, deren Ziel vor allem die Verbreitung hygienischen Wissens unter den Müttern war. Diese Stoßrichtung rief allerdings den politischen Widerstand der Ärzteverbände hervor, welche darin erste Schritte zur Einführung einer ›sozialistischen Medizin‹ erblickten. Mit diesem Argument konnten sie das weit verbreitete Mißtrauen gegen staatliche Interventionen mobilisieren. Der Act war zunächst ein großer Erfolg, doch zehn Jahre später, als es um einen Beschluß des Kongresses zur Fortführung des Programms ging, setzten sich dessen Gegner durch, und das Programm lief 1930 aus.[181]

Neben diesen beiden erfolgreichen registrieren die Historiker eine Vielzahl gescheiterter sozialpolitischer Initiativen auf Bundesebene, vor allem aus den Jahren vor dem ersten Weltkrieg. Maßgebliche Anstöße gingen von der 1906 gegründeten *American Association for Labor Legislation* (AALL) aus, welche als amerikanische Sektion der damals recht aktiven ›International Associa-

---

180 Näheres bei Eichenhofer, S. 48-50, 173-186. »1980 wurden durch die Privatversicherungen 60%, durch die staatlichen Versicherungsträger 22% und durch die Selbstversicherer 19% der Ausgaben bestritten.« Murswieck, Sozialpolitik, S. 86.
181 Vgl. Skocpol, Protecting Soldiers, S. 480-524.

tion for Labour Legislation‹ von reformerisch eingestellten Sozialwissenschaftlern gegründet wurde, aber – wie der ›Verein für Socialpolitik‹ in den ersten Jahrzehnten – auch viele sozial gesinnte Unternehmer und Praktiker des Sozialwesens zu seinen Mitgliedern zählte. Internationale, insbesondere deutsche Einflüsse gingen auch von führenden Mitgliedern aus, die in Deutschland studiert hatten und dabei von den Leitgedanken der Historischen Schule und durch die Bismarckschen Sozialreformen beeinflußt worden waren.[182] Unter den vielfältigen Vorschlägen, welche mehrfach zu veritablen politischen Kampagnen wurden, waren lediglich diejenigen zur Einführung von Arbeitsschutzmaßnahmen und Berufsunfallversicherungen auf der Ebene einzelner Bundesstaaten erfolgreich.[183] Dagegen waren die Initiativen zur Einführung von Kranken- und Altersversicherungen weder auf der Ebene der Einzelstaaten noch des Bundes erfolgreich. Dazu trug nicht zuletzt das geringe Interesse der Gewerkschaften an diesen Initiativen bei. Bedenken kamen aber auch aus den bürgerlichen Mittelklassen, welche noch unter dem Eindruck der klientelistischen Politik zugunsten der Bürgerkriegsveteranen aus den Nordstaaten standen und in diesen Jahren vor allem gegen staatliche Korruption zu Felde zogen.[184]

Auch wenn als der eigentliche Beginn staatlicher Sozialpolitik in den USA Roosevelts ›New Deal‹ gilt, so ist somit festzuhalten, daß der damaligen Gesetzgebung vielfältige erfolglose Initiativen vorangegangen waren.[185] Was in den dreißiger Jahren zum mindesten vorübergehend nachließ, war die Zurechnung wirtschaftlicher Not auf Verhaltensweisen und Eigenschaften der *individuell* Betroffenen. Die Programmformel ›social security‹, unter die Roosevelt seine soziale Unterstützungsgesetzgebung von 1935 stellte, brachte zum Ausdruck, daß die Not, welche es zu bekämpfen galt, nicht individuell verschuldet, sondern *kollektiv* verursacht und eben deshalb auch durch kollektive Maßnahmen

---

182 Vgl. Skocpol, Protecting Soldiers, S. 160-204; Noble, Welfare, S. 25-27.
183 Diese werden allerdings als Spezifizierungen des Haftpflichtrechts und nicht als Sozialversicherungen verstanden. Sie sind bis heute eine auschließliche Domäne der Einzelstaaten geblieben und demzufolge sehr unterschiedlich geregelt. Vgl. Eichenhofer, Recht, S. 173-186.
184 Vgl. Skocpol, Protecting Soldiers, S. 248-310.
185 Vgl. hierzu auch Orloff, Ann Shola: The Political Origins of America's Belated Welfare State. In: Weir u. a., The Politics of Social Policy, S. 37-80.

zu beheben sei. Die Formel fand sofort Anklang und wurde bald zum internationalen Leitbegriff für alle Formen der staatlich induzierten Absicherung kollektiver Risiken.[186]

Der »Social Security Act« von 1935 (SSA) stellt einen Markstein der amerikanischen Geschichte dar, und zwar nicht nur hinsichtlich der Sozialpolitik, sondern auch hinsichtlich des Verhältnisses zwischen dem Bund und den Gliedstaaten: *Der bisher geltende Grundsatz einer strikten Trennung der Zuständigkeiten beider Ebenen wurde erstmals mit der massiven Subventionierung einzelstaatlicher sozialpolitischer Maßnahmen durchbrochen.* »Eine bisher unbekannte Verflechtung von Bundes- und einzelstaatlicher Gesetzgebung war die Folge.«[187] Der SSA umfaßte zum einen ein Bundesprogramm zur Alterssicherung, ferner die Subventionierung einzelstaatlicher Maßnahmen im Falle von Arbeitslosigkeit und der Unterstützung Hilfebedürftiger. Auf die Einführung einer gesetzlichen Kranken- und Invalidenversicherung wurde mit Rücksicht auf den Widerstand der ›American Medical Association‹ verzichtet.

Was es mit dem SSA auf sich hatte, stellte sich erst allmählich heraus, denn der genaue Charakter der Alterssicherung war mit Rücksicht auf die zu erwartende Prüfung durch den Supreme Court nicht deutlich ausgesprochen worden.[188] Im Zentrum standen Maßnahmen zugunsten der Alten und der Arbeitslosen, er umfaßte aber auch weitere Sondermaßnahmen. Allerdings brachte es der Druck der Südstaaten mit sich, daß die Arbeitskräfte in der Landwirtschaft und im häuslichen Dienstleistungsbereich nicht in die Rentenversicherung einbezogen wurden, was eine klare Diskriminierung des schwarzen Bevölkerungsteils bedeutete, an dessen abhängiger Situation der Süden nichts ändern wollte. Auch die Bediensteten der Einzelstaaten und der Kom-

---

186 Zur Geschichte des Begriffs ›social security‹ vgl. Kaufmann, Sicherheit, S. 92-105.
187 Zu Enstehung, Entwicklung und Bedeutung des SSA vgl. Eichenhofer, Recht, S. 52-72, Zitat S. 67; Rimlinger, Welfare Policy, S. 193-232; Wieland, Walter: Zwischen Freiheit und Sicherheit. Amerikanische Sozialpolitik im Widerstreit der Interessengruppen (1935-1954). Hamburg 1995; Achenbaum, W. Andrew: Social Security: Visions and Revisions. New York 1986.
188 Vgl. Stokes, Dillard: Social Security – Fact and Fancy. Chicago 1956, S. 49 ff.

munen sind bis heute von der Versicherungspflicht ausgenommen, um deren Rechte nicht zu verletzen.[189]

3.2.4 Maßnahmen zur Einkommenssicherung

Bis zum Erlaß des SSA gab es außerhalb der Programme für Veteranen keine gesetzlich geregelten Transfereinkommen. Wer sein Einkommen nicht durch Arbeit oder Vermögen erwerben konnte, war auf die Hilfe durch die eigene Familie, auf kirchliche oder private Wohltätigkeit oder auf die Armenfürsorge angewiesen, die sich in den meisten Staaten noch an den Grundsätzen der aus England übernommenen Armengesetzgebung Elisabeth I. (1601) orientierte. Das bedeutete in der Regel den Unterhalt im Rahmen von Armen- und Arbeitshäusern (›indoor relief‹). Nur einige wenige Staaten kannten Geldleistungen (›outdoor relief‹) für ausgewählte Gruppen von Armen. Armut galt grundsätzlich als selbst verschuldet. Daher der bereits erwähnte revolutionäre Charakter des SSA, der sowohl die Sozialversicherung als auch die Sozialhilfe voranbrachte.

3.2.4.1 Sozialversicherung im Falle von Alter, Tod des Ernährers und Invalidität

Erst nachdem das oberste Gericht die Verfassungsmäßigkeit des SSA bejaht hatte, begann eine politische Dynamik sichtbar zu werden, welche der *Altersversicherung* eine *Hinterbliebenenversicherung* hinzufügte und vom Kapitaldeckungsverfahren zu einem restringierten Umlageverfahren überging.[190] 1946 wurde unter Präsident Truman die Versicherungspflicht auf grundsätzlich alle unselbständig Beschäftigten ausgedehnt; eine weitere Ausdehnung der Versicherungspflicht auf die meisten Selbständigen erfolgte unter Präsident Eisenhower, wobei überdies das *Invaliditätsrisiko* – auch für Ehefrauen und Kinder – in die Sozialversicherung einbezogen wurde.[191] So wurde hier innert zwei Jahr-

---

189 Vgl. ACIR (Advisory Commission on Intergovernmental Relations): State and Local Pension Systems: Federal Regulatory Issues. Report A-71. Washington D. C. 1980.
190 Vgl. Orloff, Political Origins, S. 76-79.
191 Eichenhofer, Recht, S. 78-81.

zehnten ein grundsätzlich die gesamte *regelmäßig erwerbstätige* Bevölkerung umfassendes staatliches Alters-, Hinterlassenen- und Invaliditäts-Versicherungssystem geschaffen, das durchaus den Vergleich mit entsprechenden europäischen Systemen aushält.[192] Die Finanzierung erfolgt grundsätzlich nur durch Beiträge der Versicherten, an denen sich bei unselbständig Erwerbenden die Arbeitgeber zu 50% beteiligen müssen, Bundeszuschüsse gibt es nicht. Die Beiträge sind bis zu einer Beitragsbemessungsgrenze lohnproportional, die Leistungen dagegen bedarfsorientiert; d. h. bei niedrigen Durchschnittseinkommen entspricht die Rente 90% ihres lohnbezogenen Zeitwerts, steigt jedoch im Vergleich zu den gezahlten Beiträgen oberhalb eines angenommenen Existenzminimums nur noch degressiv an, und der Kumulation von Zusatzleistungen sind wiederum bedarfsorientierte Grenzen gesetzt. Der Sinn von ›social security‹ ist also eine *Grundsicherung im Alter*, welche zur Erhaltung eines angemessenen Lebensstandards der ergänzenden Vorsorge im Rahmen betrieblicher oder privater Maßnahmen bedarf. Da Personen, wenn sie keiner geregelten Erwerbstätigkeit nachgehen, weder Beiträge zahlen noch Ansprüche erwerben, gewährt das System allerdings häufig erkrankten oder arbeitslosen Personen auch im Alter keine ausreichende Sicherung.

Neben der staatlichen Alterssicherung spielen auch ganz überwiegend von Arbeitgeberseite finanzierte *Betriebsrenten* eine nicht unerhebliche Rolle. Sie werden seit 1926 steuerlich gefördert, und 1974 wurden im »Employee Retirement Income Security Act« (ERISA) Mindestbedingungen festgelegt, die erfüllt sein müssen, um die Steuervergünstigung zu erhalten. Wesentliche Vorschriften beziehen sich auf die Unverfallbarkeit und notwendige Reichweite hinsichtlich des Kreises der Berechtigten.[193] Da ›social security‹ nur eine Grundsicherung bietet, kommt den Betriebsrenten als Aufbausicherung zentrale Bedeutung für die Alterssicherung insbesondere der Mittelschichten zu.

---

192 Eine detaillierte Darstellung der wichtigsten Regelungen gibt Eichenhofer, Recht, S. 123-150; die hier gegebene Darstellung ist zwangsläufig vergröbert.

193 Näheres bei Murswieck, Sozialpolitik, S. 52-55, und Eichenhofer, Recht, S. 143-150.

3.2.4.2 *Einkommenssicherung bei Arbeitslosigkeit und Krankheit*

Während das auf Bundesebene administrierte[194] Alterssicherungsprogramm sich unter dem Titel ›social security‹ zum wichtigsten Bestandteil einer bundesweiten Sozialpolitik entwickeln sollte, blieben die *Maßnahmen zur Bekämpfung der Arbeitslosigkeit* eine Angelegenheit der Einzelstaaten. Hierzu trug einerseits bei, daß in den Bundesstaaten Wisconsin und Ohio 1936 bereits eine an europäischen Vorbildern orientierte Arbeitslosenversicherung bestand. Noch entscheidender war allerdings die Opposition der Südstaaten und mittelwestlicher Agrarstaaten gegen entsprechende Maßnahmen, von denen ein Druck auf Anhebung der Löhne befürchtet wurde. Deshalb sah der ›Social Security Act‹ lediglich eine bundesweite Finanzierung durch eine zweckgebundene Besteuerung der Lohnsumme bei den Arbeitgebern und die Subventionierung einzelstaatlicher Versicherungssysteme vor, soweit diese bestimmten Bedingungen genügen.[195] Dabei gibt es komplizierte Verrechnungsregeln zwischen dem Bund und den Staaten, welche es für die Staaten vorteilhaft werden ließen, eine Arbeitslosenversicherung einzuführen, die den Mindestvorgaben des Bundes entspricht; deshalb hatten bereits 1938 alle Bundesstaaten eine Arbeitslosenversicherung eingeführt.

Da die Gesetzgebungskompetenz ausschließlich bei den Einzelstaaten liegt, sind die Regelungen hinsichtlich des Versichertenkreises, der Leistungshöhe und der Bedingungen, unter denen die Leistungen gewährt werden, sehr verschieden; dem Bund bleibt lediglich die Einflußnahme über die Bedingungen, welche er an seine Kostenbeteiligung knüpft.[196] Im Regelfalle sind die Leistungen zwar an der vorherigen Lohnhöhe orientiert, jedoch

---

194 Das heißt, auch die regionalen und örtlichen Verwaltungsstellen sind unmittelbar der Bundesbehörde unterstellt.

195 Dieses für das Verhältnis zwischen Bund und Einzelstaaten charakteristische Politikmuster des ›conditionalism‹ erlaubt es, auch heterogene Sachverhalte miteinander zu verknüpfen, z. B. »Zuweisungen für die Reparatur von Autobahnen werden mit der Bedingung verbunden, daß die Einzelstaaten das ›drinking age‹ auf 21 Jahre heraufsetzen.« Lösche, Amerika, S. 101.

196 Vgl. Eichenhofer, Recht, S. 162-172.

sehr bescheiden und von kurzer Dauer;[197] der Zugang zur Versicherung wie auch die Bedingungen der Leistungsgewährung zeugen vielerorts von dem verbreiteten Mißtrauen gegenüber mangelnder Arbeitsbereitschaft der Arbeitslosen.

Außerdem sollten beschäftigungsschaffende Maßnahmen der Staaten im Rahmen anderer Programme des ›New Deal‹ subventioniert werden. Diese *Dezentralisierung bei der Bekämpfung von Arbeitslosigkeit* blieb jedoch mangels entsprechender Steuerungskompetenzen seitens des Bundes und angesichts der beschränkten Implementation in den Einzelstaaten weit hinter den Erwartungen Roosevelts zurück. Auch nach dem zweiten Weltkrieg kam es in den USA nicht zu einer national koordinierten Beschäftigungspolitik.[198]

Was den Erwerbsausfall bei Krankheit betrifft, so hat nur eine kleine Minderheit von Staaten gewisse Vorkehrungen getroffen, die sich meist an die Arbeitslosenversicherung anlehnen; lediglich Rhode Island sieht in diesem Zusammenhang eine strikte Versicherungspflicht vor.[199] Lohnausfall im Falle von Krankheit wird dagegen vielfach durch private Versicherungen abgedeckt.[200]

3.2.4.3 Sozialfürsorge bei Einkommensarmut

Der dritte, sozialpolitisch richtungweisende Bestandteil des SSA betraf die monetären Fürsorgeleistungen. Einzelne Staaten besaßen bereits vor Erlaß des SSA eigene Programme für Alte, Blinde,

---

197 Vgl. die Übersicht über die einzelstaatlichen Verhältnisse für 1982 bei Murswieck, Sozialpolitik, S. 91 f.

198 Vgl. hierzu Weir, Margaret: The Federal Government and Unemployment: The Frustration of Policy Innovation from the New Deal to the Great Society. In: Weir u. a., The Politics of Social Policy, S. 149-197; Skocpol, Theda: Social Policy in the United States: Future Possibilities in Historical Perspective. Princeton 1995, S. 228-249; Noble, Welfare, S. 72, 108 f.

199 Vgl. Eichenhofer, S. 150-157, sowie Kruse, Jürgen: Das Krankenversicherungssystem der USA. Ursachen seiner Krise und Reformversuche. Baden-Baden 1997, S. 73-89.

200 »1981 hatten 63 % der Arbeitnehmer in der Industrie und im öffentlichen Dienst einen derartigen Versicherungsschutz. Die Leistungen sind sehr unterschiedlich in der Höhe und Zeitbegrenzung. Im Öffentlichen Dienst und einigen Industriebereichen gibt es beispielsweise eine volle Lohnfortzahlung, die sich aber auf 15 Tage im Jahr beschränkt.« Murswieck, Sozialpolitik, S. 69 f.

Hinterbliebene und uneheliche Mütter, die nun durch Bundeszuschüsse allgemein gemacht und an bestimmte Mindeststandards geknüpft wurden. In der Folge entwickelten sich diese zunächst nach ähnlichen Grundsätzen konzipierten Maßnahmen auseinander. Die Hinterbliebenen wurden in das Sozialversicherungssystem aufgenommen, so daß im Bereich der Hilfe für Kinder nur noch der Bereich der Unehelichen und der zerbrochenen Familien übrigblieb. Dieses Programm der *Fürsorge für bedürftige Mütter minderjähriger Kinder*[201] sollte ursprünglich vor allem Witwen unterstützen, entwickelte sich jedoch im Zuge der Veränderung der familialen Verhältnisse vor allem zu einem Unterstützungsprogramm für uneheliche Mütter. Es blieb in der Folge stets umstritten, zum einen, weil es zunächst nur alleinstehende Mütter begünstigte, und zum anderen, weil es sowohl mit der Rassenfrage (Farbige blieben die Hauptnutznießer) als auch mit der umstrittenen Frage einer Arbeitspflicht von gesunden Fürsorgeempfängern in Verbindung gebracht wurde. Einen weiterreichenden Familienlastenausgleich gibt es – abgesehen von relativ unbedeutenden Steuererleichterungen – in den USA bis heute nicht.[202]

Dagegen wurden die subventionierten einzelstaatlichen Fürsorgeleistungen für Alte und Behinderte 1972 vereinheitlicht und in ein Bundesprogramm »Supplemental Security Income« (SSI) umgewandelt. Dieses Fürsorgeprogramm für die ›worthy poors‹ genießt bis heute uneingeschränkte politische Unterstützung. Die Konsequenz daraus ist jedoch eine schärfere Ausgrenzung der jüngeren, insbesondere in den Großstädten lokalisierten Armutspopulation, deren Mehrheit zwar weiß ist, unter der jedoch die Schwarzen und Hispanics überproportional vertreten sind. Es ist diese, 1981 rund 27 Mio. Personen (darunter 11 Mio. Kinder unter 15 Jahren) umfassende Bevölkerungsgruppe,[203] um derentwillen der ›War on Poverty‹ geführt wurde, von dem unten (3.2.6) die Rede sein soll. Für deren Unterhalt existierten damals im wesentlichen zwei Programme: AFDC als monetäre Sozialhilfe und

201 Das hinsichtlich seiner Bezeichnung wie auch seines Inhalts wiederholt geänderte Programm ist unter dem Namen »Aid for Families with Dependent Children« (AFDC) bekannt. Vgl. hierzu Teles, Steven M.: Whose Welfare? AFDC and Elite Politics. Kansas 1998.
202 Vgl. Beckmeier, Carola: Vergleich der Familienpolitik in den Vereinigten Staaten und der Bundesrepublik Deutschland. Diss. Universität Heidelberg, 1984.
203 Vgl. Murswieck, Sozialpolitik, S. 100.

›Food-Stamps‹, d. h. Lebensmittelgutscheine, die gezielt die Ernährungsgrundlage der Ärmsten verbessern sollen.[204] AFDC wurde vom Bund und den Einzelstaaten anteilsmäßig finanziert, während ›Food-Stamps‹, das auch dem agrarpolitischen Motiv des Absatzes einheimischer Produkte verpflichtet ist, auschließlich vom Bund finanziert wird. Sozialhilfe wurde und wird somit an alleinstehende Arbeitslose grundsätzlich nicht gezahlt.

Zwischen den drei Programmen der Armutsbekämpfung gibt es keine administrative Koordination:

»This balkanized administration reinforces the centrifugal effect of widely dispersed legal programming authority in the United States. It also produces a ›showcase‹ effect, focusing public attention on each program and its beneficiaries as a separate entity rather than on the welfare system as a whole. This showcase effect hardens political opposition to welfare programs and polarizes public debate on welfare reform.«[205]

Zusammenfassend ist festzuhalten, daß *bundes*gesetzlich geregelte *Rechtsansprüche* auf *Einkommens*leistungen nur aus den Sonderprogrammen für Veteranen und Bundesbedienstete sowie aus der Sozialversicherung im Falle von Alter, Tod des Ernährers und Invalidität (einschließlich der Ergänzungleistungen SSI) bestehen. Eine durch eine Bundessteuer finanzierte Arbeitslosenversicherung existiert auf der Ebene der Gliedstaaten, wobei die Leistungen und die Bedingungen ihrer Inanspruchmahme sehr unterschiedlich ausgestaltet sind. Im Krankheitsfall gibt es keine gesetzlich geregelte Lohnfortzahlung oder Krankengeld, ebensowenig existiert ein allgemeines Kindergeld. Einkommenshilfen bei Bedürftigkeit sind in Fortführung der Armenfürsorge Aufgabe der Gliedstaaten und der kommunalen Ebene. Deren Leistungen müssen, sofern sie vom Bund subventioniert werden wollen, bestimmten Mindestbedingungen entsprechen. Diese Mindestbedingungen regeln jedoch nicht den Umfang der Leistungen und die Bedingungen, unter denen sie erlangt werden können, so daß der rechtliche Status verschiedener Kategorien von Arbeitslosen und der Bedürftigen sowie deren administra-

204 Im Zuge der Clintonschen Reform der Sozialhilfe wurde AFDC durch TANF (*Temporary* Aid to Needy Families) ersetzt, vgl. Abschnitt 3.2.6.
205 Leibfried, Stephan: The United States and West German Welfare Systems: A Comparative Analysis. In: Cornell International Law Journal 12 (1979), S. 175-198, Zitat S. 191.

tive Behandlung von Staat zu Staat sehr verschieden bleiben. Dabei spielen sowohl die ökonomischen Verhältnisse in den Einzelstaaten als auch die herrschenden moralischen (Vor-)Urteile hinsichtlich von ›Würdigkeit‹, Arbeitsbereitschaft und Rasse eine erhebliche Rolle. So finden sich in den Staaten des Norden und Ostens vielfach den europäischen durchaus vergleichbare Schutzniveaus, während vor allem im Süden von einem effektiven Sozialschutz der hier meist farbigen Unterschichten kaum die Rede sein kann.

3.2.5 Soziale Dienstleistungen

Der Begriff ›social services‹ wird in unterschiedlicher Reichweite verwendet. Wir verstehen ihn hier im Sinne der *personenbezogenen Dienstleistungen* des Bildungs-, Gesundheits- und Sozialwesens, unabhängig von der Art der Finanzierung und der Trägerschaft. Für alle drei Bereiche gilt, daß sie nach vorherrschender Auffassung auch ›basic needs‹ abdecken, also eine Minimalversorgung für jedermann gewährleisten sollen. Aber gleichzeitig geht es hier regelmäßig auch um die Gewährleistung höherer, im Falle von Universitäten und Hochleistungskliniken auch höchster Versorgungsniveaus. Während bei Geldleistungen eine zielgruppen- und niveaubezogene Differenzierung der Leistungen keine grundsätzlichen Schwierigkeiten macht, lassen sich die Qualität und die Verteilungswirkungen personenbezogener Dienstleistungen nur sehr bedingt steuern und sind in erheblichem Maße vom Ermessen und den Motiven des leistungserbringenden Personals sowie der Kooperationsbereitschaft der Leistungsadressaten mit abhängig. Dennoch wurde in den Vereinigten Staaten im Rahmen des von den Präsidenten Kennedy und Johnson inaugurierten Kampfes gegen die Rassendiskriminierung der Versuch gemacht, auf direkten und indirekten Wegen Niveau und Verteilung von Dienstleistungen zugunsten der benachteiligten Bevölkerungsgruppen zu beeinflussen, also die *spezifisch ›soziale‹ Komponente* der Dienstleistungsproduktion zu stärken.

Unter den sozialen Diensten kommt dem *Bildungswesen* in den USA die größte Bedeutung zu, ja manche Autoren sehen in der Bildungspolitik den Kern der amerikanischen Sozialpolitik.[206] Wie zu zeigen sein wird, kann hier allerdings von einer staatlich gestalteten Bildungspolitik kaum die Rede sein, wohl aber von einer im Vergleich zu Europa nachhaltigeren Angleichung der Bildungschancen. Für die Entwicklung einer von einer breiten Mittelschicht unterschiedlicher Herkunft getragenen Gesellschaft dürfte die Expansion des Bildungswesens in den USA die größte Bedeutung gehabt haben. Den zugleich freiheitlichen und egalitären Idealen der USA entsprechend soll das Bildungswesen für eine *Gleichheit der Startchancen* sorgen. Dementsprechend begleitete die Diskussion über ungleiche Bildungschancen und ungleiche Schulleistungen sowie deren Ursachen die Entwicklung des Bildungswesens seit der Mitte des 19. Jahrhunderts.[207]

Die USA verfügen über eine jahrhundertealte Tradition des Volksbildungswesens, die zunächst von den Kirchen begründet und dann zunehmend von den Kommunen fortgeführt wurde.[208] So war um 1870 die Analphabetenquote bereits unter 20 % gesunken.[209] Zwischen 1880 und 1920 vollzog sich sodann ein rasanter Ausbau des sekundären Bildungswesens, so daß um 1920 bereits ein Drittel aller 14-17jährigen die Highschool besuchte.[210] Ein wesentliches Moment dieser Expansion war die Konkurrenz zwischen verschiedenen religiösen Denominationen und sonstigen Interessen und Subkulturen. Dieser sich weiterhin fortsetzende Ausbau vollzog sich ohne Mitwirkung des Bundes auf der Ebene der Einzelstaaten und Gemeinden, ebenso auch der Ausbau der Universitäten, und zwar recht kontinuierlich und ohne größere

---

206 Vgl. Heidenheimer, Arnold J.: Education and Social Security Entitlements in Europe and America. In: Flora, Peter/Heidenheimer, Arnold J. (Eds.): The Development of Welfare States in Europe and America. New Brunswick u. London 1981, S. 269-304.

207 Vgl. Church, Robert L. u. Michael W. Sedlak: Education in the United States. An Interpretive History. New York u. London 1976.

208 Vgl. hierzu Cresmin, Lawrence A.: Traditions of American Education. New York 1977.

209 Heidenheimer, Education, S. 296.

210 Heidenheimer, Education, S. 278.

Brüche zwischen 1880 und 1960.[211] Dabei entstand jedoch auch auf der Staatenebene kein staatliches Bildungsmonopol wie in Deutschland, vielmehr blieb die Beteiligung der Kirchen und sonstiger privater Träger am Bildungswesen hoch. Es kam auch zu keiner staatlichen Regulierung des Berechtigungswesens; vielmehr entwickelten vor allem private Stiftungen Qualitätsstandards, die in der Folge breit akzeptiert wurden.

»In the United States, credentialling authority was established and extended through accreditation systems operated mainly by educators on the basis of broad legislative authority and close coordination with practitioners and employers. Historians are not sure whether the accreditation model was shaped by a state board of education, a church organization, or a women's organization, but it was definitely not invented by the national bureaucrats.«[212]

Dementsprechend spielen Zertifikate auch eine weit geringere Rolle für den Berufseintritt als in Europa, so daß von einem wesentlich *offeneren Beschäftigungssystem in den USA* gesprochen werden kann. Die Ausbildung für praktische Tätigkeiten vollzieht sich vor allem als ›training on the job‹. Allerdings spielt bei der Verteilung der sozialen Aufstiegschancen die Reputation der einzelnen Bildungseinrichtungen eine größere Rolle als in Deutschland, und bis in die 1960er Jahre blieb das Bildungswesen durch eine Rassenschranke weitgehend zweigeteilt. Die Antidiskriminierungsgesetze von 1964 haben dem zwar die Rechtsgrundlage entzogen, doch bleiben finanzielle Zugangsbarrieren bestehen, die sich aus dem Umstand ergeben, daß im nichtöffentlichen Bereich des allgemeinbildenden Schulwesens meistens ein mehr oder weniger erhebliches Schulgeld gefordert wird. Andererseits gibt es vielfältige private Initiativen und Stipendien, insbesondere zur Begabtenförderung.

Den erfolgreichen Start des ersten russischen Staelliten (1957) empfanden die USA als eine schwere Niederlage für ihr Land und die freie Welt. Als Reaktion hierauf wurden unter Präsident Eisenhower die Initiative zur Verbesserung des Bildungswesens ergriffen und das ›Department of Health and Welfare‹ zu einem

211 So die Einschätzungen von Ringer, Fritz K.: Education and Society in Modern Europe. Bloomington 1979, S. 247-259.
212 Heidenheimer, Education, S. 282.

›Department of Health, Education and Welfare‹ erweitert. Aber trotz der seither vielfältigen Initiativen bleibt der zentralstaatliche Einfluß auf das Bildungswesen nach wie vor schwach.[213] Die Einzelstaaten beharren auch hier eifersüchtig auf ihrer Autonomie, und zudem kommt die Dynamik im Bildungswesen ohnehin aus dem gesellschaftlichen und nicht aus dem politischen Raum. Abgesehen von Einrichtungen für Angehörige der Streitkräfte betreibt der Bund kaum eigene Ausbildungsstätten. Er finanziert jedoch Stipendien- und Darlehensprogramme für bedürftige Studenten und einige Sonderprogramme.[214]

3.2.5.2 Gesundheitswesen

Obwohl die Vereinigten Staaten mit Bezug auf den medizinisch-technischen Fortschritt weltweit führen, stehen sie im internationalen Vergleich hinsichtlich der *sozialen Sicherung bei Krankheit* besonders ungünstig da. Noch weit stärker als im Bildungswesen dominiert auf der Seite der Leistungserbringer der private Sektor; so sind verallgemeinernde Aussagen kaum möglich.[215] Die Steuerung des Gesundheitssektors erfolgt im wesentlichen nach Marktgesichtspunkten, jedoch unter starkem inhaltlichem Einfluß von professionellen Standards der Medizin. An dieser Stelle geht es ausschließlich um die Finanzierung der Kosten der Krankenversorgung. Weitere gesundheitspolitische Maßnahmen, die in den USA eine größere Rolle als in Deutschland spielen, können nicht erörtert werden.[216]

Eine staatlich vorgeschriebene Versicherung der Kosten der Krankenbehandlung besteht nur für die Rentner: Das *Medicare-*

---

213 Allerdings gibt es indirekte Einflüsse seitens des Bundes durch die Forschungsförderung, die vor allem den Naturwissenschaften zugute kommt.

214 Vgl. Zöller, Welfare, S. 182-187; ein erheblicher Teil der dort genannten Sonderprogramme wurde inzwischen eingestellt.

215 Einen quantifizierenden Überblick über das amerikanische Gesundheitswesen gibt Schneider, Markus u. a. (BASYS): Gesundheitssysteme im internationalen Vergleich, Ausgabe 1994. Augsburg 1995, S. 473-514; für eine Fortschreibung vgl. Schneider, Markus u. a.: Gesundheitssysteme im internationalen Vergleich. Übersichten 1997. BASYS Augsburg 1998.

216 Eine Übersicht über diesbezügliche Bundesprogramme, welche sich insbesondere auf besonders arme Gebiete beziehen, gibt Zöller, Welfare, S. 78 f.

Programm (seit 1965) umfaßt einerseits eine durch Zuschläge auf die Rentenversicherungsbeiträge der Erwerbstätigen finanzierte Absicherung der Krankenhauspflege, andererseits eine durch Beiträge der Rentner selbst sowie durch Staatszuschüsse finanzierte Absicherung der ambulanten ärztlichen Behandlung. In beiden Fällen decken die Versicherungträger nur einen Teil der Kosten, in der Regel 80 % der anerkannten Kosten. Da es jedoch keine verbindlichen Behandlungstarife gibt, kann sich der Anteil der Erkrankten an den Kosten auch auf deutlich über 20 % erhöhen. Gänzlich aus Steuermitteln wird sodann die medizinische Versorgung der Kriegsveteranen und ihrer Hinterbliebenen finanziert.

Ferner existiert (ebenfalls seit 1965) zur Finanzierung der Krankenbehandlung von bedürftigen Personen das dem Sozialhilfebereich (*welfare*) zuzurechnende *Medicaid*-Programm. Dieses ist ähnlich wie die Arbeitslosenversicherung ein nach den Grundsätzen der Einzelstaaten gestaltetes und von ihnen administriertes Programm, das vom Bund bei Einhaltung bestimmter, allerdings sehr weit gefaßter Vorgaben mitfinanziert wird.[217] So bestehen auch hier große Unterschiede hinsichtlich des Versorgungsstandards zwischen den Bundesstaaten.

Für die Gesamtheit der im Erwerbsalter Stehenden gibt es jedoch keine staatlichen Vorgaben hinsichtlich der Krankenversicherung.[218] Der Großteil der Erwerbstätigen ist durch betriebliche Versicherungsarrangements mehr oder weniger umfassend abgesichert. Dabei kommt seit Erlaß des »HMO-Act« (1973) den ›Health Maintenance Organizations‹ (HMO) und anderen For-

217 »Alle Einzelstaaten bieten heute ein Medicaid-Programm an. Im Jahre 1989 erhielten knapp 9 % der US-Bevölkerung Medicaid-Leistungen [...] Im Jahre 1995 bezogen bereits mehr als 36 Millionen oder mehr als 13 % der in den USA ansässigen Bevölkerung Leistungen unter dem Medicaid-Programm. Allein vom Jahre 1994 bis zum Jahre 1995 stiegen die Gesamtausgaben für dieses Programm von $ 143,8 Milliarden auf $ 159,5 Milliarden. Der Finanzierungsanteil des Bundes machte im Jahre 1995 $ 89 Milliarden aus, während die Einzelstaaten noch einmal $ 70,5 Milliarden aufbrachten. Vorsichtige Schätzungen sagen für Medicaid in seiner jetzigen Ausgestaltung durch den Gesetzgeber bis zum Jahr 2000 ein jährliches Wachstum von 7,5 % voraus.« Kruse, Krankenversicherungssystem, S. 39.
218 Das meiste regelt sich hier auf betrieblicher Ebene oder durch private Versicherungsverträge, soweit überhaupt Vorsorge getroffen wird.

men von ›Managed Care‹ wachsende Bedeutung zu.[219] Es handelt sich hierbei um eine nicht eindeutig umschriebene Versicherungsform, die jedoch um ihrer öffentlichen Subventionierung willen bestimmten Mindestbedingungen genügen muß. Der Grundgedanke besteht darin, daß der Versicherer gleichzeitig Leistungserbringer ist bzw. die Leistungen eines vertraglich an ihn gebundenen Kreises von Leistungserbringern finanziert. Dadurch entstehen für die Patienten deutlicher wahrnehmbare Unterschiede im Preis-Leistungsverhältnis, welche zu einer Intensivierung der Konkurrenz unter den HMOs u. ä. und damit zu günstigeren Resultaten für die Versicherten führen sollen. Da der Krankenversicherungsschutz meist mit dem Arbeitsverhältnis verbunden ist und der größte Teil der Versicherungsbeiträge von den Arbeitgebern getragen wird, scheint allerdings die Konsumentenautonomie der Versicherten beschränkt. Als weitere Folge dieser Versicherungsform verlieren kündigende oder entlassene Arbeitnehmer mit ihrer Stelle meistens auch ihren Versicherungsschutz.

Was die *Leistungen* betrifft, so leisten die meisten Versicherungen im Falle stationärer und ambulanter medizinischer Behandlung. Dagegen ist die Bezahlung zahnärzlicher Leistungen, von Arzneimitteln und von längerfristigen Pflegeleistungen in der Regel nicht oder nur zu kleinen Teilen gedeckt. Dementsprechend ist der Anteil der Arzneimittelkosten an den Gesundheitsaufwendungen in den USA vergleichsweise gering und derjenige der Arzthonorare besonders hoch.

Während zwischen 1940 und 1970 der Anteil der Krankenversicherten kontinuierlich zunahm, wird seit den achtziger Jahren eine *Zunahme des Anteils der Unversicherten* beobachtet. Trotz ›Medicaid‹ »besaßen im Jahre 1992 nach den Ergebnissen der Bevölkerungserhebung nicht weniger als 37,4 Mio. oder 14,7 % der Bevölkerung überhaupt keine Krankenversicherung«, darunter 9,1 Mio. Personen unterhalb der Armutsgrenze.[220] Da nur ein bescheidener Teil der Privatärzte bereit ist, sich auf die Tarifbedingungen von ›Medicaid‹ einzulassen, muß tendenziell von einer gesonderten Armenmedizin gesprochen werden:

---

219 Vgl. hierzu Murswieck, Sozialpolitik, S. 72-76; Kruse, Krankenversicherungssystem, S. 62-65; Schneider u. a., Gesundheitssysteme 1994, S. 481-483, 492 f.
220 Schneider u. a., Gesundheitssysteme 1994, S. 473, 477.

»Das *Versorgungssystem für die Armen* wird von örtlichen öffentlichen Verwaltungen gewährt, in erster Linie den städtischen Krankenhäusern und örtlichen Gesundheitsämtern Diese Patienten haben im Vergleich zum Mittelklassesystem keine kontinuierliche Versorgung. Es wird oft behauptet, die Notfallstation in den städtischen Krankenhäusern sei der Hausarzt für die Armen.«[221]

Das Gesundheitswesen der USA ist – gemessen am Anteil der Gesundheitsaufwendungen am Volkseinkommen – das mit Abstand teuerste auf der Welt.[222] Die Hauptursache liegt in der rasanten Steigerung der Behandlungs- und damit der Versicherungskosten. *Es gibt in den USA keine wirksame Maßnahmen, um den Kostenanstieg einzudämmen, da auch das Gesundheitswesen unter den marktwirtschaftlichen Grundsatz der freien Preisbildung fällt.* Ferner fehlt es auch in qualitativer Hinsicht an einer staatlichen Aufsicht bzw. an einem ausreichenden Verbraucherschutz. Hinzu kommt, daß seine Verteilungswirkungen so ungünstig sind, daß das Gesundheitswesen der USA auch hinsichtlich der Steigerung der Lebenserwartung trotz des enormen finanziellen Aufwandes zu den am wenigsten wirksamen der OECD zählt.[223] Was die Finanzierung der Gesundheitsausgaben betrifft, so entfielen 1992 39 % auf die öffentliche Hand, 40 % auf private Versicherungsformen und 21 % auf Direktzahlungen der Leistungsempfänger;[224] dabei hat der Anteil der privaten Versicherungsleistungen in jüngster Zeit stark zugenommen.[225]

221 Schneider u. a., Gesundheitssysteme 1994, S, 478. Die Bedeutung dieser Differenz kommt auch in der bei Frauen um 6 und bei Männern um 8 Jahre geringeren Lebenserwartung der schwarzen gegenüber der weißen Bevölkerung in den USA zum Ausdruck, vgl. ebda., S. 475.
222 Der *Anteil* der Gesundheitsausgaben am Volkseinkommen hat sich in den USA von 1950 (5,4 %) bis 1992 (13,5 %) nahezu verdreifacht. Zur Ausnahmestellung der USA vgl. Alber, Jens: Die Gesundheitssysteme der OECD-Länder im Vergeich. In: Politische Vierteljahresschrift, Sonderheft 19: Staatstätigkeit. Opladen 1988, S. 116-150.
223 Vgl. Schneider u. a., Gesundheitssysteme 1994, S. 13; dies., Gesundheitssysteme 1997, S. 13 f.
224 Schneider u. a., Gesundheitssysteme 1994, S. 17.
225 1980 hatte der Anteil der Direktzahlungen noch 32 %, derjenige der privaten Versicherungsformen 28 % betragen; der öffentliche Anteil ist nahezu konstant geblieben. Murswieck, Sozialpolitik, S. 69.

3.2.6 Der verlorene Kampf gegen die Armut

Auch im Bereich von ›Social Work‹ scheint sich allmählich ein Zweiklassensystem herauszubilden, indem neben die klassische Betreuung und Kontrolle der Armutspopulation zunehmend Beratungs- und Versorgungsangebote auch für die Mittelklassen treten. Im folgenden sei jedoch nur vom »Kampf gegen die Armut« die Rede, der die sozialpolitischen Auffassungen in den USA wie kein anderes Thema polarisiert hat.

Auch wenn die »promotion of welfare« zu den Zielen der amerikanischen Verfassung gehört, so bezieht sich die primäre Bedeutung von ›welfare‹ doch eindeutig auf die Armenfürsorge, was auch auf die Einschätzung des ›welfare state‹ abfärbt. Die öffentliche Einstellung zur Armutsfrage ist in den Vereinigten Staaten immer noch von den Prinzipien des englischen ›Poor Law‹ geprägt, welches von der mangelnden Arbeitswilligkeit der ›able bodied poor‹ ausgeht. Parallel dazu entwickelte sich – aus religiösen und humanistischen Quellen gespeist – eine breite Tradition privater Wohltätigkeit, welche das weitgehende Fehlen wirksamer politischer Maßnahmen zugunsten der gesellschaftlich Benachteiligten aus der Sicht der dominierenden Mittelschichten für beide Seiten erträglich macht. Wie bereits erwähnt, hat die Sozialgesetzgebung zudem für die alten, blinden und schwerbehinderten Bedürftigen mittlerweile nichtdiskriminierende Lösungen gefunden, so daß für die verbleibende jüngere, als arbeitsfähig angesehene Armutspopulation die alten Wahrnehmungsmuster immer noch zu greifen scheinen. Die 1996 unter Präsident Clinton verabschiedete Umorientierung der Armutspolitik von Unterstützung (welfare) auf Förderung der Arbeit (workfare) markiert den vorläufigen Schlußpunkt einer politischen Auseinandersetzung um die Armutsfrage, deren Verlauf wenigstens kurz skizziert sei, weil sie die sozialpolitischen Anschauungen in den USA nachhaltig geprägt hat.[226]

226 Vgl. zum folgenden Advisory Commission on Intergovernmental Relations (ACIR): Public Assistance: The Growth of a Federal Function. Washington, D.C., 1980; Zöller, Welfare; Brauer, Carl M.: Kennedy, Johnson, and the War on Poverty. In: The Journal of American History 69 (1982), S. 98-119; Windhoff-Héritier, Adrienne: Politik »für die Bedürftigsten und ehrlichen Armen«. Ziele und Folgen der Sparpolitik Reagans im Sozialsektor. In: Politische Vierteljahresschrift 26 (1985), S. 107-128; Patterson, James T.: America's Struggle against Poverty. Cambridge,

Der von Präsident Johnson 1964 ausgerufene »*War on Poverty*« stand im Horizont der von Präsident Kennedy angestoßenen Anti-Diskriminierungs-Gesetzgebung. Bürgerrechte allein genügten nicht, um die Diskriminierung zu beseitigen, solange die sozioökonomische Lage den Schwarzen keinen Ausweg aus der Armut bot. Vorausgegangen waren der Vietnam-Krieg, Rassen- und Studentenunruhen, sowie die Mobilisierung der öffentlichen Meinung gegen die in den Südstaaten immer noch dominierende Rassen-Segregation, schließlich die Ermordung von Präsident Kennedy. Nicht eine ökonomische, sondern *eine geistige Krise prägte den Zeitgeist und ermöglichte eine umfangreiche Sozialgesetzgebung*, wie sie sonst nur noch im Zeichen des ›New Deal‹ möglich gewesen war. Es entstand – vielleicht das einzige Mal in der Geschichte der USA – eine politische und öffentliche Mehrheitsmeinung, welche an die gestaltenden Möglichkeiten von Sozialpolitik glaubte. Diese Entwicklung stand in engem Zusammenhang mit dem Aufschwung der angewandten Sozialwissenschaften: Armutsforschung, Intelligenz- und Bildungsforschung, Aktionsforschung und soziale Experimente, Evaluations- und Implementationsforschung sowie die Professionalisierung der Sozialarbeit auf der Basis dieser und anderer Wissensbestände unterstützten die Hoffnungen in der Öffentlichen Meinung und profitierten ihrerseits von diesen Hoffnungen.[227]

Die Auffassung, Armut ließe sich beseitigen, war nicht neu; sie legitimierte bereits die Fürsorgemaßnahmen des SSA. Wie bereits skizziert, stand die Fürsorgepolitik der Bundesregierung jedoch in fortgesetzter Abhängigkeit von den Implementationsbedingungen in den Einzelstaaten und auf der kommunalen Ebene. Das Neue an der Politik Johnsons war der Versuch, die Bundespolitik von diesen ihre Intentionen vor allem in den Südstaaten durchkreuzenden Bedingungen unabhängig zu machen. Dies geschah auf zwei komplementären Wegen: Durch zentralstaatliche Programme und durch die Unterstützung nichtstaatlicher Initiativen

Mass., 1986; Murswieck, Sozialpolitik unter der Clinton Administration; Noble, Welfare, S. 79-134; Gebhardt, Thomas: »Ending Welfare As We Know It«: Die US-amerikanische Sozialhilfereform 1993-1996. ZeS-Arbeitspapier Nr. 2/1997. Zentrum für Sozialpolitik, Universität Bremen.

227 Zur Entstehung der Wohlfahrtsbürokratie und zur Professionalisierung der Sozialarbeit vgl. Wilensky, Harold L. u. Charles Lebeaux: Industrial Society and Social Welfare. New York 1965, S. 233-334.

(non-governmental organizations: NGOs). Dabei setzte Johnson nicht mehr auf den Ausbau von Geldleistungen für die Armen, sondern auf *Dienstleistungen*, welche in der Form von Förderungs- und Bildungsmaßnahmen – von der frühen Kindheit (Head Start) bis zur Arbeitsvermittlung – die Armut der meist farbigen Jugendlichen durch Verbesserung ihres Ausbildungsgrades- und ihrer Arbeitsmarktchancen *präventiv verhindern* sollten. Diese Maßnahmen wurden auch durch föderale Wohnungsbauprogramme flankiert. Die gesetzliche Grundlage für die meisten dieser Maßnahmen bildete der »Economic Opportunity Act«, den Johnson 1964 in einer Art Überrumpelung des Kongresses durch das Gesetzgebungsverfahren gepeitscht hatte. Hieran schloß sich 1965 eine Erweiterung des SSA um die Programme ›Medicare‹ und ›Medicaid‹ an, durch welche die Krankenversorgung der Rentner und der Sozialhilfeempfänger gesichert werden sollte. In der Folge wurde auch der Finanzrahmen für das Sozialhilfeprogramm AFDC erweitert und durch eine Reorganisation des ›Department of Health, Education and Welfare‹ (1967) der Einfluß des Bundes auf die Praxis des Sozialhilfegebarens zu stärken gesucht. Ferner wurde 1964 ein neues Programm der Ernährungshilfe mittels Gutscheinen (›Food Stamps‹) aufgelegt, das gleichermaßen agrarpolitischen und sozialpolitischen Zwecken dienen sollte. Diese Politik wurde schließlich durch zwei Entscheidungen des ›Supreme Court‹ unterstützt, welche die Rechte der Fürsorgeempfänger stärkten.

Diese allen Maximen der herkömmlichen Armenpolitik widersprechende Politik fand ihre größte Resonanz nicht bei den Adressaten, sondern *bei den Professionen, die durch sie gefördert wurden*. Neue Formen einer aktiven, die Betroffenen mobilisierenden Sozialarbeit griffen Platz und bewirkten nicht nur eine erhebliche Ausweitung der Klientel der Programme, insbesondere von AFDC, sondern auch von deren Betreuern. Dementsprechend bewirkte der ›war on poverty‹ vor allem eine erhebliche Ausweitung der öffentlichen Aufwendungen im Sozialsektor, und zwar nicht nur im Bereich der neuen, armutspräventiven Maßnahmen, sondern auch im Bereich der Fürsorgeleistungen, zu deren Reduktion sie gedacht waren. In Anteilen am Bruttosozialprodukt (BSP) verdoppelten sich die Sozialaufwendungen des Bundes zwischen 1965 (5,5 %) und 1975 (10,8 %); diejenigen der Staaten und Gemeinden nahmen im gleichen Zeitraum von 5,6 auf

7,9 % des BSP zu.[228] In der Folge entwickelte sich eine langwierige und kontroverse wissenschaftliche und politische Auseinandersetzung über Erfolg oder Mißerfolg dieser Maßnahmen. Während die Befürworter die Ausweitung der Leistungsinanspruchnahme als Erfolg feierten und viele wissenschaftliche Evaluationen zu uneindeutigen Ergebnissen kamen, kritisierten die Gegner vor allem die Aufblähung der bürokratischen und sozialarbeiterischen ›Apparate‹ und deren Kosten.[229] Würde man – so beispielsweise der einflußreiche Ökonom Milton Friedman – den Gesamtaufwand für diese Maßnahmen in Geld direkt an die Wohlfahrtsempfänger in Form einer sog. Negativen Einkommenssteuer auszahlen, könnte man sich das ganze bisherige Sozialhilfesystem sparen.

Bald wurde offenkundig, daß der ›war on poverty‹ mit der Dienstleistungsstrategie nicht zu gewinnen war, weil sie zu personalaufwendig, zu teuer und zu wenig flächendeckend operierte. Präsident Nixon wollte daher das herkömmliche Sozialhilfesystem direkt ändern und durch eine Zentralisierung der Sozialhilfeleistungen dieselben Mindeststandards in allen Staaten durchsetzen, um endlich auch die Farbigen in den Südstaaten zu erreichen. Dem dienten zwei vorgeschlagene Zusätze zum SSA: Das »Supplemental Security Income« (SSI) und der »Family Assistance Plan« (FAP). Mit der zweitgenannten Maßnahme sollte auch die ›welfare trap‹ (Armutsfalle) beseitigt werden, welche verhinderte, daß Sozialhilfeempfänger Arbeit suchten. Indem sich die Einkommenszuschüsse bei gleichzeitigem niedrigem Arbeitseinkommen nur um einen bestimmten Prozentsatz reduzierten, sollten die ›working poor‹ mit höheren Einkünften als die ›non working poor‹ rechnen können.

Als Folge beider Maßnahmen hätten die Einzelstaaten ihre Zuständigkeit für die Regulierung der Sozialhilfe verloren, wären jedoch gleichzeitig finanziell entlastet worden. Die politische Auseinandersetzung wurde ausschließlich über den FAP geführt, welcher schließlich im Gesetzgebungsprozeß scheiterte, während SSI, wie bereits unter 3.2.4.3 erwähnt, nahezu diskussionslos akzeptiert wurde.[230] Offenbar gönnte man das standardisierte Min-

228 Vgl. Murswieck, Sozialpolitik, S. 39.
229 Vgl. z. B. Hobbs, Charles D.: The Welfare Industry. Washington, D. C., 1978, mit einem Überblick über 44 (!) verschiedene Programme und ihre Kosten.
230 Ein detaillierter Überblick über die hier nur summarisch angesprochenen

desteinkommen den Alten, Blinden und Behinderten, und die finanzielle Entlastung wog hier bei den Einzelstaaten stärker als der Kompetenzverlust. Dagegen wollten die Staaten und Gemeinden die soziale Kontrolle über ihre jugendlichen Armen nicht aus der Hand geben. So blieb AFDC unverändert, wobei jedoch in der Folge in manchen Staaten versucht wurde, die Kosten dadurch zu senken, daß die ausschließlich vom Bund zu bezahlenden Leistungen des ›Food-Stamp‹-Programms zu Lasten von AFDC erhöht wurden.

Ein weiterer Grund, weshalb sich die Staaten gegen eine bundeseinheitliche Finanzierung und Kontrolle der Sozialhilfeaufgaben wehrten, lag in ihrem fiskalischen Eigeninteresse. Die Möglichkeiten des Bundes, die Verwendung der den Staaten, Kommunen und NGOs zugewendeten Mittel zu *kontrollieren*, waren nämlich sehr beschränkt, und bei vielen Programmen konnte die Administration dem Kongreß keine klaren Auskünfte über die Mittelverwendung geben.[231] Zur Veranschaulichung der diesbezüglichen Mißstände einer ›Ausnützung‹ des Bundes sei der ausführliche Untertitel einer der frühen wissenschaftlichen Untersuchungen über die Wirksamkeit eines Bundesprogramms aus dem Bereich des sozialen Wohnungsbaus zitiert:

»Implementation: how great expectations in Washington are dashed in Oakland or, why it's amazing that federal programs work at all. This being a saga of the Economic Development Administration as told by two sympathetic observers who seek to build morals on a foundation of ruined hopes.«[232]

Beginnend mit Präsident Carter und energisch vorangetrieben unter Präsident Reagan, kam sodann der politische Rückschlag (›welfare backlash‹) gegen die Wohlfahrtspolitik des Bundes.[233] Er

Gesetzgebungsprozesse findet sich in ACIR, Public Assistance, hier S. 61-68.

231 Vgl. mit interessanten administrativen Details Derthik, Martha: Uncontrollable Spending for Social Services Grants. Washington, D.C., 1975.

232 Pressman, Jeffrey L. u. Aaron Wildawsky: Implementation: How Great Expectations[...]. Berkeley 1973.

233 Vgl. zum folgenden auch Gebhardt, Thomas: Arbeit gegen Armut. Die Reform der Sozialhilfe in den USA. Opladen 1998; Myles, John u. Paul Pierson: The Reform of ›Liberal‹ Welfare States in Canada and the United States. In: Politics and Society 25 (1997), S. 443-472; Pierson, Christopher: Beyond the Welfare State? The New Political Economy of Welfare. 2. Aufl. Cambridge 1998.

nährte sich gleichermaßen aus der Unzufriedenheit mit der Zunahme der Steuerbelastung, den antiföderalistischen Ressentiments der Staaten, der Enttäuschung über die fortwährend steigenden Kosten und den ausbleibenden Erfolg der Armutspolitik unter Johnson und Nixon, sowie aus der politischen Polarisierung zwischen den Befürwortern und Gegnern der Wohlfahrtsprogramme. Das Bemerkenswerte an der Reaganschen Politik der Steuersenkungen und der Bekämpfung des Anstiegs der Sozialkosten liegt aus sozialpolitischer Sicht in dem Umstand, daß sich die Kürzungsmaßnahmen fast ausschließlich auf den Bereich der Armutspolitik bezogen, während der Bereich von ›social security‹ nur marginal tangiert wurde. Und dies entsprach zunächst durchaus auch der öffentlichen Meinung.[234] Die meisten Programme der Johnson-Ära wurden aufgegeben und Leistungen vor allem zugunsten der arbeitenden Armen abgeschafft. An ihrer Stelle gewann jedoch eine Art negativer Einkommenssteuer an Bedeutung, der schon unter Nixon eingeführte ›Earned Income Tax Credit‹ (EITC): Erwerbstätigen, deren Einkommen bestimmte Mindestgrenzen nicht erreicht, erhalten die Differenz von den Finanzbehörden ausbezahlt. Da diese Leistung nur Beschäftigten zugute kommt, während die Unterstützung von Arbeitslosen stark gekürzt wurde, ging von dieser Maßnahme ein erheblicher Druck zur Aufnahme einer Beschäftigung aus.

Präsident Clinton verfolgte unter dem wohlklingenden Titel »Personal Responsibility and Work Opportunity Reconciliation Act of 1996« (PRWORA) diese Linie des ›Workfare instead of Welfare‹ weiter und entwickelte ein in sich konsistentes, durch mehrere einander stützende Maßnahmen zu charakterisierendes Programm:[235]

1. Insbesondere junge alleinerziehenden Mütter als Hauptadressatengruppe von AFDC sollen zur Aufnahme einer Arbeit veranlaßt werden, »to reduce dependency by promoting job

234 Vgl. Shapiro, Robert Y. u. John T. Young: Public Opinion and the Welfare State: The United States in Comparative Perspective. In: Political Science Quarterly 104 (1989), S. 59-89.
235 Vgl. zum folgenden Schelkle, Waltraud: From Welfare to Workfare. U. S. Experiences and their Relevance for a Future Social Federation of EMU. Paper presented at the AICGS Workshop, June 24, 1999; Teles, Steven M.: Whose Welfare? AFDC and Elite Politics. 2. Aufl. Lawrence, Kansas, 1998, insbesondere Afterword, S. 177-187.

preparation, work, and marriage«.[236] Ihnen werden aber nur Teilzeitbeschäftigungen zugemutet. Die bisherige Hilfe für alleinstehende Mütter (AFDC) wird in eine befristete Hilfe (TANF) umgewandelt. Nach einer einzelstaatlich festzulegenden Frist von maximal 24 Monaten Arbeitslosigkeit entsteht eine *Arbeitspflicht*, d. h. die Arbeitslosen sind gehalten, jede ihnen angebotene Arbeit anzunehmen.[237]

2. Um den alleinerziehenden Müttern die Erwerbsarbeit zu erleichtern, müssen die Einzelstaaten Kinderbetreuungsdienste einrichten und auch sonst Unterstützungen geben, die für die Aufnahme von Erwerbsarbeit erforderlich sind.

3. Soweit der Arbeitslohn das Existenzminimum nicht deckt, wird die Differenz durch den EITC von den Finanzämtern ausbezahlt. Ein neu eingeführter Mindestlohn soll überdies verhindern, daß das neue Angebot an Arbeitskräften die Löhne im Niedriglohnsektor ins Unabsehbare senkt. Dieser Maßnahmenkomplex bedeutet erstmals auch eine Hilfe für alleinstehende Arme. Diese auf Erwerbstätige beschränkte ›negative Einkommenssteuer‹ hat sich zum dynamischsten ›Wohlfahrtsprogramm‹ der letzten Jahre entwickelt.[238]

4. Bundessubventionen werden an die Bedingung gebunden, daß die Staaten für entsprechende Arbeitsmöglichkeiten sorgen. Die seit 1994 fortgesetzt gute Konjunktur hat zu einem starken Anstieg der Beschäftigung geführt, so daß einzelstaatliche Beschäftigungsinitiativen bisher noch wenig erforderlich wurden.

Erste Ergebnisse der erst 1996 verabschiedeten Maßnahmen lassen deutliche Verhaltensänderungen erkennen. Die Sozialhilfeempfänger sind stark zurückgegangen. Die in ›Job Placement Centers‹ umbenannten Wohlfahrtsbüros scheinen sich überwiegend auf ihre neue Aufgabe eingestellt zu haben. Modellrechnungen und erste empirische Ergebnisse lassen erkennen, *daß von den Maßnahmen zwar eine Erhöhung der Beschäftigung, aber keine Beseitigung der Armut zu erwarten ist.* Vielmehr dürfte sich der Anteil der Arbeitenden erhöhen, deren Löhne das Existenz-

236 Aus der Präambel des PRWORA von 1996, zit. bei Gebhardt, Ending Welfare, S. 40.
237 Gleichzeitig wurde die maximale lebenslange Bezugsdauer von Sozialhilfe für Arbeitsfähige auf fünf Jahre beschränkt.
238 Vgl. Howard, Christopher: The Hidden Welfare States. Tax Expenditure and Social Policy in the United States. Princeton 1997.

minimum nicht erreichen und die deshalb auf die ergänzende Hilfe von EITC angewiesen sind. »The EITC inevitably provides incentives to go on workfare and to stay there.«[239] Der Haupteffekt der Clinton-Reform ist somit eine Reduktion der Arbeitslosigkeit und der bisherigen Sozialhilfe, bei gleichzeitiger Verschiebung der für die Unterstützung erforderlichen Mittel in den Bereich von EITC und eines weiteren Ausbaus der örtlichen Sozialbürokratie.

Der längerfristige Erfolg dieser Maßnahmen ist noch ungeklärt. Es erscheint insbesondere als fraglich, ob im Falle einer Rezession die dann notwendige Substitution privater Arbeitsnachfrage durch einzelstaatlich oder kommunal organisierte Beschäftigung gelingen kann.[240] Insoweit dabei in komplexe Problemlagen eingegriffen wird, könnte dies zu ähnlichen Mißerfolgen führen wie die Qualifikationsmaßnahmen unter Präsident Johnson.[241]

Unter Reagan begann auch eine neue Politik gegenüber den Einzelstaaten, welche durch die Clinton-Administration fortgesetzt wurde, nämlich die Umwandlung von Gewährleistungsprogrammen des Rechts auf Sozialhilfe (entitlement programs) in feste und ihrer Höhe nach beschränkte Zuwendungen (blockgrants).[242] Nach den mit dem SSA von 1935 eingeführten Grundsätzen der Mischfinanzierung zwischen Bund und Einzelstaaten beteiligte sich der Bund zu einem festgelegten Prozentsatz an den auf der staatlichen oder lokalen Ebene entstehenden Kosten (matching grants) und konnte dadurch die Ausweitung der einzelstaatlichen Aktivitäten fördern. Bei der Finanzierung durch Block-Grants verliert der Bund diesen Einfluß auf die Mittelverwendung, beschränkt aber gleichzeitig auch seine Ausgaben. Im Bereich der Sozialhilfe scheint jedoch der damit verbundene Autonomiegewinn für die Gouverneure der Einzelstaaten attrak-

---

239 Schelkle, From Welfare, S. 10.
240 Teles, Whose Welfare, S. 183, und Schelkle, From Welfare, S. 10, vermuten, daß die Konstruktion der Clintonschen Sozialhilfereform erstmals prozyklische statt antizyklische Wirkungen erwarten lasse: Im Falle einer Rezession sei mit einem Wirkungsverlust des Systems zu rechnen, was zu einer weiteren Reduktion der Konsumnachfrage führe.
241 Zu den Schwierigkeiten, das amerikanische Sozialhilfesystem auf Arbeitsmarkthilfen umzustellen, vgl. bereits Stein, Bruno: Work and Welfare in Britain and in the USA. London 1976.
242 Vgl. Murswieck, Sozialpolitik unter der Clinton-Administration, S. 18-20.

tiver gewesen zu sein als die zu erwartenden Zuwendungsverluste. Für die Betroffenen tritt damit an die Stelle eines faktischen Rechts auf Sozialhilfe erneut die Abhängigkeit vom Wohlwollen der Wohlfahrtsbehörden, und eben dies wurde politisch von den Republikanern gewollt, welche diese ›Devolution‹ Clinton abgerungen haben.[243]

So deuten die jüngsten Maßnahmen auf eine Rückkehr zu Grundsätzen des alten Poor Law hin: Ausschließlich einzelstaatliche und lokale Verantwortung für die Armut und die Dominanz von ›workfare‹ über ›welfare‹. Davon wird vor allem die schwarze und die weibliche Bevölkerung und deren Kinder betroffen, denen oft das Nötigste fehlt.[244] Inzwischen hat sich auch die öffentliche Meinung in Reaktion auf die Kürzungen der Sozialhilfe wiederum zugunsten der Armen geändert.[245]

3.2.7 Zusammenfassung

Die Vereinigten Staaten mit europäischen Wohlfahrtsstaaten zu vergleichen führt leicht zu unangemessenen Ergebnissen. In mancherlei Hinsicht wäre ein Vergleich mit der Europäischen Union angemessener. Während sich die EU bisher aus der Regelung interpersoneller Umverteilungsverhältnisse heraushält und dies den Gliedstaaten überläßt, haben die USA im ›Social Security Act‹ ein sozialpolitisches Grunddokument zur bundeseinheitlichen Regelung der wichtigen Belange der Alters-, Hinterlassenen- und Invalidensicherung. Alle anderen sozialpolitischen Belange sind dagegen – wenn überhaupt – auf der Ebene der Gliedstaaten geregelt, wobei erhebliche Unterschiede hinsichtlich der gewährleisteten Ansprüche ihrer Art, ihrem Umfang und ihrer Höhe nach bestehen. Die Geschichte der amerikanischen Sozialpolitik ist reich an gescheiterten Initiativen zum Ausbau des sozialen Schutzes, und sie wurde im übrigen durch fortge-

243 Vgl. Teles, Whose Welfare, S. 179-181.
244 Vgl. Quadagno, Jill: The Color of Welfare: How Racism Undermined the War on Poverty. New York 1994. – Eine nachdenkliche zusammenfassende Einschätzung der US-amerikanischen Armutspolitik gibt Heclo, Hugh: Poverty Politics. In: Confronting Poverty – Prescriptions for Change. Hg. v. Sheldon H. Danziger, Gary D. Sandefur u. Daniel H. Weinberg. New York 1994, S. 396-437.
245 Vgl. Shapiro u. Young, Public Opinion, S. 73-75.

setzte Auseinandersetzungen zwischen Bund und Gliedstaaten mit Bezug auf die Zuständigkeiten und die Finanzierung von Sozialleistungen geprägt.

Mit Bezug auf die Wirtschaftsordnung dagegen sind die USA einheitlich. Das institutionelle Arrangement der Wohlfahrtsproduktion ist in den Vereinigten Staaten durch die Dominanz des Marktprinzips und der Interessen privater Kapitalakkumulation zu kennzeichnen. Im Unterschied zur skandinavischen Doktrin einer wohlfahrtsstaatlich ermöglichten Abkoppelung der in ihren Erwerbsmöglichkeiten Beeinträchtigten vom Erwerbszwang (Decommodification) dominiert in den USA die Erwartung, daß staatliche Maßnahmen die Wirksamkeit der Marktkräfte nicht beeinträchtigen sollen. Dementsprechend fehlt es weitgehend an inhaltlichen staatlichen Vorgaben für das Arbeitsrecht, das vielmehr als eine Angelegenheit von Verhandlungen zwischen Arbeitgebern und Gewerkschaften bzw. den einzelnen Arbeitnehmern behandelt wird. Für die soziale Absicherung spielen die betrieblichen Sozialleistungen (›fringe benefits‹) eine außergewöhnlich große Rolle, und die sie gewährleistenden Fonds gehören zu den bedeutendsten Akteuren auf den Finanzmärkten. Aber es fehlt an breitenwirksamen Vorkehrungen für den Fall der Erwerbslosigkeit vor dem Ruhestand. Jeder Mann und jede Frau – auch die Mütter – haben grundsätzlich ihren Lebensunterhalt durch Arbeit zu verdienen. Dabei steht die öffentliche Förderung der Kleinkindbetreuung jedoch noch in ihren Anfängen, wie das Kinderhaben überhaupt als reine Privatangelegenheit betrachtet wird.

An die zweite Stelle im Arrangement der Wohlfahrtsproduktion ist daher die Familie zu setzen, deren Solidaritäten – soweit sie vorhanden sind – ein wesentliches Moment des sozialen Schutzes ausmachen. Typischerweise fehlt es bei den städtischen Armen, welche heute den Großteil der Armutspopulation ausmachen, an einem stabilen Familienzusammenhang.[246] Die Rolle des Staates mit Bezug auf die Wohlfahrtsproduktion konzentriert sich auf die Kriegsveteranen, die Alten und die Behinderten, während für alle anderen bedürftigen Bevölkerungsgruppen den Kirchengemeinden und sonstigen gemeinnützigen Einrichtungen im Vergleich zu

---

246 Und hier liegt auch ein wesentlicher Unterschied zwischen der von der Sklaventradition geprägten schwarzen Bevölkerung und den Hispanics oder den Asiaten, die für ihre stärkeren Familienbeziehungen bekannt sind.

den meisten europäischen Ländern überdurchschnittliche Bedeutung zukommt.

Bedingung wie auch Folge dieses marktorientierten Systems ist die *Akzeptanz größerer sozialer Ungleichheit in den USA als in Europa.* Zwar stehen der inviduellen Mobilität zwischen sozialen Schichten vergleichsweise geringe Hindernisse entgegen, aber zugleich werden die Grenzen zwischen Ober-, Mittel- und Unterschicht scharf gezogen. Statistische Untersuchungen zeigen, daß zwar die durchschnittliche Dauer der Arbeitslosigkeit in den Vereinigten Staaten deutlich geringer ist als in Europa, daß also der Anteil der Langzeitarbeitslosen in den USA infolge der höheren Lohnflexibilität nach unten bedeutend kleiner ist. Andererseits gelingt es den sozialstaatlichen Umverteilungsprozessen in deutlich geringerem Maße als in Europa, den Anteil der Armutsbevölkerung zu reduzieren. Schließlich bleibt auch die Einkommensungleichheit wesentlich höher als in den meisten europäischen Staaten.[247] Wesentliche Erklärungsfaktoren für die Akzeptanz sozialer Ungleichheit sind neben den einleitend erwähnten Faktoren einerseits die Spannweite der primären Einkommensunterschiede und andererseits die Tradition der Sklaverei in den Südstaaten und im Anschluß daran die strukturelle Präsenz farbiger Unterschichten. Dementsprechend unterscheiden sich die Sozialprogamme für die Mittelschichten scharf von denjenigen für die Unterschichten, wobei letztere der sozialen Kontrolle nach Mittelschichtstandards nicht weniger Bedeutung beimessen als der sozialen Hilfe.

Für die vergleichsweise bescheidene Rolle des Staates im Arrangement der Wohlfahrtsproduktion ist der ethnische Faktor auch indirekt einflußreich über das gespannte Verhältnis zwischen dem Bund und den Gliedstaaten. Die föderalistische Struktur und die schwache institutionelle Kohärenz des politischen Systems und seine weitgehende Unabhängigkeit vom Rechtssystem sind wesentliche Erklärungsfaktoren für das geringe Maß an Wohfahrts*staatlichkeit* in den USA. Nicht nur im Bereich der Arbeitsbedingungen wird im Unterschied zu Europa auf staatliche Regulierungen und Kontrollen weitgehend verzichtet; auch im Bereich der Gewährleistung sozialer Teilhabe ist der zentralstaat-

---

247 Vgl. Atkinson, A(nthony) B.: Income Distribution in Europe and the United States. In: Oxford Review of Economic Policy 12 (1996), S. 15-28.

liche Einfluß zum Schutz der besonders bedürftigen Unterschichten stets begrenzt geblieben und in jüngster Zeit rückläufig. Dies erhöht die Autonomie der Einzelstaaten und Kommunen, welche diese in offenbar sehr unterschiedlicher Weise einsetzen.

Hinzu kommt schließlich die *Schwäche der Gewerkschaften* als gesellschaftlicher Gegenmacht zur Hemmungslosigkeit der kapitalistischen Produktionsweise. Wohlstand wird nur insoweit an die Arbeitnehmer verteilt, als dies unter dem Gesichtspunkt längerfristiger Wahrung der Gewinnaussichten zweckmäßig erscheint. Zwar ist es in den vergangenen zwei Jahrzehnten in den Vereinigten Staaten deutlich besser gelungen als in Europa, die Arbeitslosigkeit zu reduzieren und den Anteil der Beschäftigten an der erwachsenen Bevölkerung zu erhöhen. Aber dies hat nicht zu einer Reduzierung der Armut, sondern zu einer noch ausgeprägteren sozioökonomischen Ungleichheit geführt. So spricht auch die jüngste Entwicklung für die hier getroffene Unterscheidung: Die Vereinigten Staaten weisen ein besonderes, im Sinne der klassischen Definitionen *kapitalistisches* Muster der Modernisierung auf, wie es in Europa am ehesten Frankreich im 19. Jahrhundert praktizierte, allerdings mit geringerem gesellschaftlichen Konsens. Dieses Entwicklungsmuster ist vom in Europa vorherrschenden wohlfahrtsstaatlichen Muster ebenso zu unterscheiden wie beide vom staatszentrierten Planwirtschaftssystem des sich als sozialistisch bezeichnenden Ostblocks.

4. Varianten der Wohlfahrtsstaatlichkeit in Europa

In diesem Kapitel werden Großbritannien, Schweden und Frankreich als Länder mit in typischen Hinsichten von Deutschland divergierenden wohlfahrtsstaatlichen Entwicklungen vorgestellt. Die Begrenzung auf drei – und unter Einschluß Deutschlands vier – Vergleichsfälle erfolgt aus Gründen der Praktikabilität und Übersicht – für beide, den Autor und den Leser. Die Auswahl der Fälle verlangt nach einer Begründung.

Die erste Eingrenzung bezieht sich auf Länder Europas mit ausgebauten, öffentlich regulierten Wohlfahrtssektoren, da nur hier ein Vergleich unterschiedlicher Lösungen ähnlicher Probleme möglich ist.[248] Damit werden die Länder Süd- und Osteuropas ausgeschlossen. Den verbleibenden Ländern Nord- und Westeuropas ist manches gemeinsam: Eine demokratische Verfassung, ein hoher ökonomischer Entwicklungsstand und prägende Gemeinsamkeiten der europäischen Geschichte. Gemeinsam ist ihnen auch ein primär auf Privateigentum beruhendes marktwirtschaftliches System, im Rahmen von dessen Industrialisierung sich eine organisierte Arbeiterbewegung gebildet hat. Politische Interventionen zur Sicherung von Arbeitnehmerrechten finden sich ebenso wie ein ausgebautes System der zweiten Einkommensverteilung und öffentliche Maßnahmen zur flächendeckenden Versorgung mit bestimmten Dienstleistungen. Die hier interessierenden Differenzen beziehen sich heute im wesentlichen auf die institutionellen Lösungen und die dabei erkennbaren Prioritäten und Probleme.

Wenn wir *Wohlfahrtsstaatlichkeit als einen spezifischen Typus moderner Vergesellschaftung* auffassen wollen, so läßt er sich in erster Annäherung vom sozialistischen Typus durch die rechtliche Gewährleistung des Privateigentums und der Unabhängigkeit der Unternehmerfunktion und vom kapitalistischen Typus durch die staatliche Gewährleistung sozialer Rechte abgrenzen. Die in der

---

248 Grundsätzlich kämen auch außereuropäische Staaten, insbesondere Australien, Neuseeland und Canada in Frage, mit denen der Verfasser jedoch überhaupt nicht vertraut ist.

neueren Wohlfahrtsstaatsforschung verwendete typologische Methode (vgl. Kap. 1) bleibt hinsichtlich der Ausgrenzung nicht-wohlfahrtsstaatlicher Vergesellschaftungsformen meist recht unbestimmt. Sie versucht, Cluster von in institutioneller und ideologischer Hinsicht ähnlichen Staaten zu erkennen und zu beschreiben und leistet dabei eine implizite Ausgrenzung.

Dabei gibt es eine breite Übereinstimmung hinsichtlich der Existenz eines ›skandinavischen Typus‹, für den hier Schweden stehen mag. Erhebliche, wenngleich geringere Gemeinsamkeiten scheint es auch unter den Nachfolgestaaten des britischen Commonwealth zu geben, für die wir Großbritannien als repräsentatives Beispiel vorstellen. Fraglich wird die typologische Heuristik mit Bezug auf Kontinentaleuropa. Hier wurde Frankreich ausgewählt, wo interessante Ähnlichkeiten, aber auch Unterschiede zu Deutschland bestehen: Auch Frankreich hat ein nach Berufsgruppen gegliedertes Sicherungssystem und eine hoch entwickelte juristisch-administrative Tradition. Aber die Verteilungswirkungen sind deutlich anders. Ginge es hier in erster Linie um die Reformfähigkeit in jüngster Zeit, so hätte es nahegelegen, die Niederlande und Dänemark ins Rampenlicht zu rücken. Aber dies ist nicht unser primäres Interesse, sondern der Aufweis der Eigensinnigkeit, des ›kosmologischen Charakters‹ derjenigen nationalen Entwicklungen, die auch im zusammenwachsenden Europa tonangebend sind (vgl. 2.4). Hierfür scheinen mir die ausgewählten Fälle besonders geeignet zu sein.[249]

4.1 Großbritannien

Die seit 1603 bestehende Personalunion zwischen dem englischen und dem schottischen Königreich führte 1707 zur Vereinigung beider Parlamente, und seither führt das ›Vereinigte Königreich‹

---

249 Einen dem unsrigen in etwa vergleichbaren, jedoch stärker auf die jüngste Zeit gerichteten Vergleichsversuch mit Bezug auf Schweden, Deutschland, die USA und Großbritannien unternimmt Ginsburg, Norman: Divisions of Welfare. A Critical Introduction to Comparative Social Policy. London u. a. 1992. Vgl. ferner die 18 OECD-Staaten umfassende Untersuchung von Scharpf und Schmidt, Welfare and Work in the Open Society, deren Materialien mir freundlicherweise bereits vor ihrer Veröffentlichung zugänglich gemacht wurden.

den Namen Großbritannien.[250] England als sein dominierender Teil gewann seine Reichseinheit erstmals bereits im 10. Jahrhundert, und die Insellage begünstigte in der Folge eine sehr allmähliche, von dynastischen Konflikten geprägte, insgesamt jedoch fortschreitende Entwicklung hin zu einer *konstitutionellen Monarchie*. Die Loslösung von der römischen Kirche unter Heinrich VIII. führte zu einem die Reichsidentität stärkenden Staatskirchentum, in der Folge aber auch zu erbitterten konfessionellen Auseinandersetzungen mit den Katholiken einerseits und den Puritanern andererseits. Nach Beendigung der konfessionellen Auseinandersetzungen und dem damit verbundenen absolutistischen Intermezzo schufen die Berufung Wilhelm von Oraniens durch das Londoner Parlament und die Bill of Rights von 1689 die innenpolitischen Grundlagen für den Aufstieg Englands zur Weltmacht. Die Industrialisierung Englands und die damit verbundenen sozialpolitischen Auseinandersetzungen[251] stellen daher nur einen – allerdings zentralen – innenpolitischen Aspekt in der Geschichte des britischen Weltreichs dar, das nach Ende des Zweiten Weltkriegs ein ziemlich abruptes Ende fand. Diese internationalen Zusammenhänge bleiben im folgenden unterbelichtet.

4.1.1 Staat und Gesellschaft

Obwohl England kein föderales, sondern von alters her ein Gemeinwesen mit einheitlicher Rechts- und Herrschaftsordnung ist, würde die aus der deutschen Perspektive seit Hegel geläufige Unterscheidung von Staat und bürgerlicher Gesellschaft die Eigenar-

---

250 Bis heute gibt es regionale Organe und Sonderbestimmungen für Schottland, Nordirland und z. T. Wales, die hier übergangen werden. Die Darstellung bezieht sich im Zweifelsfalle auf England.
251 Kompetente Überblicksdarstellungen der wohlfahrtsstaatlichen Entwicklung geben Frazer, Derek: The Evolution of the British Welfare State. 2. Aufl. Basingstoke u. London 1984; Thane, Pat: The Foundations of the Welfare State. London u. New York 1982; Ritter, Gerhard A.: Sozialversicherung in Deutschland und England. Entstehung und Grundzüge im Vergleich. München 1983; für die neuere Zeit empfiehlt sich Lowe, Rodney: The Welfare State in Britain since 1945. Basingstoke u. London 1993. Eine für nationale Eigenarten sensible Darstellung des Arbeitsrechts findet sich bei Gayler, J. L., u. R. L. Purvis: Industrial Law. 2. Aufl. London 1972.

ten Großbritanniens verfehlen. Diese Unterscheidung beruht auf der römisch-rechtlichen Unterscheidung von öffentlichem und privatem Recht, die das britische ›common law‹ nicht kennt.

»Das nach den inneren Auseinandersetzungen des 17. Jahrhunderts neu etablierte ›government‹ galt mit John Locke, dem führenden Theoretiker der Glorious Revolution, als ein auf Widerruf eingesetzter Treuhänder zur Wahrnehmung bestimmter Aufgaben der übergeordneten ›civil society‹. Die Wortverbindungen ›civil‹, ›political‹ oder auch ›national society‹, die mit dem älteren Begriff der res publica, des Gemeinwesens, übereinstimmen, blieben erhalten. Der Begriff der Gesellschaft wurde so *nicht* entpolitisiert und erhielt nicht den abwertenden Beigeschmack, den er im kontinentalen Staatsdenken so häufig als Inbegriff partikularer und meist ökonomischer Privatinteressen erfahren hat.«[252]

Der maßgebliche staatsrechtliche Begriff ist seit dem 19. Jahrhundert ›The Crown‹, ein Begriff, der das institutionelle Verhältnis der Monarchie als Rechtsquelle und politisches Zentrum (auch: ›The King in Parliament‹) bezeichnet.[253] Diese Vorstellung hat auch den Prozeß der Demokratisierung überdauert, im Rahmen dessen dem ›House of Commons‹ (Unterhaus) heute in Verbindung mit der aus seiner Mehrheitspartei hervorgegangenen Regierung das (mit geringfügigen Einschränkungen) alleinige Gesetzgebungsrecht zukommt. Dabei fällt im Vergleich zu anderen parlamentarischen Demokratien die starke Stellung des Premierministers auf: Er ist frei in der Wahl und Entlassung seiner Minister und kontrolliert praktisch die Politik der Mehrheitsfraktion im Unterhaus, die den Vorschlägen der Regierung in der Regel bedingungslos folgt. Da Großbritannien keine geschriebene Verfassung, sondern nur ungeschriebene Konventionen der Regierungsausübung kennt, sind der Gesetzgebungsbefugnis keine expliziten Grenzen gesetzt.

»Nur die rechtsprechende Gewalt ist unabhängig von der Exekutive, aber Richter sind aufgrund der 1689 in der ›Bill of Rights‹ getroffenen Verein-

---

252 Ritter, Gerhard A.: Nation und Gesellschaft in England. In: HZ 198/1, Februar 1964, S. 24-32, Zitat S. 30; vgl. auch Dyson, The State Tradition, bes. S. 36-44.
253 Vgl. zum folgenden Harris, Jose: Private Lives, Public Spirit: Britain 1870-1914. London 1994, S. 180-219; Hanson, A. H. u. Malcolm Walles: Governing Britain. A Guide-book to Political Institutions. 3. Aufl. Glasgow 1980; Ziegesar, Detlev von: Wie demokratisch ist England? Köln 1991.

barung zwischen Krone und Parlament dazu verpflichtet, die vom Parlament erlassenen Gesetze anzuwenden, auch wenn diese nach ihrer Auffassung gegen die Rechte der Bürger verstoßen.«[254]

Die britische Rechtsordnung beruht somit primär auf gesatztem Gesetzesrecht, erkennt daneben jedoch ungeschriebenes Verfassungsrecht und das als Richterrecht fortgebildete ›common law‹ an. Die heutige praktische ›Allmacht der Regierung‹ ging aus der ›Allmacht der Krone‹ hervor.

Das seit dem 18. Jahrhundert dominierende und bisher durch das Wahlrecht nach dem Mehrheitsprinzip stabilisierte Zweiparteiensystem[255] sorgt für eindeutige Verhältnisse zwischen Regierung und Opposition und für klare Mehrheiten. Und weil die britische Innenpolitik sich seit dem Ersten Weltkrieg vor allem in Gegensätzen zwischen den wirtschaftsliberalen ›Konservativen‹ und der mehr oder weniger sozialistisch orientierten ›Labour Party‹ bewegte, weist Großbritannien auch eine weit geringere Kontinuität der institutionellen Entwicklungen in der Sozialpolitik auf als die übrigen europäischen Wohlfahrtsstaaten.[256]

Während in Frankreich und Deutschland die bürgerliche Gesellschaft erst als Ergebnis einer Selbstbeschränkung des bis dahin absolutistischen Staates entstand, brachte es das seit dem Hochmittelalter etablierte Kräftegleichgewicht zwischen König und Adel in England mit sich, daß sich der Kreis der im Parlament vertretenen Gruppen allmählich ausweitete und es zu keinem dauerhaften ständischen Unterschied oder gar Gegensatz zwischen Adel und Bürgertum kam. Wesentliche Ausdehnungen des Wahlrechts erfolgten 1832 und 1867, als auch der Großteil der männlichen Industriearbeiter wahlberechtigt wurde, und 1884. Die Ausdehnung des Wahlrechts auf die gesamte erwachsene Bevölkerung beiderlei Geschlechts erfolgte zwischen 1918 und 1928.

Deutlich unterschied sich Großbritannien vom Kontinent auch hinsichtlich seiner Verwaltungsentwicklung. Abgesehen von der Finanzverwaltung lag deren Schwergewicht nicht am

254 Ziegesar, England, S. 247.
255 Bis zum 1. Weltkrieg konkurrierten Liberale (früher ›Whigs‹) und Konservative (›Tories‹); nach dem 1. Weltkrieg zerfiel die vom Mittelstand getragene liberale Partei und wurde durch die Anfang des 20. Jahrhunderts gegründete Labour-Partei ersetzt.
256 Dies verdeutlicht insbesondere Heclo, Hugh: Modern Social Politics in Britain and Sweden. New Haven u. London 1974.

Hofe. Insoweit von einer Verwaltung überhaupt die Rede sein kann, operierte sie dezentral als ›local government‹. Es waren auf dem Lande die lokalen Notablen, die als ehrenamtliche ›Justices of Peace‹ die notwendigen Geschäfte führten, und in den Städten die ebenfalls ehrenamtlichen Gemeinderäte. Erst im Laufe des 19. Jahrhunderts enstand allmählich ein spezialisierter ›civil service‹, wobei die mit der Beaufsichtigung des Armen- und Gesundheitswesens beauftragten ›officers‹ die Entwicklung einleiteten.[257] *Der entstehenden Sozialpolitik kam also eine führende Rolle für die Verwaltungsentwicklung zu.*

Die eigentliche Professionalisierung und Bürokratisierung der Verwaltung unter Einschluß des ›local government‹ vollzog sich erst im 20. Jahrhundert. Das Verhältnis zwischen Zentralstaat und örtlicher Verwaltung unterlag dabei wiederholten Verschiebungen, insbesondere im Zusammenhang mit Gebiets- und Sozialreformen. Aber auch wenn die Entwicklung in Richtung eine stärkere Dezentralisierung ging, blieb die Entscheidungskompetenz zentralisiert. Von einer Autonomie der örtlichen Ebene wie in Deutschland oder erst recht in Schweden kann nicht die Rede sein.

Großbritannien ist das Land, in dem die *Grundsätze des Liberalismus* ihre unmittelbarste praktische Wirksamkeit entfalteten und Wirtschaft, Politik und Armenfürsorge im 19. Jahrhundert nachhaltig geprägt haben. Dabei ging es 1815, als die Einführung von Getreideschutzzöllen den Anlaß zur Formierung einer liberalen Bewegung bot, nicht mehr um die schon im 18. Jahrhundert hergestellte Freiheit von Handel und Gewerbe im Inneren, sondern zum einen um die Erweiterung der politischen Rechte und zum andern um den Grundsatz des internationalen Freihandels. Die Dominanz liberaler Grundsätze stellte aber auch eine nachhaltige Schranke gegen die Forderung nach politischen Eingriffen zur Lösung der sozialen Probleme der Zeit dar. »Government shall not interfere«, gegen diesen Kampfruf mußten sich alle Argumente für Staatseingriffe behaupten.

Die ideellen Voraussetzungen für staatliche Interventionen wurden von Jeremy Bentham geschaffen und von seinen Schülern Edmund Chadwick und John Stuart Mill politisch wirksam auf-

---

257 Vgl. Fry, Geoffrey K.: The Growth of Government. London 1979, S. 154-157; Barker, S. 36-38.

bereitet.[258] Diese Begründer des utilitaristischen Denkens wurden auf dem Kontinent nie sehr ernst genommen, gehören jedoch zu den einflußreichsten Persönlichkeiten der angelsächsischen Geistesgeschichte. Umgekehrt ist Hegel dort nie ernst genommen worden. Diese geistesgeschichtlichen Unterschiede schlugen sich auch unmittelbar in den sozialpolitischen Auffassungen nieder: Lorenz von Stein entwickelte seine Sozialstaatstheorie unter Bezugnahme auf Hegel, die britische Tradition von ›social administration‹ geht auf Benthams ›kollektivistische‹ Doktrin einer auf rationalen Grundlagen beruhenden Politik zurück.[259]

4.1.2 Wirtschaftssystem – Gewerkschaften – Arbeitsrecht

Großbritannien als erste moderne Wirtschaftsmacht war das selbstverständliche Laboratorium der entstehenden kapitalistischen Marktwirtschaft und gleichzeitig der Nährboden für die Entstehung entsprechender Wirtschaftstheorien. So braucht über den Charakter des britischen Wirtschaftssystems nicht viel gesagt zu werden. Im Vergleich zu den Vereinigten Staaten waren die Kontexte der wirtschaftlichen Entwicklung jedoch stabiler und weniger anonym; vielfach herrschten parternalistische Verhältnisse zwischen Unternehmern und ihren Arbeitern. Ein starkes Bevölkerungswachstum seit der 2. Hälfte des 18. Jahrhunderts, technische Innovationen und die zunehmende Industrialisierung des Landes trugen sich gegenseitig. Allerdings führte die industrielle Arbeit und die mit ihr verbundene Verstädterung zu vielfältigen Unfallrisiken sowie hygienischen und sozialen Problemen, unter denen zunächst die Kinderarbeit zu öffentlichen Auseinandersetzungen und schließlich zu ersten Schutzmaßnahmen führte.[260]

258 Vgl. Keller, Paul: Dogmengeschichte des wohlstandspolitischen Interventionismus. Winterthur 1955, S. 60-88, 143-169; Hart, H. L. A.: Essays on Bentham. Studies in Jurisprudence and Political Theory. Oxford 1982.
259 Vgl. Pinker, Robert: Social Theory and Social Policy. London 1971, S. 52-61; Hume, L. J.: Jeremy Bentham and the Nineteenth-Century Revolution in Government. In: The Historical Journal 10 (1967), S. 361-375.
260 Einen guten Überblick gibt Frazer, Evolution, S. 11-30. Die früheste gesetzliche Maßnahme datiert von 1802, sie blieb jedoch weitgehend unwirksam. Den Anfang der Fabrikgesetzgebung machte Peel's-Act von 1819, welcher Kinderarbeit in Baumwollmühlen unter 9 Jahren verbot

Erste Arbeitervereinigungen entstanden bereits im 18. Jahrhundert, wurden jedoch durch den ›Combination Act‹ von 1799 verboten.[261] Nachdem Arbeiterunruhen gewaltsam unterdrückt worden waren, kam es 1824 zu dessen Aufhebung, auf Betreiben von Francis Place, einem benthamistisch inspirierten Schneidermeister. Angesichts massenhafter Streiks wurde jedoch bereits 1825 zwar die grundsätzliche Erlaubnis von Arbeiterzusammenschlüssen beibehalten, aber der Handlungsspielraum der Zusammenschlüsse auf das Verhandeln von Löhnen und Arbeitszeiten beschränkt. Weitergehende Aktionen, insbesondere solche, die mit Druck auf Dritte verbunden waren wurden als Verletzung der Gewerbefreiheit (»Criminal Conspiracy in Restraint of Trade«) gebrandmarkt.[262]

In den dreißiger Jahren entwickelte sich in Reaktion auf die unbefriedigenden Wahlrechtsreformen von 1832 die Bewegung der ›Chartisten‹ bereits auf nationaler Ebene, brach jedoch in den vierziger Jahren wieder zusammen. Nach 1850 entstanden neue, auch überörtlich organisierte Gewerkschaften mit hoher Mitgliederbindung als Selbsthilfebewegung der Arbeiter, und es war in der Folge dieser liberale Gedanke der *Selbsthilfe*, der die britische Arbeiterbewegung zu Gegnern staatlicher sozialpolitischer Maßnahmen werden ließ.[263] Konsumgenossenschaften, Sparkassen und Versicherungsvereine auf Gegenseitigkeit (›friendly socie-

und für die älteren die Arbeitszeit auf 12 Stunden begrenzte. Zu Beginn der dreißiger Jahre führten unter der Leitung des Bentham-Schülers Edwin Chadwick stehende parlamentarische Enquêten zum ›Factory Act‹ von 1833, welcher bereits vier Fabrikinspektoren zur Überwachung der verschärften Bestimmungen einsetzte und damit den eigentlichen Beginn staatlicher Intervention markiert. Und es waren in der Folge nicht zuletzt die Berichte dieser Fabrikinspektoren, welche die Notwendigkeit weiterer staatlicher Maßnahmen plausibel machten, die sich bald auch auf Frauen und Jugendliche ausdehnten. Dieser rasche und friedliche Erfolg war nicht zuletzt der günstigen Wirtschaftsentwicklung in England zu verdanken.

261 Einen knappen Überblick über die Entwicklung der Gewerkschaftsgesetzgebung gibt Armingeon, Staat und Arbeitsbeziehungen, S. 43-46, 189-193; vgl. auch Hepple, The Making, insb. S. 308f.

262 Vgl. Zumbrunn, Werner: Die Anfänge des englischen Gewerkschaftsrechts. Basel u. Stuttgart 1974, S. 46-75.

263 Vgl. Metz, Karl H.: Liberalismus und soziale Frage. Liberales Denken und die Auswirkungen der Industrialisierung im Großbritannien des 19. Jahrhunderts. In: Zeitschrift für Politik 32 (1985), S. 375-392, insb. S. 381-386.

ties‹) entstanden. Letztere hatten 1904 bereits um 6 Millionen Mitglieder, die Gewerkschaften 1,3 Millionen.[264] 1868 war der ›Trade Union Congress‹ (TUC) als nationaler Spitzenverband der Gewerkschaften gegründet worden. In Großbritannien ging somit die Gewerkschaftsbewegung der politischen Arbeiterbewegung voraus, die Labour Party entwickelte sich erst nach 1900. Auch dies dürfte zu der Abneigung der englischen Gewerkschaften gegenüber gesetzlichen Regelungen beigetragen haben, die sie so deutlich von den kontinentalen Gewerkschaften unterscheidet.

Bereits 1867 hatten die städtischen Arbeiter das Wahlrecht erreicht. Der ›Trade Union Act‹ von 1871 brachte die erste gesetzliche Anerkennung der Gewerkschaften, und 1875 wurden auch die hinderlichsten strafrechtlichen Tatbestände abgeschafft. »Der Erlaß der beiden Akte von 1871 und 1875 bildete den Schlußpunkt einer wechselvollen und umstrittenen Rechtsentwicklung und zugleich die Magna Charta für die Freiheit der Arbeiterklasse während eines ganzen Jahrhunderts.«[265] Kampfbereite gewerkschaftliche Zusammenschlüsse entwickelten sich im Anschluß an den erfolgreichen Dockerstreik von 1889, und dies führte sowohl zu gerichtlichen Auseinandersetzungen als auch zur Anerkennung des Streikrechts (1906). Die Gewerkschaftsbewegung war zu einem Faktor der politischen Macht geworden, die sich durch die Allianz mit der Labour Party auch bald institutionell auswirkte.

Die Entwicklung des *kollektiven Arbeitsrechts* erfolgte unter weitgehendem Ausschluß sowohl des Gesetzgebers als auch der Gerichte, allein auf der Basis mehr oder weniger freiwilliger Vereinbarungen und ohne die Entstehung eines zentralistischen Regelsystems, wie es für Deutschland nach dem Ersten Weltkrieg charakteristisch wurde (vgl. 5.3.2). Das *Prinzip lokaler Tarifverträge für bestimmte Berufe* hatte sich seit 1860 entwickelt, und zwar vor allem in der Form paritätisch besetzter Verhandlungs- und Schlichtungsausschüsse (›trade boards‹). Das Prinzip eines staatsfreien Tarifvertragswesens wurde auch vom Gesetzgeber respektiert. Da die Gerichte Kollektivvereinbarungen nicht als Verträge anerkannten, blieb es auch grundsätzlich erlaubt, abweichende Individualverträge zu schließen. Dementsprechend kam

264 Thane, Foundations, S. 29.
265 Zumbrunn, Die Anfänge, S. 107.

dem *informellen Druck* der Gewerkschaften (vor allem vertreten durch die betrieblichen ›shop-stewarts‹) auf die Arbeitgeber weit größere Bedeutung zu als auf dem Kontinent. So entstanden in den ›organisierten‹ Wirtschaftszweigen eine Vielzahl von nur teilweise schriftlich fixierten Vereinbarungen, die durch *ungeschriebene Regeln* (›custom and practice‹) ergänzt wurden, welche nur den Eingeweihten vertraut sind. Dabei bildete das ›closed-shop-principle‹, d. h. das Verbot, nicht organisierte bzw. organisationswillige Arbeiter anzustellen, die wichtigste Grundlage für die Verhandlungsmacht und die Disziplinierungsfunktion der Gewerkschaften gegenüber ihren Mitgliedern. So gewannen sie in vielen Branchen dominierenden Einfluß.[266] Gleichzeitig blieb das Tarifvertragssystem sehr fragmentiert, und da die Gewerkschaften meist nach dem Berufs- und nicht nach dem Branchenprinzip organisiert waren, mußte eine Firma u. U. mit mehreren Gewerkschaften und deren unterschiedlichen Interessenlagen fertigwerden. Das dominierende Muster der industriellen Beziehungen blieb dabei das *informelle Verhandeln*. Demzufolge haben sich bis in jüngste Zeit auch keinerlei formelle Formen betrieblicher Mitbestimmung entwickelt.[267]

Bis zur Gewerkschaftsgesetzgebung von 1971 beschränkte sich die staatliche Gesetzgebung auf den Schutz der Gewerkschaften vor Haftungsregeln des ›common law‹, ohne sie staatlicher Aufsicht zu unterwerfen, sowie auf das Verbot von Sympathiestreiks. Es herrschte das Prinzip der staatlichen Nichteinmischung in die industriellen Beziehungen. Im Gegensatz zu den USA wurde staatlicherseits auch keinerlei Druck auf Arbeitgeber und Gewerkschaften ausgeübt, miteinander zu verhandeln.[268]

Ab 1971 schufen konservative Regierungen gegen den Widerstand von Labour eine Gewerkschaftsgesetzgebung, welche die Arbeitskämpfe und Tarifverträge stärker verrechtlichte, das Closed-Shop-Prinzip aufbrach und auch auf die internen Organisationsbedingungen der Gewerkschaften Einfluß nahm. Kon-

---

266 Im Gegensatz zu den schwedischen und deutschen Gewerkschaften vermochten sich die britischen Gewerkschaften aber keine politisch starke und sachkompetente nationale Repräsentation zu schaffen. Vgl. Heclo, Social Politics, S. 299-301.

267 Vgl. Waschke, Hildegard: Mitbestimmungssysteme im Ausland. Ein Überblick über die Mitwirkung ausländischer Gewerkschaften in Betrieb, Unternehmen, Gesamtwirtschaft. Köln 1982, S. 156-173.

268 Vgl. Gayler u. Purvis, Industrial Law, S. 18-20.

flikte zwischen verschiedenen Gewerkschaften und die zunehmende Häufigkeit wilder Streiks trugen in den 1970er Jahren zur Delegitimierung der Gewerkschaftsbewegung bei und ermöglichten so die gesetzliche Einschränkung des Streikrechts und indirekt auch der Macht der ›shop-stewarts‹ und der Gewerkschaften durch die Regierung von Margaret Thatcher (1980/82). Dies führte zu einem erheblichen Machtverlust der Gewerkschaften, die bis heute ihre interne Fragmentierung nicht überwunden haben.

Da die Arbeitsbedingungen in den meisten Branchen tarifvertraglich ausgehandelt werden, entwickelte sich ein *staatliches Arbeitsrecht* in Großbritannien nur sehr zögernd. Grundlegend blieb das sehr hohe Gestaltungsfreiheit ermöglichende allgemeine Vertragsrecht des ›common law‹, das jedoch zunehmend durch auf industrielle Arbeitsverhältnisse zugeschnittene Gesetze spezifiziert und eingeschänkt wurde, und zwar zunächst nur im Sinne einer *Festlegung minimaler Arbeitsbedingungen.* So wurden bereits im ›Trade Act‹ von 1831 die Arbeitgeber verpflichtet, den vereinbarten Lohn ohne alle Abzüge in bar auszuzahlen (›Truck‹-Verbot). Sodann wurde auf Initiative Winston Churchills durch den ›Trade Board Act‹ von 1909 (ergänzt 1918), für die gewerkschaftlich nicht organisierten, vor allem Frauen beschäftigenden Branchen gemeinsame Ausschüsse von Arbeitgebern und Arbeitnehmern unter staatlicher Beteiligung zur Festsetzung von Mindestlöhnen eingerichtet. Mit dem ›Wage Councils Act‹ von 1959 wurde die gesamte Prozedur stark verrechtlicht.[269]

Entsprechend dem traditionellerweise informellen Charakter der meisten Arbeitsverhältnisse blieb der Einfluß der *Gerichtsbarkeit* auf die Entwicklung des Arbeitsrechts auf gravierende Ausnahmen beschränkt. Dementsprechend blieb auch der Rechtsschutz für beide Seiten – Arbeitgeber und Arbeitnehmer – gering. 1919 wurden mit dem ›Industrial Courts Act‹ öffentlich finanzierte Schiedsgerichte geschaffen, die jedoch nur in beiderseitigem Einverständnis tätig werden. Eine gesonderte Arbeitsgerichtsbarkeit (›Industrial Tribunals‹) für Streitigkeiten aus individuellen Arbeitsverträgen wurde erst 1964 eingerichtet. 1971 folgte der ›National Industrial Court‹, dessen Zuständigkeit sich auf Streitigkeiten aus Kollektivarbeitsverträgen bezieht.

269 Vgl. Gayler u. Purvis, Industrial Law, S. 406-41.

Die bereits 1819 einsetzende *Arbeitsschutzgesetzgebung* blieb im 19. Jahrhundert auf Frauen und Kinder beschränkt; die Männer vermochten es, ihre Arbeitsbedingungen, insbesondere auch die Arbeitszeitbeschränkungen, denjenigen der Frauen im Rahmen kollektiver Vereinbarungen anzugleichen und zogen dies einem staatlichen Schutz vor. So trug auch die Arbeiterbewegung zur Aufrechterhaltung des Grundsatzes ›Government shall not interfere‹ bei, der lediglich durch die Doktrin der ›free agency‹ eingeschränkt wurde: Der Staat solle nur eingreifen, insoweit ›free agency‹ als (Ver-)Handlungsfreiheit infolge besonderer Schwäche *nicht* gegeben sei: »Freedom of contract in the case of children is but another word for freedom of coercion!« (J. S. Mill) Deshalb galten die besonderen gesundheitlichen Risiken zunächst von Kindern und dann zunehmend auch von Frauen als Ausnahmen von der Regel.

Vor allem die Einrichtung der Fabrikinspektion durch den ›Factory-Act‹ von 1833 mobilisierte den Widerstand der Unternehmer; es gelang ihnen jedoch nur, die disziplinarischen Rechte der Fabrikinspektoren einzuschränken, die Sicherheitsvorschriften wurden dagegen laufend verstärkt. Denn es zeigte sich, daß die Beschränkung von Arbeitszeiten zu einer Steigerung der Arbeitsproduktivität führte, und dasselbe traf auf technische und gesundheitliche Schutzvorkehrungen zu.

Die Konsequenz staatlicher Abstinenz mit Bezug auf die erwachsenen männlichen Arbeiter war allerdings eine sehr heterogene, unübersichtliche und unvollständige Durchführung des Arbeitsschutzes in der Praxis, wobei es im wesentlichen von der Kompetenz und Verhandlungsmacht der Arbeitervertreter vor Ort abhing, inwieweit sich die betrieblichen Verhältnisse verbesserten. Auf der Basis eines diese Verhältnisse aufdeckenden Untersuchungsberichts wurde schließlich 1974 ein einheitlicher ›Health and Safety at Work Act‹ vom Parlament verabschiedet, der im wesentlichen eine Rahmengesetzgebung und ein Organisationsgesetz enthält. Die zentrale Durchführungsinstanz ist eine tripartite, d. h. aus Vertretern der zentralen Arbeitgeber- und Gewerkschaftsverbände sowie aus Behördenvertretern zusammengesetzte ›Health and Safety Commission‹, die gesetzliche Verordnungen vorschlägt und selbst Richtlinien verabschiedet. Ihr steht ein differenziertes und spezialisiertes Beratungssystem und eine Inspektionsbehörde zur Seite. Auch auf betrieblicher Ebene sind auf Sicherheitsfragen spezialisierte Vertreter des Arbeitgebers und der Gewerkschaften vorgesehen, so daß die materielle Regulierung des Arbeitsschutzes nach wie vor unter maßgeblicher Beteiligung von Arbeitern und Gewerkschaften nunmehr im Rahmen eines mehrstufigen Verhandlungssystems erfolgt.[270]

Angesichts der späten Verrechtlichung des Arbeitsschutzes stellt sich die Frage, wie Großbritannien mit den *Risiken der Arbeitsunfälle* umging, welche in anderen Ländern vielfach eine Pionierfunktion für die Entstehung der Sozialversicherung ausübten. In dieser Beziehung erwies sich das ›tort law‹ der gemeinrechtlichen Tradition als wesentlich flexibler denn die Haftpflichtregelungen des römischen Rechts. Zwar mußte auch hier der geschädigte Arbeiter die ›negligence‹ des Unternehmers nachweisen, doch wurden an diesen Nachweis wesentlich geringere Anforderungen gestellt. Allerdings blieb die Entschädigungspflicht von der Zahlungsfähigkeit des Unternehmers abhängig, die in Kleinbetrieben oder bei größeren Betriebskatastrophen schnell überfordert werden konnte. Der auf Betreiben vor allem der Gewerkschaften verabschiedete ›Workmen's Compensation Act‹ (1897, erweitert 1906 und 1925) führte eine verschuldensunabhängige Unternehmerhaftung ein und verpflichtete die Unternehmer, sich gegen das Haftungsrisiko zu versichern. *Wo auf dem Kontinent somit staatliche Vorkehrungen gleichzeitig die Unsicherheit des Arbeiters und das Schadensrisiko des Unternehmers beschränkten, verließ sich England auf eine ausschließlich privatwirtschaftliche Lösung.*[271] Unzuträglichkeiten in den Auseinandersetzungen mit den Versicherern und das im Beveridge-Plan entwickelte Konzept umfassender staatlicher Absicherung von Einkommensrisiken führten 1948 zur Einbeziehung des arbeitsbedingten Schadensrisikos in die ›National Insurance‹. Anders als auf dem Kontinent wird durch Zahlungen der National Insurance die gemeinrechtliche Haftpflicht des Unternehmers jedoch nicht abgegolten; Zahlungen werden lediglich zur Hälfte angerechnet.[272]

Im Gegensatz zu Deutschland und Frankreich spielt das Ar-

270 Vgl. hierzu Windhoff-Heritier, Adrienne, Sylvia Gräbe u. Carsten Ullrich: Verwaltungen im Widerstreit von Klientelinteressen. Arbeitsschutz im internationalen Vergleich. Wiesbaden 1990, S. 55-63, 144-181.

271 Zu den verschiedenen Möglichkeiten der Risikoabsicherung vgl. Rieger, Institutionalisierung, S. 130-132.

272 Vgl. Gayler u. Purvis, Industrial Law, S. 119-127.

beitsrecht für das Verständnis von ›social policy‹ und ›welfare state‹ in Großbritannien keine Rolle. Das gilt konzeptuell und mit gewissen Einschränkungen auch in der Praxis ebenso für die *Arbeitsmarktpolitik.*[273] Zwar war die Arbeitsvermittlung schon 1909 in die Hand staatlicher Arbeitsämter gelegt worden, doch scheinen diese in der Folge keine aktive Rolle gespielt zu haben. Die Versuche der Labour-Regierung Attlee, Beveridges Forderung nach einer Verknüpfung von sozialer Sicherungspolitik und Vollbeschäftigungspolitik aufzunehmen, führten ab 1951 zu einer konservativen Gegenreaktion totaler Zurückhaltung in Beschäftigungsfragen und zur Institutionalisierung einer voluntaristischen Lohnpolitik der Tarifparteien. Versuche von Labour-Regierungen (1964-70, 1974-79), die Inflation durch eine zentralistische Lohnpolitik mit Hilfe des gewerkschaftlichen Dachverbandes TUC zu bekämpfen, waren nur kurzfristig erfolgreich, denn sie setzten einen Machtverzicht der Shop-Stewarts auf der Betriebsebene voraus, zu dem diese nicht auf Dauer bereit waren. Die Rückkehr der Gewerkschaften zum ›free collective bargaining‹ und die Intensität der folgenden Arbeitskämpfe trugen maßgeblich zum Wahlsieg Margaret Thatchers (1979) und der anschließenden Einschränkung der Gewerkschaftsmacht bei. Die Deregulierungspolitik der Konservativen vermochte sodann in den achtziger Jahren das Wirtschaftswachstum und die Beschäftigung wieder anzukurbeln, allerdings mit sehr unterschiedlichen regionalen Wirkungen.

Versuche einer aktiven Arbeitsmarktpolitik erwiesen sich als vergleichsweise wenig wirksam, vor allem wegen des geringen Qualifikationsniveaus der Arbeiterschaft und der fehlenden Traditionen einer betrieblichen Ausbildung. Trotz des ›Employment and Training Act‹ (1948) kam es bis auf die jüngste Zeit weder zu einer betrieblichen noch zur öffentlichen Förderung der Qualifikation der vielfach ungelernten Arbeitskräfte, so daß die vergleichsweise geringe Produktivität der britischen Wirtschaft und ihre sinkende Konkurrenzfähigkeit nicht nur eine Folge der Kriegsverschuldung, sondern ebenso von Versäumnissen im Bereich der öffentlichen Förderung der Produktivität, insbesondere

273 Vgl. Paulmann, Johannes: Arbeitsmarktpolitik in Großbritannien von der Zwischenkriegszeit bis in die Zeit nach dem Zweiten Weltkrieg. In: Historische Zeitschrift 255 (1992), S. 345-375; Rieger, Institutionalisierung, S. 206-225.

auch in der Form der Berufsbildung gewesen ist.[274] Die jüngsten Sozialreformen der Regierung Blair schaffen erstmals eine administrative Infrastruktur, die zu einer aktiven Arbeitsmarktpolitik führen kann.[275]

4.1.3 Die Armutsfrage als Leitproblem der britischen Sozialpolitik

Mit Bezug auf die Konzeption wohlfahrtsstaatlicher Entwicklung ist in Großbritannien die Armenfürsorge langfristig von größerem Interesse als die Fabrikgesetzgebung, denn erstere hat die sozialpolitischen Diskussionen weit stärker geprägt. Während in Deutschland die soziale Frage zentral als *Arbeiterfrage* interpretiert wurde, erschien sie in Großbritannien als *Armutsfrage*.[276] Britische Darstellungen lassen daher die wohlfahrtsstaatliche Entwicklung meist mit dem Jahre 1601 beginnen, als der ›Poor Law Act‹ von Königin Elisabeth I. die Grundlagen eines rationellen Systems der Armenfürsorge legte.[277] Hier wurde

274 Vgl. Rhodes, Martin: Restructuring the British Welfare State: Between Domestic Constraints and Global Imperatives. In: Welfare and Work in the Open Economy. Hg. v. Scharpf. Fritz W. u. Schmidt, Vivien A. Band 2: Diverse Responses to Common Challenges. Oxford 2000, S. 19-68, hier S. 48 f.

275 Eine differenzierte Übersicht bietet Davy, Ulrike: Sozialreformen unter New Labour. In: Zeitschrift für ausländisches und internationales Arbeits- und Sozialrecht 14 (2000), S. 144-177, hier einschlägig S. 146-160.

276 Vgl. als Überblick Hartwell, R. M. u. a.: The Long Debate on Poverty. 2. Aufl. London 1974.

277 Die wichtigsten Grundsätze dieses Gesetzes (mit Vorläufern ab 1536) lauteten: (1) Unterstützungsempfänger haben nach Maßgabe ihrer Fähigkeiten Arbeit zu verrichten; hierfür sind besondere *Arbeitshäuser* einzurichten. (2) Alte, chronisch Kranke, Blinde und Irre werden von den Arbeitsfähigen durch ›Klassifikation‹ getrennt und in *Armenhäusern* untergebracht. (3) Jede Kirchgemeinde (das war die einzige landesweit verbreitete Form örtlicher Verwaltung) hat ihre Armenfürsorge zu organisieren und hierfür einen ›Overseer‹ zu ernennen. (4) Diese ›Armenaufseher‹ erhielten das Recht, eine Armensteuer nach Maßgabe des Vermögens der Gemeindemitglieder zu erheben, die von den örtlichen ›Justices of Peace‹ (JPs) durchzusetzen war. (5) Jeder Arme sollte nur an seinem Geburtsort oder hilfsweise an seinem letzten dauerhaften Aufenthaltsort unterstützt werden. Vgl. Frazer, The Evolution, S. 33 f. - Eine ursprünglich in Aussicht genommene königliche Aufsicht ließ sich nicht durchsetzen; Art und Umfang der Armenfürsorge blieben bis zum Poor

zum ersten Mal eine ihrer Absicht nach systematische Ordnung des Armenwesens auf der Ebene eines ganzen Territorialstaates formuliert. Die Ordnung zielte auf die soziale Integration der Armen und nicht bloß auf ihre Unterdrückung. Insofern kann hier zu Recht vom Beginn staatlicher Sozialpolitik gesprochen werden.

Dieses ›Old Poor Law‹ war auf eine agrarische Ökonomie mit hoher Seßhaftigkeit zugeschnitten und nicht auf die Probleme der beginnenden Industrialisierung mit ihrem Bevölkerungswachstum, hoher Mobilität und starken Schwankungen der Beschäftigungsmöglichkeiten. Eine breite öffentliche Diskussion über diese Armenfürsorge bestimmte seit der Krise von 1795 die ersten Jahrzehnte des 19. Jahrhunderts und gipfelte in liberalen Forderungen nach ihrer bedingungslosen Abschaffung, denn die grundsätzlich am Existenzminimum orientierten Leistungen der Armenfürsorge galten vielfach als günstiger denn die niedrigen Hungerlöhne der Zeit.[278] Daß 1834 trotzdem ein neues Armengesetz zustande kam, darf als Ergebnis eines *neuartigen Begründungsansatzes* gelten, dessen geistiger Vater Jeremy Bentham (1748-1832) gewesen ist. Sein ehemaliger Privatsekretär Edwin Chadwick war zusammen mit dem bekannten liberalen Nationalökonomen Nassau Senior der führende Kopf der Royal Commission, welche einen Bericht über die Wirkungen des bisherigen Poor Law und Vorschläge für seine Revision vorlegte, die von beiden Häusern des Parlaments dann mit großer Mehrheit angenommen wurden.[279]

Law von 1834 dem Ermessen der JPs überlassen, welche zumeist mit den lokalen Grundherren identisch waren. Zur Praxis vgl. Oxley, Geoffrey W.: Poor Relief in England and Wales 1601-1834. Newton Abbot u. London 1974.

278 Das berühmteste Dokument dieser Diskussion ist Thomas R. Malthus' »Essay on the Principle of Population« (1798). Zu diesen Auseinandersetzungen vgl. Polanyi, Karl: The Great Transformation. Politische und ökonomische Ursprünge von Gesellschaften und Wirtschaftssystemen. Wien 1977.

279 Das neue Poor Law unterschied sich vom bisherigen vor allem in dreierlei Hinsicht: (1) Die Verschärfung und konsequente Anwendung des Klassifikationsprinzips in Verbindung mit dem Prinzip der ›less eligibility‹: Für arbeitsfähige Arme sollte die Armenfürsorge deutlich unattraktiver als bezahlte Arbeit werden; (2) diese erhielten daher Nahrung und sonstige Hilfen (aber kein Bargeld) nur gegen Arbeit im Arbeitshaus (workhouse test); gleichzeitig wurden den der Armenhilfe zur Last Fallenden

In der Folge gingen Zahl und Anteil der Armen deutlich zurück, was jedoch mehr auf die wirtschaftliche Entwicklung als auf das Poor Law zurückzuführen ist. Zunehmend wußten sich die Arbeiter durch ihre genossenschaftlichen Zusammenschlüsse selbst zu sichern. Daneben kam der privaten, meist christlich-bürgerlich motivierten ›charity‹ wachsende Bedeutung zu.[280] Gleichzeitig verfestigte sich jedoch die Furcht vor den Folgen des Poor Law und die Ablehnung staatlicher Maßnahmen in den Unterschichten.[281] Und die ›Grausamkeit‹ des Poor Law wurde – verbreitet durch Romane wie ›Oliver Twist‹ – zu einem kulturellen Topos, der die Sozialhilfediskussion in Großbritannien bis weit ins 20. Jahrhundert begleitete und die Begeistung über den ›Beveridge-Plan‹ von 1942 verständlich macht, der gleiche soziale Leistungen für jedermann und ohne Bedürftigkeitsprüfung in Aussicht stellte.[282]

4.1.4 Staatliche Politik der Einkommenssicherung

4.1.4.1 Die liberalen Reformen vor dem 1. Weltkrieg und die Zwischenkriegszeit

Die Bezeichnung ›staatlich‹ ist hier mit den einleitend angeführten Kautelen zu verstehen:

»The failure to fashion the strenuous efforts at the turn of the century into a form that might change the institutional and political assumptions of British politics would be easier to explain [...] were it not that Balfour, Asquith, MacDonald and Lloyd George were all so aware that change was needed. [...] Part of the answer is that there was no clear political frame-

---

alle bürgerlichen Rechte entzogen; (3) die Durchführung dieser verschärften Bestimmungen wurde unter die Aufsicht einer zentralen Kommission gestellt. Vgl. Frazer, The Evolution, S. 43-48. Das weithin als ›grausam‹ empfundene Gesetz traf jedoch vielfach auf Widerstände der lokalen Armenbehörden und wurde nur teilweise umgesetzt; ebda., S. 48-55.

280 Vgl. Hanson, C. G.: Welfare Before the Welfare State. In: Hartwell u. a., The Long Debate, S. 111-139, hier S. 114-127.

281 Vgl. Pelling, Henry: Popular Politics and Society in Late Victorian Britain. 2. Aufl. London u. Basingstoke 1979, S. 1-18.

282 Zum Inhalt und zur Aufnahme des Beveridge-Plans vgl. Bremme, Freiheit und soziale Sicherheit, S. 39-80.

work, no concept of the state, that helped the leaders and thinkers of the period assemble their ideas and programs.«[283]

Die bismarckschen ›staatssozialistischen‹ Sozialgesetze hatten in vielen Ländern Europas Resonanz erzeugt, so auch in England.[284] Wichtiger noch war jedoch die von Philanthropen christlicher und utilitaristischer Orientierung angeheizte Armutsdiskussion im eigenen Land und die durch sozialwissenschaftliche Studien wachsende Evidenz unverschuldeter Massenarmut, insbesondere von älteren Menschen; in den Worten des ersten britischen Schatzministers, der selbst aus bescheidensten Verhältnissen kam, Lloyd George: »*A mass of poverty and destitution which is too proud to wear the badge of pauperism.*«[285] In der ›Pensions Bill‹ von 1908 führte die liberale Regierung unter Premierminister Asquith den *Rechtsanspruch* auf eine steuerfinanzierte Altersrente für alle nicht vorbestraften, in bürgerlichen Rechten stehenden über 70jährigen ein, insofern ihr Einkommen eine bescheidene Grenze nicht überschritt – »a pension for the very poor, the very respectable and the very old«.[286] Diese Entscheidung für eine ausschließlich bedarfsorientierte, steuerfinanzierte Leistung und gegen die Etablierung einer Sozialversicherung geschah zum einen mit Rücksicht auf die ›friendly societies‹ und auf die bescheidenen Finanzmittel der Arbeiter, zum andern aber auch wegen der aufwendigen Verwaltung, die für das Sammeln der Beiträge und die Administration der Versicherung erwartet wurde. Allerdings zeigten sich bald Finanzierungsschwierigkeiten, und der daraufhin gefaßte Regierungsplan einer progressiven Einkommensteuer stieß auf den Widerstand des Oberhauses und führte zu einer Verfassungskrise, die 1911 mit der Entmachtung des Oberhauses endete.

Auf Initiative von Lloyd George und des jungen Winston Churchill wurde nach dem erdrutschartigen Sieg der Liberalen in den Wahlen von 1906 das weiterreichende Programm einer Kranken- und Arbeitslosenversicherung in Angriff genommen. Ein Motiv für diese sozialpolitischen Aktivitäten war die wachsende

283 Ashford, The Emergence of the Welfare States, S. 63.
284 Vgl. Hennock, E. P.: British Social Reform and German Precedents. The Case of Social Insurance 1880-1914. Oxford 1987.
285 Zitiert bei Frazer, The Evolution, S. 154.
286 Vgl. Thane, Foundations, S. 81-84, Zitat S. 83.

Bedeutung des sich seit 1906 ›Labour Party‹ nennenden Zusammenschlusses der politischen Arbeiterbewegung, der gegenüber sich die Liberal Party als die bessere Sachwalterin der Arbeiterinteressen erweisen wollte; also ein den Absichten Bismarcks durchaus vergleichbares Motiv. Der 1911 verabschiedete ›National Insurance Act‹ umfaßte zwei Teile: Der erste Teil bezog sich auf eine weithin am bismarckschen Vorbild orientierte Arbeiter-Krankenversicherung mit der Leistung von Krankengeld, Mutterschaftsunterstützung und unentgeltlicher ärztlicher Behandlung,[287] sowie bescheidene Renten für Schwerstbehinderte; die Finanzierung erfolgte aus Beiträgen der Versicherten, aus Arbeitgeberbeiträgen und durch Staatszuschüsse. Der zweite Teil umfaßte eine zwangsweise Arbeitslosenversicherung für bestimmte Branchen, die vorzugsweise qualifizierte männliche Arbeiter beschäftigten; sie beruhte auf dem *Prinzip einheitlicher Beiträge und einheitlicher Leistungen.* 1914 waren hier 2,3 Mio. Arbeiter versichert. Die politische Durchsetzung beider Versicherungszweige wurde durch den Umstand erleichtert, daß die Gewerkschaften, die ›friendly societies‹ und andere Versicherungsgesellschaften in die Administration einbezogen wurden.[288]

Die Zeit zwischen den beiden Weltkriegen[289] war auch in Großbritannien durch wirtschaftliche Instabilität mit andauernder Massenarbeitslosigkeit gekennzeichnet und führte zu schweren Arbeitskämpfen sowie wiederholten Revisionen der Sozialgesetzgebung, deren Leistungen unter dem Druck der Weltwirtschaftskrise z. T. wieder unter den Vorbehalt einer Bedürftigkeitsprüfung gestellt wurden. Dennoch trugen die nun meist in Form von Geldleistungen (›outdoor relief‹) erbrachte Armenfürsorge[290] und die Leistungen der Arbeitslosenversicherung zur Re-

---

287 Die Behandlung erfolgte auf der Basis von Kopfpauschalen durch Ärzte, die sich hierzu in entsprechende Listen eintragen ließen. Trotz des Widerstandes der ›British Medical Association‹ fanden sich hierfür genügend Ärzte.

288 Vgl. Ritter, Sozialversicherung, S. 93-96.

289 Einen guten Überblick gibt Thane, Foundations, S. 163-222.

290 Im Gegensatz zu den Vereinigten Staaten, wo sich die Widerstände der Staaten und Kommunen gegen zentralstaatliche Verbesserungsversuche der Armenfürsorge richteten, war in der Zwischenkriegszeit die örtliche Armenfürsorge in England trotz ihrer lokalen Finanzierung meist großzügiger als die zentralstaatlichen Vorstellungen. Dies trug nachhaltig zur Auflösung der örtlichen Armenverwaltungen im ›Local Government Act‹ von 1929 und damit zum Ende des Poor Law bei.

duktion der bittersten Notlagen im Vergleich zur Zeit vor dem
1. Weltkrieg bei. Zahlreiche Armutsuntersuchungen zeigten, daß
nicht nur diese Leistungen, sondern auch ein erheblicher Teil der
Arbeiterlöhne deutlich unterhalb der von den Armutsforschern
angenommenen Existenzminima lagen. Gleichzeitig ergaben sich
große regionale Unterschiede der Finanzkraft des ›local government‹ und damit nicht nur der individuellen, sondern auch der
kollektiven Armut.

4.1.4.2 Der Beveridge-Plan und seine Folgen

Bereits im Rahmen der Kriegswirtschaft wurden unter Premierminister Winston Churchill zahlreiche Sozialleistungen verbessert und vor allem im Gesundheits- und Bildungswesen Leistungen, die bis anhin nur für die bedürftigsten Teile der Bevölkerung
gedacht waren, auf große Bevölkerungsteile ausgedehnt.

Nach dem 2. Weltkrieg erfolgte ein weitgehender Neuaufbau
des Systems der Sozialleistungen auf der Basis des von William Beveridge während des Krieges entwickelten Plans durch die Labour-
Regierung unter Clement Attlee.[291] Dieser Plan verstand sich als
Strategie zur Bekämpfung von fünf gesellschaftlichen Haupt-
übeln: Not, Krankheit, Unwissenheit, Schmutz und Müßiggang.

Das wirtschafts- und sozialpolitische Konzept von Beveridge
umfaßte drei Komponenten: Die Einführung einer staatlich organisierten Sicherung des Existenzminimums für jedermann, die
Einführung eines ›National Health Service‹ (NHS) und eine nationale Vollbeschäftigungspolitik.[292] Zwischen 1945 und 1975
haben sich die meisten britischen Regierungen unabhängig von
ihrer Parteizugehörigkeit um eine keynesianisch fundierte Vollbeschäftigungspolitik bemüht, welche jedoch in Verbindung mit
weiteren Einflüssen zu einer ungenügenden Anpassung der britischen Wirtschaft an die sich wandelnden Weltmarktbedingungen
führte.[293] Nach der Währungssystem- und der Ölkrise der frühen

---

291 Zur Vorgeschichte vgl. Marwick, Arthur: The Labour Party and the Wel-
     fare State in Britain 1900-1948. In: The American Historical Review 73
     (1967), S. 380-403.
292 Vgl. Bremme, Freiheit, S. 43-67.
293 Vgl. Lowe, The Welfare State, S. 99-121; zur Vorgeschichte vgl. Otto,
     Frank: Die Keynesianische Revolution in Großbritannien (1929-1948).
     Berlin 1996.

siebziger Jahre führte dies zur Kombination von Inflation und ökonomischer Stagnation, der ›schlechtesten aller ökonomischen Welten‹. Daraus erwuchs schon unter der Labour-Regierung von Wilson und Callaghan der im eigenen Lager höchst kontroverse Versuch einer wirtschaftspolitischen Neuorientierung, die dann ab 1979 von den Konservativen unter Margaret Thatcher entschieden im Sinne einer monetär und fiskalisch restriktiven und auf die Privatisierung kollektiver Risiken orientierten Politik in Angriff genommen wurde.

Vom NHS wird unter 4.1.5.1 die Rede sein. Im vorliegenden Zusammenhang geht es um die erste Komponente, das Konzept einer

• *alle typischen Risiken der Einkommensarmut* (Arbeitslosigkeit, Krankheit, Invalidität, Alter, Mutterschaft) umfassenden,

• *einheitlich,* d. h. durch einen einzigen staatlichen Versicherungsträger administrierten und die

• *gesamte Bevölkerung* auf gleichem bescheidenem Existenzniveau schützenden Sozialversicherung.[294]

Dies war die Konkretisierung des Versprechens einer ›freedom from want‹ durch die Atlantikcharta von 1941. Obwohl die Labour Party grundsätzlich für die Finanzierung der Sozialleistungen aus Steuermitteln eintrat, schien auch ihr die Finanzierung durch Beiträge, also das Versicherungsprinzip, der sicherste Schutz vor einer an das Armenrecht gemahnenden Bedürftigkeitsprüfung.[295] Anders als in der bismarckschen Invalidenversicherung mit ihren an der Lohnhöhe orientierten Beiträgen und

---

294 »Das Prinzip der Zusammenlegung der Risiken bzw. der Einheitsversicherung wurde als dasjenige vorgeschlagen, ›das am besten mit den Empfindungen der Bevölkerung Großbritanniens übereinstimmt‹, dem Empfinden, ›daß im Rahmen einer von der Gemeinschaft unter Ausnützung der Macht zum Zwang organisierten Versicherung alle Individuen zu den gleichen Bedingungen teilnehmen sollen‹. Diese Hinwendung zum Zusammenlegen der Risiken […] war ebenfalls durch die Erfahrungen der Massenarbeitslosigkeit erfolgt, wo sich immer mehr die Ansicht entwickelt hatte, daß alle Gewerbe in einem gegenseitigen Abhängigkeitsverhältnis stehen und daß diejenigen unter ihnen, die das Glück haben, regelmäßig beschäftigen zu können oder beschäftigt zu sein, die Kosten der Arbeitslosigkeit mit denjenigen teilen sollen, die weniger regelmäßig beschäftigt sind. Die gleiche Tendenz zugunsten einer Zusammenlegung der Risiken zeichnete sich auf dem Gebiet der Krankenversicherung wie auch der Betriebsunfallversicherung ab.« Bremme, Freiheit, S. 58.

295 Vgl. Bremme, Freiheit, S. 57f.

Leistungen hatte jedoch schon die Arbeitslosenversicherung von 1911 grundsätzlich *gleiche Beiträge und Leistungen für alle Versicherten* vorgesehen. Dieses ›flat-rate-principle‹ wurde im Beveridge-Plan (unter Berücksichtigung unterschiedlicher ›Klassen‹ von Versicherten: Abhängig Beschäftigte, Selbständige, Nichterwerbstätige und verheiratete Frauen) fortgeführt und prägte auch den ›National Insurance Act‹ von 1946, der sich weitgehend an den Vorschlägen von Beveridge orientierte, jedoch die Berufsunfallversicherung mit einem höheren Leistungsniveau gesondert regelte. Vorweg geregelt wurden auch die Leistungen an Mütter und Kinder (›Family Allowance Act‹, 1945). Ferner verzichtete die Regierung auf die von Beveridge vorgeschlagene Verzögerung der vollen Leistungszahlung, um zunächst einen Kapitalstock aufzubauen, da dies politisch unpopulär gewesen wäre.

Dieses *umlageorientierte Finanzierungskonzept* war noch unrealistischer als das von Beveridge vorgeschlagene. Während in Schweden den politischen Entscheidungen über die Alterssicherung umfangreiche versicherungsmathematische Überlegungen zugrunde lagen, ist von Vergleichbarem im britischen Falle nichts bekannt. Der Grundwiderspruch bestand darin, daß die Finanzierung existenzsichernder Leistungen ein so hohes Beitragsniveau erfordert hätte, daß es für die wenig Verdienenden unzumutbar geworden wäre.[296] So wurde das Leistungsniveau von Anfang an sehr niedrig festgelegt und in der Folge bis 1955 nicht erhöht. Da gleichzeitig die Preise stiegen, unterschritten die Leistungen immer deutlicher die offizielle Armutsgrenze. Die von Beveridge nur als Übergangslösung für die Ärmsten vorgesehene und im ›National Assistance Act‹ von 1948 verwirklichte Sozialhilfe mit ihren nur bei nachgewiesener Bedürftigkeit erbrachten Leistungen wurde so für einen schnell wachsenden Bevölkerungsteil zur notwendigen Ergänzung. Dem trug 1966 die Umbenennung von ›Assistance‹ in ›Supplementary Benefit‹ und die administrative Zusammenfassung beider Systeme im ›Ministry of Social Security‹ Rechnung.[297]

Das Prinzip der Einheitsleistung sollte Raum für private und

---

296 Das System erforderte von Anfang an unsystematische Staatszuschüsse, die in der Folge selbst zu einer politischen Größe wurden. Vgl. zum folgenden Lowe, The Welfare State S. 141-161.

297 Lowe, Welfare State, S. 145.

betriebliche Vorsorge offenlassen,[298] und in diesen Raum stieß in der Folge die britische Versicherungswirtschaft mit betrieblichen und privaten Alterssicherungsplänen vor, so daß Mitte der sechziger Jahre bereits fast die Hälfte der erwerbstätigen Bevölkerung durch berufsbezogene Pensionspläne gesichert war. Die weitere staatliche Politik bezüglich ›social security‹ wurde von tiefgreifenden Gegensätzen zwischen Labour und den Konservativen geprägt: Während Labour die staatliche Sicherung oberhalb des Existenzminimums ausbauen und den Sozialhilfebereich zurückdrängen wollte, suchten die Konservativen die Sozialausgaben möglichst auf den bedürftigsten Teil der Bevölkerung zu beschränken. Als Kompromiß kam es (1975) zur Einführung eines zur ›National Insurance‹ zusätzlichen lohnbezogenen staatlichen Pensionsprogramms (SERPS), verbunden mit der Möglichkeit befreiender privatwirtschaftlicher Lösungen (›opting out‹), was einer indirekten staatlichen Subventionierung gleichkam.[299] SERPS half weder zur Sanierung des sozialen Sicherungssystems, noch erwies sich das Vorhaben als politisch stabil, denn es wurde schon unter der Regierung Thatcher wieder in Frage gestellt.

Auch im Bereich der Sozialhilfeleistungen wurden Ende der 1980er Jahre durch die Regierung Thatcher für die Arbeitsfähigen erhebliche Kürzungen vorgenommen, was zu erneuten Auseinandersetzungen im Stile der alten Armutsdikussionen geführt hat.[300] Allerdings kommt eine gründliche Studie der ›politics of retrenchment‹ zum Ergebnis:

298 »Flat-rate contributions and benefits [...] set Britain apart from the normal practice in other countries, which was that the contributions and benefits should be earnings-related. Beveridge, however, was determined that Britain should remain different in order to enhance the self-reliance that the popularity of insurance had earlier demonstrated. ›To give compulsory insurance‹ he argued, ›more than is needed for subsistence is an unnecessary interference with individual responsibilities.‹« Lowe, The Welfare State, S. 128f.

299 Vgl. hierzu O'Higgins, Michael: Public/Private Interaction and Pension Provision. In: Public/Private Interplay in Social Protection. A Comparative Study. Hg. v. Martin Rein u. Lee Rainwater. Armonk 1986, S. 99-148, hier S. 135-141.

300 Einen Überblick über die Sozialpolitik der Thatcher-Ära und deren Wirkungen geben Ginsburg, Divisions, S. 145-159, und Schulte, Bernd: Großbritannien – Das Ende des Wohlfahrtsstaats? In: Sozialer Fortschritt 46 (1997), S. 30-33.

»Thatcher's broader effort to reshape the political landscape had surprisingly mixed impact on the welfare state. In some cases, other policy goals dovetailed nicely with retrenchment objectives. However, the government frequently was forced to set priorities. Welfare state retrenchment fits less comfortably into a broad conservative agenda than is usually assumed. As a result, Thatcher has left the welfare state in healthier condition than one might have expected.«[301]

Die Neuorientierung der Sozialpolitik unter der Regierung von Premierminister Tony Blair behält in vielem die Orientierung der Regierung Thatcher bei, setzt jedoch deutlichere Akzente im Bereich der Armutsbekämpfung.[302] In Orientierung an den Vereinigten Staaten (vgl. 3.2.6) zielen die Reformen auf eine stärkere Eingliederung der arbeitsfähigen Armen in den Arbeitsmarkt. Allerdings wird im Gegensatz zu den USA nicht auf Zwang, sondern auf Freiwilligkeit und Förderung gesetzt, und insbesondere auf örtlicher Ebene bleiben Hilfen für die Arbeitslosen bestehen.[303]

Was den Familienlastenausgleich betrifft, so sind die Verhältnisse und Auseinandersetzungen in Großbritannien denjenigen in Deutschland ähnlich. Allerdings wurde die Notwendigkeit von ›child allowances‹ systematischer in das Konzept sozialer Sicherheit integriert als in Deutschland, doch bedurfte es auch hier stets erneuter Kämpfe, um die Höhe des Kindergeldes der Geldentwertung anzupassen.

»In Britain [...] family allowances remain a subordinate and contested part of a welfare system organised largely around the wage. [...] entitlements for children have never won the British public's affection to the extent that the National Health Service has done«.[304]

301 Pierson, Paul: Dismantling the Welfare State? Reagan, Thatcher, and the Politics of Retrenchment. Cambridge u. New. York 1994, S. 178.
302 Vgl. Davy, Sozialreformen unter New Labour.
303 Vgl. Leisering, Lutz u. Bernhard Hilkert: Von Großbritannien lernen? Wohlfahrtsstaatsreform im Zeichen des Dritten Weges – Das Beispiel aktivierender Sozialpolitik unter Blair. Deutsch-Britische Stiftung für das Studium der Industriegesellschaft. London 2000; skeptischer Haux, Tina: Alleinerziehende unter New Labour: From Bad to Worse? In: Zeitschrift für Sozialreform 44 (1998), S. 838-855.
304 Pedersen Susan: Family, Dependence and the Origins of the Welfare State. Britain and France, 1914-1945. Cambridge 1993, S. 415. Zur prekären Situation der britischen Familienpolitik vgl. auch Neubauer, Erika: Vereinigtes Königreich. In: Neubauer, Erika u. a.: Zwölf Wege der Familienpolitik in der Europäischen Gemeinschaft. Eigenständige Systeme und vergleichbare Qualitäten? Bd. 2: Länderberichte. Stuttgart 1993, S. 399-435.

Es gab auch ähnliche Auseinandersetzungen um das Verhältnis von Steuerermäßigungen und Kindergeld wie in Deutschland, doch ist bisher dem Gedanken einer negativen Einkommensteuer nicht gefolgt worden. Im Rahmen der Sozialhilfe wurde dagegen eine besondere Leistung (›family credit‹) eingeführt. Ähnlich wie in den USA ist in den letzten Jahren eine Bewegung zur Einschränkung von Leistungen für alleinerziehende Mütter in Gang gekommen, was mit den jüngsten Liberalisierungstendenzen der Partnerschaftsbeziehungen in Deutschland kontrastiert.

Trotz wiederholter Umstrukturierungen hat das britische System der öffentlichen Einkommenssicherung seinen Charakter als vergleichsweise effektives System der Vermeidung grober Armut, also als bescheidenes Grundsicherungssystem sich erhalten.[305] Dies ist im wesentlichen auf die *Kombination von Sozialversicherung, Kindergeld und bedarfsorientierter Sozialhilfe* zurückzuführen. Allerdings ist der Bevölkerungsanteil, der auf Leistungen der Sozialhilfe angewiesen ist, bei weitem höher als in Deutschland. Und dies gilt nicht nur für das Risiko der Arbeitslosigkeit, sondern auch für dasjenige des Alters. Altwerden ist in England weiterhin oft mit sozialem Abstieg und Armut verbunden.[306] Positiv hervorzuheben ist dagegen die einheitliche und flächendeckende Organisation der sozialen Sicherung unter Einschluß des Kindergeldes und der Sozialhilfe. Die Sozialleistungsempfänger haben nur einen Adressaten, der für die Berücksichtigung *aller* Ansprüche zuständig ist. Dadurch wurde der stigmatisierende Charakter der Sozialhilfe abgebaut und die Nichtinanspruchnahme gesenkt. Dagegen fehlt ein langfristiges Konzept der Aufbausicherung, insbesondere mit Bezug auf die Altersrenten, wie es z. B. in Schweden und der Schweiz verwirklicht worden ist. Der hierfür erforderliche Bestandsschutz ist unter den Prämissen einer ›Allmacht der Regierung‹ nicht gegeben.[307]

305 Allerdings bleiben auch hier deutliche geschlechts- und rassenspezifische Unterschiede im Beschäftigungs- und Sicherungsstatus bestehen, die jedoch nicht einen mit den USA vergleichbaren Ausgrenzungscharakter annehmen. In Großbritannien hat sich im Gegenteil ein breite soziale Bewegung gegen die Diskriminierung aus Gründen des Geschlechts oder der Hautfarbe entwickelt; vgl. Ginsburg, Divisions, S. 157-165.

306 Vgl. Leisering, Lutz u. Stephan Leibfried: Time and Poverty in Western Welfare States. United Germany in Perspective. Cambridge 1999.

307 Vgl. Schulte, Bernd: Der Bestandsschutz sozialer Rechtspositionen. Eine

4.1.5 Soziale Dienste

Das Schwergewicht und die Stärke der britischen Sozialpolitik liegt nicht auf den stets umstrittenen Einkommenshilfen, sondern im Bereich der sozialen Dienste. Das gilt insbesondere für die Sorge um die Kinder, das Gesundheitswesen und die Sozialarbeit, aber auch für die Wohnungspolitik, die in Großbritannien den ›social services‹ zugerechnet wird. Bereits um die Jahrhundertwende war im Zusammenhang mit dem Burenkrieg der schlechte Gesundheitszustand der Rekruten thematisiert worden, was zur Einführung von Schulspeisungen für bedürftige Kinder führte, eine heute allgemein gewordene britische Sozialleistung. Bildungs- und Gesundheitspolitik zogen ihre politische Plausibilität seither u. a. aus militärischen und humankapitaltheoretischen Argumenten – »concern with national efficiency and national fitness«,[308] wodurch sie auch wirtschaftspolitisch plausibel wurden.

4.1.5.1 Gesundheitswesen

Wie bereits erwähnt, bildete die Schaffung eines *National Health Service* (NHS), also eines aus Steuermitteln finanzierten und zentralstaatlich kontrollierten Gesundheitswesens, ein Kernelement des Beveridge-Plans. Sie folgte demselben Gedanken der solidarischen Gewährleistung eines ›National Minimum‹ wie die Sozialversicherung. Dennoch war die Aufgabe eine völlig andere, galt es doch, etwas völlig Neues zu schaffen: ein einheitliches nationales System der Gesundheitsversorgung, das jedermann unentgeltlichen Zugang zu allen erforderlichen Gesundheitsleistungen verschaffen sollte; also *die Gewährleistung eines allgemeinen Rechtes auf Hilfe im Falle von Krankheit*. Über die kurative Medizin hinaus wurde jedoch auch die präventive Gesundheitsfürsorge systematisch in das System inkorporiert.

Zwar hatte das zum Commonwealth gehörende Neuseeland schon 1938 einen öffentlichen Gesundheitsdienst geschaffen, doch hatte dies anscheinend keinen wesentlichen Einfluß auf die Entstehung des unter der Labour-Regierung Attlee 1946 verabschiedeten Gesetzes. Maßgeblich waren vielmehr die Erfahrungen

vergleichende Betrachtung. In: Zeitschrift für ausländisches und internationales Sozialrecht 5 (1988), S. 205-225.
308 Thane, Foundations, S. 196.

mit der von der Armenmedizin ausgehenden örtlichen Gesundheitspolitik und die im Rahmen des Zweiten Weltkriegs offenkundig gewordenen Notwendigkeiten und Möglichkeiten.[309]

Seit 1871 hatte sich in England eine Armenmedizin entwickelt und mit ihr Armenhospitäler, die vom ›Workhouse‹ systematisch getrennt worden waren.[310] Die in den folgenden Jahrzehnten erheblichen medizinischen Fortschritte führten auch zu allmählichen Verbesserungen der Armenmedizin. Noch früher entwickelte sich das öffentliche Gesundheitswesen im Sinne der Stadtassanierung und Seuchenprävention, namentlich im Anschluß an den ›Sanitary Report‹ von Chadwick. Das öffentliche Gesundheitswesen wurde 1858 in einem ›Medical Deparment of the Privy Council‹ verselbständigt, aus dem sechzig Jahre später das ›Ministry of Health‹ hervorging.[311] Gesundheitsvor- und -fürsorge war somit in der Zwischenkriegszeit bereits eine fest etablierte öffentliche Aufgabe, die durch die öffentlichen Notfalldienste während des Krieges auch bereits administrative Erfahrungen ermöglichte. Pläne für einen flächendeckenden allgemeinen Gesundheitsdienst wurden innerhalb und außerhalb des Gesundheitsministeriums schon vor dem Beveridge-Plan diskutiert, erhielten durch ihn aber zusätzliche politische Schubkraft.

Seine Plausibilität erhielt dieses Programm auch aufgrund der Erfahrungen mit der bisherigen ›health insurance‹. Der Umstand, daß ihre Administration unterschiedlichen Versicherungsträgern – von den ›friendly societies‹ bis zu Privatversicherungen – übertragen worden war, wirkte sich in einer sehr unterschiedlichen Leistungspraxis aus, wobei die Differenzen durch die regionalen Unterschiede der Wirtschaftsleistung und damit des Beitragsaufkommens verschärft wurden. Schon seit den zwanziger Jahren war eine Änderung des Systems erwogen worden, das bis 1939 noch nicht einmal die Hälfte der Bevölkerung erfaßte und die Behandlung durch die in der Regel privaten Krankenhäuser nicht bezahlte.[312]

Opposition gegen die Einführung des NHS kam von seiten der

---

309 Vgl. zur Analyse der damaligen Entscheidungssituation Klein, Rudolf: The New Politics of the National Health Service. 3. Aufl. Harlow u. New York 1995, S. 1-27.
310 Vgl. Thane, Foundations, S. 35-37.
311 Vgl. Frazer, Evolution, S. 72-77.
312 Vgl. Thane, Foundations, S. 189-196.

›British Medical Association‹, die vor allem die Interessen der gut verdienenden Ärzte und Privatkliniken vertrat. Die Mediziner des öffentlichen Gesundheitswesens und die praktischen Ärzte im Kontakt mit den einfachen Bevölkerungsschichten unterstützten weithin die Reform, welche 1946 zur Verabschiedung des ›National Health Service Act‹ führte.[313] Dieser regelte drei Dienstleistungsbereiche: Die Krankenhausversorgung, die Allgemeinpraxis und die ›Local Authority Health Services‹, d.h. eine Vielzahl von gesundheitsrelevanten Einrichtungen, die sich im Rahmen des öffentlichen Gesundheitswesens entwickelt hatten bzw. sich als Maßnahmen insbesondere der Familien-, Behinderten- und Altenhilfe noch entwickeln sollten. Das Krankenhauswesen wurde – bis auf die Universitätskliniken – verstaatlicht; die Allgemeinpraxis blieb nach längeren Auseinandersetzungen privat; d.h. die Allgemeinärzte, bei denen sich die Bevölkerung einzuschreiben hat, werden mit einer Kopfpauschale honoriert und haben nebenher das Recht zur privaten Behandlung. Die Konsultation von meist an Krankenhäusern tätigen Fachärzten ist im Rahmen des NHS nur durch Überweisung seitens des Primärarztes möglich. Die erbrachten Leistungen sind für die Patienten grundsätzlich kostenlos,[314] und auch die unter 4.1.5.2 näher zu besprechenden örtlichen Dienste blieben ein zunächst kostenfreier Teil des öffentlichen Gesundheitsbudgets. Im Vergleich zum Kontinent fällt am britischen Gesundheitswesen die geringere Arztdichte und der weit größere Anteil paraprofessioneller Gesundheitsberufe wie Krankenschwestern oder Gesundheitsberaterinnen auf. Der NHS ist mit über 1 Mio. Beschäftigten der größte Arbeitgeber im Vereinigten Königreich.[315]

Von Anfang an hatte der NHS mit Finanzierungsschwierigkeiten zu kämpfen, und wiederholt wurde durch Reorganisationen

---

313 Vgl. hierzu und zum folgenden Thane, Foundations, S. 230-243; Lowe, Welfare State, S. 163-192; Ham, Christopher: Health Policy in Britain. The Politics and Organisation of the National Health Service. 3. Aufl. London 1992; Alber, Jens: Großbritannien. In: ders. u. Brigitte Bernardi-Schenkluhn: Westeuropäische Gesundheitssysteme im Vergleich: Bundesrepublik Deutschland, Schweiz, Frankreich, Italien, Großbritannien. Frankfurt/New York 1992, S. 533-621.

314 Bei verschiedenen Gelegenheiten wurden Zuzahlungen, z.B. für zahnärztliche Behandlungen und für Rezepte, eingeführt und wieder abgeschafft.

315 Vgl. Alber, Großbritannien, S. 578-583.

versucht, seine Verteilungsgerechtigkeit und seine Effizienz zu verbessern.[316] Eine größere Reorganisation mit dem Ziel, durch sog. ›interne Märkte‹ das Kostenbewußtsein und die Konkurrenz unter den Leistungserbringern zu erhöhen, wurde 1989 durch Margaret Thatcher gegen erbitterten Widerstand der Ärzteverbände und der örtlichen Ebene durchgesetzt. Im Ergebnis kam es allerdings nicht zu den erhofften Einsparungen, sondern zur Entstehung eines wesentlich komplexeren und aufwendigeren, im Kern zentralistisch bleibenden Steuerungsmodells, wobei die versprochene Wahlfreiheit der jetzt als ›Konsumenten‹ titulierten Patienten anscheinend gewisse Verbesserungen der Publikumsorientierung nach sich gezogen hat.[317]

Eine vergleichende Evaluation der Systemqualitäten und -defizite stößt auf nahezu unüberwindliche Schwierigkeiten. Aber die statistischen Daten lassen auf jeden Fall eine kontinuierliche Produktivitätssteigerung erkennen.[318] Auch nachdem zwischen 1980 und 1992 die Kosten überproportional gestiegen sind, gehört das britische Gesundheitswesen zu den im internationalen Vergleich kostengünstigsten.[319] Das System ist trotz offenkundiger Mängel, insbesondere langer Wartelisten für bestimmte Leistungen, von der Bevölkerung voll angenommen, ja man kann den NHS als das legitimatorische Kernstück des britischen Sozialsektors bezeichnen, in etwa vergleichbar der Zentralität der Alterssicherung im sozialstaatlichen Bewußtsein der Deutschen. Allerdings haben in

316 Vgl. Klein, The New Politics, S. 28-130. Einen ausführlichen Überblick über die Geschichte der Organisationsentwicklung gibt Alber, England.
317 Vgl. Klein, The New Politics, S. 236-247; zur jüngeren Entwicklung vgl. auch Bartlett, Will: Die Reform des britischen Gesundheitssystems von 1990: Privatisierung, non-profit-Trusts und Käufer-Anbieter-Verträge. In: Krankheit und Gemeinwohl. Hg. v. Bernhard Blanke. Opladen 1994, S. 149-170.
318 Vgl. Powell, Martin A.: Evaluating the National Health Service. Buckingham u. Bristol 1997.
319 Der Anteil der Gesundheitsausgaben am Bruttoinlandsprodukt betrug 1992 8,01 %, gegenüber einem EU-Durchschnitt von 8,43 %; die Veränderung zwischen 1980 und 1992 betrug +33 % (EU +20 %). Gleichzeitig nahm der Anteil der privat finanzierten Gesundheitsausgaben von 13 % auf 20 % zu. Parallel dazu stieg die mittlere Lebenserwartung bei der Geburt um 2,6 Jahre (EU 2,2 Jahre). Vgl. Schneider u. a., Gesundheitssysteme 1994, S. 3, 5 und 503. Allerdings brachten die Jahre 1993/94 eine gravierende Kostensteigerung, welche die Werte Großbritanniens hat unter den EU-Durchschnitt sinken lassen, vgl. Schneider u. a., Gesundheitssysteme 1997, S. 4 und 14.

jüngster Zeit ergänzende, teilweise durch private Krankenversicherungen gedeckte Leistungen an Bedeutung gewonnen.

4.1.5.2 Örtliche Sozialpolitik

Obwohl – oder gerade weil – England zentralstaatlich administriert wird,[320] verfügt es über eine alte Tradition des ›local government‹.[321] Zu dessen wichtigsten Aufgaben gehört seit den Poor Laws der heute ›personal social services‹ genannte Bereich der Familien-, Jugend-, Straffälligen-, Behinderten- und Altenhilfe.[322] Der Schatten der Armengesetzgebung ist nur sehr allmählich von diesen Dienstleistungen gewichen. Einen dem Beveridge-Plan vergleichbaren Markstein stellt hier der Report des Seebohm Committee (1968) und die daran anschließende Organisationsreform von 1970 dar. Im Rahmen dieser Reform wurden die bis dahin unterschiedlichen nationalen und lokalen Behörden unterstellten Dienste in einem einzigen lokalen ›Social Service Department‹ zusammengefaßt, das für deren Planung und Koordination, für die Zusammenarbeit mit frei gemeinnützigen Initiativen und für die ›Klientenorientierung‹ der Dienste zuständig wurde. Der hinter der Reform stehende Grundgedanke bezog sich auf die Professionalisierung und organisatorische Verselbständigung von ›Social Work‹ als vom Nationalen Gesundheitsdienst zu unterscheidender Bereich. Auch die Administration erheblicher Teile des NHS fällt grundsätzlich in den Bereich des ›local government‹, nämlich das Krankenhauswesen und die ›Community Health Services‹, d.h. »Säuglings und Mutterbetreuung, der schulärztliche Dienst, die Familienberatung, der Krankenwagendienst und der zahnärztliche Vorsorgedienst«.[323]

320 In diesem Bereich sind Unterschiede zu Schottland und Nordirland besonders ausgeprägt.

321 ›Local Government‹ bleibt jedoch eine zentralstaatlich geregelte Funktion der Selbstverwaltung, die seit dem 2. Weltkrieg verschiedenen tiefgreifenden, auch räumlichen Reorganisationen unterzogen worden ist. Von einer der deutschen vergleichbaren Gemeindeautonomie kann nicht die Rede sein. Vgl. als Überblick Byrne, Tony: Local Government in Britain. 4. Aufl. Harmondsworth 1986.

322 Vgl. zum folgenden Marshall, T(homas) H(umphreys): Social Policy in the Twentieth Century. 5. Aufl. London 1985, S. 159-184; Lowe, Welfare State, S. 261-279; Glennerster, H(oward): Social Services in Great Britain: Taking Care of People. In: Meeting Human Needs, S. 69-111.

323 Alber, Großbritannien, S. 535.

Zur Koordination wurde 1970 auf der nationalen Ebene eine gemeinsame ministerielle Verantwortung für die Sozialversicherung, den NHS und die örtlichen sozialen Dienste unter dem ›Secretary of State for Social Services‹ hergestellt.[324]

Da in Verbindung mit dieser Reform auch die für diese Bereiche budgetierten Mittel vervielfacht wurden,[325] kam es in der Folge zu einem erheblichen Ausbau vor allem der ambulanten und stationären Dienste für alte Menschen,[326] während Initiativen zur Verbesserung der Dienste für geistig Behinderte umstritten blieben. Die Familien- und Jugendhilfe erfuhr zwar eine gewisse Professionalisierung, aber keinen vergleichbaren Ausbau. Insbesondere fehlt es nach wie vor an einem einigermaßen flächendeckenden System der Vorschulerziehung, ein Mangel, der durch ein sehr frühes Einschulungsalter etwas gemildert wird. Alle gesetzlichen Leistungen werden von öffentlichen Trägern erbracht, der freigemeinnützige und der privatwirtschaftliche Bereich hatten bis zu den jüngsten Reformen quantitativ nur geringe Bedeutung.[327] Der Ausbau der öffentlichen Leistungen geriet jedoch in den 1980er Jahren unter den Druck von Budgetkürzungen, und eine erneute Organisationsreform in Analogie zum NHS (1990) soll neuerdings den frei gemeinnützigen und den privatwirtschaftlichen Bereich stärken und mehr Marktelemente in die Koordination der Dienstleistungen bringen. Seither ist eine erhebliche Entwicklung des freigemeinnützigen Sektors zu beobachten.[328]

Einen auch ministeriell gesonderten Bereich stellt die *Stadtplanungs- und Wohnungspolitik* dar.[329] Seit den Anfängen mit dem ›Housing and Town Planning Act‹ (1909) blieb dieser Politikbereich besonders umstritten, da hier die konservativen Interessen an der Förderung des privaten Eigenheimbaus und die sozial-

---

324 Vgl. Brown, R. G. S.: The Management of Welfare: A Study of British Social Service Administration. Glasgow 1975, S. 21-23.

325 Die Finanzierung erfolgt überwiegend aus nationalen Budgets, ergänzt um kommunale Steuern und ggf. Kostenbeiträge.

326 Vgl. hierzu Altenhilfe in Europa – Länderberichte. Hg. v. Bundesministerium für Familie, Senioren, Frauen und Jugend. Stuttgart u. a. 1996, S. 240-251.

327 Vgl. Schmid, Josef: Wohlfahrtsverbände in modernen Wohlfahrtsstaaten. Opladen 1996, 131-133.

328 Vgl. Schmid, Wohlfahrtsverbände, S. 145-148.

329 Vgl. zum folgenden Marshall, Social Policy, S. 185-212; Lowe, Welfare State, S. 235-260; Duclaud-Williams, Roger H.: The Politics of Housing in Britain and France. London 1978.

reformerischen Absichten Labours zur Verbesserung der Wohnungssituation der Unterschichten, aber auch diejenigen von Zentralstaat und Kommunen in direkter Weise aufeinanderprallten und es stets um große Summen ging. Zu unterscheiden ist hier zwischen der steuerlichen Förderung des Eigenheimbaus als nationaler Aufgabe einerseits und der Stadtplanung sowie dem öffentlichen Wohnungsbau andererseits, der zwar vorzugsweise mit nationalen Mitteln geschieht, im übrigen aber eine Aufgabe von ›local government‹ ist. Im Unterschied zu Deutschland oder Frankreich bedient sich der soziale Wohnungsbau nicht der Subventionsmethode, und es gibt auch keine Steuererleichterungen für den Mietwohnungsbau. Statt dessen fließen die Mittel in den Bau von kommunalen Wohnungen, so daß diejenigen, die sich Wohnungseigentum nicht leisten können, im wesentlichen auf die stets knappen öffentlichen Wohnungsangebote oder auf ein überteuertes privates Wohnungsangebot angewiesen sind. Etwa ein Drittel des Wohnungsbestandes befand sich Anfang der 1970er Jahre in öffentlicher Hand.[330] Unter der Regierung Thatcher wurde die kommunale Handlungsfähigkeit auch in diesem Politikbereich erheblich beschnitten.

4.1.5.3 Bildungswesen

Im Vergleich zu den übrigen europäischen Staaten begann die Bildungspolitik in Großbritannien sehr spät. Der erste ›Education Act‹ datiert von 1870, und eine allgemeine Schulpflicht bis zum 11. Lebensjahr wurde erst 1880 eingeführt. Unentgeltlich wurde die Elementarausbildung erst 1891, und in den von Armut bedrohten Unterschichten wurde die Schulpflicht nach wie vor durch Kinderarbeit torpediert.[331] Zwei Hauptgründe für diese Verspätung sind zu nennen: Die Dominanz des kirchlichen Bildungswesens und die damit verbundene Konkurrenz zwischen anglikanischer Hochkirche und den Freikirchen; sowie ein fehlendes öffentliches Interesse an der Volksbildung, verbunden mit der Auffassung, daß allein die Eltern über ihre Kinder zu entscheiden hätten und daher der Schulbesuch freiwillig bleiben müsse. Soweit für die Kinder der Unterschichten Armenschulen

330 Lowe, Welfare State, S. 236.
331 Thane, Foundations, S. 41.

eingerichtet wurden, dienten sie weniger der Bildung als einer religiös-moralischen Erziehung, der es um Disziplin und Anerkennung der bestehenden sozialen Unterschiede ging.[332] Für die gesellschaftliche Oberschicht dagegen war die Internatserziehung bereits im 19. Jahrhundert verbreitet, häufig auch als Vorbereitung auf ein Studium in Oxford oder Cambridge. So war das vorstaatliche Bildungswesen durch eine *ausgeprägte ständische Schichtung* gekennzeichnet, die sich im 20. Jahrhundert nur sehr allmählich abbaute.[333]

Bis zum ›Education Act‹ von 1902 gab es in England keine öffentlichen weiterführenden Schulen, sondern nur eine ungeordnete Vielfalt gemeinnütziger und privater Schulen.[334] Erst jetzt begann sich die bis 1856 zurückreichende Schaffung eines ›Department of Education‹[335] politisch auszuwirken. Die notwendige politische Schubkraft resultierte aus der Schwierigkeit, gesunde und brauchbare Soldaten für den Burenkrieg in ausreichender Zahl zu rekrutieren. Mit den ›Local Education Authorities‹ wurde nun eine örtliche Bildungsbehörde geschaffen, die den Ausbau des öffentlichen Schulwesens zu fördern, für die ausreichende Ernährung der Kinder zu sorgen und die Aufsicht über die öffentlichen wie die privaten Schulen zu übernehmen hatte. Dem folgte bis zur Weltwirtschaftskrise ein rascher systemischer Aufbau, der gleichzeitig die Lehrerausbildung verbesserte und ein einigermaßen flächendeckendes sekundäres Bildungswesen entstehen ließ, für dessen Besuch jedoch bis nach 1944 ein Schulgeld zu entrichten war. 1918 wurde die Schulpflicht bis zum 14. Lebensjahr verlängert. Dabei blieb eine Parallelität, aber auch Spannung zwischen öffentlichen und privaten Schulen bestehen; letztere erhielten zunehmend Subventionen. Die Universitätsausbildung blieb einer Elite vorbehalten.[336]

Einen weiteren qualitativen Sprung brachte der ›Education Act‹ von 1944.[337] Diese erste Nachkriegsreform war vom ›Board

332 Vgl. Frazer, Evolution S. 79-82.
333 Vgl. hierzu Archer, Margret S.: Social Origins of Educational Systems. London u. Beverly Hills 1979, S. 472-595.
334 Vgl. zum folgenden Ringer, Education and Society, S. 206-247.
335 Später ›Board of Education‹, ab 1944 ›Ministry of Education‹.
336 »By the mid-1930s only 0.4 per cent of elementary schoolleavers in England went to university.« Thane, Foundations, S. 202.
337 Vgl. zum folgenden Thane, Foundations, S. 225-230; Archer, Origins, S. 544-568, 573-595;

of Education‹ unter R. A. Butler gegen den Willen Churchills noch vor Kriegsende auf den Weg gebracht worden. Einigkeit bestand hinsichtlich der Notwendigkeit eines weiteren Ausbaus und der Differenzierung des sekundären und tertiären Bildungswesens. Unüberbrückbare Gegensätze bezogen sich auf die Frage nach der Beibehaltung des bisherigen dreigliedrigen Schulsystems oder der Einführung von Gesamtschulen und damit auf das Problem der Gleichheit: Ging es um ›parity of esteem‹ für die unterschiedlichen Schulformen oder um eine institutionelle Angleichung der Bildungschancen? Das Gesetz ließ schließlich die Frage offen und überließ die Entscheidung den örtlichen Erziehungsbehörden. In der Folge setzten sich – vor allem unter dem Druck von Labour-Regierungen – Gesamtschulkonzepte stärker durch. Im übrigen stärkte das Gesetz den Einfluß des ›Ministry of Education‹, ohne jedoch die grundsätzliche *Dezentralisierung des britischen Bildungswesens* aufzuheben.

Im Unterschied zu den meisten anderen Ländern Westeuropas wurde auf die *berufliche Bildung* lange Zeit kein politisches Gewicht gelegt. Die Berufsvorbereitung erfolgt ohne zentrale Zertifizierung durch eine Vielzahl überwiegend privater Schulen. Vor allem aber trat nach wie vor ein erheblicher Teil der Jugendlichen ohne Berufsausbildung ins Erwerbsleben, da von Unternehmen und Gewerkschaften auf die Qualifizierung der Jugendlichen kein Wert gelegt wurde. Dementsprechend blieb die Jugendarbeitslosigkeit ein besonders ernstes Problem. Erst der ›Education Reform Act‹ von 1988 (revidiert 1995) hat zu politischen Vorgaben hinsichtlich der Ausbildungsinhalte und zur einheitlichen Zertifizierung von Ausbildungsabschlüssen, auch berufsvorbereitender Art, geführt.[338]

Zu einem erheblichen Ausbau kam es seit Kriegsende im Bereich des Hochschulwesens. Zahlreiche Universitäten und ›Technical Colleges‹ (in etwa den deutschen Fachhochschulen vergleichbar) wurden im ganzen Land geschaffen, um die regionalen Bildungsdisparitäten zu verringern und die Chancen tertiärer Bildung zu verbessern. Dies geschah mit offensichtlichem Erfolg: Ein Drittel der Jugendlichen war 1994/95 im tertiären Bildungssystem, was einer Verdoppelung seit 1988 gleichkommt.[339]

338 OECD: Education at a Glance – OECD Indicators. Paris 1996, S. 333f.
339 OECD, Education, S. 333.

4.1.6 Zusammenfassung

England als Pionier der Liberalisierung und Industrialisierung war mit Bezug auf die Frage nach dem besten Weg zur Erreichung und Verbreitung menschlicher Wohlfahrt zwar in der Zielsetzung seiner Sozialreformer meist einig, jedoch hinsichtlich der Methoden zerstritten. Die Überzeugung der Liberalen, daß sich soziale Probleme am besten durch Selbsthilfe und, wo diese nicht ausreicht, durch freie Hilfstätigkeit (›Charity‹) sowie durch den wirtschaftlichen Fortschritt selbst lösen ließen, erfaßte im 19. Jahrhundert auch die qualifizierte Arbeiterschaft, deren Repräsentanten erst in dem Maße auf die Wirksamkeit staatlicher Maßnahmen zu setzen begannen, in dem die Labour Party an politischen Einfluß gewann. Kritik an den Mißständen der Frühindustrialisierung ging vor allem von Vertretern religiöser Minderheiten (Puritaner, Evangelikale, Oxford-Bewegung, Katholiken) aus, welche die Allianz zwischen der Hochkirche und den politischen Eliten kritisierten. Die vorgeschlagenen Reformen hielten sich jedoch überwiegend im Horizont paternalistischer Vorstellungen, so daß erst seit den Reformen der Liberalen unter Asquith und Lloyd George von einer Bewegung hin zur staatlichen Gewährleistung sozialer Ansprüche, also von einer wohlfahrtsstaatlichen Entwicklung die Rede sein kann.

»Während die deutsche Sozialversicherung vorwiegend die vorsorgefähige Industriearbeiterschaft zum Adressaten hatte, die durch die Gewährung eines gewissen Schutzes gegen die Folgen von Unfall, Invalidität, Krankheit und Alter der sozialistischen Arbeiterbewegung entfremdet und für den bestehenden monarchistischen Staat gewonnen werden sollte, waren in Großbritannien Zielgruppen der staatlichen Sozialpolitik vor allem die besonders bedürftigen Armen, Kinder und zur Selbstorganisation unfähige Personen, und in diesem Zusammenhang in größerem Umfang als in Deutschland auch Frauen.«[340]

Bis zum Ende des 2. Weltkriegs verlief auch diese Entwicklung sehr zögernd, beeinträchtigt vor allem durch die ungünstige Wirtschaftsentwicklung der Zwischenkriegszeit. Im Unterschied zu den USA, Schweden und Deutschland vermochte die Weltwirtschaftskrise keine wirtschafts- und sozialpolitische Bewegung auszulösen. Erst der Zweite Weltkrieg führte zu einer Solidarisie-

340 Schulte, Großbritannien, S. 30.

rung der Nation, welche dann auch die Bereitschaft zu sozialpolitischen Reformen stärkte. Diese blieben aber hinsichtlich ihrer konkreten Ausgestaltung stets zwischen den beiden konkurrierenden Parteien umstritten, wobei die Konservativen mehr auf freiheitliche Lösungen und bedarfsorientierte Unterstützung der Ärmsten setzten, während Labour für eine sozial gestaltende, die Lebenschancen egalisierende nationale Politik eintrat. Allerdings waren die Gegensätze in der politischen Rhetorik stets größer als in der faktischen Politik. Die Neuorientierung der Labour Party unter Premierminister Blair und die damit einhergehende größere Distanz zu den Gewerkschaften als der herkömmlichen Klientel von Labour könnte auch hier zu größerer Konvergenz führen. Diese Konvergenz orientiert sich am US-amerikanischen Vorbild des ›workfare instead of welfare‹: Auch Labour besinnt sich nun auf die Tradition der Selbsthilfe, die ihre Arbeiterbewegung einst groß gemacht hat. Aber nun geht es weniger um kollektive denn um individuelle Selbsthilfe, die nach wie vor der staatlichen Förderung bedarf.

Das institutionelle Resultat der konträren ideologischen Anschauungen ist ein vergleichsweise effektives System öffentlich administrierter sozialer Dienste (›social services‹) und ein primär an der Verhinderung von Armut, nicht jedoch der Gewährleistung des Lebensstandards orientiertes, einheitlich administriertes System bescheidener Einkommenssicherung (›social security‹). Die Finanzierung der Sozialaufwendungen erfolgt dabei ganz überwiegend über Steuern; Beiträgen von Arbeitgebern und Arbeitnehmern kommt nur eine bescheidene Rolle zu. Jüngste Reformen im Bereich der sozialen Dienstleistungen lassen jedoch erstmalig eine Tendenz zur Beteiligung auch der Begünstigten an den Kosten erkennen.

Im institutionellen Arrangement der Wohlfahrtsproduktion dominiert in Großbritannien ähnlich wie in den Vereinigten Staaten die Verteilungswirkung der Märkte und das Ausmaß der Partizipation am Arbeitsmarkt. Deutlich geringer als in den USA ist das Ausmaß betrieblicher und assoziativer Wohlfahrtsproduktion, während das Gewicht des Staates im Bereich der Dienstleistungen sich skandinavischen Größenordnungen annähert. Hier schlägt die völlig verschiedene politische Organisation (Zentralstaatlichkeit in Großbritannien versus Bundesstaatlichkeit in den USA) zu Buche. Der Familie kommt im öffentlichen Bewußtsein nur eine bescheidene Funktion für die Wohlfahrtsproduktion zu, doch ist ihre faktische Bedeutung zweifellos höher als in Skandinavien.

Die Professionalisierung der ministeriellen und der örtlichen Verwaltung war ein später und langsamer Prozeß, und noch die Reformen nach dem 2. Weltkrieg wurden nur im Bereich des ›Board of Education‹ durch die Ministerialverwaltung gesteuert. Das britische Regierungssystem bringt es mit sich, daß dem jeweiligen Kabinett – und in ihm dem Einfluß bestimmter Persönlichkeiten auf den jeweiligen Premierminister – entscheidende politische Bedeutung zukommt. Die gesellschaftlichen Einflüsse auf die Regierungspolitik sind demzufolge hochgradig kontingent. Von allem Anfang an kam – dem utilitaristischen Ideal rationaler Politik entsprechend – beratendenden ›Royal Commissions‹, aber auch der freien sozialwissenschaftlichen Forschung erhebliche Bedeutung für die Bildung politischer Meinungen zu. Im Anschluß an die sozialpolitischen Reformen um 1946 bildete sich auch ein eigenständiges akademisches Fach – meist ›social administration‹, aber zunehmend auch ›social policy‹ genannt –, das die Entwicklung der Sozialpolitik kritisch begleitet.[341] So wird trotz einer weitgehenden Intransparenz der ministeriellen Politik ein hoher öffentlicher Wissensstand gewährleistet, dem auch diese knappe Darstellung viel verdankt.

4.2 Schweden

Schweden und Dänemark sind im 10. Jahrhundert als Königreiche ins Licht der Geschichte getreten und haben während Jahrhunderten um die Vorherrschaft in Skandinavien gerungen. *Dänemark* gebührt mit Bezug auf die wohlfahrtsstaatliche Entwicklung die historische Priorität: Bereits in der Verfassung von

341 Entsprechende Bemühungen gehen bis auf die Fabier bzw. Sidney und Beatrice Webb um die Jahrhundertwende zurück. Bereits 1912 wurde im Rahmen der ›London School of Economics‹ ein ›Department of Social Sciences‹ gegründet, das jedoch erst unter Richard Titmuss ab 1951 die ihm zugedachte Funktion wirklich übernahm. Vgl. Titmuss, Richard M.: Social Administration in a Changing Society. In: ders.: Essays on ›The Welfare State‹. London 1958, S. 13-33; ferner die Beiträge in Part I und II von: The Goals of Social Policy. Hg. v. Martin Bulmer, Jane Lewis u. David Piachaud. London 1989.

1849 wurde ein *Recht* der Armen auf Unterstützung festgeschrieben. Zwischen 1891 und 1907 wurde ein die Risiken Alter, Krankheit, Unfall und Arbeitslosigkeit umfassendes soziales Sicherungssystem geschaffen, das eine Basissicherung für die gesamte Bevölkerung nach dem sog. ›Genter System‹ gewährleisten sollte.[342] Bereits im Jahre 1899 einigten sich nach heftigen Arbeitskämpfen die Spitzenverbände der Arbeitgeber und Gewerkschaften auf das sog. ›September Agreement‹, das u. a. die Tariffähigkeit der Gewerkschaften und die Kompetenz der Unternehmer zur Betriebsleitung anerkannte und damit das früheste Beispiel eines korporatistischen Kompromisses darstellt, auf dem die wohlfahrtsstaatliche Entwicklung in der Folge aufbaute. Um die Jahrhundertwende konkurrierte Dänemark mit dem Deutschen Reich hinsichtlich der internationalen Anerkennung als sozialpolitisches Musterland. Daß wir für unsere Darstellung nicht Dänemark, sondern Schweden ausgewählt haben, hängt zum einen mit der größeren wirtschaftlichen und politischen Bedeutung des Landes zusammen, sodann aber auch mit dem Umstand, daß Schweden in der internationalen Diskussion stets als besonders bewundertes oder kritisiertes Musterbeispiel eines ›Wohlfahrtsstaates‹ gilt. Auch sind die norwegischen Verhältnisse in vielem den schwedischen ähnlich.[343]

Ähnlich wie England, an dem es sich vielfach orientierte, kann *Schweden* auf eine hohe Kontinuität seiner politischen Entwicklungen und seiner Institutionen zurückblicken. Seit der Befreiung von der Dänenherrschaft wurden unter dem Königsge-

---

342 Im Unterschied zur Bismarckschen Sozialversicherung mit ihren öffentlich-rechtlichen Trägern beruht das ›Genter System‹ auf der (seit 1801 in Gent praktizierten) öffentlichen Subventionierung privater, insbesondere gewerkschaftlicher Hilfskassen; das System verbreitete sich rasch in weiten Teilen Europas, vgl. Heclo, Social Politics, S. 70. – Einen knappen und guten Überblick über Geschichte und aktuellen Stand der dänischen Sozialgesetzgebung gibt die periodisch vom Dänischen Informationsinstitut herausgegebene Schrift ›Social Welfare in Denmark‹.

343 Einen Überblick über politische Ähnlichkeiten und Differenzen in Skandinavien geben Elder, Neil, Alastair H. Thomas u. David Arter: The Consensual Democracies? The Government and Politics of the Scandinavian States. Oxford 1982. Ein systematischer Vergleich der wohlfahrtsstaatlichen Entwicklungen in Schweden, Norwegen, Finnland und Dänemark findet sich in Growth to Limits, Bd. 1; vgl. auch Einhorn, Eric S. u. John Logue: Modern Welfare States. Politics and Policies in Social Democratic Scandinavia. New York 1989.

schlecht der Wasa (1523-1654) die Grundlagen eines modernen Staatswesens gelegt, das im Dreißigjährigen Krieg zu einer europäischen Großmacht heranwuchs, diesen Status jedoch nach dem Großen Nordischen Krieg im Frieden von Nystad (1721) wieder verlor. Das 18. Jahrhundert war zunächst durch eine Abhängigkeit des Königs von den Ständen gekennzeichnet, woran sich eine Epoche des aufgeklärten Absolutismus anschloß. Die 1809 erlassene Verfassung einer konstitutionellen Erbmonarchie mit parlamentarischem Regierungssystem blieb im Grundsatz bis 1975 in Kraft.

4.2.1 Staat und Gesellschaft

Schweden unterscheidet sich von allen anderen hier behandelten Staaten zunächst durch seine hohe *ethnische und kulturelle Homogenität*.[344] Geographisch randständig und ohne eigene Kolonien, haben Einwanderungen und Minderheiten historisch kaum eine Rolle gespielt. Germanische Stammestraditionen kannten bereits Hilfe- und Unterstützungsgebote auf nachbarschaftlicher und verwandtschaftlicher Basis, so daß die vergleichsweise späte Christianisierung (11./12. Jh.) schon bestehende Traditionen der Armenhilfe überformte.[345] Die Reformation lutherischer Prägung wurde unter dem ersten Wasa-König Gustav I. (1523-1560) im ganzen Lande angenommen, und im Dreißigjährigen Krieg war Schweden unter Gustav II. Adolf der mächtigste Faktor der protestantischen Partei. Bis in jüngste Zeit hatte Schweden eine evangelisch-lutherische Staatskirche, der neun Zehntel der Bevölkerung nominell angehören; der innenpolitische Einfluß der Religion war und ist aber deutlich geringer als in Ländern mit konfessionellen Auseinandersetzungen. Allerdings hat das lutherische Landeskirchentum wesentlich zur selbstverständlichen

---

344 Der Zugang zu Informationen über Schweden ist durch des Verfassers Unkenntnis der skandinavischen Sprachen beschränkt. Als Überblicksdarstellungen wurden vor allem benützt: Samuelsson, Kurt: From Great Power to Welfare State. 300 Years of Swedish Social Development. London 1968; sowie das deutsche Standardwerk Henningsen, Bernd: Der Wohlfahrtsstaat Schweden. Baden-Baden 1986.
345 Vgl. Ratzinger, Georg: Geschichte der kirchlichen Armenpflege. 2. Aufl. Freiburg i. Br. 1884, S. 412-417.

Aktzeptanz einer extensiven Staatstätigkeit beigetragen, die für ganz Skandinavien charakteristisch ist.[346]

Ein weiterer, für Schweden (auch im Unterschied zu Dänemark) charakteristischer historischer Faktor ist die *starke Stellung eines freien Bauerntums*. Die Bauern galten als eigener Stand neben dem Adel, dem Klerus und den Städten und waren im bis auf 1435 zurückgehenden Reichstag vertreten, dem das alleinige Recht zustand, Steuern zu bewilligen. Nach der Umwandlung des ständischen in einen durch Zensuswahl konstituierten Reichstag (1866) entstand eine starke bäuerliche Partei[347] – mehr als 70 % der Bevölkerung waren damals noch von der Landwirtschaft abhängig. Skandinavische Forscher sehen in dieser starken Stellung des Bauerntums einen entscheidenden Faktor für die Entstehung des volksweiten und nicht auf die Industriearbeiter beschränkten skandinavischen Modells der Wohlfahrtsstaatlichkeit.[348]

Eine zentrale politische Konstante stellt ferner die *institutionelle Spannung zwischen Königtum und Ständen* dar. Von alters her wurde der Nachfolger eines Königs durch Wahl bestimmt, was die Sukzession innerhalb eines Geschlechts keineswegs ausschloß. Die Machtverhältnisse verschoben sich des öfteren in der schwedischen Geschichte: Gustav II. Adolf und dessen Nachfolger mußten ihre außenpolitischen Erfolge mit einer wachsenden innenpolitischen Macht des Adels und des Kronrats bezahlen, die 1668 durch eine Koalition zwischen dem König und den übrigen Ständen gebrochen wurde. Der anschließende ›aufgeklärte Absolutismus‹ endete schon 1718 mit der Absetzung von Karl XII. durch den Reichstag.

Von erheblicher Bedeutung war schließlich die *frühe Etablierung einer professionellen Staatsverwaltung* unter den Wasa-Königen als Voraussetzung der Machtentfaltung unter Gustav II. Adolf und dessen bedeutendem Kanzler Oxenstierna. Die Staatsverwaltung lag lange Zeit vornehmlich in den Händen des Adels, dessen Söhne sich auf diese Aufgaben schon um 1600 durch ein Universitätsstudium vorbereiteten.[349] Schweden kann somit mit

346 So Allardt, Erik: A political sociology of the Nordic countries. In: European Review 8 (2000), S. 129-141.
347 Die heutige Zentrumspartei ist deren Nachfolgerin.
348 Vgl. Erikson, Robert u. a. (Hg.): The Scandinavian Model: Welfare States and Welfare Research. Armonk, N. Y., u. London 1987, insb. S. 3-74.
349 Vgl. Samuelsson, Power, S. 58-60.

Frankreich als Pionier des kontinentaleuropäischen Typus eines Verfassungs- und Verwaltungsstaats gelten; Preußen folgte erst später. Bereits ab Ende des 18. Jahrhunderts existierte für die Beamten eine geregelte Altersversorgung, die in der Folge zum (nie erreichten) Maßstab des allgemeinen Alterssicherungssystems wurde.

Über eine aus vier Akten bestehende schriftliche *Verfassung* verfügt Schweden seit 1809.[350] Sie sollte die Unzuträglichkeiten sowohl der ständeherrschaftlichen ›Freiheitszeit‹ (1720-1772) als auch der nachfolgenden Absolutismus vermeiden. Sie legte die exekutive Macht in die Hände des Königs und des Kronrats, dessen Mitglieder nunmehr den Status von durch den Reichstag abberufbaren Ministern erhielten. Die exekutive Macht verschob sich sehr allmählich zum Kabinett, das erst seit dem vollständigen Übergang zur Demokratie nach dem Ersten Weltkrieg die effektive Regierungsgewalt ausübt.

Erst die Verfassungsreformen zwischen 1968 und 1980 haben die staatsrechtliche Stellung des Königs auf repräsentative Aufgaben reduziert und auch sonst die Verfassung modernisiert, indem die allmählich entwickelte Praxis staatlichen Handelns modifiziert und festgeschrieben sowie ein Katalog von Grundrechten aufgenommen wurde. Politisch folgenreich wurde der Übergang vom Zweikammer- zum Einkammersystem im Reichstag (1970). Während seit 1866 die zweite Kammer als Volksvertretung fungierte, waren in der ersten Kammer die regionalen Interessen vertreten. Dies führte bis zu den 1930er Jahren zu einem überproportionalen Einfluß der Konservativen und der ländlichen Interessen. In dem Maße jedoch, wie die Sozialdemokraten auf der lokalen Ebene erfolgreich wurden, gewannen sie eine sichere Mehrheit in der ersten Kammer, die wesentlich zur Dominanz sozialdemokratischer Politik zwischen 1932 und 1976 beigetragen hat. Durch die Abschaffung der ersten Kammer haben sich die Chancen auf einen Politikwechsel als Folge wechselnder Reichstagsmehrheiten und damit die Parteienkonkurrenz deutlich erhöht.[351]

Charakteristisch für die schwedische Entwicklung ist somit

350 Vgl. zum folgenden Elder, Neil C. M.: Government in Sweden. Oxford 1970, S. 31-62, sowie Henningsen, Wohlfahrtsstaat, S. 303-317.
351 Nach Immergut, Ellen M.: Health Politics. Interests and Institutions in Western Europe. Cambridge 1972, S. 224.

das weitgehende *Fehlen von Verfassungskonflikten und damit auch einer ›liberalen Phase‹ der Infragestellung staatlicher Allzuständigkeit*. Zum einen orientierte sich die Regierungsausübung in Schweden von alters her vergleichsweise deutlich am Wohl des Landes; zum anderen erfolgte die Liberalisierung sehr allmählich und ohne größere Widerstände. Bereits die Verfassung von 1809 gewährleistete die Meinungs- und Pressefreiheit. So spielt in Schweden, ähnlich wie in England, die Spannung zwischen ›Staat‹ und ›Gesellschaft‹ kaum eine Rolle, allerdings aus gegensätzlichen Gründen: Während sich in England die Staatlichkeit erst spät und im kontinentaleuropäischen Sinne nur rudimentär entwickelte, wurde in Schweden die Staatlichkeit durch die Entwicklung der ›bürgerlichen Gesellschaft‹ nur wenig beschränkt. Eine Bewegung zur Institutionalisierung liberaler Abwehrrechte gegenüber dem Staat kam nie in Gang, und auch innerhalb des Staatswesens sind ›checks and balances‹ wenig ausgeprägt. Zudem: »Den meisten schwedischen Industriellen war der Manchesterliberalismus ebenso ein Gräuel wie den deutschen.«[352]

Die wesentlichen politischen Entwicklungen vollzogen sich in Schweden vor dem vergleichsweise *späten Einsetzen der Industrialisierung*. Beim Abschluß der Wirtschaftsliberalisierung und der Umwandlung des Reichstags von einem ständischen zu einem auf Zensuswahlrecht beruhenden Parlament in den 1860er Jahren war Schweden noch ein Agrarstaat. Die Industrialisierung begann um 1870, setzte aber erst nach 1890 mit voller Wucht ein. Das enge Zensuswahlrecht von 1866 wurde 1909 durch ein erweitertes Wahlrecht der Männer für die Zweite Kammer ersetzt, und bis 1921 wurde das allgemeine Wahlrecht auf beide Geschlechter und auf beide Kammern ausgedehnt. Es gilt das Prinzip der stimmenproportionalen Repräsentation, das einem parlamentarischen Mehrparteiensystem Vorschub leistet.

Die *Kontrolle der Regierung* erfolgt nach dem Prinzip der ministeriellen Verantwortung gegenüber dem Parlament, doch erstreckt sich diese ministerielle Verantwortung grundsätzlich nicht auf die exekutive Tätigkeit der Verwaltung, welche in der Form von 80 Reichsämtern gegliedert ist.[353] Gegen *Verwaltungsakte*

352 Kulawik, Teresa: Wohlfahrtsstaat und Mutterschaft. Schweden und Deutschland 1870-1912. Frankfurt/New York 1999, S. 165.
353 Vgl zum folgenden Elder, Government, S. 138-185.

kann an ausdifferenzierte Kontrollstrukturen der Verwaltung appelliert werden, ferner an eine Verwaltungsgerichtsbarkeit. Angehörige des öffentlichen Dienstes in verantwortlicher Stellung unterliegen weitreichenden strafrechtlichen, alle überdies disziplinarrechtlichen Kontrollen; sie können grundsätzlich für verschuldete Schäden durch die Betroffenen auch haftungsrechtlich in Anspruch genommen werden. Die Einschränkung der Verantwortlichkeit der Beamten (1976) wurde zwischenzeitlich wieder zurückgenommen. Zwei Sonderadministrationen sind zudem mit Aufgaben der Rechnungskontrolle sowie der Rationalisierung und Effektivitätssteigerung der Verwaltung betraut. *Die vergleichsweise leistungsfähige, zuverlässige und von der Politik weitgehend unabhängige Verwaltung kann als Kernstruktur der schwedischen Staatlichkeit gelten.*

Im Falle nicht direkt justitiabler Mißstände sind mehrere ›Ombudsmän‹ zuständig:

»Die Tätigkeit des Ombudsmanns [umfaßt] von wenigen Ausnahmen abgesehen jede denkbare Beziehung des einzelnen Bürgers zu seiner ›Obrigkeit‹. Überraschend ist die doch recht niedrige Zahl der Beschwerdefälle; gegenwärtig werden jährlich etwa 3500 Eingaben registriert, in 15 Prozent der Fälle werden Maßnahmen eingeleitet. [...] Viel mehr spricht für die These, daß die Existenzberechtigung des schwedischen Ombudsmanns nicht in den obrigkeitsstaatlichen Übergriffen einer autoritären, omnipotenten Verwaltung zu suchen ist, sondern daß vielmehr die Obrigkeit sich weitgehend loyal gegenüber den Bürgern verhält – eben weil es u. a. den Ombudsmann gibt. [...] Die Institution wäre als konsensschaffendes Element innerhalb der schwedischen Politik und Gesellschaft zu interpretieren, sie spielt damit einen nicht unerheblichen Part für den politischen Funktionalismus dieser Gesellschaft.«[354]

Gemäß alten deutschrechtlichen Traditionen kam der *lokalen Selbstverwaltung* stets eine erhebliche Bedeutung zu. Schweden ist heute in 24 Provinzen (Län) und ca. 280 Großgemeinden mit Selbstverwaltungsrechten gegliedert, welche u. a. wesentliche Funktionen im Bereich des Bildungs-, Gesundheits- und Sozialwesens wahrnehmen. Die Gemeindeautonomie mit eigenen Besteuerungsrechten wurde bereits 1862 auf gesetzliche Grundlagen gestellt und in der Zwischenzeit im Sinne einer modernen, funktionalisierten Kommunalverwaltung ausgebaut. Die Auto-

354 Henningsen, Wohlfahrtsstaat, S. 311.

nomie der Provinzen ist deutlich geringer als diejenige der Länder in Deutschland und größer als diejenige der Regierungspräsidien.

Soziale Bewegungen nahmen schon im 19. Jahrhundert die Chancen der Liberalisierung wahr. Freikirchliche, gegen den grassierenden Alkoholismus gerichtete, pazifizistische und feministische Bewegungen gewannen neben der Arbeiterbewegung schon früh an Einfluß und haben die politische Kultur Schwedens mitgeprägt. Während zwischen den dreißiger und den siebziger Jahren des 20. Jahrhunderts die Arbeiterbewegung und ihre Themen dominierten, brachten die achtziger Jahre das Ende der sozialdemokratischen Hegemonie und den Aufstieg neuer Themen und Bewegungen: Umwelt, Frauen, Alte, Junge, Einwanderer usw.[355]

Wie auch die Darstellung der wohlfahrtsstaatlichen Entwicklung zeigen wird, verfügt Schweden über eine solide *Tradition des demokratischen und korporatistischen Interessenausgleichs*, als deren Eigenart umfangreiche vor- und außerparlamentarische Beratungs- und Verhandlungsverfahren, vor allem aber die Rechte zur Stellungnahme der maßgebenden politischen Kräfte im Rahmen des sog Remißverfahrens gelten dürfen. Auf diese Weise gelingt es in Schweden vergleichsweise effektiv, neue Themen und soziale Bewegungen politisch zu integrieren und größeren politischen Polarisierungen vorzubeugen.

»In the Swedish case [...] the weight attaching to commissions of inquiry, [...] has contributed to a dominant policy-making style that is extraordinarily deliberative, rationalistic, open (in the sense that all interested parties are consulted in advance of a decision), and consensual (the agreement of all is sought) [...]. Representatives of interest groups are frequently to be found serving on these commissions, as well as MPs from the opposition parties.«[356]

Im Vergleich zu allen übrigen hier beschriebenen Ländern erscheint somit in Schweden *trotz einer ausgeprägten Staatlichkeit die Differenz von Staat und Gesellschaft gering*. Die gesellschaftlichen Kräfte sind ihrerseits zum großen Teil hoch organisiert und haben unmittelbaren Einfluß auf den politischen Prozeß, und

355 Vgl. Micheletti, Michele: Civil Society and State Relations in Sweden. Aldershot 1995.
356 Elder u. a., Democracies, S. 182.

zwar auf dem doppelten Wege verbandlicher und parteipolitischer Repräsentation.

Die hohe Konsensfähigkeit der schwedischen Politik hat nicht zuletzt auch weltanschauliche Gründe. Ideologische Gegensätze – seit dem Ersten Weltkrieg insbesondere zwischen Liberalismus und Sozialismus – spielen zwar eine nicht unerhebliche Rolle, aber sie werden überwölbt von einer allen gemeinsamen *funktionalistischen und pragmatischen Politik- und Gesellschaftsauffassung*:

»Ausgehend von der großen Stockholmer Architekturausstellung 1930, vorbereitet durch den künstlerischen und intellektuellen Stil der zwanziger Jahre, konnte sich der Funktionalismus in Skandinavien zu einer vorherrschenden Stilrichtung entwickeln [...] der Funktionalismus wurde zur *Lebensform*; und wie alles, was in Skandinavien auf einer Massenbasis gründete, zu einer Art Volksbewegung, die ihr populäres Alltagskürzel ganz selbstverständlich gefunden hat: *funkis*; [...] Dem an die Zweckrationalität gekoppelten Funktionalismus ist ein Menschenbild inhärent, dem die Mach- und Lenkbarkeit irdischer Dinge als Ersatz für die Gefühlswärme stehen. Die Vorherrschaft des Positivismus in Schweden kann von daher in diesen ›funktionalistischen‹ Zusammenhang gesetzt werden.«[357]

Dies war die Voraussetzung für den *sozialplanerischen Optimismus*, der seit den dreißiger Jahren vor allem unter dem Einfluß des Sozialwissenschaftler-Ehepaars Alva und Gunnar Myrdal die schwedische Politik beseelte, und der bis heute das an aktiver Gestaltung orientierte Politikverständnis in Schweden prägt. Darin kommt allerdings auch ein geringer Respekt für die absoluten Maßstäbe der Menschenrechte zum Ausdruck, welcher sich beispielsweise in einer auf staatlichem Zwang beruhenden Eugenik äußert.[358] Manche – und zumal amerikanische – Autoren werfen dem schwedischen Wohlfahrtsstaat denn auch einen totalitären Charakter vor.[359] Aber dieser liberale Kampfbegriff trifft die schwedische Wirklichkeit kaum, die sich weit eher durch eine

357 Henningsen, Wohlfahrtsstaat, S. 47f.; ebda. S. 43-59 eine ausführliche Analyse des ›politischen Funktionalismus‹ in Schweden.
358 Eugenik als Mittel staatlicher Sozial- und Bevölkerungspolitik wurde bereits in dem einflußreichen Buch von Myrdal, Alva und Gunnar: Kris i Befolkningsfrågan, Stockholm 1935, S. 245-333 entworfen. Theresa Kulawik (FU Berlin) arbeitet an einer Studie über die politische Umsetzung dieses Programms.
359 Auf deutsch zugänglich: Huntford, Roland: Wohlfahrtsdiktatur – Das schwedische Modell. Frankfurt/M. 1973.

merkwürdige Mischung zwischen vormodernem Gemeinschafts-
gefühl und fortschrittsfreudigem Wissenschaftsglauben kennzeichnen läßt.

4.2.2 Gleichheit als Leitproblem der
schwedischen Sozialpolitik

Als letztes Merkmal der schwedischen Gesellschaft sei der ausgeprägte *Egalitarismus* erwähnt. Dieser bezieht sich nicht nur auf
die vorzugsweise von den Sozialdemokraten vertretene Politik einer Nivellierung der Nettoeinkommen und einer Gleichstellung
der Arbeiter mit den Angestellten und Beamten. Seine kulturellen
Wurzeln sind vielmehr bereits in den altgermanischen Lebensformen, ihrer christlichen Überformung und später in einer aufge-
klärt szientistischen Anthropologie sowie im Fehlen einer feudalen Epoche zu finden. Diese tiefe Verankerung wird auch in der
folgenden Interpretation deutlich:

»Most Scandinavians are well aware that our way of life does not encourage
genius. Insisting on equality, we perhaps tend to ›cut off the head of the tall
person‹. We regret this – but only moderately. [...] Thus those who believe
Nordic ›mediocrity‹ is a fruit of the welfare state are certainly wrong.
Rather than mediocrity, we might say that there is a passion for equality.
But this attitude was present long before the welfare state began. It is a substantial part of our cultural heritage; it is in our blood. The welfare state did
not create this passion for equality, but rather is itself an economic, social,
cultural, and organisational expression of efforts to promote it.«[360]

Seinen charakteristischsten Ausdruck fand dieser Egalitarismus
u. a. in der fortgesetzten Bewegung zur Angleichung der Stellung
der Frauen an diejenige der Männer, der Dethematisierung von
Geschlechtsunterschieden und in einer frühen Infragestellung der
Ehe als Grundlage des Familienlebens. Im Gegensatz zu Deutschland blieb die kontraktualistische Familienauffassung der Aufklärung auch im 19. Jahrhundert erhalten.[361] In der Folge setzte sich

360 Andersen, Bent Rold: Rationality and Irrationality of the Nordic Welfare
State. In: Daedalus 113 (1984), No. 1: The Nordic Enigma, S. 109-139, Zitat S. 110f.; vgl. auch: Die Leidenschaft für Gleichheit und Gerechtigkeit.
Essays über den nordischen Wohlfahrtsstaat. Hg. v. Stephen R. Grau-
bard. Baden-Baden 1988.
361 Vgl. Kulawik, Wohlfahrtsstaat, S. 185-195.

die Gleichberechtigung der Frauen nicht nur in der Politik, sondern auch im Erwerbsleben wesentlich stärker durch als in den meisten Ländern Europas.[362] Aber auch die Ablehnung berufsspezifischer und die frühe Option für universalistische soziale Sicherungssysteme kann als Ausdruck dieses Egalitarismus gelten.

»Equality and Efficiency« bilden demzufolge auch die Leitbegriffe der wohlfahrtsstaatlichen Politik in Schweden. Dagegen wird die Berücksichtigung subjektiver Befindlichkeiten und Einstellungen der Adressaten von Sozialpolitik überwiegend abgelehnt.[363] Schwedens wohlfahrtsstaatliches Leitbild ist im strengen Sinne *gesellschafts*politischer Art: Es hat sich ein politisches Bewußtsein herausgebildet, das die staatliche Steuerung von sozialen Gesamtzusammenhängen akzeptiert; selbst zwischen den Sozialdemokraten und den bürgerlichen Parteien halten sich diesbezüglich die Unterschiede in vergleichsweise engen Grenzen. Dies äußerte sich in den siebziger und achtziger Jahren in der Akzeptanz makroökonomischer Steuerungsversuche; und seit deren offenkundigem Scheitern unter den Bedingungen zunehmender Globalisierung erweisen sich nunmehr die Sozialdemokraten und mit ihnen die Gewerkschaften als bemerkenswert beweglich in der Anerkennung gewandelter wirtschaftlicher Prämissen der wohlfahrtsstaatlichen Entwicklung. Die 1994 wieder an die Regierung gelangten Sozialdemokraten setzten die Strategie der vorangehenden bürgerlichen Regierung fort, nämlich die Struktur des Sozialleistungssystems aufrechtzuerhalten, jedoch im Bereich von Krankengeld, Invalidisierung und Arbeitslosigkeit die Bedingungen der Erlangung und die Höhe von Leistungen zu kürzen, also den ›Dekommodifikationseffekt‹ des schwedischen Systems zu reduzieren und stärkere Anreize zur Erwerbstätigkeit zu setzen. Ebenso setzten sie – nicht zuletzt im Hinblick auf Europa – mit erheblichem Erfolg auf Geldwertstabilität und Budgetdisziplin.[364]

362 Vgl. Kolberg, Jon Eivind: The Gender Dimension of the Welfare State. In: The Welfare State as Employer. Hg. v. Jon Eivind Kolberg. Armonk, N. Y., u. London 1991, S. 119-148.
363 Vgl. Gurgsdies, Erik: Schwedische Wohlfahrtsforschung. In: Zeitschrift für Soziologie 5 (1976), S. 330-343; s. a. Myrdal, Gunnar: Beyond the Welfare State. London 1960, S. 61-74.
364 Vgl. Benner, Mats u. Torben B. P. Vad: Sweden and Denmark: Defending the Welfare State. In: Scharpf u. Schmidt, Welfare and Work in the Open Economy. Band 2, S. 399-466, hier S. 419-433.

4.2.3 Wirtschaftssystem und Gewerkschaften, Arbeitsrecht

Die späte, aber dafür um so rasantere Industrialisierung Schwedens beruhte auf den Vorbedingungen einer leistungsfähigen Landwirtschaft und einer politischen Tradition, die ökonomischen Initiativen nicht entgegenstand.[365] Feudale Verhältnisse im Sinne der Erbuntertänigkeit hat es in Schweden nicht gegeben. In der Landwirtschaft dominierte seit 1668 das *freie Bauerntum*. Schon damals wurde auch die gutsherrliche Gerichtsbarkeit durch ein staatliches Gerichtswesen ersetzt. Durch königliche Initiativen wurde die Produktivität der Landwirtschaft seit Ende des 18. Jahrhunderts erhöht. Im 19. Jahrhundert war der Getreideexport bereits ein wichtiger Wirtschaftsfaktor für Schweden, und die *Exportabhängigkeit* sollte auch in der Folge ein wesentliches Merkmal seiner Wirtschaft bleiben. Ein starkes Bevölkerungswachstum setzte schon im 18. Jahrhundert ein und prägte das 19. Jahrhundert. Infolge der späten Industrialisierung wurde der Bevölkerungsdruck teilweise durch eine erhebliche Auswanderung gelindert. Zu Beginn seiner *späten Industrialisierung* war Schweden eines der ärmsten Länder Europas. In der Folge hat es sich durch kontinuierliches Wirtschaftswachstum bis in die 1970er Jahre zu einem der reichsten Länder der Erde entwickelt.

Die Gewerbefreiheit, die Handelbarkeit des Bodens und die Freizügigkeit wurden zwischen 1846 und 1864 sukzessive eingeführt. Schweden verfügte über traditionelles Eisen- und Holzgewerbe, das eng mit der agrarischen Wirtschaft verflochten war. Dementsprechend richteten sich auch die protoindustriellen Arbeitsverhältnisse nach einer paternalistischen Gesindeordnung, die außerhalb der tarifvertraglichen Regelungen bis 1926 die Grundlage des Arbeitsrechts gebildet hat.

Schwedens Industrialisierung begann mit dem Bergwerks- und Hüttenwesen sowie mit der Holzindustrie. Ab 1870 entstand ein ausgedehntes Eisenbahnnetz sowie eine Handelsflotte, die ein wichtiges Vehikel der internationalen Verflechtung der schwedischen Volkswirtschaft wurde. Tiefgreifende Veränderungen setzten jedoch erst ab 1890 ein, als sich die Konsumgüterindustrien

---

365 Vgl. zum folgenden Henningsen, Wohlfahrtsstaat, S. 147-164; Wilson, Dorothy: The Welfare State in Sweden. A Study in Comparative Social Administration. London 1979, S. 1-8; Samuelsson, Power, passim.

entwickelten und eine deutliche Abwanderung aus der Landwirtschaft in die Industrie einsetzte. Erst jetzt wurde die Selbstversorgungswirtschaft durch wachsende Marktabhängigkeit der Unterschichten abgelöst. Die ›nachholende Industrialisierung‹ erlaubte eine rasche Expansion auf hohem technischem Niveau und dadurch auch eine Abfederung der Übergangsschwierigkeiten. Auf der Basis eigener Rohstoffe (Holz, Erze), welche die ersten industriellen Exportgüter bildeten, entwickelten sich verarbeitende Industrien mit einer zunehmend großbetrieblichen Produktionsweise. Im Unterschied zu den übrigen Ländern Skandinaviens *dominiert* in Schweden seit dem Zweiten Weltkrieg *die Großindustrie*, die sich zudem vorwiegend im Eigentum einer kleinen Zahl begüterter Familien befindet. Dies erleichterte die starke Zentralisierung der korporatistischen Beziehungen in Schweden nach 1938.

Die Verstädterung hielt sich in Grenzen, da unterschiedliche Industriezweige je nach den geographischen Voraussetzungen in verschiedenen Regionen aufblühten. Dennoch blieben die Lebensverhältnisse der Industriearbeiter zunächst elend und bis in die 1930er Jahre überwiegend beengt. Es waren zunächst vor allem die besitzlosen Landarbeiter, die in die Industrie drängten. Hier fanden sie teils paternalistische, teils anonymisierte und verelendende Arbeitsbedingungen vor.

Die *gewerkschaftliche und parteipolitische Organisierung der Industriearbeiterschaft* erfolgte schnell und gründlich. Seit 1864 stand dem freiwilligen Zusammenschluß von Arbeitern kein rechtliches Hindernis mehr entgegen.[366] Die zahlreichen Einzelgewerkschaften schlossen sich 1898 zu einem gewerkschaftlichen Spitzenverband zusammen (›Landsorganisationen‹: LO). In Reaktion auf diesen Zusammenschluß schlossen sich 1902 auch die Arbeitgeber zu einem zentralen Verband (›Svenska Arbetsgivareföreningen‹: SAF) zusammen. Die Arbeitsbeziehungen waren zunächst durch häufige Konflikte belastet, so daß der gewerkschaftliche Organisationsgrad in der Industrie von einem Viertel (1902) auf zwei Drittel (1909) anstieg. Schon 1906 zwang die SAF durch eine Aussperrungsdrohung die Gewerkschaften, das Recht der Arbeitgeber auf die Betriebsleitung und die Einstellung von

366 Zur Entwicklung des Gewerkschaftswesens vgl. Armingeon, Staat, S. 37-39; Micheletti, Civil Society, S. 37-39, 46-54.

Nichtgewerkschaftsmitgliedern anzuerkennen; gleichzeitig wurden die Gewerkschaften jedoch als Vertragspartner anerkannt, und noch im gleichen Jahr wurde das auf dem Prinzip frei ausgehandelter Tarifverträge beruhende kollektive Arbeitsrecht durch ein Schlichtungsgesetz staatlich verfestigt. Ein durch Aussperrung und Generalstreik gekennzeichneter, auch politisch motivierter Arbeitskampf (1909), den die Gewerkschaften schließlich verloren, führte in der Folge zu einer gemäßigteren Gewerkschaftspolitik, die auch durch die Gewährung des Wahlrechts für die Industriearbeiter erleichtert wurde.

Bemerkenswerterweise entwickelten sich korporatistische, d. h. durch die Zusammenarbeit von Arbeitgeber- und Gewerkschaftsvertretern gekennzeichnete, staatlich anerkannte Gremien bereits vor der Demokratisierung des Wahlrechts: Es erschien als ein allgemein anerkanntes Prinzip politischer Klugheit, die ›Arbeiterfrage‹ nicht ohne die Arbeiter zu verhandeln. So wurden ab 1902 in zahlreichen Städten unentgeltliche Arbeitsvermittlungsstellen gegründet, deren Leitungsgremium paritätisch unter neutralem Vorsitz zusammengesetzt war. Auch die staatlichen Kommissionen im Bereich der Arbeits- und Sozialpolitik wurden von Anfang an unter Beteiligung von Arbeitern formiert. Insgesamt scheinen die Konflikte im Arbeitsrecht in Schweden stärker durch Verhandlungen als durch gerichtliche Entscheidungen ausgeräumt zu werden. Insofern hat die ab 1938 wirksame Zusammenarbeit der Spitzenverbände weit zurückreichende Vorläufer.[367]

Bereits 1889 war die *Sozialdemokratische Partei* (SAP) gegründet worden, obwohl angesichts des Zensuswahlrechts mit Wahlerfolgen noch nicht zu rechnen war. Mit der Unterstützung der Liberalen zog bereits 1897 Hjalmar Branting als erster Sozialdemokrat in den Reichstag ein und vermochte dank seiner Persönlichkeit auch bürgerliche Kreise für die Anliegen der Arbeiter einzunehmen. Nach der Einführung des erweiterten Wahlrechts für Männer (1909) gewannen die Sozialdemokraten rasch an Einfluß und stellten 1920 mit Branting erstmals den Ministerpräsidenten; von 1933 bis 1976 waren alle Regierungen sozialdemokratisch dominiert und auch in der Folge blieben die Sozialdemokraten die

367 Vgl. Rothstein, Bo: State Structure and Variations in Corporatism: the Swedish Case. In: Scandinavian Political Studies 14 (1991), S. 149-171; Kulawik, Wohlfahrtsstaat, S. 157-166.

stärkste politische Kraft in Schweden. Dabei waren die Gewerkschaften (LO) eng mit der Sozialdemokratie verbunden; die 1921 gegründete Kommunistische Partei konnte nie größeren Einfluß auf die Arbeiterschaft gewinnen. Erst das Aufkommen von mit den Arbeitergewerkschaften konkurrierenden Angestelltengewerkschaften, die sich gegen die nivellierende Lohn- und Steuerpolitik der LO und der Sozialdemokraten zur Wehr setzten, brachte im Zuge einer Tertiarisierung der Produktionsstrukturen nach 1970 die Dominanz der Arbeiterbewegung ins Wanken.

Die Zwischenkriegszeit mit ihren ökonomischen Schwierigkeiten hatte erneut zu harten Auseinandersetzungen zwischen den Tarifparteien geführt, welche nunmehr durch eine zunehmende Verrechtlichung ihrer Beziehungen gesetzlich diszipliniert werden sollten. Um der Einführung einer staatlichen Zwangsschlichtung zu entgehen, schlossen SAF und LO 1938 das ›Hauptabkommen‹ von Saltsjöbaden, welches erhebliche wechselseitige Verpflichtungen im Sinne einer fortgesetzten Kompromißsuche beinhaltete und die Grundlage für weitere Verhandlungen und die friedlichen Arbeitsbeziehungen in der Nachkriegszeit legte.

»Die wesentlichen Punkte des Hauptabkommens sind:
– Kollektive Arbeitsstreitigkeiten müssen zuerst auf lokaler Ebene verhandelt werden. Kommt auf diese Weise keine Einigung zustande, so wird zwischen den zentralen Arbeitgeber- und Gewerkschaftsorganisationen verhandelt.
– Bei Nichteinigung kann, wenn eine Partei das wünscht, die Streitigkeit an das Arbeitsgericht verwiesen werden.
– Die Entscheidung über Streik muß von der Zentralorganisation der Gewerkschaften, die über Aussperrung von der Zentralorganisation der Arbeitgeber getroffen werden, also nicht von den einzelnen Gewerkschaften oder Arbeitgeberverbänden.«[368]

In der Folge wurden nahezu alle arbeitsrechtlich relevanten Belange durch ein mehrstufiges System von Tarifverträgen und nicht durch Gesetz geregelt. Ähnliches gilt im übrigen für Norwegen und Dänemark.[369] Dabei haben sich in Schweden die Gewerk-

368 Waschke, Mitbestimmungssysteme, S. 44.
369 »Die Sozialpartner Schwedens, Norwegens und Dänemarks waren von Anfang an darauf bedacht, alle wichtigen Fragen des Arbeitsrechts der staatlichen Gesetzgebung zu entziehen und selbst zu regeln. Ein wesentlicher Grund für die Zurückhaltung des Staates dürfte darin zu suchen sein, daß die Spitzenverbände des Arbeitsmarktes in allen drei Ländern

schaften direktere Einflußmöglichkeiten auf die Betriebe gesichert als in Deutschland. Zum einen ist der gewerkschaftliche Organisationsgrad wesentlich höher, und zum zweiten fehlt die Doppelung der Arbeitnehmerrepräsentanz durch Betriebsrat und Gewerkschaft. Die Gewerkschaften repräsentieren die Arbeitnehmer auch auf der betrieblichen Ebene. »In Schweden werden die Gewerkschaften als die natürlichen Vertreter der einzelnen Arbeitnehmer betrachtet.«[370]

Der *Grundsatz, die gemeinsamen Angelegenheiten unter Ausschluß staatlicher Interventionen zu regeln*, wurde in Schweden nach 1972 von Gewerkschaftsseite durchbrochen, als es nicht gelang, einen Tarifvertrag über die Mitbestimmung der Arbeitnehmer (sprich: Gewerkschaften) im Aufsichtsrat zustande zu bringen. Die Sozialdemokraten setzten daraufhin mit gewerkschaftlicher Unterstützung 1976 ein entsprechendes Gesetz durch, welches jedoch inhaltlich wenig regelt, sondern vor allem eine Verhandlungspflicht beider Tarifparteien festschreibt.[371] In ähnlicher Weise wurde 1983 versucht, durch von den Unternehmen zu finanzierende und durch die Gewerkschaften zu verwaltende Arbeitnehmerfonds die Machtverhältnisse in den Unternehmen zu verändern.[372] In dieselbe Richtung zielten auch die Mitbestimmungsgesetze von 1974 und 1977.[373] In der Folge gerieten Wirt-

frühzeitig zur Befriedung des Arbeitslebens Hauptabkommen vereinbarten, in denen sie sich zur gegenseitigen Anerkennung und Respektierung verpflichteten, das freie Vereinigungsrecht der Arbeitgeber und Arbeitnehmer anerkannten und die Rechte und Pflichten zur Verhandlung regelten. [...] In Skandinavien ist man davon überzeugt, daß auf dieser freiwilligen Basis die Zusammenarbeit besser gefördert werden kann als durch den Zwang des Gesetzes.« Fitschen, Hans-Harald: Die Beteiligungsrechte der Arbeitnehmer in den Nordischen Rechten. Diss. Göttingen 1972, S. 18 f.

370 Schmidt, Folke: Demokratie im Betrieb nach schwedischem Muster. Betriebsverfassung durch Kollektivvertrag. Köln 1981, S. 15.

371 Zu Inhalt und konfliktreichen Folgen des Gesetzes vgl. Schmidt, Demokratie im Betrieb nach schwedischem Muster.

372 Vgl. Heclo, Hugh u. Henrik Madsen: Policy and Politics in Sweden: Principled Pragmatism. Philadelphia 1987; Einhorn u. Logue, Modern Welfare States, S. 254-257.

373 Das Schwergewicht liegt hier auf der Mitbestimmung am Arbeitsplatz. Einen Überblick über die insgesamt auf Unternehmensebene wohl schwächer, auf gesamtwirtschaftlicher Ebene stärker als in Deutschland ausgebildeten Mitbestimmungsrechte gibt Waschke, Mitbestimmungssysteme, S. 44-58.

schafts- und Sozialpolitik zunehmend in den parteipolitischen Kampf, aus dem sie das Abkommen von Saltsjöbaden hatte heraushalten wollen.

Das Jahr 1980 brachte den schwersten Arbeitskampf seit 1909. Er stand im Horizont der sich infolge von Veränderungen des internationalen Währungssystems und des Ölpreisschocks seit Mitte der 1970er Jahre in ganz Europa verschlechternden Beschäftigungslage, der Beendigung einer von 1932-1976 dauernden Dominanz der Sozialdemokraten durch bürgerliche Regierungen und erster zaghafter Versuche zur Reduktion eingeführter Sozialleistungen. Mit der erneuten Wahl einer sozialdemokratischen Regierung (1982) gewann eine makroökonomische Politik an Einfluß, deren oberstes Ziel die Aufrechterhaltung der Vollbeschäftigung war. Dies gelang im Gegensatz zu allen anderen europäischen Ländern in den folgenden Jahren, vor allem durch eine aktive Arbeitsmarktpolitik, durch Staatsverschuldung und durch wiederholte Abwertungen. Infolge der Deregulierung der internationalen Finanzmärkte (1985/86), der sich auch Schweden anschloß, kam es jedoch zu nachhaltigen Veränderungen des bisher staatlich gesteuerten Zinsniveaus und zu einem verstärkten Kapitalexport seitens der schwedischen Großindustrie. Ab 1989 verschlechterte sich die Wirtschafts- und Beschäftigungslage rapide, und von 1990 bis 1992 sank das Sozialprodukt deutlich. Dies führte zu nicht unerheblichen Kürzungen bestimmter Sozialleistungen und auch zu einer Kündigung der bisherigen korporatistischen Zusammenarbeit seitens des Arbeitgeberverbandes (1991) sowie zu einer flexibleren und dezentralisierten Lohnpolitik.[374]

Trotz dieser Konflikte sollte die Effektivität der korporatistischen Entwicklung in Schweden nicht unterschätzt werden. Die frühe Bildung von einheitlichen Spitzenverbänden und der hohe Organisationsgrad auf beiden Seiten ermöglichte Abmachungen von hoher Verbindlichkeit und während Jahrzehnten eine *zentralistische Tarifpolitik*, die in der Nachkriegszeit zu einer sehr mäßi-

---

374 Vgl. hierzu Stephens, John D.: The Scandinavian Welfare States: Achievements, Crisis, and Prospects. In: Welfare States in Transition, S. 32-65, hier 43-51; Forslund, Anders: The Swedish Model: Past; Present, and Future. In: Reforming the Welfare State. Hg. v. Herbert Giersch. Heidelberg u. New York 1997, S. 121-163; Benner u. Vad, Sweden and Denmark, S. 427-429.

gen Lohnentwicklung[375] und zu einer von beiden Tarifparteien getragenen, höchst erfolgreichen Arbeitsmarktpolitik geführt hat. Die Gewerkschaften trugen die Modernisierung der schwedischen Wirtschaft voll mit, und die Arbeitgeber begünstigten eine staatliche Politik der Qualifizierung und Mobilisierung der Arbeitnehmer. Zweifellos haben die wachsenden internationalen Abhängigkeiten und die Konflikte seit 1980 das schwedische Konsensmodell geschwächt, doch erscheinen die internen Anpassungskapazitäten des politischen und des ökonomischen Systems bisher nicht überfordert. Im Vergleich zu Dänemark ist es Schweden allerdings bisher weniger gut gelungen, die Arbeitslosigkeit zu bekämpfen. Dänemark verknüpft ein vergleichsweise großzügiges System der Arbeitslosenversicherung mit geringem Kündigungsschutz und erreicht auf diese Weise eine hohe Mobilitätsbereitschaft. Schweden dagegen hält bisher an den herkömmlichen Schutzstandards der Arbeitnehmer fest, hat jedoch die Leistungen im Falle von Arbeitslosigkeit reduziert.[376]

Was den *Arbeitsschutz* betrifft, so führte Schweden 1889 eine staatliche Fabrikinspektion ein. 1912 wurde ein Arbeitssicherheitsgesetz verabschiedet, das 1949 und 1978 novelliert wurde. Das ›Arbeitsmilieugesetz‹ von 1978 zeichnet sich durch »eine weitreichende und eindeutige Festlegung auf primärpräventive Ziele des Arbeitsschutzes zur Erreichung eines positiv definierten Gesundheitszustandes« aus[377] und geht hinsichtlich einer ›Humanisierung des Arbeitslebens‹ deutlich weiter als die Arbeitsschutzgesetzgebung in all unseren Vergleichsstaaten.[378] Bei der Implementation des Gesetzes kommt den von den lokalen Gewerkschaften gewählten hauptamtlichen Sicherheitsbeauftragten bzw. Sicherheitskommissionen eine zentrale Rolle zu. Sie genießen speziellen Kündigungsschutz und können im Falle des Konflikts mit der Unternehmensleitung von sich aus an die staatlichen Aufsichtsbehörden gelangen und ein entsprechendes Kontroll-

---

375 Wie der Langfristvergleich von Wirtschaftswachstum und Lohnentwicklung in Großbritannien und Schweden zeigt, verlief die Lohnentwicklung bis 1960 trotz stärkerem Wirtschaftswachstum in Schweden deutlich gemäßigter als in Großbritannien; vgl. Heclo, Social Politics, S. 25 u. 28.

376 Vgl. Benner u. Vad, Sweden and Denmark, S. 459 u. 431.

377 Hauß, Friedrich u. Frieder Naschold: Arbeitsschutz und Sozialpartnerschaft in Schweden. Wissenschaftszentrum Berlin, IIVG Papers, Oktober 1978, S. 8.

378 Vgl. Einhorn u. Logue, Modern Welfare States, S. 250-253.

verfahren in Gang setzen. Damit ist die Arbeitnehmerseite hier in einer noch stärkeren Stellung als in England. Schweden verfügt auch über ausgebaute werksärztliche Dienste, die teilweise in Konkurrenz zum allgemeinen Versorgungssystem treten.[379]

Da Tarifverträge das wichtigste Instrument der Regelung der Arbeitsbedingungen geworden waren, ließen erste staatliche Regelungen von Arbeitszeiten bis 1919 (Achtstundentag) auf sich warten und wurden auch erst sehr allmählich durchgesetzt.[380] Bis 1926 bildete die aus vorindustrieller Zeit stammende Gesindeordnung die reguläre Grundlage des Arbeitsrechts, doch wurden nach 1900 diese Bestimmungen zunehmend durch tarifvertragliche Regelungen ersetzt, die bis heute die wichtigste Quelle des Arbeitsrechts in Schweden bilden.[381] Demzufolge spielt das Arbeitsrecht auch in der skandinavischen wohlfahrtsstaatlichen Diskussion kaum eine Rolle. Eine eigenständige Arbeitsgerichtsbarkeit wurde 1928 eingeführt. Sie hat nur eine Instanz und scheint nur bescheidenen Einfluß auf die Entwicklung der Arbeitsverhältnisse zu haben.

4.2.4 Entstehung und Entwicklung des universalistischen Sicherungssystems

Der schwedische Sozialsektor differenziert sich institutionell entlang der von uns theoretisch postulierten Linien der Einkommenssicherung einerseits und der Dienstleistungen andererseits. Die Administration der Geldleistungen[382] erfolgt zusammenfassend und einheitlich durch das Reichsversicherungsamt mit 26 regionalen Kassen. Dies entspricht dem administrativen Grund-

---

379 Vgl. Serner, Uncas: Swedish Health Legislation: Milestones in Reorganisation since 1945. In: The Shaping of the Swedish Health System, hg. von Arnold J. Heidenheimer u. Nils Elvander. London 1980, S. 99-116, hier S. 114-116.

380 Henningsen, Wohlfahrtsstaat, S. 91; ebda. S. 92f. eine chronologische Übersicht über die wichtigsten Arbeits- und Sozialgesetze von 1763-1978, die auch die weiteren Fortschritte der Arbeitszeitpolitik erkennen läßt.

381 Vgl. Schmidt, Folke: Law and Industrial Relations in Sweden. Stockholm 1977.

382 Ausgenommen ist die von den Gewerkschaften administrierte Arbeitslosenversicherung und die von den Kommunen verwaltete Sozialhilfe.

gedanken der *Einheitsversicherung*, der auch den Beveridge-Plan prägte. Auf diese Weise können unterschiedliche Rechtssachverhalte auf einfachere Weise mit Bezug auf eine Person festgestellt und aufeinander abgestimmt werden, und auch für alle Versicherten ergibt sich eine einheitliche Anlaufadresse.[383] Die Dienstleistungen werden entweder auf der Provinzial- oder der Kommunalebene, also relativ ›bürgernah‹ geplant und verwaltet.[384] Grundsätzlich ist das Gesamtsystem der Geld- und Dienstleistungen ›universalistisch‹ angelegt, d. h. alle Sozialleistungen stehen grundsätzlich jedem dauerhaften Einwohner des Landes zu. Das schließt natürlich spezifische Anspruchsbedingungen (z. B. Alter, spezifische Bedürftigkeit) nicht aus. Im folgenden sollen die Ursprünge dieses in Schweden zuerst verwirklichten,[385] am Bürgerstatus und nicht am Erwerbsstatus anknüpfenden Modells universalistischer sozialer Sicherung verdeutlicht werden.

4.2.4.1 *Vorgeschichte*

Entsprechend seinen freiheitlicheren Traditionen war auch das herkömmliche Armenrecht in Schweden weniger drückend als beispielsweise im England des 19. Jahrhunderts. Seit 1750 existierte eine staatlich finanzierte Armenmedizin. Ein Regierungsdekret von 1763 stipulierte ähnlich wie das britische Poor Law von 1601 die Verantwortlichkeit der Kirchgemeinden für ihre Armen und verpflichtete sie zur Einführung einer Armensteuer. Zwischen 1847 und 1871 wurde den Armen sogar ähnlich wie in Dänemark ein einklagbarer Rechtsanspruch auf Armenunterstützung eingeräumt, der allerdings schon 1853 durch die Verpflichtung arbeitsfähiger Personen ergänzt wurde, für sich selbst zu sorgen. Infolge schwerer Mißernten Ende der 1860er Jahre

---

383 Dieser Gedanke ist in Dänemark noch konsequenter durchgeführt, wo ein kommunales Sozialamt die Anlaufstelle für grundsätzlich alle Sozialleistungen darstellt.

384 Henningsen, Wohlfahrtsstaat, S. 100 f.; Henningsen bezeichnet die Provinzebene als »Sekundärkommune« und verdeutlicht damit ihren näher bei den »Primärkommunen« als beim Zentralstaat (»Reich«) liegenden Charakter. Bemerkenswerterweise werden die provinzialen und kommunalen Aufgaben auch als ›nichtstaatliche‹ qualifiziert.

385 Nicht verwirklichte Pläne für eine universalistische Sozialversicherung existierten bereits früher in Dänemark; vgl. Kulawik, Wohlfahrtsstaat, S. 159.

schwoll die Armutsbevölkerung jedoch so an, daß 1871 wiederum eine ausschließlich kommunale Armenfürsorge mit dem Recht einer Zwangsverpflichtung Arbeitsfähiger zur Arbeit und ohne Beschwerdemöglichkeiten eingeführt wurde.

Die Bismarckschen Sozialversicherungsreformen fanden in Schweden ein starkes Echo, zumal der damalige König Oskar II. sich stark am gegen Frankreich siegreichen Deutschen Reich orientierte. Bereits 1884 brachte der parteilose, ›linksliberale‹ Adolf Hedin im Reichstag den Antrag auf Errichtung einer Kommission zur Vorbereitung einer Unfall- und Altersversicherung für Industriearbeiter ein.[386] Der Antrag wurde mit einer qualifizierenden Bedingung ziemlich einmütig angenommen, daß sich nämlich die Versicherung nicht nur auf die Industriearbeiter, sondern auch auf »*mit ihnen vergleichbare Personen*« beziehen solle.[387] Den Hintergrund dieses vom Führer der Bauernfraktion eingebrachten Zusatzes bildete das schon aus der Finanzierung der Armenfürsorge bekannte Bedenken, daß die Bauern die steuerliche Hauptlast eines solchen Sicherungssystems würden tragen müssen. Deshalb wollten die Bauern sich und ihre Landarbeiter, aber auch das ländliche Handwerk mit eingeschlossen wissen.

Das noch 1884 eingerichtete ›*Arbeiterversicherungskomitee*‹ zeigte die traditionellen Züge einer ›Königlichen Kommission‹, indem nur drei seiner elf Mitglieder dem Reichstag angehörten, die übrigen aber Interessenten, unabhängige Experten und Verwaltungsleute sowie – in einem Fall – Arbeiter waren. Die Kommission erweiterte von sich aus ihren Auftrag und machte auch Vorschläge zum Arbeitsschutz, zur Subventionierung der privaten Krankenkassen sowie für eine obligatorische Berufsunfallversicherung.[388] Obwohl das Kommissionsergebnis hinsichtlich der

386 Zu Hedin vgl. Olsson, Sven E.: Social Policy and Welfare State in Sweden. 2. Aufl. Lund 1993, S. 44-46; Hedin orientierte sich sowohl an J. S. Mill als auch am deutschen Kathedersozialismus, insbesondere an Lujo Brentano. Zu Hedins Initiative und ihren parlamentarischen Folgen vgl. Heclo, Social Politics, S. 178-195; ferner Baldwin, Peter: The Politics of Social Solidarity. Class Bases of the European Welfare State 1875-1975. Cambridge 1990, S. 83-94; Schüler, Jürgen: Ökonomische Aspekte der Volkspensionierung in Schweden. Tübingen 1970, S. 5-11; Kulawik, Wohlfahrtsstaat, S. 157-175.

387 Dabei wurde auch bereits die Notwendigkeit des sozialen Schutzes der Frauen betont; vgl. Kulawik, Wohlfahrtsstaat, S. 159.

388 Das die Fabrikinspektion einführende, im übrigen ›zahnlose‹ Arbeits-

Alterssicherung (1889) weder einmütig noch politisch erfolgreich war, wurde doch bereits hier die Grundlage für das universalistische Verständnis der schwedischen Sozialpolitik gelegt: Die Kommissionsmehrheit fand es »höchst schwierig, wenn nicht unmöglich«, eine klare Grenze zwischen »Arbeitern und ihnen vergleichbaren Personen« und dem Rest der Bevölkerung zu ziehen, um so mehr, als ein Wechsel zwischen selbständiger und unselbständiger Beschäftigung nicht ungewöhnlich war. Nur etwa 6 % der Bevölkerung würden eindeutig aus dem Bereich der Instruktion herausfallen, und diese auszusondern sei die Anstrengung nicht wert. Deshalb schlug die Kommission ein allgemeines, durch einheitliche Beiträge zu finanzierendes und einheitliche Leistungen versprechendes System nach den später in England verwirklichten Prinzipien vor. Das Hauptziel sollte die Befreiung der arbeitenden Bevölkerung vom Risiko der demütigenden und rechtlos machenden Armenfürsorge sein.

Unter dem Druck der seit 1889 wachsenden sozialdemokratischen Bewegung kam es zu einer zweiten Kommission, die unter dem Einfluß des mit dem neuen deutschen Invalidenversicherungssystem eng vertrauten Mathematikprofessors Anders Lindstedt eine für alle unselbständig Erwerbenden (mit Ausnahme von Führungspersonal) obligatorische Versicherung nach deutschem Muster vorschlug, die aber im wesentlichen durch Arbeitgeberbeiträge finanziert werden sollte. Dieser Vorschlag scheiterte am Widerstand insbesondere der Bauern und sonstiger Selbständiger.

Nach weiteren zwischenzeitlichen Initiativen führte erst der Vorschlag einer 1907 eingesetzten und bis 1912 arbeitenden Kommission unter dem Vorsitz Lindstedts zum Erfolg.[389] Dieser Plan

schutzgesetz wurde ebenso angenommen wie die Subventionierung der Hilfskassen nach dem Prinzip der Erleichterung freiwilliger Selbsthilfe (›Genter System‹). Dagegen wurde die Einführung einer obligatorischen Berufsunfallversicherung nach deutschem Vorbild vom Reichstag in den 1890er Jahren mehrfach mit dem Argument abgelehnt, dies sei eine Angelegenheit des Privatrechts und der (noch paternalistisch verstandenen) Fürsorgepflicht des Unternehmers, in die sich der Staat nicht zu mischen habe.

390 »The commission worked for five years [...]. The difference from the relative improvisation at the top of the British civil service was striking. At least a dozen top administrators contributed to the Swedish analysis, and in the end the commission produced 250 pages analyzing foreign pension programs, 770 pages of statistical tables, and 340 pages of cost calculations worked out largely by Lindstedt himself.« Heclo, Social Politics. S. 191.

umfaßte zwei Teile, die in ihrem Zusammenhang bereits die Struktur des eine Grund- und eine Aufbausicherung gewährleistenden Systems der sechziger Jahre vorwegnehmen:

• Zum einen wurde eine sich an das Bismarcksche Modell der Invalidenversicherung anlehnende einkommensbezogene Alters- und Invaliden*versicherung* eingeführt, welche Beiträge und Leistungen (die sog. ›Abgabepension‹) nach drei Klassen vorsah. Im Unterschied zum deutschen System sollte jedoch die gesamte Bevölkerung zwischen 16 und 66 Jahren beitragspflichtig werden[390] und ab 67 Jahre (dem Pensionierungsalter des öffentlichen Dienstes) einen unbedingten, beitragsproportionalen Rentenanspruch erhalten, Invalide mit reduzierter Pension entsprechend früher. Die Finanzierung sollte nach dem Anwartschafts-Deckungsverfahren (ohne Arbeitgeberbeiträge!) erfolgen. Aus versicherungsmathematischen Gründen war mit der Zahlung von vollständigen ›Abgabepensionen‹ allerdings erst ab 1956 zu rechnen.

• Zum anderen – und vor allem im Hinblick auf die lange Übergangszeit – sollte ein steuerfinanziertes System bedarfsorientierter *Pensionszuschläge* eingeführt werden, das bereits eine nur proportionale Reduktion der Zuschläge mit steigendem sonstigem Einkommen vorsah.[391]

Dieser Plan wurde 1913 unter einer konservativen Regierung, jedoch mit liberaler und z. T. sozialdemokratischer Unterstützung Gesetz, gegen den Widerstand des linken Flügels der Sozialdemokratie und des Verbandes der bisherigen Verantwortlichen für die kommunale Armenfürsorge. »Damit wurde zum ersten Mal auf der Welt eine Alters- und Invaliditätsversicherung geschaffen, die sämtliche Einwohner eines Landes umfaßte, unabhängig von Beruf oder Herkunft des Einzelnen.«[392]

Nicht unerwähnt bleiben kann ein politischer Umstand, der die Durchsetzung des universalistischen Prinzips in der Alterssicherung erleichterte: Es gab in Schweden keine den ›friendly societies‹ vergleichbaren Hilfskassen, die sich durch die Einführung des neuen Systems konkurrenziert fühlten. Das private Versiche-

---

390 Auch die Nichterwerbstätigen beiderlei Geschlechts hatten somit einen festgelegten Mindestbeitrag zu entrichten. Von der Versicherungspflicht befreit blieben bis 1935 die Angehörigen des öffentlichen Dienstes. Beiträge und Leistungen wurden auf der örtlichen Ebene administriert.
391 Nach Heclo, Social Politics, S. 191 f.
392 Schüler, Aspekte, S. 5.

rungsgewerbe war bereits in der vorbereitenden Kommision vertreten und entwickelte ebenfalls keine Opposition. Der Opposition der Repräsentanten der bisherigen Armenfürsorge gelang es nicht, ausreichenden politischen Einfluß zu gewinnen, denn um deren Einschränkung ging es ja gerade.

4.2.4.2 *Alterssicherung*[393]

Dieses System blieb mit geringfügigen Modifikationen bis zur Reform von 1935 in Kraft, wobei den bedarfsgeprüften Pensionszuschlägen größere praktische Bedeutung zukam als den nur allmählich anlaufenden beitragsfinanzierten ›Abgabepensionen‹.[394] 1935 wurde das unter Ökonomen umstrittene Anwartschafts-Deckungsverfahren der Pensionsversicherung durch ein Umlageverfahren sowie durch eine Aktualisierung der Rentenansprüche abgelöst und die Terminologie ›Volkspension‹ eingeführt. Dies entsprach nicht nur Empfehlungen der vorbereitenden Kommission, sondern auch den Absichten der seit 1932 an die Regierung gelangten Sozialdemokraten, denen es um eine institutionelle Stärkung der volksweiten Solidarität ging – die ›Volksheim-Ideologie‹ des Ministerpräsidenten Per Albin Hansson. Das Gesetz kam allerdings erst nach erbitterten Auseinandersetzungen und Neuwahlen zustande, aus denen die Sozialdemokraten als große Sieger hervorgingen.

Die ›Abgabepension‹ wurde nun zur ›Grundpension‹, welche sich aus einem festen Grundbetrag und einem beitragsabhängigen Steigerungsbetrag zusammensetzte; soweit das gesamte Alterseinkommen eine bestimmte Grenze nicht überstieg, wurden einkommensabhängige ›Zusatzpensionen‹ gezahlt. 1946 wurde die Höhe der Grundpension von der Höhe der Beitragszahlung abgekoppelt und die Altersrente für jedermann vereinheitlicht; der bisherige Beitrag wurde in eine zweckgebundene Lohnsummensteuer umgewandelt. Gleichzeitig fand eine Zentralisierung der Alterssicherung statt, während bedarfsgeprüfte Zusatzleistungen

---

393 Überblicke über die Entwicklung der schwedischen Sozialpolitik geben Wilson, Welfare State, sowie Olsson, Sven: Sweden. In: Growth to Limits, Bd. 1, S. 1-116, auch in Olsson, Social Policy, S. 108-244, 317-331.

394 Vgl. zum folgenden Schüler, Aspekte, S. 11-51; Heclo, Social Politics, S. 211-253; Nedelmann, Birgitta: Rentenpolitik in Schweden. Frankfurt/New York 1982, S. 87-285.

(insbesondere im Bereich der Invaliden- und Hinterbliebensicherung) weiterhin eine Aufgabe der Kommunen blieben.

Damit war die ›Allgemeine Volkspension‹ (AFP) zu einer *bedarfsunabhängigen Grundsicherung für alle alten Menschen* geworden. Der Streit drehte sich diesbezüglich in der Folge nur noch um das Ausmaß der Erhöhungen, nicht zuletzt angesichts fortgesetzter Teuerung, und um die von persönlichen Umständen abhängigen Zulagen; denn von der Pension allein war vor allem in städtischen Verhältnissen nicht zu leben.[395] Erhebliche Pensionserhöhungen führten in der Folge auch zur parallelen Anhebung der an die Stelle des Versicherungsbeitrags getretenen einkommensproportionalen Sondersteuern.

Bereits 1917 hatten Arbeitgeberverbände und Angestelltengewerkschaften eine Versicherungsgesellschaft gegründet, um betriebliche Leistungen im Falle von Alter und Krankheit kollektiv zu versichern.[396] Seit Ende der zwanziger Jahre wurde die Frage der Einführung von *Zusatzpensionen* diskutiert, die im Sinne einer Aufbausicherung allen regulären Arbeitnehmern – dem Vorbild der Beamtenversorgung folgend – ein ihrer Lebenseinkommensentwicklung entsprechendes Alterseinkommen durch betrieblich finanzierte Renten sichern sollten. Dieser Vorschlag wurde zuerst zwischen den Spitzenverbänden der Tarifparteien verhandelt, doch konnte keine einvernehmliche Lösung gefunden werden, da sich die Arbeitgeber gegen jeden allgemeinen Versicherungszwang sperrten. Ab 1944 geriet der Vorschlag von ›Unternehmer-Renten‹ in die parlamentarische Debatte und führte zur erbittertsten politischen Auseinandersetzung der Nachkriegszeit, welche schließlich 1960 nach einer (konsultativen) Volksbefragung, Neuwahlen und einer dramatischen Abstimmungsprozedur mit einer ›geliehenen‹ Stimme für die sozialdemokratische Fraktion gegen die bürgerlichen Parteien mit einem Gesetz endete.[397] Die ›Allgemeine Zusatzpension‹ (ATP) sicherte

---

395 Am wichtigsten sind Wohnungszulagen, welche zusammen mit den Altersrenten bezahlt werden; sie werden u. U. durch kommunale Hilfen ergänzt.

396 Olsson, Social Policy, S. 266.

397 Vgl. die eingehende Analyse bei Nedelmann, Rentenpolitik. Der zentrale Konfliktpunkt betraf nicht die Belastung der Unternehmen mit der Finanzierung dieser Zusatzrenten, sondern den Vorschlag einer teilweisen Finanzierung mittels eines kapitalmarktwirksamen Fonds, über den Regierungseinflüsse auf die Unternehmenspolitik befürchtet wurden. Die

seit 1963 grundsätzlich ein Alterseinkommen, das bei mindestens 30jähriger Erwerbstätigkeit 60% des durchschnittlichen Einkommens in den 15 einkommensstärksten Erwerbsjahren betrug.[398]

Diese im internationalen Vergleich sehr großzügige Regelung wurde ab Mitte der achtziger Jahre unter dem Druck der sich verschlechternden Wirtschaftslage zunehmend fragwürdig. Die Gesetzgebung zur Reform der staatlichen Alterssicherung war 1999 noch nicht abgeschlossen, doch haben die Grundsätze der Reform, welche von fünf politischen Parteien einschließlich der Sozialdemokraten getragen wird, 1998 bereits die parlamentarische Zustimmung erhalten.[399] Die wichtigsten Punkte sind:

• Integration von AFP und ATP in ein neues, nach versicherungsmathematischen Prinzipien konzipiertes, die gesamte Bevölkerung zwangsweise versicherndes System mit einer umlagefinanzierten und einer kapitalfinanzierten Komponente.

• Grundsätzliche Beitragsfinanzierung;[400] beitragspflichtig ist das *gesamte* Einkommen; lohnbezogene Beiträge sind zu 50% vom Arbeitgeber zu tragen; Erziehungszeiten wirken rentensteigernd.

• Ca. $^7/_8$ der Beiträge gelangen in einen die Renten (wie bisher) nach dem Umlageprinzip finanzierenden Fonds. Die Höhe der daraus zu bezahlenden individuellen Renten orientiert sich an der Höhe der geleisteten Beiträge, der mittleren Lebenserwartung zum Zeitpunkt der Verrentung, der Inflationsrate und dem Wirtschaftswachstum.[401]

ser Konflikt sollte zwei Jahrzehnte später erneut um den sog. Meidner-Plan betreffend Kapitalfonds für Arbeitnehmer entbrennen.

398 Hinzu kamen vielfach betriebliche Altersrenten aus Tarifverträgen, so daß nunmehr für manche Arbeitnehmer das Alterseinkommen höher als das letzte Erwerbseinkommen lag.

399 Die folgenden Informationen nach: Ministry of Health and Social Affairs: Pension Reform in Sweden – a Short Summary. (http://www.pension.gov.se/in%20English/summary.) Vgl. auch Benner u. a., Sweden and Denmark, S. 67; Lindbeck, Assar: Lessons from Sweden for Post-Socialist Countries. Collegium Budapest, Discussion Paper No. 50. Budapest 1998, S. 38 f.

400 Lediglich für die Finanzierung der über dem versicherungsmathematischen Wert liegenden Mindestrenten werden Staatszuschüsse vorgesehen.

401 Der Rentenwert wird nach oben durch eine Höchstrente und nach unten durch eine Mindestrente begrenzt.

- Ca. $^1/_8$ der Beiträge werden kapitalbildend angelegt und geben Anrecht auf eine unmittelbar nach versicherungsmathematischen Kriterien berechnete zweite Rente.
- Das Regelverrentungsalter wird abgeschafft. Frühestens ab dem vollendeten 61. Lebensjahr können die Renten bezogen werden, wobei die Rente bei einem späteren Bezug entsprechend der sich dadurch reduzierenden durchschnittlichen Bezugsdauer erhöht wird.[402]

Insbesondere durch die Umstellung der Finanzierung von einer durch die Unternehmen allein zu tragenden Lohnsummensteuer zu einer zwischen Arbeitgebern und Arbeitnehmern gleich verteilten Beitragsfinanzierung werden die Interessenlagen im demographisch und ökonomisch bedingten Verteilungskonflikt verändert. Gleichzeitig werden die staatlichen Budgets durch den Wegfall von AFP entlastet.

Die Reform der Alterssicherung stellt den umstrittensten Teil der Einschränkungen wohlfahrtsstaatlicher Leistungen dar, die in Schweden seit Beginn der neunziger Jahre durchgeführt wurden. Die Alterssicherung ist der sensibelste und gleichzeitig lehrreichste Teil des schwedischen Systems der Einkommenssicherung. Nahezu alle Diskussionen, die inzwischen international um staatliche Alterssicherungssysteme geführt werden, wurden in Schweden zuerst geführt.[403] Auch die jüngste Reform hält jedoch an den Prinzipien einer universalistischen Sicherung und des sozialen Ausgleichs fest, wobei der Ausgleich jedoch auf extreme Lagen beschränkt bleibt.

4.2.4.3 Arbeitslosigkeit

Für die Arbeiterbewegung war nicht das Risiko der Altersarmut, sondern dasjenige der *Armut durch Arbeitslosigkeit* zentral.[404] So entstanden in den meisten Ländern Hilfskassen als gewerkschaftliche Selbsthilfeeinrichtungen, die bei Arbeitslosigkeit oder

---

402 Die bei solchen tiefgreifenden Systemumstellungen unvermeidlichen Übergangsprobleme sollen für die Geburtsjahrgänge 1937-1954 durch eine Mischkalkulation aus beiden Systemen aufgefangen werden.
403 Zur wissenschaftlichen Diskussion in Schweden vgl. Schüler, S. 12-15, Heclo, Social Politics, S. 215-221.
404 Vgl. zum folgenden Heclo, Social Politics, S. 70-78, 92-105; Wilson, Welfare State, S. 69-91.

Krankheit nach ihren finanziellen Möglichkeiten Hilfe leisteten. Diese erschöpften sich jedoch im Falle von Wirtschaftskrisen schnell. Obwohl Norwegen (1904) und Dänemark (1907) die staatliche Subventionierung gewerkschaftlicher Hilfskassen nach dem ›Genter System‹ eingeführt hatten, scheiterten in Schweden entsprechende Pläne und parlamentarische Initiativen wiederholt am Widerstand insbesondere der konservativen und der bäuerlichen Parteien, die darin eine Bevorzugung der städtischen Arbeiter sahen, sowie der Arbeitgeber, die dadurch eine Stärkung der Gewerkschaften befürchteten. So blieben die Arbeitslosen auf die örtliche Armenfürsorge angewiesen, soweit ihnen nicht paternalistische Unterstützung ihrer ehemaligen Arbeitgeber zukam, ein Verhalten, das mit der fortschreitenden Industrialisierung immer seltener wurde.

Die einzige Verbesserung der Lage der Arbeitslosen resultierte aus einer Revision des Fürsorgerechts (1918), die den Rechtsanspruch auf Fürsorge wiederherstellte, Art und Höhe der Unterstützung aber weiterhin dem Ermessen oder der Willkür der lokalen Armenbehörde überließ. Erst 1934 konnte ein Gesetz zur staatlichen Subventionierung der gewerkschaftlichen Hilfskassen verabschiedet werden, ohne daß das Prinzip der freiwilligen Versicherung aufgehoben worden wäre.[405] Entgegen den damit verbundenen Hoffnungen nahm jedoch der Anteil der Versicherten an der Erwerbsbevölkerung nur sehr langsam zu: Bei Kriegsbeginn waren erst 20 %, bei Kriegsende (nach einer massiven Erhöhung staatlicher Subventionen) 45 % der Gewerkschaftsmitglieder versichert. Zu dieser Zeit schlossen sich die Arbeitslosenkassen zu einem eigenen Spitzenverband zusammen und nahmen in der Folge massiven Einfluß auf die weitere Entwicklung der Arbeitslosenversicherung.[406] Diese führte immer weiter weg *von einer durch die Beiträge der Versicherten finanzierten Selbsthilfeeinrichtung zu einer mittelbaren Staatsverwaltung*. Der Anteil der Staatssubventionen überstieg bald die Einkünfte aus den Ge-

---

405 Um den Schutz der besonders gefährdeten land- und forstwirtschaftlichen Arbeiter zu erleichtern, wurden den entsprechenden Kassen höhere Zuschüsse bezahlt. Diese ›Bevorzugung‹ wurde jedoch in der Folge von den Gewerkschaftskassen mit niedrigeren Risiken angegriffen und politisch verunmöglicht. Dies als Beispiel dysfunktionaler Folgen der schwedischen Gleichheitsideologie.

406 Vgl. Heclo, Social Politics, S. 131-141.

werkschaftsbeiträgen, und ab 1974 wurden auch die Arbeitgeber zu Beiträgen herangezogen. Gleichzeitig wurden die zunächst noch sehr bescheidenen Leistungen schrittweise verbessert. Die Versicherung wurde nun für alle Gewerkschaftsmitglieder obligatorisch, was – auch aus arbeitsmarktpolitischen Gründen – die Forderung nach Maßnahmen für Nichtgewerkschaftsmitglieder, insbesondere für Frauen, nach sich zog. Schließlich wurde 1979 eine Vereinheitlichung des Systems für die gesamte Erwerbsbevölkerung vollzogen und die Finanzierung ganz auf eine Lohnsummensteuer der Arbeitgeber umgestellt; dennoch blieb die Verwaltung in den Händen der Gewerkschaften.[407] Auch hier setzte sich somit schließlich das universalistische Prinzip durch, allerdings verbunden mit erheblichen Konzessionen an die Gewerkschaftsmacht.

Dies ist allerdings nur die halbe Wahrheit hinsichtlich des staatlichen Umgangs mit Arbeitslosigkeit. Seit dem Jahrhundertbeginn hatte sich unter dem Einfluß des liberalen Nationalökonomen Gustav Cassel[408] eine verwaltungsinterne Gruppe von sozialpolitisch engagierten Beamten gebildet, welche die Arbeitslosigkeit durch *öffentlich finanzierte Arbeiten* anstelle von Arbeitslosenhilfe zu bekämpfen beabsichtigte.[409] Ein erstes entsprechendes Programm von ›Notstandsarbeiten‹ wurde bereits während des 1. Weltkriegs in Gang gesetzt. Diese Arbeitsbeschaffungsmaßnahmen unterschieden sich zunächst allerdings nur graduell von der angeordneten Zwangsarbeit unter den Bedingungen des Armenrechts, insofern zwar ein Geldlohn (unterhalb der üblichen Mindestlöhne) gezahlt wurde, aber eine Zurückweisung der angebotenen Arbeit den Verlust jeglicher Unterstützung zur Folge hatte. Schon vor der Weltwirtschaftskrise änderte sich jedoch die politische Einstellung unter dem Einfluß des der Sozialdemokratie nahestehenden Ökonomen Ernst Wigforss, der in Anwendung der damals bekannt werdenden Vorschläge von John Maynard Keynes eine staatliche Beschäftigungspolitik unter Zugrundelegung normaler Arbeitsverhältnisse forderte.[410] So wurde schon in den dreißiger Jahren Schweden zum *Pionierland einer*

---

407 Wilson, Welfare State, S. 82.
408 Vgl. Cassel, Gustav: Sozialpolitik. Stockholm 1902.
409 Heclo, Social Politics, S. 76; Olsson, Social Policy, S. 61-74.
410 Vgl. Heclo, Social Politics, S. 99-102.

staatlichen Beschäftigungspolitik, wodurch sich die geringere Bedeutung der Arbeitslosenversicherungspolitik erklärt.

Die Nachkriegszeit brachte zunächst eine lang andauernde Phase der Vollbeschäftigung, welche auch den bereits angedeuteten Ausbau der Lohnersatzleistungen bei Arbeitslosigkeit erleichterte. Unter dem bestimmenden Einfluß der in einem von der LO finanzierten Forschungsinstitut arbeitenden Ökonomen Gösta Rehn und Rudolf Meidner entwickelten Gewerkschaften und Sozialdemokratie in den 1970er Jahren ein neues Konzept der *aktiven, Arbeitsmarktpolitik*, das auf der Basis einer einheitliche jedoch dezentral recht selbständig operierenden Arbeitsverwaltung dazu dienen sollte, die Mobilität und Flexibilität der Arbeitskräfte zu erhöhen und neue Gruppen, insbesondere Frauen und Behinderte, dem Arbeitsmarkt einzugliedern.[411] Es ist umstritten, inwieweit dieser erhebliche Beitrag zur Umstrukturierung der schwedischen Volkswirtschaft und die damit verbundene Ausweitung der Beschäftigung im öffentlichen Sektor die Produktivität der schwedischen Volkswirtschaft gesteigert hat.[412]

Mit der Gesetzgebung von 1974 wurde auch die Arbeitslosenversicherung in den Dienst der Arbeitsmarktpolitik gestellt. Diese Gesamtreform sollte sich jedoch als sehr kostspielig erweisen, sobald die Situation der Vollbeschäftigung zusammenbrach. Eine der nachhaltigsten Umorientierungen seit der Krise der neunziger Jahre ist die auch innerhalb der Sozialdemokratischen Partei wachsende Einsicht, daß die bisherigen Formen der Vollbeschäftigungspolitik sich unter den Bedingungen offener Kapitalmärkte und erhöhter internationaler Konkurrenz nicht mehr durchführen lassen. Die Lohnersatzleistungen wurden deshalb von 100% auf 80% gekürzt, und auch die Vollbeschäftigungspolitik durch Ausweitung des öffentlichen Sektors aufgegeben. Schweden befindet sich noch auf dem mühsamen Weg der Umorientierung zu einer stärker vom privatwirtschaftlichen Sektor getragenen Beschäftigung.

411 Vgl. Wilson, Welfare State, S. 72-81; vom Kolke, Ernst-Gerd: Aktive Arbeitsmarktpolitik – eine alternative Wirtschaftspolitik? Gelsenkirchen 1983; Hinrichs, Karl: Vollbeschäftigung in Schweden. Zu den kulturellen Grundlagen und den Grenzen erfolgreicher Arbeitsmarkt- und Beschäftigungspolitik. In: Politische Vierteljahresschrift 29 (1988), S. 569-590.
412 Vgl. Scharpf, Fritz W.: Sozialdemokratische Krisenpolitik in Westeuropa. Frankfurt/New York 1987; dagegen Lindbeck, Assar: The Swedish Experiment. Stockholm 1997.

Initiativen auf Einführung einer obligatorischen Kranken- und Unfallversicherung für Arbeiter nach deutschem Vorbild scheiterten in den 1890er Jahren.[413] Nach liberalen Grundsätzen sollte das Unfallrisiko vom Unternehmer selbst getragen werden,[414] und im Bereich der Krankenkassen setzte sich 1891 lediglich eine Subventionierung der teilweise bis in vorindustrielle Zeit zurückreichenden privaten Hilfskassen auf Gegenseitigkeit im Sinne des Genter Systems durch. Anders als die deutschen Krankenkassen gewährten die schwedischen in der Regel nur zeitlich beschränkte Geldleistungen im Krankheitsfalle und finanzierten zunächst keine medizinische Hilfe; dies änderte sich seit dem 1. Weltkrieg nur sehr allmählich. Staatliche Subventionen wurden sowohl 1891 als auch 1910 unter dem Eindruck von Arbeiterunruhen beschlossen und galten als Beitrag zum ›sozialen Frieden‹ und auch zur Entlastung der Armenfürsorge. Noch 1930 waren erst 20 % der erwachsenen Bevölkerung durch Krankenkassen versichert. Das Thema interessierte die Arbeiterbewegung wenig und wurde vor allem von Administratoren und liberalen sowie sozialdemokratischen Politikern vorangetrieben.

Politisch brisant wurde die Krankenversicherungspolitik erstmals 1930. Noch überwogen die Bedenken gegen eine Pflichtversicherung, doch das vorgeschlagene Gesetz legte einheitliche Organisations- und Leistungsprinzipien für die Krankenkassen fest, machte insbesondere die Erbringung medizinischer Leistungen obligatorisch und erhöhte massiv die staatlichen Subventionen. Da den opponierenden Ärzten der Zugang zu den entscheidenden Politikzirkeln nicht gelang, wurde das Gesetz fast einmütig im Reichstag angenommen. In der Folge stieg der Versicherungsgrad bis 1945 von 20 auf 48 %. Im Zuge der sozialdemokratischen Sozialpolitik der Nachkriegsjahre scheiterte der Versuch, das Gesundheitswesen insgesamt im Sinne eines Nationalen Gesund-

---

413 Vgl. zum folgenden Kulawik, Wohlfahrtsstaat, S. 166-175; Immergut, Health politics, S. 190-202.
414 Nachdem 1901 die Haftpflicht der Unternehmer für Unfälle in besonders gefährdeten Berufen eingeführt worden war, wurde dann 1916 eine allgemeine Versicherungspflicht der Unternehmer gegen das Risiko der Unfallhaftpflicht eingeführt, ohne hierfür eine gesonderte staatliche Einrichtung zu schaffen.

heitsdienstes zu verstaatlichen. Statt dessen wurde 1955 eine *allgemeine Krankenversicherungspflicht* eingeführt.

An dieser Stelle interessieren nur die Lohnersatzleistungen, die im Zuge der wohlfahrtspolitischen Großzügigkeit der Nachkriegsjahrzehnte wie die Leistungen der Arbeitslosenversicherung allmählich auf die ab 1974 gültige Höhe gebracht wurden: Das Krankengeld belief sich auf 90% des Einkommens bis zu einer Höchstgrenze, wurde dynamisiert und grundsätzlich unbegrenzt gezahlt. Nach 90 Tagen wurde geprüft, ob die Leistung in eine Invaliditätsrente umzuwandeln ist. Handelte es sich um eine berufsbedingte Invalidität, so blieb der volle Lohn- bzw. Gehaltsanspruch in Verbindung mit weiteren Vergünstigungen erhalten.

Die Leitlinie dieses großzügigen Ausbaus des sozialen Sicherungssystems kann mit dem Begriff der ›decommodification‹ beschrieben werden:[415] Der ›Warencharakter der Arbeit‹ (K. Marx) im Kapitalismus soll so weit als möglich aufgehoben werden. Zum mindesten soll, wer arbeitsunfähig ist, ohne wesentliche finanzielle Einbußen und ohne demütigende Prozeduren sich vom Erwerbsdruck befreien können.

Der langjährige Erfolg des ›Schwedischen Modells‹ beruhte nicht zuletzt auf dem Umstand, daß es gelang, ein hohes Beschäftigungsniveau aufrechtzuerhalten und damit die Kosten für die Arbeitslosigkeit gering zu halten. Dies war und ist mit nicht unerheblichen sozialen Kontrollen hinsichtlich der Arbeitsbereitschaft verbunden. Aber mit der Verbesserung der Leistungen im Falle von Krankheit und Invalidität öffnete sich ein anderer Weg, sich von einer drückend gewordenen Erwerbstätigkeit zu befreien. Der Krankenstand und die Invalidisierungshäufigkeit nahm nach 1974 drastisch zu.[416] Die sehr erfolgreichen Kürzungsbemühungen hinsichtlich der Gesundheitsaufwendungen nach 1990 haben vor allem die Invalidisierungsbedingungen verschärft und die Lohnersatzleistungen im Krankheits- und Invaliditätsfalle wie auch im Falle der Arbeitslosigkeit auf 80% des Lohnes reduziert. Zudem wurden Karenztage eingeführt und die Unternehmen zu einer 14-tägigen Lohnfortzahlung verpflichtet, um

415 Vgl. die programmatische Darstellung bei Esping-Andersen, Politics Against Markets, S. 31-36.
416 Wilson, Welfare State, S. 154.

deren Interesse an der Kontrolle des Krankenstandes zu erhöhen.[417]

4.2.4.5 Leistungen für Familien und Kinder[418]

Im Unterschied zu Deutschland kommt der Ehe in Schweden keinerlei rechtliche Bedeutung für die Anspruchsberechtigung zu. Der entscheidende Tatbestand ist die Elternschaft, und auch hier unterscheidet sich Schweden durch eine stärkere Anerkennung unmittelbarer kindlicher Ansprüche. Die beiden wichtigsten Leistungen sind das Kindergeld und die Elternversicherung. Das *Kindergeld* erhöhte sich bis 1996 für das dritte Kind auf 150%, für das vierte und folgende Kinder auf 200% desjenigen für das erste und zweite Kind, doch wurden diese Zuschläge im Zuge der Sparmaßnahmen abgeschafft.[419] Die *Elternversicherung* ist der Versicherung für Krankengeld nachgebildet und sichert einen erheblichen Teil des Einkommens für den Elternteil, der sich – entsprechend den gesetzlichen Beurlaubungsmöglichkeiten – zeitweise zur Kinderbetreuung aus der Berufstätigkeit zurückzieht; diese Beurlaubungsmöglichkeiten wurden in den 1980er Jahren stark ausgebaut. Zu den Familienleistungen gehören ferner einkommensabhängige Wohnungszulagen und Studienbeihilfen; indirekt auch der starke Ausbau kollektiver Betreuungsmöglichkeiten für Klein- und Vorschulkinder. Dadurch wurde die Beteiligung der Frauen am Arbeitsmarkt gleich auf doppelte Weise erhöht: durch die Entlastung der Mütter und durch die Schaffung von Arbeitsplätzen. Der erhebliche Ausbau der Leistungen für Familien und Kinder in den 1980er Jahren, insbesondere die Verlängerung der Beurlaubungsmöglichkeiten, hat sich

417 Vgl. Köhler, Peter A.: Dänemark und Schweden: Der ›skandinavische Wohlfahrtsstaat‹ auf Reformkurs. In: Sozialer Fortschritt 46 (1997), S. 25-30, hier S. 29; ders.: Entwicklungstendenzen sozialer Sicherungssysteme in Europa am Beispiel Schweden. In: Politische Studien Nr. 352 (März/April 1997), S. 94-103.
418 Vgl. zum folgenden Wilson, Welfare State, S. 92-107; Olsson, Social Policy, S. 254-262. Leira, Arnlaug: Welfare States and Working Mothers – the Scandinavian Experience. Cambridge 1992.
419 Vgl. Greve, Bent: Economic Support to Families with Children. A Comparison of France, Denmark and Sweden. In: Comparing Social Welfare Systems in Nordic Europe and France. Hg. v. MIRE. Paris 1999, S. 249-264, hier S. 254.

auch in einem deutlichen Anstieg der Geburtenhäufigkeit niedergeschlagen, die bald zur höchsten in Europa zählte.[420]

4.2.5 Schweden als Dienstleistungsstaat

Die einleitend erwähnten kulturellen Orientierungen des Prag-
matismus und Funktionalismus sowie die Verbindung von Effi-
zienz- und Leistungsstreben äußern sich besonders deutlich in
der Administration der Dienstleistungen des Bildungs-, Gesund-
heits- und Sozialwesens sowie in der Wohnungs- und Arbeitsmarktpolitik. Dieselben administrativen Prinzipien werden in all
diesen Bereichen sichtbar: Vergleichsweise kleine Ministerien, die
ausschließlich auf die Vorbereitung und Begleitung der politischen Prozesse in ihrem Zuständigkeitsbereich ausgerichtet sind;
davon unabhängige, funktional spezialisierte Reichsämter; eine
regional dezentralisierte Struktur von ebenso spezialisierten Ämtern auf der Bezirks- oder Kommunalebene, welche den örtlichen
Behörden unterstehen und auf klientennahe Weise ihre Leistungen erbringen. Es handelt sich also nicht um nachgeordnete Behörden der Reichsämter, denen vielmehr nur eine anleitende
Fachkompetenz zukommt. Für das Gesundheitswesen sind die
Provinzen, für die übrigen Dienstleistungen die Kommunen die
zentrale Steuerungsebene.

4.2.5.1 Gesundheitswesen[421]

Öffentliche Hospitäler gab es in größeren Kommunen schon im
Rahmen der Armenfürsorge; das Krankenhauswesen entwickelte
sich nur sehr langsam, und auch die Zahl der niedergelassenen,
privat praktizierenden Ärzte blieb – insbesondere auf dem Lande
– bescheiden. Schon 1862 waren die *Provinziallandtage* mit der
Verwaltung des bis dahin sehr ungleich entwickelten Kranken-

---

420 Vgl. Hoem, Jan Michael: Public Policy as a Fuel of Fertility: Effects of a
Policy Reform on the Pace of Childbearing in Sweden in the 1980s. In:
Acta Sociologica 36 (1993), S. 19-31.
421 Vgl. zum folgenden: The Shaping of the Swedish Health System; Immergut, Health Politics, S. 179-225; Wilson, Welfare State, S. 46-68; Schneider u. a., Gesundheitssysteme, S. 419-438; Powell, Evaluating the National Health Service, S. 168-172.

hauswesens beauftragt worden, und in der Folge wurden ihnen immer mehr gesundheitspolitische Kompetenzen zugesprochen, so daß sie heute als die maßgeblichen Planungs- und Koordinationsagenturen des Gesundheitswesens gelten können. Auch die Tarifverhandlungen erfolgen zentral zwischen der Leitung der ›Swedish Medical Association‹ und dem Spitzenverband der Provinziallandtage. Das ›Ministerium für Gesundheitswesen und soziale Angelegenheiten‹ sowie das gleichnamige Reichsamt haben jedoch Richtlinien- und nachhaltig wirksame Finanzierungskompetenzen.

Erst die Einführung einer allgemeinen Krankenversicherung (1955) gab den Anstoß zur Expansion des Gesundheitswesens, die auch staatlicherseits durch die Gründung zusätzlicher medizinischer Fakultäten gefördert wurde. Die Zahl der zugelassenen Ärzte versiebenfachte sich zwischen 1947 und 1972. Dabei herrschte zunächst keine Trennung zwischen ambulanter und stationärer Versorgung. Bei der Behandlung der Kassenpatienten waren die Ärzte nicht an Gebührenordnungen fest gebunden; aber die Kostenerstattungen an die Patienten richteten sich nach Höchstsätzen, von denen 75 % erstattet wurden. Bei Krankenhausaufenthalten hatten die Patienten nur eine bescheidene Gebühr zu zahlen.

Bereits 1948 war ein Plan zur Verstaatlichung des Gesundheitswesens gescheitert. Zahlreiche Elemente dieses Plans wurden in der Folge jedoch von den sozialdemokratischen Regierungen, denen die Unabhängigkeit der Ärzte ein Dorn im Auge war, schrittweise umgesetzt. Zunächst (1959) wurden die Privatabteilungen in den ohnehin öffentlichen Krankenhäusern abgeschafft und die Krankenhäuser zur ambulanten Behandlung von Kassenpatienten nach der offiziellen Gebührenordnung verpflichtet. Dadurch erwuchs den frei liquidierenden Privatärzten eine ernsthafte Konkurrenz. Nach ihrem triumphalen Wahlsieg von 1968 unternahmen die Sozialdemokraten einen weiteren Schritt in der Sozialisierung der Medizin: Die Krankenhausärzte wurden zu öffentlichen Bediensteten und durften daneben keine Privatpraxis führen. Für die Inanspruchnahme ambulanter Leistungen im Krankenhaus entfiel die bisherige Form der Vorwegbezahlung und der erst nachträglichen und zudem nur teilweisen Kostenerstattung: Gegen bescheidene Zugangsgebühren konnten die Leistungen unentgeltlich in Anspruch genommen werden. Dadurch wurden die finanziellen Nachteile der Inanspruchnahme frei praktizierender Ärzte noch größer. Sofern diese jedoch bereit waren, sich als Kassenärzte registrieren zu lassen und die öffentlichen Gebührenordnungen anzuerkennen, konnten auch sie nach dem neuen, mit nur einer geringfügig höheren Gebühr belasteten System direkt mit den Kassen abrechnen.[422] So wurde auf ›zwanglose‹ Weise das Gesundheitswesen nachhaltig in Richtung auf einen öffentlichen Gesundheitsdienst hin umstrukturiert. Den Ärzteverbänden blieb wenig übrig, als gute Miene zum bösen Spiel zu machen. Grundsätzlich blieb jedoch auch die Möglichkeit frei vereinbarter Krankenbehandlung erhalten. Inzwischen vollzieht sich ein großer Teil der ambulanten Krankenversorgung in kommunalen Gesundheitszentren. Ihre Einrichtung erfolgte vor allem in der Absicht, die Gesundheitsversorgung der dünn besiedelten ländlichen Gebiete zu verbessern. Rund 90% der schwedischen Ärzte und 50% der Zahnärzte sind nunmehr im öffentlichen Dienst beschäftigt. Bemerkenswert ist die systematische Integration der Pflegeleistungen in das regionale und kommunale Gesundheitswesen, auch für die geistig Behinderten. Eine Reform von 1985 verstärkte die Autonomie der Provinzen mit Bezug auf die Steuerung und Finanzierung des Gesundheitswesens, so daß sich die regionalen Unterschiede der Gesundheitsversorgung zu vergrößern tendieren.

Vier Fünftel der Gesamtausgaben für das Gesundheitswesen wurden 1980 aus Steuermitteln finanziert, insbesondere durch eine massive von den Provinzen erhobene »einkommensproportionale Steuer, welche im Landesdurchschnitt etwa 23,6% des steuerpflichtigen Einkommens beträgt. Dieser Steuersatz hat sich in den letzten 25 Jahren vervierfacht«;[423] je etwa ein Zehntel wurde durch Versicherungsleistungen und Eigenbeiträge der Patienten finanziert. Im Zuge der nach 1990 eingeleiteten Konsolidierungsmaßnahmen ist der Staatsanteil zu Lasten der Sozialversicherung und der Eigenbeteiligung zurückgegangen. Diese Konsolidierungsmaßnahmen können im internationalen Vergleich als sehr erfolgreich gelten: Der 1980 noch weltweit höchste Anteil der Gesundheitsausgaben am Bruttoinlandsprodukt von 9% ist bis 1992 nur um 0,15 Prozentpunkte gestiegen, was nach

422 Vgl. Henningsen, Wohlfahrtsstaat, S. 113 f. Zu den heutigen Selbstbeteiligungsregelungen vgl. Schneider u. a., Gesundheitssysteme 1994, S. 427.
423 Schneider u. a., Gesundheitssysteme 1994, S. 428.

Irland und Dänemark die drittgünstigste Entwicklung unter allen OECD-Staaten bedeutet. Bezogen auf das Effizienzmaß der verhältnismäßigen Steigerung von Pro-Kopf-Ausgaben und mittlerer Lebenserwartung schnitt Schweden zwischen 1980 und 1992 unter den OECD-Staaten am besten ab.[424]

4.2.5.2 Kommunale Bildungs- und Sozialpolitik[425]

Ein Gegengewicht zur starken Stellung des Staates und der Spitzenverbände der Tarifparteien stellt die *ausgebaute Gemeindeautonomie* dar. Nach zwei Gebietsreformen in den fünfziger und siebziger Jahren ist Schweden heute in 24 Provinzen (Län) und 280 Kommunen gegliedert. Der überwiegend dünnen Besiedlung des Landes entsprechend sind auch die zusammengelegten Kommunen meist überschaubar.[426] Zentrales kommunales Organ ist ein demokratisch gewählter Gemeinderat, welcher weitere örtliche Organe wählt – in unserem Zusammenhang ›Labour Market Board‹, ›School Board‹, ›Social Welfare Board‹, ›Child Care Board‹ und ›Temperance Board‹. Der jeweilige Ausschußvorsitzende gehört dem Gemeinderat an, die übrigen Mitglieder (mindestens sieben) repräsentieren Sachverstand und Interessen.

Während für das Gesundheitswesen die Ebene der Provinzen zentral ist, liegt die Entscheidungskompetenz in Angelegenheiten des Bildungswesens, der Sozialhilfe und der Sozialen Dienste für Kinder, Familien und alte Menschen auf der *kommunalen Ebene*. Maßgeblich sind einschlägige Gesetze sowie Richtlinien der zuständigen Reichsämter, doch scheint der Entscheidungsspielraum hinsichtlich des Ausbaus der Einrichtungen nur wenig eingeschränkt. Typischerweise erfolgt die Finanzierung der Einrichtungen stets gleichzeitig aus zentralen wie auch aus kommunalen

---

424 Schneider u. a., Gesundheitssysteme 1994, S. 5 und 13 f.; das Ergebnis blieb im Bericht von 1997 stabil (vgl. S. 4 bzw. 14). Powell, Evaluating the National Health Service, S. 171, referiert Ergebnisse mit anderen Erfolgskriterien, die in dieselbe Richtung weisen.
425 Vgl. zum folgenden Wilson, Welfare State, S. 111-118; Olsson, Social Policy, S. 272-287; Elmer, Åke: Sweden's Model System of Social Services Administration. In: Meeting Human Needs, S. 196-218.
426 Nach Boucher, Leon: Tradition and Change in Swedish Education. Oxford 1982, S. 51, haben 71 Gemeinden eine Bevölkerung von über 30 000 Einwohnern, 140 liegen zwischen 10 000 und 30 000 Einwohnern, und 66 haben weniger als 10 000 Einwohner.

Mitteln; den Kommunen steht ein eigenes Steuererhebungsrecht zu. Seit den 1980er Jahren neigt der Zentralstaat dazu, unter den wachsenden Budgetrestriktionen seine Finanzierungsbeiträge zu reduzieren, wenngleich immer noch ein gewisser Finanzausgleich zwischen den reichen und den meist im Norden gelegenen armen Gemeinden stattfindet. Für Kindergärten, Altenpflege u. ä. werden zudem (meist bescheidene) Kostenbeiträge seitens der Adressaten erhoben.[427]

Demzufolge ist das *lokale Angebot an Schulen und sozialen Einrichtungen recht unterschiedlich*, was angesichts der extremen regionalen Unterschiede zwischen den dicht besiedelten Industrie- und Dienstleistungsregionen des Südens und den bevölkerungsleeren Gebieten des Nordens in etwa plausibel ist. Es wird jedoch vielfach über lange Warteschlangen berichtet. Zentralstaatliche Angleichungsabsichten, die sich in jüngerer Zeit insbesondere auf den Ausbau von Einrichtungen für Vorschulkinder und alte Menschen bezogen haben, stoßen aber auch an politische Grenzen:

»Whatever organisational and financial changes are brought about and however much advice and guidance is given, however, the final word rests with the communes, where democratically elected councils jealously guard their autonomy.«[428]

Gegen diese kommunale Autonomie, die einer *nahezu monopolistischen Steuerung des Angebots* gleichkommt, kommen auch private Angebote nur bei entsprechender politischer Unterstützung an. Freigemeinnützige Träger der Wohlfahrtspflege gibt es in Schweden kaum;[429] und auch privatwirtschaftliche Angebote, die

---

427 Im Unterschied zu Deutschland wird die Altenpflege vornehmlich als öffentliche Aufgabe angesehen: »Die Verantwortung dafür, daß Pflegeeinrichtungen in ausreichendem Maße vorhanden sind, bleibt bei den Gemeinden. Diese sind z. B. regreßpflichtig, wenn durch defizitäre Dienstleistungsstrukturen ein verlängerter Krankenhausaufenthalt notwendig wird. In der Familie unentgeltlich und ohne Beteiligung staatlicher Stellen geleistete (informelle) Pflegearbeit ist in Schweden deutlich weniger verbreitet als etwa in Deutschland (nicht zuletzt aufgrund der deutlich höheren Erwerbsbeteiligung der weiblichen Bevölkerung [...]).« Bräutigam, Martin, u. Schmid, Josef: Pflege im modernen Wohlfahrtsstaat. Der deutsche Fall in vergleichender Perspektive. In: Staatswissenschaften und Staatspraxis 7 (1996), S. 261-289, Zitat S. 267.

428 Wilson, Welfare State, S. 117.

429 Vgl. Schmid, Wohlfahrtsverbände, S. 133-137; Zu Ansätzen in jüngster

sich auf die wohlhabenden Gebiete der Städte konzentrieren, haben bisher nur bescheidenen Erfolg.[430] Andererseits läßt die Überschaubarkeit der kommunalen Verhältnisse erwarten, daß die kommunalen Entscheidungen an den artikulierten Bedürfnissen der Bevölkerung nicht allzuweit vorbeigehen. Das hilft allerdings den Schwächsten wenig. Im Zuge der jüngsten Deregulierungsmaßnahmen sollen auch im sozialen Bereich private Anbieter gleiche Chancen erhalten, doch erscheint deren Akzeptanz bisher als gering.[431]

Was die *Sozialhilfe* betrifft, so beruhte sie bis 1982 auf einem Gesetz von 1955, das den Gestaltungs- und Ermessensspielraum der örtlichen Behörden weit faßte, auch hinsichtlich der Normen von Bedürftigkeit. So hat beispielsweise die Stadt Stockholm schon 1970 eine Unterstützung für Erwerbstätige eingeführt, deren Lohn unterhalb des Existenzminimums bleibt, und zahlreiche Kommunen sind ihr darin gefolgt.[432] Das Gesetz von 1982 hat diesen Spielraum eingeschränkt, doch erscheint der Ermessensspielraum der lokalen Behörden und ihres Personals nach wie vor erheblich.[433] Insgesamt ist der Anteil der Sozialhifeausgaben nicht so stark zurückgegangen, wie es der Ausbau der vorgelagerten Systeme erwarten ließe. Angesichts der hohen Sicherungsstandards der Alten und auch der Alleinerziehenden rekrutiert sich die Klientel der Sozialhilfe überwiegend aus jüngeren Erwachsenen, die aus verschiedenen Gründen in Not geraten sind und vornehmlich kurzzeitig unterstützt werden. Dabei scheint die Inanspruchnahme von Sozialhilfe weniger stigmatisierend zu wirken als z. B. in England.[434]

Das *Bildungswesen* hat in Schweden eine alte Tradition, die

Zeit vgl. Grassman, Eva Jeppsson: The Voluntary Sector in a Welfare Perspective: Sweden – with a Comparison to France. In: Comparing Social Welfare Systems in Nordic Europe and France. Hg. v. MIRE. Paris 1999, S. 601-621.

430 Vgl. Olsson, Social Policy, S. 268-272.
431 Vgl. Stephens, The Scandinavian Welfare States, S. 59 f.
432 Wilson, Welfare State, S. 113; das Experiment scheint wenig unerwünschte Nebeneffekte zu zeitigen.
433 Vgl. Behrendt, Christina: Die Effektivität der Sozialhilfe bei der Vermeidung von Armut in vergleichender Perspektive. In: Archiv für Wissenschaft und Praxis der sozialen Arbeit 33 (2002), S. 3-13.
434 Vgl. Buhr, Petra: Armut im Wunderland? Wege in die und aus der Sozialhilfe in Schweden und Deutschland. Universität Bremen, Sonderforschungsbereich 186: Arbeitspapier Nr. 51. Bremen 1998, insb. S. 54 f.

nach der Reformation auch breitenwirksam wurde.[435] Bereits um 1800 erhielt etwa die Hälfte der Kinder eine gewisse Bildung, vornehmlich seitens der Kirche. 1842 wurde die allgemeine Schulpflicht und ein staatliches Volksschulwesen durch Gesetz eingeführt und eine staatliche Lehrerbildungsstätte geschaffen. Das Bildungswesen entwickelte sich in der Folge nach kontinentaleuropäischen Standards bis nach dem 2. Weltkrieg. Zu den sozialdemokratisch inspirierten Nachkriegsreformen gehörte der Vorschlag einer neunjährigen Einheitsschule vom 7. bis zum 16. Lebensjahr. Da der Vorschlag auf heftigen Widerstand seitens der Universitäten und der Gymnasien stieß, wurde das neue Schulsystem ab 1950 zunächst für zehn Jahre als nicht flächendeckendes Experiment mit mehreren Varianten eingeführt und evaluiert. Das Schulgesetz von 1962 schrieb sodann die Einheitsschule und eine neunjährige Schulpflicht fest, und bis 1969 waren alle kommunalen Schulbezirke reorganisiert. Während ursprünglich daran gedacht war, einen erheblichen Teil der Schüler nach Abschluß der 9. Klasse ins Arbeitsleben zu entlassen, verbreitete sich die Teilnahme an der 1971 reformierten Gymnasialstufe (10. bis 12. Schuljahr) schnell, und ab 1980 wurden je nach Berufsziel gegliederte Weiterbildungsmöglichkeiten für grundsätzlich alle Jugendlichen eingeführt. Seit 1994 gibt es ein in 16 Programme (davon 14 berufsvorbereitend) gegliedertes dreijähriges Schulsystem für die 16 bis 19jährigen, das von 98 % der Jugendlichen frequentiert wird. 30 bis 35 % eines Jahrgangs besuchen anschließend eine Hochschule.[436]

Neben dieser flächendeckenden, unentgeltlichen Primärausbildung zeichnet sich Schweden durch ein vielfältiges Bildungsangebot für Erwachsene aus: Kommunale Volkshochschulen, Abendgymnasien und spezielle Angebote für Schreibunkundige, ein breites frei gemeinnütziges Bildungsangebot, das insbesondere auf Initiativen aus dem Bereich der Arbeiterbildung, religiöser Gemeinschaften und der Anti-Alkoholismusbewegung zurückgeht, und schließlich ein aufwendiges Angebot an beruflichen Fortbildungs- und Umschulungsmöglichkeiten, die teils vom Staat, teils von den Tarifpartnern angeboten werden.[437] Die

435 Zum folgenden vgl. Boucher, Tradition, S. 3-31.
436 Vgl. Education at a Glance, S. 322-324; zum Ausbau des Hochschulsystems vgl. Boucher, Tradition, S. 129-154.
437 Vgl. Boucher, Tradition, S. 154-162.

letztgenannten Angebote sind Elemente der aktiven Arbeitsmarktpolitik, für die rund ein Zehntel des gesamten Bildungsbudgets eingesetzt wird.

Allerdings erscheint die Bereitschaft zur Höherqualifizierung in jüngster Zeit rückläufig. Dies wird vor allem darauf zurückgeführt, daß die hohen Grenzsteuerbelastungen keine genügende Prämie auf eine erhöhte Qualifikation mehr in Aussicht stellten:

»From left to right, most analysts of the Swedish model now concur that the extremely egalitarian wage (and social wage) structure gives disincentives to work additional hours, or to augment skills and education: the marginal wage gain is simply to low. In fact, comparatively speaking Sweden suffers from an undersupply of skilled, educated workers. Hence [...] the maximization of human capital must take priority to egalitarianism ›here and now‹.«[438]

Die Aufwendungen für Bildungszwecke erreichen ca. 7% des Volkseinkommens und werden zu etwa gleichen Teilen vom Zentralstaat und von den Kommunen getragen. Es wird geschätzt, daß rund 40% der Bevölkerung in irgendeiner Weise gleichzeitig am Bildungssystem partizipieren.[439] Schweden gehört mit den übrigen skandinavischen Staaten und Canada zu den Ländern mit den höchsten Bildungsanstrengungen der Welt.

4.2.6 Zusammenfassung: Wirtschaftspolitik und Wohlfahrtssektor

Es ist eine Eigenart der skandinavischen Staaten, und zumal Schwedens, daß der Sozialpolitik seit dem zweiten Weltkrieg eine dominierende Stellung in der Innenpolitik zukommt. Auch wenn die Bereitschaft, die Arbeiterfrage auf friedlichem Wege zu lösen, seit Beginn der Industrialisierung – und noch vor der Einführung des allgemeinen Wahlrechts für Arbeiter – erkennbar war, brachte doch erst der Wirtschaftsaufschwung der Nachkriegszeit auf der Basis des Abkommens von Saltsjöbaden (1938) einen kumulativen Prozeß in Richtung auf mehr Gleichheit und Sicherheit für die gesamte Bevölkerung in Gang. Charakteristisch für die wohlfahrtsstaatliche Entwicklung in Skandinavien wurde die Aner-

---

438 Esping-Andersen, Gösta: Positive-Sum Solutions in a World of Trade-Offs? In: Welfare States in Transition, S. 156-267, Zitat S. 264.
439 Boucher, Tradition, S. 1.

kennung sozialer Rechtsansprüche *als Bürgerrecht,* d. h. unabhängig von der Stellung im Produktionsprozeß. Gleichzeitig wurde jedoch die allgemeine Arbeitsbereitschaft der Bevölkerung vorausgesetzt und eingefordert sowie Vollbeschäftigung durch eine aktive Arbeitsmarktpolitik und notfalls durch staatlich finanzierte Beschäftigung angestrebt. Dementsprechend orientieren sich auch die jüngsten Kürzungen der Sozialleistungen primär an der Wiederherstellung von Anreizstrukturen, die eine Erwerbstätigkeit attraktiver als bloßes Sozialeinkommen erscheinen lassen.

Das institutionelle Arrangement der Wohlfahrtsproduktion wird somit in Schweden durch die staatlichen Vorkehrungen dominiert, welche nicht nur den Bereich der betrieblichen Sozialpolitik und der individuellen Vorsorge bis vor kurzem völlig an die Wand gedrängt haben, sondern auch das Verhalten der Familienhaushalte weithin vorprägen.[440] Die hohe Steuerbelastung der Individualeinkommen und die Nichtberücksichtigung partnerschaftlicher Verpflichtungen macht die Erwerbstätigkeit beider Partner und damit auch die Inanspruchnahme von Kinderbetreuungseinrichtungen nahezu unumgänglich; die ›Hausfrauenehe‹ ist in der schwedischen – wie auch der dänischen – Sozialordnung nicht vorgesehen. Mit Bezug auf das Arrangement der Wohlfahrtsproduktion erscheint angesichts des starken Drucks zur Erwerbstätigkeit die Partizipation am Arbeitsmarkt noch bedeutungsvoller als die Familie. Dem assoziativen Bereich kommt eine noch bescheidenere Rolle als der betrieblichen Wohlfahrt zu.

Die wohlfahrtsstaatliche Entwicklung in Schweden läßt sich in ihren Anfängen bereits in die liberale Ära zurückverfolgen, aber ihre spezifische Richtung und Intensität hat sie durch die enge Verbindung zwischen den hoch organisierten Gewerkschaften und der die längste Zeit regierenden Sozialdemokratischen Partei erhalten. Die relative Schwäche der bürgerlichen Parteien unterscheidet Schweden von Dänemark und ist wahrscheinlich auch ein Grund für die sehr einseitige Verteilung der Finanzierungskosten für die Sozialaufwendungen: Diese wurden bis zur in Gang befindlichen Reform der Alterssicherung je etwa zur Hälfte aus allgemeinen Haushaltmitteln und aus Abgaben der Arbeit-

---

440 »While socialist countries nationalized production firms, Sweden nationalized, or more accurately ›communized‹, the income and service production of households instead.« Lindbeck, Lessons from Sweden, S. 22.

geber bezahlt, während die direkte Beteiligung der Versicherten überhaupt nicht ins Gewicht fiel. Eine weitere Folge der sozialdemokratischen Dominanz: Auch wenn die schwedische Wirtschaft nicht, wie der linke Flügel der Sozialdemokraten forderte, in größerem Umfang in Gemeineigentum überführt wurde, so führte seit den 1970er Jahren die politisch vermittelte Einflußnahme der Gewerkschaften doch zu einer erheblichen Machtverschiebung zu Lasten der Unternehmer, welche zum Zusammenbruch des korporatistischen Konsenses geführt hat. Schweden bietet Anschauungsmaterial zur Plausibilisierung der einleitend entwickelten Perspektive des Verfassers, daß die wohlfahrtsstaatliche Vergesellschaftungsform nur stabil bleibt, solange die Unabhängigkeit der Unternehmerfunktion nicht zu sehr eingeschränkt wird.

Während Schweden in den Nachkriegsjahrzehnten aufgrund seiner durch den Krieg unbeeinträchtigten Produktionsstruktur jährliche Durchschnittsraten des Wirtschaftswachstums von 4,5 % erzielte, sank die durchschnittliche Wachstumsrate zwischen 1970 und 1996 auf 1,6 %.[441] Schweden gelang es von 1945 bis ca. 1970 vorzüglich, die Wirtschaftsentwicklung und den allmählichen Ausbau des Wohlfahrtssektors im Gleichgewicht zu halten, doch führten die verschärfte Gewerkschaftspolitik ab Mitte der siebziger Jahre und die Ölpreisschocks zum Ende des korporatistischen Konsenses und damit auch der maßvollen Lohnpolitik. Weil die Regierung den daraus resultierenden Druck zunächst durch eine Steigerung der Exportfähigkeit mittels Währungsabwertungen und durch Vollbeschäftigungspolitik, insbesondere auch durch den Ausbau der Beschäftigung im öffentlichen Sektor, aufzufangen suchte, wurde ein erhebliches Inflationspotential aufgebaut, das zu dramatischen Budgetdefiziten und einem Anstieg der Staatsverschuldung führte. Vor allem die Liberalisierung des Kapitalverkehrs und die damit entstehende Abhängigkeit der internen Zinssätze und der Kapitalbewegungen von der Entwicklung der internationalen Finanzmärkte haben zu tiefgreifenden Veränderungen in den Funktionsbedingungen des schwedischen Wirtschafts- und Sozialsystems geführt.

Die Anpassung des die Zahlungsbereitschaft der Bevölkerung weit überfordernden und daher zu massiven Ausweichreaktionen führenden Steuersystems begann bereits vor der Krise von 1990-

441 Köhler, Dänemark und Schweden, S. 28.

92, doch hat diese Krise zum ›Notbremsen-Gesetz‹ von 1993 unter einer bürgerlichen Regierung geführt, dessen Regelungen von den Sozialdemokraten nach der Wiedererringung der Regierungsmehrheit (1994) z. T. noch verschärft, in der Folge, als sich die Wirtschaftslage besserte, z. T. auch wiederum zurückgenommen wurden. Allerdings darf von institutionellen Reformen wie der Unabhängigkeit der Zentralbank und ihrer Verpflichtung auf das Ziel der Geldwertstabilität sowie von Maßnahmen, die eine größere Disziplin der öffentlichen Haushalte gewährleisten sollen, auch eine längerfristige Wirkung erhofft werden. Das gilt auch für die Bindungen, die durch den Beitritt zur Europäischen Union und im Hinblick auf einen späteren Beitritt zur Europäischen Währungsunion eingegangen wurden. Deutlich sichtbar ist die Tendenz, in diesem Zusammenhang zwar das wohlfahrtsstaatliche Leistungsnetz im Bereich der Geld- wie der Dienstleistungen zu rationalisieren, aber nicht ernsthaft zu beschneiden. Nach wie vor beeindruckt Schweden durch eine hohe Beschäftigungsquote und durch eine im internationalen Vergleich besonders egalitäre Verteilung der Einkommen privater Haushalte. Einen strukturellen Nachteil – auch im Vergleich zur noch erfolgreicheren dänischen Wirtschafts- und Sozialpolitik – bildet die dominant großbetriebliche Struktur der schwedischen Wirtschaft. Nur wenn es gelingt, die Wachstumsmöglichkeiten von Klein- und Mittelbetrieben zu verbessern, kann auf Dauer eine Stabilisierung von beidem erhofft werden: öffentliche Budgets und Beschäftigungslage. Im Unterschied zu den übrigen skandinavischen Ländern ist es Schweden bisher nicht gelungen, ein korporatistisches System der Lohnverhandlungen wieder herzustellen.[442]

Naturgemäß sind die Einschätzungen, wie weit die Umorientierungserfordernisse der Wirtschafts- und Sozialpolitik gehen müssen, politischer Art und daher auch unter Wirtschafts- und Sozialwissenschaftlern umstritten. Mit Bezug auf die wissenschaftliche Behandlung derartiger Fragen fällt auf, daß im Unterschied zu Großbritannien und Deutschland in Schweden eine fachliche Ausdifferenzierung von ›Sozialpolitik‹ nicht stattgefunden hat, sondern daß die wohlfahrtsstaatlichen Themen von den führenden Ökonomen und Sozialwissenschaftlern mit abgehan-

---

442 Vgl. Jochem, Sven: The Social Democratic Full-Employment Model in Transition – the Scandinavian Experiences in the 1980s and 1990s. Zentrum für Sozialpolitik der Universität Bremen: Arbeitspapier Nr. 2/1998.

delt werden.[443] Das entspricht der dominierenden makroökonomischen und gesellschaftspolitischen Betrachtungsweise. Dagegen scheint die technische Umsetzung der Sozialpolitik eher ein administratives denn ein wissenschaftliches Thema zu sein.

4.3 Frankreich

Unter unseren Vergleichsländern reichen die identitätskonstituierenden Elemente in Frankreich am tiefsten in die Geschichte zurück. Auf der Basis einer nachhaltigen römischen Kolonisierung und frühen Christianisierung, auch der sich im Zuge der Völkerwanderung in Gallien niederlassenden Franken, entstand 843 das westfränkische Reich. Seit Ende des 10. Jahrhunderts Erbmonarchie in ununterbrochener Folge bis 1792, war Frankreich die am kontinuierlichsten die Geschichte Europas prägende Macht. Die Zentralisierung Frankreichs begann unter Ludwig IX. (1226-1270) mit der Schaffung zentraler Behörden (Staatsrat, Hofgericht, Rechenkammer), und bereits Philipp IV. (1285-1314) entmachtete den Adel weitgehend und richtete die Generalstände als Repräsentationsgremium gegenüber dem König ein. Er erzwang auch eine Verlagerung des Papstsitzes nach Avignon, und nach Wiederherstellung des römischen Papsttums setzten seine Nachfolger eine weitgehende interne Kirchenhoheit durch. Die Ausbreitung des Calvinismus in Frankreich brachte das Land in fortgesetzte Bürgerkriege, die durch den Übertritt Heinrichs IV. zum Katholizismus und das Toleranzedikt von Nantes (1598) beendet wurden. Mit Heinrich IV. begann die absolutistische Dominanz des Pariser Hofes über das ganze Land, welche durch fortgesetzte Steuer- und Verwaltungsreformen vorangetrieben wurde und ihren Höhepunkt unter Ludwig XIV. fand, dessen Herrschaft jedoch bereits den Keim für den Niedergang der Monarchie legte,

443 Die zumeist sozialdemokratisch orientierten Sozialwissenschaftler wurden erst seit den 1970er Jahren einflußreich und interessierten sich bis vor kurzem weniger für die Wirkungen der Sozialpolitik als für den Einfluß der gerade damals in Schweden erlahmenden Arbeiterbewegung auf das wohlfahrtsstaatliche Projekt. Vgl. insbesondere Korpi, Walter: The Democratic Class Struggle. London 1983; Esping-Andersen, Gösta: Politics Against Markets. Princeton 1985. In jüngster Zeit ist jedoch eine stärkere Orientierung an der pragmatischen Politik auch unter Sozialwissenschaftlern zu beobachten.

die mit der Revolution und der Enthauptung Ludwigs XVI. (1793) endete.

4.3.1 Staat und Gesellschaft

Als der Henker auf der sinnigerweise ›Place de la Concorde‹ (Eintracht) genannten Richtstätte das Haupt des guillotinierten Königs hochhielt, schrie das Volk: »Vive la Nation! Vive la République!« Die Erfahrungen der französischen Revolution (1789-1799) haben die politischen Diskurse des 19. Jahrhunderts in ganz Europa bestimmt, aber vor allem in Frankreich tiefe Spuren einer Spaltung in zwei ähnlich starke Lager hinterlassen,[444] die sich noch an der Würdigung anläßlich ihres 200. Jahrestages ablesen ließen. Seither ist Frankreich – zugespitzt formuliert – eine politisch gespaltene Nation, die durch das Bewußtsein einer gemeinsamen Kultur und die Kontinuität einer elitären Verwaltung zusammengehalten wird.

Die *politische Instabilität* Frankreichs zeigte sich im ersten Jahrhundert nach der Revolution durch einen stets erneuten Wechsel der politischen Regime, wobei die Front zwischen Royalisten und Republikanern verlief. Alle republikanischen Verfassungen gingen von einer Vorstellung der Volkssouveränität aus, die sich in der starken Stellung der Volksvertretung gegenüber der Regierung äußerte. Die Regeln des Wahlrechts und die Parteienkonkurrenz in der Nationalversammlung erbrachten jedoch nur selten stabile Mehrheiten. Eine Folge hiervon war die geringe Stabilität der Regierungen und die kurze Amtszeit der Kabinette in der Dritten und Vierten Republik.

Während der Dritten Republik (1871-1940) verlief die Front der Auseinandersetzungen zunächst weiterhin zwischen den Anhängern eines monokratischen und eines demokratischen Regierungssystems, denn nur mit einer einzigen Stimme Mehrheit war die republikanische Verfassung nach der Niederlage Napoleons III. im deutsch-französischen Krieg angenommen worden. In der Folge dominierte der Kampf zwischen den Anhängern ei-

444 Vgl. anschaulich Krauß, Henning: Die Französische Revolution als Thema der Literatur während des Zweiten Weltkriegs und des Algerienkriegs. In: Folgen der Französischen Revolution. Hg. v. Henning Krauß. Frankfurt/M. 1989, S. 245-275.

nes christlichen und denjenigen eines laizistischen Staates. Es war
vor allem die Dreyfus-Affäre und die daran anschließende erbit-
terte Auseinandersetzung um das Verhältnis von Kirche und
Staat, die um die Jahrhundertwende zur Profilierung der politischen Parteien führte. Diese weltanschaulichen Auseinandersetzungen überlagerten lange den Gegensatz zwischen Bürgertum
und Arbeiterschaft.

Der laizistische ›parti radical‹ wurde 1901, der ›parti socialiste
– S. F. I. O.‹ 1905 gegründet.[445] Die Instabilität der Parteiforma-
tionen, die sich in fortgesetzten Neugründungen, Spaltungen und
Fusionen äußert, ist ein weiteres Charakteristikum der Demokratie in Frankreich, weshalb hier auf den Einfluß einzelner Parteien
auf die wohlfahrtsstaatliche Entwicklung nicht weiter Bezug genommen wird. Grundsätzlich gilt für kaum ein anderes Land so
sehr der Gegensatz zwischen einem ›bürgerlich-rechten‹ und
einem ›sozialistisch-linken‹ Block, zwischen denen christlich-de-
mokratische und sozialliberale Parteien nur periodisch zu vermitteln vermochten.

Die Vierte Republik (1944-1958) ermöglichte zwar erstmals
die Durchsetzung weitreichender Sozialreformen, scheiterte aber
in der Folge an der Instabilität ihrer Parteikonstellationen: Zwischen 1951 und 1958 hatte Frankreich zwölf Kabinette! Erst das
von Charles de Gaulle durchgesetzte »halb parlamentarische,
halb präsidentielle Regime« (M. Duverger) in der Verfassung der
Fünften Republik (seit 1958) hat Frankreich weitgehende politische Stabilität gebracht, indem sie die Unabhängigkeit der Regierung vom Parlament stärkte. So hat das Regierungssystem auch
die durch die Maiunruhen von 1968 ausgelöste Staatskrise überstanden.[446]

Es kommt nicht von ungefähr, daß die Begründer der französischen Soziologie, Auguste Comte und Emile Durkheim, nicht

445 Die ›Section Française de l'Internationale Ouvrière‹ (S. F. I. O.) wurde
     zum Zusammenschluß revolutionärer und reformistischer Kräfte der Ar-
     beiterbewegung und oszillierte in der Folge hinsichtlich ihrer Politik
     zwischen Reform und Revolution. Zur Vorgeschichte vgl. zusammenfas-
     send Bourquin, Irene: ›Vie ouvrière‹ und Sozialpolitik: Die Einführung
     der ›Retraites ouvrières‹ in Frankreich um 1910. Bern 1977, S. 97-101.
446 Einen guten Überblick über die französische Verfassungsentwicklung
     gibt Duverger, Maurice: Le système politique français. 19. Aufl. Paris
     1986, S. 31-186; vgl. auch Hartmann, Peter Claus: Französische Verfas-
     sungsgeschichte der Neuzeit 1450-1980. Darmstadt 1985.

den Begriff des Staates, sondern denjenigen der *Gesellschaft* mit Einheitserwartungen befrachtet, ja geradezu sakralisiert haben.[447] Denn die politischen Erfahrungen im nachrevolutionären Frankreich ließen die Vorstellung einer primär politischen Herstellung des ›sozialen Bandes‹ gar nicht aufkommen. Dieses mußte daher kultureller und moralischer Art sein. *Frankreich ist einig primär als Nation, nicht als politisch verfaßter Staat.*

Dennoch würde diese luftige ›conscience collective‹ kaum die Jahrhunderte überstanden haben ohne den institutionellen Kern einer *Verwaltung*, die zunächst am Königshofe entstanden und durch Colbert, den Finanzminister Ludwigs XIV., modernisiert worden war. Napoleon setzte sie nach der Revolution erneut als Instrument seines Regierungswillens ein: »The revolution [...] removed all the foundations of French politics, but scarcely any of the foundations of French administration«.[448] Napoleon ordnete die zentralistische Verwaltung nach Fachministerien neu und schuf eine ihr unterstellte *regionale Verwaltungsstruktur.* Die von einem durch die Regierung ernannten Präfekten geleiteten ›départements‹ bestehen bis heute als die konstitutiven regionalen Einheiten, und die ›préfets‹ sind den Colbertschen ›intendants‹ nachgebildet.[449] Auch wenn mittlerweile die örtlichen Magistrate nicht mehr generell vom Präfekten eingesetzt, sondern teilweise von der Bevölkerung gewählt werden, kann von einer örtlichen Selbstverwaltung in Frankreich trotz aller Bemühungen um ›décentralisation‹ bis heute kaum die Rede sein. *Eine Tradition des ›local government‹, wie wir es als wichtige Instanz wohlfahrtsstaatlicher Politik in Großbritannien und erst recht in Schweden kennengelernt haben, gibt es in Frankreich nicht.*

Die Kohärenz der französischen Verwaltung beruht auf dem Grundgedanken der nationalen Einheit, der – vom Prinzip des

---

447 Vgl. Firsching, Horst: Die Sakralisierung der Gesellschaft. Emile Durkheims Soziologie der ›Moral‹ und der ›Religion‹ in der ideenpolitischen Auseinandersetzung der Dritten Republik. In: Religionssoziologie um 1900. Hg. v. Volkhard Krech u. Hartmann Tyrell. Würzburg 1995, S. 159-193.

448 Woodrow Wilson, zit. bei Barker, The Development of Public Services, S. 14; ebda. S. 6-18 ein Resümee der französischen Verwaltungsgeschichte bis zum Zweiten Weltkrieg.

449 Vgl. Mager, Wolfgang: Frankreich vom Ancien Régime zur Moderne. Wirtschafts-, Gesellschafts- und politische Institutionengeschichte 1630-1830. Stuttgart 1980, S. 220f.

Absolutismus gelöst – sich bereits in den napoleonischen Dispositionen des Bildungswesens und der Verwaltungsstruktur materialisierte. Die wichtigste Brücke zwischen beiden bilden die ›Grandes écoles‹, spezialisierte Hochschulen mit zunächst ingenieurwissenschaftlichen (Militär, Verkehrswesen), dann geisteswissenschaftlichen (Erziehungswesen) und schließlich auch rechts- bzw. wirtschaftswissenschaftlichen (Allgemeine Verwaltung) Programmen und Berufsperspektiven.[450] Charakteristisch für die französische Entwicklung ist, daß diese Elitehochschulen, deren Zugang zunächst von sozialer Herkunft, später vom Erfolg in Zulassungskonkurrenzen abhängt, primär auf Tätigkeiten im Staatsdienst und nicht auf Tätigkeiten im Bereich der Privatwirtschaft oder sonstiger ›gesellschaftlicher‹ Bereiche vorbereiten. Die ›Grands Corps‹ der französischen Verwaltung gehören zu den einflußreichsten, aber noch wenig erforschten Kräften des Landes. Auch die obere Instanz der bescheiden ausgebauten Verwaltungsgerichtsbarkeit (Conseil d'Etat) rekrutiert sich aus ihnen. Trotz ihrer in der Fünften Republik noch gestärkten Stellung kann allerdings nicht von einer *politischen* Dominanz der in sich heterogene Interessen vereinigenden Verwaltung gesprochen werden.[451] Der Glaube jedoch,

»daß das Wirtschaftsleben einer Nation nur wirkungsvoll gelenkt werden kann, wenn die Macht konzentriert ist in den Händen einer kleinen Zahl ungewöhnlich tüchtiger Männer, die in einem Maße Voraussicht und Urteilsfähigkeit besitzen, wie es von dem erfolgreichen Durchschnittsunternehmer nicht zu erwarten sei«,[452]

hat die französische Wirtschaftspolitik bis zu ihrer Öffnung im Zuge der Internationalisierung der Finanzmärkte Mitte der 1980er Jahre beherrscht und scheint auch heute noch keineswegs ausgestorben.

Die Revolution von 1789 ging vom Bürgertum aus, das im wesentlichen die Steuerlasten des ›Ancien Régime‹ zu tragen hatte. Die napoleonischen Reformen hielten an der Aufhebung aller

---

450 Einen Überblick gibt Ringer, Fritz K.: Education and Society in Modern Europe. Bloomington u. London 1979, S. 124-127.
451 Vgl. Wright, Vincent: The Government and Politics of France. London 1978, S. 84-106.
452 Shonfield, Andrew: Geplanter Kapitalismus: Wirtschaftspolitik in Westeuropa und USA. Köln u. Berlin 1968 (engl. 1965), S. 81.

Standesprivilegien fest und etablierten mit dem ›Code Civil‹ (1804) und dem ›Code du Commerce‹ (1806/08) die privatrechtlichen Grundlagen einer liberalen und gewinnorientierten Verkehrsordnung, die in Deutschland unter dem Einfluß Hegels den Namen ›*Bürgerliche Gesellschaft*‹ erhielt.

Unter der von Ludwig XVIII. oktroyierten Verfassung (1814) wurden die liberalen Errungenschaften grundsätzlich beibehalten, jedoch wurde das 1789 im Grundsatz eingeführte allgemeine Wahlrecht für Männer durch einen so hohen Zensus eingeschränkt, daß von den damals 29 Mio. Franzosen nur 100 000 (davon 60% zumeist royalistische Großgrundbesitzer) wahlberechtigt waren. Gegen diese reaktionäre Notablenherrschaft opponierte das zumeist liberale Bürgertum und erreichte im Zusammenhang mit der Julirevolution von 1830 den Wechsel des Monarchen, eine Verfassungsrevision und eine Reduktion des Zensus; nach wie vor waren aber weniger als 1% der französischen Bevölkerung wahlberechtigt. Der ›Bürgerkönig‹ Louis Philippe stützte sich nunmehr auf das Großbürgertum, das sich mehr im Bereich der Banken als der Industrie profilierte. Ihm standen die royalistischen ›Legitimisten‹ auf der ›rechten‹ und die an den Idealen der französischen Revolution festhaltenden Republikaner auf der ›linken‹ Seite als Opposition gegenüber. Das allgemeine Wahlrecht wurde kurzzeitig in der Verfassung der Zweiten Republik (1848-1852) wieder eingeführt, jedoch erst seit der Dritten Republik permanent. Seine Ausdehnung auf die Frauen erfolgte erst 1945.

Diese trockene Chronologie kann das Ausmaß der politischen Unruhe während nahezu des ganzen 19. Jahrhunderts nicht wiedergeben. Der napoleonische Staatsbankrott (1814), die Last der Kriegsentschädigungen, die Verarmung der durch ein neues Erbrecht zur Realteilung gezwungenen Bauern, die nur langsam an Fahrt gewinnende Industrialisierung und wiederholte Mißernten, wie auch die Entstehung eines großstädtischen Proletariats in Paris (›les classes dangereuses‹) bildeten ein Substrat für politisch und sozial veranlaßte Unruhen. Was die erst allmählich an Bedeutung gewinnende Industriearbeiterschaft betrifft, so wurden Aufstände der Textilarbeiter in Lyon 1831 und 1834 auch in Paris blutig niedergeschlagen. Teile der linken Opposition wurden in die Illegalität abgedrängt. Die fortgesetzten Machtkämpfe ließen Haß auf allen Seiten entstehen, und die negativen Folgen hatten vor allem die breiten, durch Wirtschaftskrisen und Strukturwandlungen tendenziell weiter verarmenden Volksschichten zu tragen. *Es war diese Erfahrung eines politisch verflochtenen Kapitalismus, die die sozialistische Kritik inspirierte und die durch die Ereignisse von 1848 und 1871 erneut bestätigt wurde.* So kann es nicht verwundern, daß der Sozialismus seinen Ursprung in Frankreich hatte, und daß Lorenz von Stein wie auch Karl Marx sich vor allem auf die französischen Lehren und Verhältnisse bezogen.

Das Verhältnis von Staat und Gesellschaft blieb infolge dieser Entwicklungen ambivalent. Die Verselbständigung des Staates war bereits durch den Absolutismus erfolgt, so daß die bürgerliche Revolution in Frankreich notwendigerweise staatsorientiert war.

»Wenn daher die Revolution die Souveränität vom Monarchen auf das Volk radikal verlagerte, blieb es doch weiterhin der Staat, über den die Interessen des Souveräns tatsächlich zum Ausdruck gebracht werden sollten. Bis in die Gegenwart blieb die politische Geschichte Frankreichs von dieser Form der Beziehung zwischen Staat und Gesellschaft geprägt.«[453]

Gleichzeitig wurde der *Liberalismus* die treibende Kraft der Modernisierung in Frankreich. Anders als der britische Liberalismus war der französische jedoch stark auf das Wirtschaftsleben und auf die Gewährleistung der Demokratie zentriert. Er vertrat keine individualistische, sondern eine *solidaristische Gesellschaftsauffassung.* Das Konzept der Solidarität hat in Frankreich juristische Wurzeln und entwickelte sich seit dem Beginn der liberalen Gesellschaftskritik um 1830 als Gegenbegriff zur individualistischen Auflösung der sozialen Beziehungen unter den Bedingungen der Marktvergesellschaftung.[454] Es erfüllte damit eine ähnliche Funktion wie der Begriff des ›Sozialen‹ in der deutschen sozialwissenschaftlichen Diskussion.[455] Zwischen 1895 und dem ersten Welt-

453 Wagner, Sozialwissenschaften und Staat, S. 40 f.
454 Vgl. Hayward, J. E. S.: Solidarity: The Social History of an Idea in Nineteenth Century France. In: International Review of Social History 4 (1959), S. 261-284.
455 Vgl. Kaufmann, Der Begriff Sozialpolitik, S. 9-15; auch in den französischen Diskursen, insbesondere in der Soziologie Emile Durkheims, besteht ein enger Zusammenhang zwischen ›solidarité‹ und ›le social‹, vgl. Donzelot, Jacques: L'invention du social. Essai sur le déclin des passions politiques. Paris 1994; Gülich, Christian: Die Durkheim-Schule und der französische Solidarismus. Wiesbaden 1999.

krieg wurde ›Solidarité‹ sodann zum Leitbegriff einer sozialliberalen Sozialpolitik,[456] als deren Vorkämpfer die Premierminister Léon Bourgeois (1895/96) und Pierre Marie Waldeck-Rousseau (1899/1902) gelten können.[457]

›*Solidarité*‹ wurde zum leidenschaftlichen Kampfbegriff der laizistischen Linken, als sozialwissenschaftlich gemeinte Ausformulierung der revolutionären ›fraternité‹: Der Begriff sollte zwischen den liberalen Ansprüchen auf Freiheit einerseits und der Notwendigkeit staatlicher Intervention andererseits vermitteln. Er hatte sich von seinen älteren juristischen und moralischen Ursprüngen weitgehend abgelöst und beinhaltete vor allem den *Appell an den aufgeklärten Egoismus des Bürgertums*, nicht nur an seine Unabhängigkeit, sondern auch an seine Verflochtenheit mit dem Geschick der Arbeiterklasse zu denken und rechtzeitig einer sozialen Revolution vorzubeugen. Die Argumentation berief sich auf ›wissenschaftliche Grundlagen‹, um die ›solidarité sociale et morale‹ zu begründen.[458]

»Der solidarischen Begründung der sozialen Staatsintervention dient [...] die Annahme eines Quasi-Kontraktes als Grundlage einer Rechts- und Sozialordnung, die Reich und Arm solidarisch verbindet und gegenüber der Vergangenheit die heutigen Besitzenden zu Schuldnern und die heute Besitzlosen zu Gläubigern macht. [...] Die praktischen Forderungen, die Bourgeois aus seiner Lehre ableitet, sind die kostenlose Schulbildung für die Gesamtbevölkerung, die Sicherung gegen die sozialen Risiken durch die ›Assurance sociale‹ und die Abtragung der ›Sozialschuld‹ mittels der progressiven Besteuerung.«[459]

---

456 Vgl. Kott, Sandrine: Gemeinschaft oder Solidarität? Unterschiedliche Modelle der französischen und deutschen Sozialpolitik am Ende des 19. Jahrhunderts. In: Geschichte und Gesellschaft 22 (1996), S. 311-330.

457 Vgl. Hayward, J. E. S.: The Official Social Philosophy of the French Third Republic: Léon Bourgeois and Solidarism. In: International Review of Social History 6 (1961), S. 19-48. Léon Bourgeois (1851-1925), der Vordenker dieser Ideologie, war trotz vielfältiger Staatsämter mehr Intellektueller als Politiker. Als Vorkämpfer für den Völkerbund erhielt er 1920 den Friedensnobelpreis.

458 Vgl. Hatzfeld, Henri: Du paupérisme à la sécurité sociale, 1850-1940. Paris 1971, S. 270-281, Zitat S. 272; Hayward, Solidarity, S. 278f.; Der Sache nach handelt es sich um eine ähnliche Argumentation wie bei Lorenz von Stein, allerdings auf weit geringerem analytischem Niveau.

459 Bremme, Freiheit und soziale Sicherheit, S. 131; vgl. auch Bourgeois, Léon: Solidarité. Paris 1896.

Wie zu zeigen sein wird, hat dieses solidaristische Programm zwar die politische Rhetorik der wohlfahrtsstaatlichen Entwicklung bestimmt, doch wurden seine Ziele durch die institutionelle Absicherung der Interessen der Wohlhabenden stets erneut unterlaufen.

4.3.2 Wirtschaftsentwicklung und Staatstätigkeit[460]

Bis zur Französischen Revolution lag das Schwergewicht der französischen Wirtschaft auf der Landwirtschaft, von der vor allem der Adel und der Klerus profitierten. Auf dem Lande brachte die Aufhebung aller feudalen Rechte, die Überführung des Bodens in Privateigentum und die Enteignung der Güter von Kirche und emigrierten Adligen eine tiefgreifende Veränderung der sozioökonomischen Verhältnisse in Gang, die schließlich zum Nutzen des Bürgertums und der wohlhabenden Bauern und zu Lasten der Kleinpächter und Armen ausging.[461]

Daneben hatte seit Colbert eine merkantilistische Wirtschaftspolitik zahlreiche Gewerbe entstehen lassen, die jedoch nur unter königlicher Lizenz ausgeübt werden durften. Die Revolution schaffte alle Einschränkungen der wirtschaftlichen Betätigung ab und schuf damit die rechtlichen Voraussetzungen für eine weitere wirtschaftliche Entwicklung des ohnehin vergleichsweise reichen Landes. Dabei dominierte eine liberal-individualistische Ideologie. Radikale Wirtschaftsfreiheit ohne Staatsintervention sowie das Recht auf egoistische Verfolgung der individuellen Interessen:

›Les hommes étant également libres et ne se devant rien, ils n'ont le droit de rien se demander les uns aux autres qu'autant qu'ils se rendent des valeurs égales.‹[462]

460 Vgl zum folgenden: Histoire économique et sociale de la France. Hg. v. Fernand Braudel u. Ernest Labrousse. 4 Bde., Paris 1993; Dupeux, Georges: La société française 1789-1960. Paris 1964.
461 Vgl. Soboul, Albert: Le choc révolutionnaire, 1789-1797. In: Histoire économique et sociale, Bd. III.1, S. 5-64, hier S. 17-23; Laurent, Robert: Les cadres de la production agricole: Propriété et modes d'exploitation. Ebda., Bd. III/2, S. 629-662, hier S. 642-646.
462 »Die Menschen sind gleichermaßen frei und schulden sich nichts; daher haben sie auch nicht das Recht, etwas voneinander zu verlangen, wenn sie nichts Gleichwertiges zurückgeben.« Constantin-François de Chasseboef, comte de Volney, La Loi naturelle ou Principes physiques de la morale (1821), zitiert nach Ozouf, Mona: L'homme régénéré. Essais sur la Révolution française. Paris, 1989, S. 179.

Trotz günstiger demographischer und gewerblicher Voraussetzungen gewann die französische Wirtschaft in der 1. Hälfte des 19. Jahrhunderts jedoch nur eine *geringe Dynamik*. Die Landwirtschaft blieb lange der wichtigste Wirtschaftszweig; noch in den 1930er Jahren war mehr als ein Drittel der Erwerbstätigen dort tätig. Das Finanzkapital drängte weniger in die Industrie als in den Handel, und der Kapitalexport – häufig zur Kapitalflucht gesteigert – setzte sich noch nach dem Zweiten Weltkrieg fort. Die überwiegend kleinbetrieblichen Unternehmer erwiesen sich technischen Fortschritten gegenüber als weniger aufgeschlossen als in anderen Ländern Europas, und eine protektionistische Handelspolitik ersparte ihnen die ausländische Konkurrenz. Der industrielle Aufschwung wurde insbesondere durch die staatliche Eisenbahnpolitik vorangebracht und vollzog sich parallel zu den deutschen Gründerjahren während des Zweiten Kaiserreichs. Aber diese anläßlich der fünf Pariser Weltausstellungen zwischen 1855 und 1900 eindrücklich demonstrierte Wirtschaftskraft entwickelte sich in der ersten Hälfte des 20. Jahrhunderts mit deutlich geringerer Dynamik als in den übrigen Teilen Europas.

Hierfür wird nicht zuletzt die Stagnation der Bevölkerung verantwortlich gemacht.[463] Wohl als Folge der Aufhebung der Testierfreiheit (1793) und des Anerbenrechts im ›Code Napoléon‹ (1808) beschränkten zunächst die bäuerlichen und bürgerlichen Schichten ihre Geburten, um die Vermögenszerstückelung zu verhindern, was zu einem deutlichen Geburtenrückgang bereits ab 1830 führte. Um 1800 lebten 28 Mio. Menschen oder fast ein Viertel der damaligen Gesamtbevölkerung Europas in Frankreich; um 1900 waren es 40 Mio. oder 43 % mehr; im gleichen Zeitraum verdreifachte sich dagegen die Bevölkerung in anderen Ländern Europas. Dementsprechend alterte die französische Bevölkerung: Um 1900 waren bereits 12 % der Franzosen über 60 Jahre alt. Das *bevölkerungspolitische Interesse* wurde in der Folge ein wichtiges Movens für die französische Familienpolitik nach dem Zweiten Weltkrieg.

In der Tat erlebte Frankreich nach Kriegsende eine ›demogra-

---

463 Vgl. Armengaud, André: La démographie, signe et facteur: Une population quasi stationnaire, 1880-1914. In: Histoire économique, Bd. IV.1, S. 93-116.

phische Erneuerung‹, die auch mit einer Beschleunigung des Wirtschaftswachstums in ähnlichen Größenordnungen wie in anderen Ländern Westeuropas einherging. Die wirtschaftliche Modernisierung ging dabei nicht, wie z. B. in Deutschland, primär von unternehmerischen Initiativen und von Marktkräften aus. Vielmehr wurde 1946 eine staatliche Planungsbehörde (›Commissariat au plan‹) gegründet, der zunächst eine umfassende Investitionsplanung für den Wiederaufbau und die Restrukturierung der französischen Wirtschaft nach dem Zweiten Weltkrieg oblag. Die regierende Mitte-Links-Koalition nationalisierte außerdem wichtige Banken und Industriezweige, so daß von vorneherein dem öffentlichen Sektor eine größere wirtschaftliche Bedeutung als in anderen Ländern Westeuropas zukam. So entwickelte sich in Frankreich eine ›économie dirigée‹, ein Mischtyp zwischen Markt- und Planwirtschaft; das im Rahmen der Kriegswirtschaft eingeführte Instrument der Preiskontrollen blieb bis in die 1980er Jahre bereichsweise in Kraft.[464]

Die ›planification‹ erwies sich in der Wiederaufbauphase nach dem Kriege und selbst in den frühen Phasen der Europäischen Integration als ein durchaus erfolgreiches Instrument der Wirtschaftspolitik. Im Zuge der fortschreitenden Liberalisierung der Märkte durch die europäische Integration wurden auch die Mechanismen der ›planification‹ elastischer. Seit einer Reform im Jahre 1982 dient sie vor allem einer im Grundsatz freiwilligen Koordination volkswirtschaftlich besonders bedeutsamer Aktivitäten sowie einer Dezentralisierungspolitik, welche die regionale Wirtschaftsentwicklung gleichzeitig stärken und koordinieren soll.[465]

Durch die Maiunruhen von 1968 wurde die ›planification‹ erstmals nachhaltig in Frage gestellt. Wirtschaftsplanung war bis dahin an den Interessen der Arbeiter und ihrer Gewerkschaften weitgehend vorbeigegangen. Das Übergreifen der Studentenunruhen auf die Arbeiterschaft, der Aufruf aller großen Gewerkschaften zum Generalstreik und die anschließende Desorgani-

---

464 Dies steht durchaus in Kontinuität zum seit dem Merkantilismus starken Einfluß staatlicher Wirtschaftspolitik. Selbst im liberalen 19. Jahrhundert wurde die Modernisierung stärker durch den Staat als durch die nach außen durch Zölle geschützten Märkte vorangetrieben.
465 Vgl. Planification (Économie), In: Encyclopédia universalis, Bd. 14, S. 779-781.

sierung des wirtschaftlichen und öffentlichen Lebens haben nachhaltige Bedenklichkeiten in den politischen Eliten hinterlassen und zu einer aktiveren staatlichen Sozialpolitik Anlaß gegeben. Die nachfolgenden Interventionen erwiesen sich jedoch als wenig erfolgreich. Mit dem Beitritt Frankreichs zum europäischen Währungssystem entfiel ein wichtiges Ventil der französischen Wirtschaftspolitik, die Möglichkeit der Abwertung. Dies und der wachsende internationale Einfluß führten zu einer – erneut dirigistischen – Liberalisierungspolitik, die in zahlreichen Branchen zu Erfolgen geführt hat, als deren Achillesferse jedoch eine zunehmende Arbeitslosigkeit, insbesondere auch unter den Jugendlichen, zu gelten hat.[466]

4.3.3 *Klassenkampf und Arbeitsrecht*

Eine bleibende Errungenschaft der Französischen Revolution war die Wirtschaftsfreiheit, von der vor allem diejenigen profitierten, die auf Grund von Vermögen und/oder Können sich unabhängig halten konnten. Denn die Revolution hatte nicht nur alle zünftigen Beschränkungen aufgehoben, sondern im Rahmen der ›Loi Le Chapelier‹ (1791) auch alle zukünftigen Zusammenschlüsse auf der Basis einer gleichen Wirtschaftstätigkeit – sei es als Selbständiger oder als Arbeiter – für rechtswidrig erklärt.[467] Die Folge war eine erbarmungslose Konkurrenz in der überwiegend kleinbetrieblichen Wirtschaft, die zu einer wachsenden Verelendung derjenigen führte, die hier nicht mithalten konnten. Trotz der frühen Liberalismuskritik Sismondis wurde erst ab 1840 die ›misère de la classe ouvrière‹ zu einem politischen Thema

---

466 Vgl. Höland, Armin: Neue Formen und Bedingungen der Erwerbsarbeit in Frankreich. Rechtliche und soziologische Beobachtungen. Berlin 1993. Ein guter Überblick über die neuere französische Sozialpolitik findet sich in den Beiträgen von: The French Welfare State. Surviving Social and Ideological Change. Hg. v. John S. Ambler. New York u. London 1991; ferner als Neuerscheinungen Bode, Ingo: Solidarität im Vorsorgestaat; Levy, Jonah: France: Directing Adjustment? In: Scharpf u. Schmidt, Welfare and Work in the Open Economy, Band 2, S. 308-350.

467 Vgl. zum folgenden Fournier, Jacques, u. Nicole Questiaux: Traité du Social. Situations, luttes, politiques, institutions. 2. Aufl. Paris 1978, S. 13-174; Caire, Guy: Les syndicats ouvriers. Paris 1971; Rivero, Jean, u. Jean Savatier: Droit du Travail. 11. Aufl. Paris 1989.

in Frankreich, dessen sich vor allem die hier erstmals so genannten ›Sozialisten‹ annahmen.[468]

Obwohl es sich nicht direkt gegen die damals noch gar nicht existierenden Gewerkschaften richtete, wirkte das Gesetz sich in der Folge vor allem gegen die Zusammenschlüsse von Industriearbeitern aus. Diese Tendenz wurde durch das Strafgesetzbuch von 1810 noch wesentlich verschärft, das zwar auch Zusammenschlüsse von Unternehmern bestrafte, jedoch wesentlich härtere Strafen für Streikende und insbesondere deren Rädelsführer vorsah.[469] Nach den Arbeiteraufständen und -massakern in Lyon und Paris (1834) wurden die Koalitionsverbote noch verschärft. 1864 wurden die Strafbestimmungen aufgehoben, doch die ausdrückliche Gewerkschaftsfreiheit wurde erst 1884 eingeführt, immer noch verbunden mit spezifischen Auflagen, die erst 1927 völlig aufgehoben worden sind.[470]

Die *französischen Gewerkschaften* entwickelten sich auf Grund dieser Bedingungen erst gegen Ende des 19. Jahrhunderts und verfolgten eine stärker syndikalistisch-revolutionäre Linie als im Ausland. 1902 schlossen sich die Verbände der örtlichen und der branchenspezifisch orientierten Gewerkschaften zur ›Confédération générale du travail‹ (C. G. T.) zusammen, die sich eine sozialistische Veränderung der Produktionsverhältnisse zum Ziele setzte. Nach dem Ersten Weltkrieg, der die französischen wie die deutschen Arbeiter in die nationale Kraftanstrengung einband, scheiterte ein Generalstreik (1920), und es kam zur Abspaltung einer kommunistischen Gewerkschaft (C. G. T. U.) von der weiterhin sozialistischen C. G. T. Zeitgleich entstand eine vom Sozialkatholizismus inspirierte ›Confédération française des travailleurs chrétiens‹ (C. F. T. C.), und diese weltanschauliche und parteipolitische Spaltung der Gewerkschaftsbewegung hat sich bis weit in die V. Republik erhalten. Zudem gelang es den franzö-

<hr>

468 Den größten öffentlichen Eindruck machten jedoch die detaillierten Beschreibungen eines französischen Arztes über die miserablen Arbeitsbedingungen in der französischen Textilindustrie und ihre Folgen für die Wehruntüchtigkeit der Jugend: Villerme, Louis R.: Tableau de l'état physique et moral des ouvriers employés dans les manufactures de coton, de laine et de soie. 2 Bde., Paris 1840.

469 Vgl. The Making of Labour Law, S. 378: Rädelsführer waren mit 2 - 5 Jahren Gefängnis zu bestrafen!

470 Vgl. The Making of Labour Law, S. 208 - 210; Fournier u. Questiaux, Traité, S. 22 - 24.

sischen Gewerkschaften nie, die Mehrheit der französischen Arbeiter zu organisieren, und sie fanden nur selten zu größeren gemeinsamen Aktionen zusammen. So blieb die Arbeiterbewegung in Frankreich politisch schwach, mit Ausnahme der kurzen Zeiten von Volksfrontregierungen.

Staatliche Maßnahmen des *Arbeitsschutzes* stießen trotz der dominierend liberalen Wirtschaftsauffassung auf geringere Widerstände als in England. Instanzen zur Schlichtung von Arbeitsstreitigkeiten (Conseils de Prud'hommes) hatte bereits Napoleon I. vorgesehen; unter Napoleon III. bekamen darin auch Arbeiter gleichberechtigt Sitz und Stimme. Durch ein Gesetz von 1907 wurden die Conseils zu erstinstanzlichen Arbeitsgerichten; ab der zweiten Instanz fungiert die Zivilgerichtsbarkeit. Frankreich war auf diesem Gebiet international führend.[471] Staatliche Arbeitsvermittlungsstellen wurden bereits 1852 eingeführt. Das erste Kinderschutzgesetz datiert von 1841, blieb allerdings ohne Kontrollinstanzen. Ein durch Fabrikinspektion gesicherter Arbeitsschutz wurde 1874 gesetzlich vorgesehen und ab 1892 effektiv durchgeführt.[472] Der Zehnstundentag wurde 1900 Gesetz, und bereits 1910 wurde der erste Teil eines Arbeitsgesetzbuches (Code du travail) in Kraft gesetzt, der die bis dahin nahezu unbeschränkte Freiheit des Arbeitsvertrags regulierte. Ein Arbeitsministerium wurde 1906 gegründet; in dieselbe Zeit fallen wichtige Gesetze zur betrieblichen Unfallversicherung und erste Versuche zur Einführung der Sozialversicherung (vgl. 4.3.5.1).

Es gab also durchaus staatliche Bemühungen um die Regulierung der industriellen Arbeit, die jedoch gleichermaßen auf Skepsis bei den ›Patrons‹ und bei den sozialistischen Gewerkschaften stießen. Die tragenden Kräfte dieser ›solidaristischen‹ Sozialpolitik waren die aus weltanschaulichen Gründen miteinander verfeindeten laizistischen Radikalen und der sich ab 1870 unter dem Einfluß Bischof Kettelers formierende und seit der Enzyklika ›Rerum Novarum‹ des Papstes Leo XIII. verstärkt auftretende Sozialkatholizismus.[473] Sie vermochten jedoch in dem von fortgesetztem Mißtrauen beider Seiten genährten, hier buchstäblichen *Klassenkampf* nicht zu vermitteln. Dies war keineswegs

471 Vgl. hierzu The Making of Labour Law, S. 270-272.
472 Näheres bei Bourquin, ›Vie ouvrière‹ und Sozialpolitik, S. 107-112.
473 Vgl. Dumons, B., u. G. Pollet: L'état et les retraites. Genèse d'une politique. Paris 1994, S. 185-327.

nur auf die überwiegend syndikalistisch-revolutionäre Einstellung der organisierten Arbeiterbewegung zurückzuführen, sondern ursprünglicher noch auf einen im ›Patronat‹ verbreiteten autoritären Paternalismus:

»One characteristic of the industrial entrepreneur, whatever the scale of his activity, was the will to preserve his authority, and an often intransigent refusal to negotiate on any matter which might appear to threaten this. It was usually believed that concessions would seem as a sign of weakness and only encourage further demands. This explains the bitterness of many labour disputes.«[474]

Die ökonomisch und politisch auch in Frankreich instabile Zwischenkriegszeit war den Gewerkschaften nicht förderlich. Gewaltsame Auseinandersetzungen im Jahre 1934 führten jedoch zu einer kurzzeitigen Verbindung der sozialistischen und der kommunistischen Gewerkschaften, und in der Folge zum Wahlsieg der Linksparteien und zur Volksfrontregierung unter Léon Blum. Diese Regierung setzte weitreichende Sozialgesetze durch und brachte erstmals Arbeitgeber und Arbeitnehmer an einen Tisch. Im sog. ›Matignon-Abkommen‹ (1936) anerkannten die mittlerweile ebenfalls in einem Spitzenverband (Confédération générale du patronat français: C. G. P. F.) organisierten Arbeitgeber erstmals die Gewerkschaften als Arbeitnehmervertreter an, erklärten sich zum Abschluß von Tarifverträgen bereit und verzichteten auf die Benachteiligung von Gewerkschaftsmitgliedern im Betrieb. Es wurden substantielle Lohnerhöhungen, 14 Tage bezahlter Urlaub und die Vierzigstundenwoche vereinbart. Im gleichen Jahr wurde ein Tarifvertragsgesetz verabschiedet, das die Möglichkeit der Allgemeinverbindlich-Erklärung von Tarifverträgen und eine Zwangsschlichtung vorsah.[475] Parallelen zur Entwicklung in Schweden sind unübersehbar, aber im Unterschied zur 44jährigen Herrschaft der Sozialdemokraten in Schweden mußte die Volksfront-Regierung Blum nach einem Jahr abdanken.

Die anschließende Instabilität der Regierungen, der bald darauf ausbrechende Zweite Weltkrieg und die französische Niederlage ließen die Sozialreformen der Volksfrontregierungen zunächst nicht zur Wirkung kommen. Auch nach Kriegsende blieben die

---

474 Price, Roger: A Social History of Nineteenth-Century France. London u. a. 1987, S. 205.
475 Vgl. Fournier u. Questiaux, Traité, S. 30-32.

Arbeitsbeziehungen meist gespannt, und die Gesetzgebung wurde im Sinne freiwilliger Schlichtungsprozeduren liberalisiert. Weiterhin dominierte die klein- und mittelbetriebliche Produktionsweise, die sich einer verbandlichen Organisierung schwer fügte. So entstanden funktionsfähige Tarifverhandlungssysteme nur auf betrieblicher, nicht auf branchenspezifischer oder nationaler Ebene. Und auch die ›planification‹ kümmerte sich nicht um die industriellen Beziehungen.

Erst die Maiunruhen von 1968 führten zu neuen Impulsen für die Arbeitsgesetzgebung. Die bürgerliche Regierung Chaban-Delmas setzte sich nun selbst an die Stelle des nicht gelingen wollenden Korporatismus: Sie erhöhte die Mindestlöhne drastisch, oktroyierte den Tarifpartnern Verhandlungen auf nationaler Ebene über die Arbeitsbedingungen und erklärte Tarifverträge, die in staatseigenen Betrieben ausgehandelt worden waren, für allgemein verbindlich. Weitere Maßnahmen wurden ab 1982 im Zuge des Liberalisierungsprogramms getroffen.[476] Dabei verfolgten die Regierungen nunmehr jedoch eine weniger dirigistische Politik der Stärkung von Arbeitnehmereinflüssen innerhalb der Betriebe und auf gesamtwirtschaftlicher Ebene.[477]

Es hat den Anschein, als ob das historische Grundmuster des Klassenkampfes in den letzten Jahrzehnten überwunden worden sei, auch wenn es in Frankreich nicht, wie in den meisten westlichen Wohlfahrtsstaaten zu einem stabilen Muster korporatistischer Zusammenarbeit gekommen ist. Möglicherweise liegt dies an der *Schwäche der Gewerkschaften* in den meisten Branchen, die heute nur noch ca. 10% der Arbeitnehmer organisieren. Die Wahrnehmung der Arbeitnehmerinteressen scheint heute weit stärker auf die Linksparteien übergegangen zu sein. Dies ist ein Ausdruck der zunehmenden Verantwortung, die der Staat für die industriellen Beziehungen und die Sozialpolitik überhaupt seit 1968 und erst recht seit der wirtschaftlichen Liberalisierungspolitik im Horizont der Globalisierung übernommen hat.[478]

---

476 Vgl. Levy, France, S. 324-329. Ein chronologischer Überblick über die Entwicklung der industriellen Beziehungen in Frankreich findet sich bei Armingeon, Staat und Arbeitsbeziehungen, S. 185-188.

477 Zum – nach wie vor vergleichsweise bescheidenen – Einfluß der Arbeitnehmer und ihrer Vertretungen vgl. Waschker, Mitbestimmungssysteme, S. 126-140.

478 Vgl. Levy, France, S. 329-344.

4.3.4 Die Krise der Familie und der Bevölkerung als Leitproblem der französischen Sozialpolitik[479]

Aus den geschilderten Gründen stand im Zentrum des frühen sozialpolitischen Interesses in Frankreich weder die Armuts- noch die Arbeiterfrage, sondern die Sorge um die Familie und den Bevölkerungsnachwuchs. Bevölkerungspolitische Besorgnisse lassen sich bis in die vorrevolutionäre Zeit zurückverfolgen. Im Unterschied zu England, wo die Armutsfrage von Malthus als Problem ungehemmter Fortpflanzung der Unterschichten interpretiert wurde, wurden in Frankreich der hohe Anteil der Unverheirateten und die hohe Kindersterblichkeit schon im 18. Jahrhundert unter bevölkerungspolitischen Gesichtspunkten thematisiert. In die Restaurationszeit fiel eine sich wandelnde Einstellung zur Familie: Hatte man bis dahin uneheliche und von ihren Eltern verlassene Kinder in Findelhäusern großgezogen, so wandelte sich nunmehr – vor allem unter dem Einfluß De Gerandos[480] – die Auffassung dahingehend, daß zur Bekämpfung der Armut und zur Verhinderung eines Anwachsens der ›classes dangereuses‹ im Zuge von Industrialisierung und Verstädterung eine Förderung und Stärkung der Familien erforderlich sei. So rückte »die Arbeiterfamilie [...] schon sehr frühzeitig ins Zentrum der soziologischen und auch sozialpolitischen Auseinandersetzung mit der ›sozialen Frage‹. [...] die schlechten Wohnverhältnisse und die Verbreitung mütterlicher Erwerbstätigkeit innerhalb der Arbeiterklasse wurden [...] als wichtigste Ursachen der Instabilität und mangelnden Leistungsfähigkeit der Arbeiterfamilie interpretiert.«[481]

Es ist vor allem der am *Ideal der patriarchalischen Familie* ori-

---

479 Vgl. zum folgenden Bremme, Freiheit und soziale Sicherheit, S. 176-200; Schultheis, Franz: Sozialgeschichte der französischen Sozialpolitik. Frankfurt/New York 1988; Talmy, R.: Histoire du mouvement familial de France. 2 Bde., Paris 1962.

480 Marie-Joseph de Gerando verfaßte auf die 1817 ausgeschriebene Preisfrage: ›Welches sind die Mittel, echte Bedürftigkeit zu erkennen, und dem Almosen eine für Spender wie Empfänger nützliche Form zu geben?‹ seine zuerst 1820 veröffentlichte Schrift ›Le visiteur du pauvre‹, welche erstmals eine nachgehende Fürsorge propagierte und den bis heute vergleichsweise eingreifenden und kontrollierenden Stil der französischen Sozialfürsorge programmierte; vgl. Schultheis, Geschichte, S. 64-70.

481 Schultheis, Geschichte, S. 109. Vgl. ferner Castel, Robert: Les métamorphoses de la question sociale. Une chronique du salariat. Paris 1995.

entierten Gesellschaftslehre Frédéric Le Plays zuzuschreiben,[482] daß in Frankreich schon in der 2. Hälfte des 19. Jahrhunderts

»die Institution ›Familie‹ [...] den Status eines sozialen Ordnungsmodells par excellence (gewann), dessen Verbreitung und Stärkung innerhalb der städtischen Unterschichten gerade von seiten sozialpolitisch engagierter Unternehmer mit großen Anstrengungen gefördert wurde.«[483]

Le Play propagierte eine paternalistische betriebliche Sozialpolitik, welche vielerorts zu Experimenten mit Familienlöhnen, dem Bau von Arbeiterwohnungen und zu Maßnahmen zur Qualifizierung von Hausfrauen und Müttern führte. Sein Schüler Léon Harmel gründete 1891 die erste Kasse für Familienzulagen.[484]

Nur in Verbindung mit dem bevölkerungspolitischen Motiv konnte jedoch das familienpolitische Interesse sich politisch durchsetzen. In Besorgnis über das Stagnieren der Bevölkerung und den sich in seiner Konsequenz abzeichnenden militärischen und politischen Machtverlust wurde bereits 1896 eine ›Nationale Allianz für das Wachstum der französischen Bevölkerung‹ gegründet,[485] und die Verluste von 10% der männlichen Bevölkerung im erwerbstätigen Alter durch die Toten des Ersten Weltkriegs machte das Problem auch wirtschaftspolitisch brisant.

Wiederum kam der Vorstoß von Unternehmerseite. Arbeitgeberverbände gründeten überbetriebliche *Familienausgleichskassen* (›Caisses de compensation‹), um einen versicherungsähnlichen Ausgleich zwischen den in unterschiedlichem Maße Väter kinderreicher Familien beschäftigenden Betrieben zu schaffen. Diese freiwillige Maßnahme verbreitete sich rasch in ganz Frankreich, führte aber im einzelnen zu sehr unterschiedlichen Lösungen.[486] Dabei wurde allerdings das Motiv der Familienförderung weitgehend durch lohnpolitische Überlegungen überlagert: Durch Elemente eines Familienlohns sollte der Druck der Gewerkschaften auf höhere Löhne abgemildert werden. Die Familienausgleichskassen wurden jedoch von den Kleinbetrieben nur

---

482 Le Play, Frédéric: Les ouvriers européens. 6 Bde., Paris 1855; ders.: La réforme sociale en France. Paris 1864. Zu Le Play vgl. Bourquin, ›Vie ouvrière‹ und Sozialpolitik, S. 92-95.
483 Schultheis, Geschichte, S. 150.
484 Bremme, Freiheit und soziale Sicherheit, S. 179.
485 Bourquin, ›Vie ouvrière‹ und Sozialpolitik, S. 300.
486 Vgl. Schultheis, Geschichte, S. 251-261.

wenig angenommen: Um 1930 waren erst 7% aller Betriebe und weit weniger als die Hälfte der Arbeitnehmer von den Kassen erfaßt.[487] Die Einführung eines staatlichen Obligatoriums (1932) übernahm die gewachsene Struktur der privaten Ausgleichskassen und übertrug ihnen öffentlich-rechtliche Aufgaben. Dies wurde zu einem Präzedenzfall für die Entwicklung der Sozialversicherung nach dem Zweiten Weltkrieg.

Parallel zur Gründung der ersten Ausgleichskassen verstärkte sich die soziale Bewegung zugunsten von Familien durch mehrere *Verbandsgründungen*, und eine »Deklaration der Rechte der Familien« (1920) forderte eine am Wohl der Familie unabängig von Staatsinteressen orientierte Politik.[488]

Auch von seiten der Regierung gab es *erste familienpolitische Initiativen* und die Gründung entsprechender administrativer Einheiten. 1919 wurde ein nach der Kinderzahl progressiver Familienlastenausgleich für alle Angehörigen des öffentlichen Dienstes eingeführt; kinderreiche Familien erhielten eine jährliche Unterstützung aus Steuermitteln und Fahrpreisermäßigungen bei den Staatsbahnen; die Familienverhältnisse wurden im Einkommenssteuerrecht berücksichtigt (1920, 1926); und in mehreren Departements wurden Geburtsprämien eingeführt. Ebenfalls als Folge des Ersten Weltkriegs beschoß die Nationalversammlung die Subventionierung des sozialen Wohnungsbaus, wobei der Bau von Wohnungen für kinderreiche Familien besonders gefördert wurde.

Eine Koordination und Stärkung dieser vielfältigen Initiativen wurde mit dem unmittelbar vor Kriegsausbruch verabschiedeten ›Code de la Famille‹ (1939) angestrebt, der als das früheste Dokument einer ein eigenständiges Politikfeld konstituierenden Sozialgesetzgebung in Frankreich, aber auch als weltweit erste, umfassende familienpolitische Gesetzgebung gelten darf. Nunmehr wurden die grundlegenden Leistungen (›allocations familiales‹) für Familien aller Bevölkerungsgruppen vereinheitlicht und zudem eine Reihe bedarfsorientierter Leistungen hinzugefügt, so eine Zulage für Hausfrauen unterer Einkommensgruppen und die Garantie eines bedarfsorientierten Einkommensminimums.[489] Die Struktur der verbandlichen Familienausgleichskas-

---

487 Ceccaldi, Dominique: Histoire des prestations familiales en France. Paris 1957, S. 35.
488 Schultheis, Geschichte, S. 302 f.

sen blieb erhalten, die Mitgliedschaft der Arbeitgeber und ihre Beitragszahlung wurden nunmehr jedoch zur Pflicht gemacht und ergänzende Kassen geschaffen. Nach dem Kriege nahmen die Leistungen für Familien mit zunächst 46% den weitaus größten Teil der Sozialausgaben in Anspruch. Dieser hat sich seither stark vermindert (1985: 15%), da einerseits die Familienleistungen nicht mit der Erhöhung der Einkommen Schritt hielten und andererseits die Ausgaben insbesondere für Krankheit und Alter überproportional angestiegen sind. Allerdings bezieht dieser Wert von 15% vielfältige Leistungen anderer Vorsorgesysteme und des Steuersystems nicht mit ein, die ebenfalls den Familien zugute kommen. Susan Pedersen schätzt, daß in den 1980er Jahren mehr als 20% des französischen Sozialbudgets auf Leistungen zugunsten der Familien entfielen, verglichen mit 15% in Schweden, 11% in Großbritannien und 4% in der Bundesrepublik Deutschland.[490] Allerdings hat sich die Zielsetzung des Familienlastenausgleichs in den letzten Jahrzehnten verändert: Während bis 1968 natalistische Legitimationen dominierten, wird die Familienpolitik heute vor allem unter dem Gesichtspunkt der Armutsprävention gefördert. Dies kommt auch darin zum Ausdruck, daß im Zuge der seit den neunziger Jahren einsetzenden Kürzungspolitik ein wachsender Teil der Leistungen für Familien und Kinder nur bis zu bestimmten Einkommensgrenzen gewährt wird. Die zunehmende Arbeitslosigkeit und die Defizite im gesamten französischen Sozialsystem, aber auch die Veränderungen der privaten Lebensformen stellen die herkömmliche französische Familienpolitik in Frage.[491]

489 Einen Überblick über die breite Palette familienpolitischer Leistungen in Frankreich (Stand 1981) gibt Schultheis, Geschichte, S. 372-377; vgl. auch Fournier u. Questiaux, Traité du social, S. 549-592; eine knappe Übersicht über den neuesten Stand findet sich bei Becker, Andrea, u. Ingo Bode: Die Renaissance der nationalen Solidarität. Solidarischer Konservatismus in Frankreich und seine Grenzen. In: Zeitschrift für Sozialreform 44 (1998), S. 769-793, hier S. 777-780.
490 Pedersen, Family, S. 415.
491 Vgl. Commaille, Jacques: Misères de la famille, question d'état. Paris 1996.

4.3.5 ›Solidarité‹ und ›Sécurité sociale‹[492]

Die Entstehung des sozialen Sicherungssystems in Frankreich hat eine lange Vorgeschichte vorwiegend ideologischer, aber auch interessenbesetzter Auseinandersetzungen, die hier nur angedeutet werden kann. Den Ausgangspunkt bildet die französische Revolution, welche alle intermediären Korporationen und Gruppen für abgeschafft erklärte und damit auch die mit ihnen verbundenen Solidaritäten und Schutzansprüche, ebenso die kirchliche Armenfürsorge. Die revolutionär hergestellte »Staatsunmittelbarkeit des Individuums« (R. Koselleck) schlug sich auch sogleich in der Feststellung einer staatlichen Verantwortung für den sozialen Schutz des Individuums nieder:

»Die öffentliche Unterstützung der Bedürftigen ist eine heilige Verpflichtung. Die Gesellschaft übernimmt den Unterhalt der ins Unglück geratenen Bürger, sei es nun, daß sie ihnen Arbeit gibt oder denjenigen, welche arbeitsunfähig sind, die Mittel ihres Unterhalts zusichert.«[493]

Dieses Programm existierte zwar nur auf dem Papier, aber es bestimmte die Hoffnungen der Armen und die Befürchtungen der liberalen Bürger in den folgenden 150 Jahren. Die Revolution von 1848 machte den kurzlebigen Versuch, ein Recht auf Arbeit in die Wirklichkeit umzusetzen. Die öffentliche Verpflichtung, den Arbeitslosen Arbeit und den Arbeitsunfähigen die notwendigen Existenzmittel zu verschaffen, widersprach dem liberalen Selbstverständnis. Es wurde vielmehr als Pflicht eines jeden angesehen, für sich selbst zu sorgen. Noch 1895 weigerte sich der französische Senat, einer Subventionierung der Armenfürsorge zuzustimmen und widmete den Betrag zur Förderung von Hilfskassen

---

492 Vgl. zum folgenden Hatzfeld, Du paupérisme; Bourquin, ›Vie ouvrière und Sozialpolitik; Galant, Henry C.: Histoire politique de la sécurité sociale française 1945-1952. Paris 1955; Igl, Gerhard: Einführung in das Recht der sozialen Sicherheit in Frankreich. In: Igl, Schulte u. Simons: Einführung in das Recht der sozialen Sicherheit von Frankreich, Großbritannien und Italien. Beiheft 1 der Vierteljahresschrift für Sozialrecht. Berlin 1978, S. 3-142; Saint-Jours, Yves: Landesbericht Frankreich. In: Ein Jahrhundert Sozialversicherung, S. 181-268.

493 Aus Art. 21 der Verfassung vom 24. Juni 1793, zitiert bei Lampert, Heinz: Französische Revolution und sozialer Rechtsstaat. In: Folgen der Französischen Revolution, S. 105-124, hier S. 114; s. a. Merriem, François-Xavier: L'état providence. Paris 1997, S. 19.

um.[494] Die heute gängige französische Formel zur Bezeichnung der wohlfahrtsstaatlichen Entwicklung, ›état-providence‹, wurde 1864 als polemischer Begriff des ›déspotisme révolutionnaire sous toutes ses formes‹ eingeführt.[495]

4.3.5.1 Anfänge staatlicher Unterstützungs- und Sicherungspolitik

Die soziale Frage wurde in Frankreich zuerst von Sismondi in seiner Auseinandersetzung mit der liberalen Nationalökonomie aufgeworfen.[496] Seine von Marx als kleinbürgerlich verschrieene, jedoch eifrig studierte ›politische Ökonomie‹ wurde zur theoretischen Grundlage des *interventionistischen Denkens* in Frankreich, das durch den Solidarismus von Léon Bourgeois seine ideologische Weihe erhielt.

Die Ausgangssituation war ähnlich wie zu Sismondis Zeiten. Es dominierte eine liberale Ideologie, die ihre soliden theoretischen Grundlagen in der britischen und von Jean-Baptiste Say auch für Frankreich formulierten Wirtschaftslehre hatte. Politisch dominierte der liberale Gedanke der Selbsthilfe, und mit Bezug auf die Lebensrisiken der Gedanke der *Vorsorge (Prévoyance) durch Sparen.* Schon Napoleon III., auf dessen ›soziales Königtum‹ seinerzeit Lorenz von Stein seine Hoffnung gesetzt hatte, förderte die Entstehung von Spar- und Hilfskassen für die Arbeiter. Aber anders als in England, wo die ›friendly societies‹ zu einem Kernelement der Gewerkschaftsbewegung wurden, brachte es das Verbot der Gewerkschaften und die staatliche Förderpolitik mit sich, daß die meisten Hilfskassen auf Gegenseitigkeit (›mutualités‹) unter die Protektion von örtlichen Notabeln gerieten, die sich für eine Unterstützung der Kassen einsetzten und nicht selten mit eigenen Mitteln dem Zusammenbruch der Kassen gegensteuerten. Die Großbetriebe des Bergbaus und die Eisenbahnen gründeten auch bereits eigene Kassen. Die starke

---

494 Hatzfeld, Du paupérisme, S. 36.
495 Merriem, L'état providence, S. 8.
496 Simonde de Sismondi, Jean Charles Léonard: Neue Grundsätze der politischen Ökonomie oder vom Reichtum in seinen Beziehungen zur Bevölkerung (franz. 1819, 2. Aufl. 1827). Nach der 2. Aufl. übersetzt, eingeleitet und hg. v. Achim Toepel. 2 Bde. Berlin 1971-75. Zu Sismondi vgl. de Laubier, L'age de la politique sociale, S. 27-67; Amonn, Alfred: Simonde de Sismondi als Nationalökonom. 2 Bde. Bern 1945-49.

Stellung der auf *freiwilliger Mitgliedschaft* beruhenden ›mutuali-tés‹ übte einen fortgesetzten Einfluß auf die Entwicklung der staatlichen sozialen Sicherung in Frankreich aus; sie existieren noch heute und bilden einen wichtigen Zweig der ergänzenden Altersvorsorge.[497]

In der ersten, sozialliberalen Phase der französischen Sozial-politik um die Jahrhundertwende ging die Auseinandersetzung um die Behandlung der Arbeitsunfälle und um die Armenhilfe. Eine 13 Jahre dauernde Auseinandersetzung um die *Haftung der Unternehmer im Falle von durch den Arbeiter nicht verschulde-ten Arbeitsunfällen* führte schließlich (1898) zu einem neuen Haf-tungstatbestand »berufliches Risiko« (risque professionel), ohne diesen jedoch mit einer Versicherungspflicht des Unternehmers oder gar einer staatlichen Berufsunfallversicherung zu verknüp-fen; lediglich das Insolvenzrisiko des Unternehmers wurde durch eine Art Ausfallbürgschaft seitens des Staates übernommen. Gleichzeitig wurde die Entschädigungshöhe gegenüber der zivil-rechtlichen Verschuldenshaftung beschränkt.[498] Erst nachdem die Gerichte die Stellung der geschädigten Arbeiter zusätzlich ge-stärkt hatten, vermochte das Gesetz allmählich seine Schutzfunk-tion zu entfalten.[499]

Was die *Armenfürsorge* betrifft, so wird die vorherrschende Auffassung während des 19. Jahrhunderts in einer Äußerung aus der Parlamentsdebatte um das Fürsorgegesetz von 1905 sichtbar:

»In einem wirklich freien Land sollte sich die Rolle des Staates bis auf we-nige Dinge auf die Funktionen beschränken, für die er geschaffen wurde, d. h. den äußeren und inneren Frieden zu wahren. Der Rest betrifft ihn nicht, und ich meine insbesondere, daß alle Probleme der öffentlichen Für-

497 Vgl. Pollet, Gilles, u. Didier Renard: Entstehung und Umsetzung des pa-ritätischen Gedankens im System der sozialen Sicherung Frankreichs. In: Geschichte und Gesellschaft 22 (1996), S. 331-349.
498 Im Falle totaler Erwerbsunfähigkeit zwei Drittel, bei teilweiser Erwerbs-unfähigkeit die Hälfte des bisherigen Lohnes. Vgl. Hatzfeld, Du pau-périsme, S. 37-103; Bourquin, ›Vie ouvrière‹ und Sozialpolitik, S. 112f.; sowie die große Studie von Ewald, François: L'état providence. Paris 1986. Gek. dt. Ausg.: Der Vorsorgestaat. Frankfurt/M. 1993.
499 Vgl. Saint-Jours, Landesbericht Frankreich, S. 219f. – Nach der Über-nahme der Berufsunfallversicherung durch die Krankenkassen (1946) wurden dort Maßnahmen der Unfall- und Krankheitsprävention entwik-kelt, die der Wirksamkeit der deutschen Berufsgenossenschaften ver-gleichbar sind; vgl. 5.2.2.2.

sorge viel zufriedenstellender gelöst werden könnten, und zugleich auf weniger kostspielige Art, wenn ihre Lösung voll und ganz den kleineren Gebietskörperschaften überlassen bliebe, d. h. den Gemeinden und Departements und vor allem der Initiative der Verbände und des Einzelnen.‹[500]

Um die Jahrhundertwende ging es allerdings der laizistischen Regierung darum, die katholische Kirche nicht nur aus dem Schulwesen, sondern auch aus dem Fürsorgewesen zurückzudrängen. Unter Rückgriff auf die Legitimationsfigur der ›Solidarité‹ entstanden zwischen 1893 und 1905 Gesetze über die unentgeltliche Krankenhilfe, die Kinderfürsorge und den Unterhalt sowie die Pflege mitteloser alter Menschen.[501] Der Ausbau staatlicher Altersfürsorge beschränkte sich also auf streng umgrenzte Zielgruppen; die übrigen Notleidenden blieben auf das Ermessen lokaler Armenbehörden, private Wohltätigkeit und vor allem auf familiale Unterstützung angewiesen. Der Umgang mit den Problemen drückender Armut war somit in Frankreich weit restriktiver als die in etwa parallelen Entwicklungen in Großbritannien.[502]

Das Gesetz über die Altenhilfe stand im größeren Zusammenhang einer Diskussion um die Alterssicherung der Arbeiter. Von der ersten parlamentarischen Initiative (1879) bis zur Verabschiedung eines Gesetzes über die *Pflichtversicherung der Arbeiter und Bauern (1910) gegen die Risiken der Invalidität und des Alters* vergingen über dreißig Jahre.[503] Die Bismarcksche Sozialversicherung wurde auch in Frankreich lebhaft und kontrovers diskutiert, und allein in diesem Bereich konnte sich eine in etwa ähnliche Lösung durchsetzen.[504] Aber dieses die ›Patrons‹ und die Arbeiter zu einer je hälftigen Beitragszahlung verpflichtende, am Kapitaldeckungsprinzip orientierte Versicherungssystem wurde von beiden Seiten nicht recht angenommen; auch wies es zu-

500 Comte de Lanjuinais, 15. Juni 1903, zit. bei Saint-Jours, Landesbericht Frankreich, S. 210.

501 Vgl. Alfandari, Elie: Aide sociale – action sociale. Paris 1974, S. 8 f.; Hatzfeld, Du paupérisme, S. 65-79, sowie ausführlicher Weiss, John H.: Origins of the French Welfare State: Poor Relief in the Third Republic, 1871-1914. In: French Historical Studies 13 (1983), S. 47-78.

502 Vgl. Merriem, François-Xavier: Divergences Franco-Britanniques. In: Face à la pauvreté. L'Occident et les pauvres hier et aujourd'hui. Hg. v. François-Xavier Merriem. Paris 1994, S. 99-135.

503 Eine ausführliche Darstellung des politischen Prozesses gibt Bourquin, ›Vie ouvrière‹ und Sozialpolitik, S. 145-289.

504 Vgl. Mitchell, Allan: The Divided Path. The German Influence on Social Reform in France after 1870. Chapel Hill u. London 1991.

nächst zahlreiche Unklarheiten auf. So endete es mit dem Ersten Weltkrieg und der darauf folgenden Geldentwertung im *Mißerfolg.*

Ein zweiter Anlauf wurde 1921 genommen und führte schließlich zum Gesetz über die ›*Assurances sociales*‹ von 1928, mit wesentlichen Korrekturen von 1930. Neben Alter und Invalidität wurden nun *auch die Risiken von Krankheit und Mutterschaft* mitversichert, deren unmittelbar einsetzende Leistungen zur besseren Akzeptanz des Systems beitrugen, aber auch zu erheblichen Konflikten mit der Ärzteschaft führten.[505] Versichert waren nun alle unselbständig Erwerbenden in Industrie, Handel und Landwirtschaft bis zu einer Einkommensgrenze. Versicherungsträger wurden neben den ›Caisses départementales‹ auch assoziativ gegründete Kassen wie ›mutualités‹ und betriebliche Kassen, denen eine staatliche ›Caisse générale de garantie‹ übergeordnet war. Ähnlich wie in England wurden somit die bestehenden Hilfskassen in das System einbezogen, ja die Gründung neuer privater Träger ermöglicht. Zudem wurden freiwillige Versicherungsmöglichkeiten für kleine Selbständige und Hausfrauen eingeführt. Für verschiedene Gruppen von Angehörigen des öffentlichen Dienstes wurden gesonderte Regime mit höheren Leistungsniveaus fortgeführt; weitere Berufsgruppen wie die höheren Angestellten (Cadres) erreichten in der Folge eigene Einrichtungen mit Sonderkonditionen.

4.3.5.2 Das Soziale Sicherungssystem nach dem Zweiten Weltkrieg

Diesem Wirrwarr – es gab schließlich 727 Sozialversicherungskassen[506] – sollte die unter der tatkräftigen Leitung des langjährigen Sozialversicherungsexperten Pierre Laroque stehende Reform nach dem Zweiten Weltkrieg ein Ende setzen. Die eher linksgerichteten Kräfte der Résistance und die eher rechtsgerichtete Exilregierung des Generals de Gaulle waren sich 1944 einig, daß die Reform der Sozialversicherung nach den Grundsätzen des Beveridge-Plans erfolgen sollte, daß also die gesamte Bevöl-

---

505 Vgl. Bourquin, ›Retraites ouvrières‹ und Sozialpolitik, S. 291-299; Hatzfeld, Du paupérisme, S. 142-171, 250-261; Immergut, Health Politics, S. 89-99.
506 Saint-Jours, Landesbericht Frankreich, S. 230.

kerung gegen alle Standardrisiken in einem einzigen und verein-
heitlichten System per Gesetz zu versichern und zu schützen sei.
Die politische Auseinandersetzung um diesen Plan führte zu seiner weitgehenden Verwässerung und zum Scheitern in der Frage
einer einheitlichen Organisation.[507]

Schon der erste Entwurf der ›Sécurité sociale‹ sah ein gesonder-
tes System für die Landwirtschaft vor; die Familienausgleichskassen und ihre politischen Verbündeten im Bereich des Sozialkatholizismus setzten sich hinsichtlich der gesonderten Administration der Familienleistungen durch die bisherigen privaten
Kassen durch; und um das Gesetzgebungswerk nicht scheitern zu
lassen, wurden weitere Konzessionen hinsichtlich der Beibehaltung von leistungsstärkeren oder kostengünstigeren Spezialregi-
men eingeräumt: für die Beamten, den Bergbau, die Eisenbahner,
bestimmte Kategorien Selbständiger, die leitenden Angestellten
u. a. m. – bis zu einer gesonderten Kasse für die Angestellten der
Komischen Oper! Auch hinsichtlich des Zieles der Einbeziehung
der gesamten Bevölkerung wurden – vornehmlich aus ökonomischen Gründen – zunächst erhebliche Abstriche gemacht. Ähnlich wie in Deutschland wurden jedoch in der Folge immer neue
Bevölkerungsgruppen in die ›sécurité sociale‹ einbezogen und zuletzt (1978) für alle noch nicht Erfaßten die Möglichkeit des freiwilligen persönlichen Beitritts geschaffen.[508] *In politischer Hin-*
sicht bedeutete die berufsgruppenspezifische Fragmentierung des
Systems jedoch eine Fortsetzung der die französische Situation oh-
nehin belastenden Klassendifferenzen, während die Strukturen
der meisten sozialen Sicherungssysteme anderer Staaten eher auf
eine Verwischung dieser Differenzen hin orientiert sind.[509]

Dennoch brachte die Reform wichtige Fortschritte: Im ›Régime général‹, das rd. 80 % der Bevölkerung erfaßt, gelten einheitliche Prinzipien, die als Mindeststandards auch in den übrigen Systemen fungieren. Bei der Festlegung dieser Mindeststandards

---

507 Vgl. hierzu Galant, Histoire politique; Bremme, Freiheit und soziale
    Sicherheit, S. 136-175; Saint-Jours, S. 231-238; Fournier u. Questiaux,
    Traité du social, S. 442-664; Baldwin, The Politics of Social Solidarity,
    S. 163-186, 253-268; Huteau, Gilles, u. Eric Le Bont: Sécurité sociale et
    politiques sociales. Paris 1993; Immergut, Health Politics, S. 99-106.
508 Huteau u. Le Bont, Sécurité sociale, S. 15 f.; Saint-Jours, Landesbericht
    Frankreich, S. 248-252.
509 Vgl. Wallimann, Isidor: Social Insurance and the Delivery of Social Ser-
    vices in France. In: Social Science & Medicine 23 (1986), S. 1305-1317.

spielte der Umstand eine Rolle, daß im ehemals deutschen Elsaß-Lothringen nach der Abtretung (1919) das Bismarcksche Sozialversicherungssystem fortgeführt worden war, dessen Leistungsniveau bei der Angleichung nicht unterschritten werden konnte. Die Erfassung der Risiken ist vollständiger und besser koordiniert als im deutschen System. Insbesondere wurde auch die bis dahin unbefriedigend geregelte Versicherung von Berufsunfällen und -erkrankungen mit einbezogen; dadurch wurde eine engere Abstimmung mit den Leistungen im Falle von Krankheit und Invalidität möglich. Allerdings wurde auf die Schaffung einer Arbeitslosenversicherung im Rahmen der ›sécurité sociale‹ verzichtet.

Die Höhe der Geldleistungen richtet sich grundsätzlich nach der bisherigen Lohnhöhe sowie nach der Dauer der Beitragszahlungen. Es bestehen jedoch Minima der Lohnersatzleistungen;[510] die Obergrenze beträgt in der Regel 50% des bis zu einer Beitragsbemessungsgrenze versicherten Lohnes im Durchschnitt der zehn (seit 1993: 25) besten Beitragsjahre.[511]

Da die Leistungen dieses Grundsicherungssystems in der Regel nicht zur Aufrechterhaltung der bisherigen Lebensweise ausreichen, kennt das französische System der sozialen Sicherung obligatorische und freiwillige *Zusatzversicherungen*, die in der Regel auf tarifvertraglicher Basis zustande kommen und im Falle einer Versicherungspflicht allgemein verbindlich erklärt worden sind. In diesem Bereich spielen die ›mutualités‹, aber auch das gewinnorientierte Versicherungswesen eine erhebliche Rolle.

Die *Sondersysteme* (régimes spéciaux) umfassen entweder alle Risiken (so bei den landwirtschaftlichen Kassen) oder beziehen sich nur auf einzelne Risiken, insbesondere auf die Lohnersatzleistungen, wo günstigere Leistungen als nach dem ›régime général‹ vereinbart sind.[512] Im Bereich der Familienleistungen und der

510 Vgl. als Überblick Becker u. Bode, Die Renaissance der nationalen Solidarität, S. 775 f.
511 Eine ausführliche Darstellung für den Fall der Alterssicherung findet sich bei Igl, Gerhard, u. Otto Kaufmann: Frankreich. In: Alterssicherung im Rechtsvergleich, S. 225-272, hier S. 242-245; ferner Kaufmann, Otto: 50 Jahre Alterssicherung durch die sécurité sociale. In: DAngVers 43 (1996), S. 72-83. Für die Invaliditätssicherung vgl. Kaufmann, Otto: Die soziale Sicherung für den Fall der Invalidität in Frankreich. In: Invaliditätssicherung im Rechtsvergleich, S. 151-197.
512 Vgl. Igl u. O. Kaufmann, Frankreich, S. 245-254.

Leistungen bei Krankheit sind die allgemeinen Einrichtungen die bei weitem dominierenden.

Abweichend von den Vorstellungen des Beveridge-Plans wurde auf eine Verstaatlichung des Sozialversicherungssystems von Anfang an verzichtet. *Die Kassen werden von den Tarifparteien verwaltet*, in der Regel im Verhältnis von 3:1 zugunsten der Arbeitnehmer; doch waren Veränderungen des Repräsentationsmodus verschiedentlich Gegenstand von Reformversuchen. Es waren nicht zuletzt die Linksparteien, die sich gegen eine Verstaatlichung wandten und diesen Einflußbereich für die ihnen nahestehenden Gewerkschaften zu okkupieren suchten. Im Laufe der Zeit hat die Regierung mehrfach versucht, die Steuerungsfähigkeit des sozialen Sicherungssystems zu verbessern, und in diesem Zusammenhang stark an Einfluß gewonnen.[513]

Ohne auf die nach wie vor sehr unübersichtliche Vielfalt der Organisationsformen einzugehen,[514] sei auf eine staatliche Organisationsreform des ›Régime général‹ von 1967 hingewiesen, welche auf der nationalen Ebene drei getrennte, öffentlich-rechtliche ›Caisses Nationales‹ (CN) für die Risiken des Alters (Assurance Vieillesse: CNAV), von Krankheit, Invalidität und Berufsunfällen (Assurance Maladie: CNAM) sowie für die Familienleistungen (Allocation Familiales: CNAF) geschaffen hat. Der Grundgedanke war, daß auf diese Weise deutlich getrennte Finanzströme für die drei Risikogruppen geschaffen werden sollten. Durch die gleichzeitige Schaffung einer ihnen übergeordneten ›Agence Centrale des Organismes de la Sécurité Sociale‹ (ACOSS) und den durch sie gesteuerten Ausgleich von Defiziten wurde diese Absicht jedoch gleichzeitig wieder durchkreuzt.

Die Kosten der Berufsunfallversicherung und der Familienleistungen werden von den Arbeitgebern allein getragen; die Alters- und Krankenversicherung wird durch einen gemeinsamen Beitrag finanziert, zu dem die Arbeitgeber den größeren Teil als die Arbeitnehmer beitragen. Vor allem die Krankenversicherung leidet unter unkontrollierbaren Kostensteigerungen und strukturel-

---

513 Einen Überblick gibt Catrice-Lorey, Antoinette: Soziale Sicherheit und Staat in Frankreich: Welche Selbstverwaltung besitzen die Anstalten? In: Internationale Revue für Soziale Sicherheit 36 (1983), S. 209-225.
514 Eine übersichtliche Darstellung geben Lamiot, Dominique, u. Pierre-Jean Lancry: La protection sociale – Les enjeux de la solidarité. Paris 1989, S. 39-57.

len Defiziten, zu deren Deckung vielfach die Überschüsse aus den übrigen Versicherungszweigen beitragen müssen. Die jährlichen Überschüsse und Defizite der einzelnen Versicherungsträger werden darüber hinaus durch Schwankungen der Wirtschaftstätigkeit sowie langfristiger durch die Veränderung der Mitgliederbestände – als Beitragszahler wie als Leistungsempfänger – beeinflußt. Angesichts der Vielfalt der Versicherungsträger und der ihr finanzielles Ergebnis beeinflussenden Faktoren ist das Finanzierungsgebaren wie auch der Umfang der Finanzierungsprobleme weitgehend intransparent und deren Thematisierung von politischen Konjunkturen abhängig.[515] Trotz wiederholter Anstrengungen zahlreicher Regierungen ist es bisher nicht gelungen, Transparenz in das Operieren der sozialen Sicherung in Frankreich zu bringen. Zu vielfältig sind die beteiligten Interessen und Organisationen, wobei die Spitzenverbände der verschiedenen Einrichtungen selbst als sozialpolitische Akteure von erheblichem Gewicht auftreten.

Die Finanzierung der ›sécurité sociale‹ erfolgte zunächst ausschließlich durch Beiträge, die zunächst von den Kassen bzw. ihren Spitzenverbänden, zunehmend jedoch durch Akte der Regierung festgelegt wurden; Subventionen aus öffentlichen Haushalten waren – wie schon in den Vorläufersystemen – nicht systematisch vorgesehen.

»Im Gegensatz zur Ideologie sozialer Intervention des Staates, die man zu Beginn der Sozialversicherungen in Deutschland findet, hat sich der Staat in Frankreich immer daran gehalten, nur Verwalter der obligatorischen sozialen Vorsorge zu sein. Er beschränkte seine Rolle auf die Gesetzgebung, die Reglementierung und die Kontrolle der Verwaltung und wies jegliche staatliche Verpflichtung außer bei außergewöhnlichen Umständen zurück. [...] So ist es keineswegs ein Zufall, wenn von allen Ländern der Gemeinschaft in Frankreich der Staat am wenigsten zur Finanzierung der sozialen Vorsorge beiträgt.«[516]

Dementsprechend konzentrierte sich das Problem des Ausgleichs von Defiziten und damit auch ein Aspekt des allgemeinen Kampfes um die Einkommensverteilung auf die *Organisation des Finanzausgleichs zwischen den verschiedenen Trägern*, auf eine von ihren Verfechtern als einfach, betrugsresistent, voraussehbar, mit

515 Vgl. insbesondere Huteau u. Le Bont, Sécurité sociale, S. 89-128.
516 Saint-Jours, Landesbericht Frankreich, S. 263.

der wirtschaftlichen Entwicklung verbunden und die paritätische Leitung legitimierend bezeichnete Lösung.[517] Dem Staat kam hier nur die Rolle eines Schiedsrichters zu. Der Umstand, daß Steuermittel zur Deckung der Defizite nicht vorgesehen waren, bedeutete aber auch, daß die begüterteren Schichten, die die Hauptlast der direkten Steuern tragen und Sozialversicherungsbeiträge – wenn überhaupt – nur bis zu einer Beitragsbemessungsgrenze zahlen, sich an der Finanzierung der ›Sécurité sociale‹ bestenfalls in einem mit wachsendem Einkommen abnehmenden Maße beteiligten.[518]

Die Verwaltung der sozialen Sicherung durch die Vertreter der Tarifparteien erwies sich als nicht fähig, die infolge von zunehmender Arbeitslosigkeit, von durch erleichterte Frühverrentungen wachsenden Ansprüchen an die Alterssicherung und von kontinuierlich steigenden Kosten der Krankenversicherung sich bildenden strukturellen Defizite durch entsprechende Beitragserhöhungen oder Leistungskürzungen auszugleichen. So akkumulierte allmählich ein volkswirtschaftlich bedenkliches Defizit, das ein *stärkeres Engagement der Regierung* unvermeidlich machte. Um die für erforderlich gehaltene Liberalisierung der französischen Wirtschaft nicht durch Arbeitskonflikte zu gefährden, wurden nicht die Leistungen gekürzt, sondern die Finanzierungsbasis verbreitert. Seit 1983 wurden zunächst Sondersteuern (auf Medikamente, hochprozentige Alkoholika u. a. m.) eingeführt und die Beiträge zur Krankenversicherung unter Wegfall der Beitragsbemessungsgrenze festgesetzt. Die sozialistische Regierung Rocard führte sodann 1991 eine ›Sozialsteuer‹ (Contribution Sociale Généralisée – CSG) ein, die auf alle Einkommensformen erhoben wird. Sie ist inzwischen mehrfach erhöht worden und könnte eine gewisse redistributive Wirkung entfalten.[519] Allerdings haben die nachfolgenden bürgerlichen Regierungen diese redistributive Absicht durch Änderungen des Einkommensteuerrechts durchkreuzt.[520] Initiativen der Regierung stießen vor allem dort auf Widerstand, wo sie – wie beim ›Plan Juppé‹ von 1995

517 Fournier u. Questiaux, Traité du social, S. 521.
518 Zur Finanzierungsproblematik vgl. Fournier u. Questiaux, Traité du social, S. 498-531; Huteau u. Le Bont, Sécurité sociale, S. 89-128.
519 Vgl. Huteau u. Le Bont, Sécurité sociale, S. 117-120.
520 Vgl. Levy, France, S. 332f.

– eine Gleichschaltung der Sondereinrichtungen des öffentlichen Dienstes anstrebten.[521]

Die Schaffung einer *Arbeitslosenversicherung* erfolgte 1958 durch eine auf nationaler Ebene zwischen den Tarifparteien getroffene Vereinbarung, welche vom zuständigen Ministerium für allgemein verbindlich erklärt und 1967 auf alle unselbständig Erwerbenden des privaten Sektors ausgedehnt wurde. Die Arbeitslosenversicherung (ASSEDIC), wird paritätisch durch die Tarifpartner verwaltet und finanziert; sie ist organisatorisch von der ›sécurité sociale‹ getrennt. Ihre Leistungen sind hinsichtlich Laufzeit und Höhe deutlich geringer als diejenigen der deutschen Arbeitslosenversicherung. Wo ihre Leistungen nicht greifen, tritt u. U. die steuerfinanzierte staatliche Sozialhilfe (›Aide sociale‹) ein, die 1953/56 reformiert worden war und seit 1967 ebenfalls von den örtlichen Büros der ASSEDIC verwaltet wird.[522] Die Zunahme der strukturellen Arbeitslosigkeit seit den 1970er Jahren hat zu wiederholten Auseinandersetzungen zwischen Staat und Unternehmern über die Aufteilung der Finanzierung geführt, ohne daß infolge der zunehmenden strukturellen Arbeitslosigkeit eine stabile Lösung gefunden worden wäre.

Eine besondere Leistungsform, die in erster Linie Arbeitslosen im Alter von über 25 Jahren zugute kommt, ist seit 1988 das ›Revenue Minimum d'Insertion‹ (RMI). Es handelt sich um eine besondere Art der Sozialhilfe, bei der die Gewährleistung eines Mindesteinkommens an die Bereitschaft gekoppelt ist, sich besonderen Eingliederungsmaßnahmen in den Arbeitsmarkt zu unterziehen.[523] Da Frankreich aber nicht über die Infrastruktur für eine aktive Arbeitsmarktpolitik verfügt, scheinen diese Eingliederungserfolge bescheiden zu bleiben. Es scheint – ähnlich wie in Großbritannien – schwierig zu sein, die Unternehmen zu konti-

---

521 Zur jüngeren Entwicklung vgl. Kaufmann, Otto: Frankreichs solidarische sécurité sociale in der Krise. In: Sozialer Fortschritt 46 (1997), S. 2 - 8.

522 Vgl. Igl, Einführung in das Recht, passim; Lamito u. Lancry, La protection sociale, S. 53 - 55.

523 Vgl. Kaufmann, Otto: Revenu minimum d'insertion in Frankreich. Wegweiser für neue Formen sozialer Sicherheit? In: Zeitschrift für Sozialhilfe und Sozialgesetzbuch 29 (1990), S. 394 - 405; Huteau u. Le Bont, Sécurité sociale, S. 354 - 360; diese Maßnahme wird in Frankreich als besonderer sozialpolitischer Fortschritt gefeiert, vgl. z. B. Rosanvallon, Pierre: La nouvelle question sociale. Repenser l'état providence. Paris 1995. Zu den Auswirkungen vgl. Bode, Solidarität im Vorsorgestaat, S. 107 - 113.

nuierlicher, über die Subventionierung hinausreichender Beschäftigung der Jugendlichen zu veranlassen.

Zusammenfassend läßt sich das französische System der Einkommenssicherung als *vielschichtig, nach Berufsgruppen organisiert und gleichzeitig als umfassend und selektiv* kennzeichnen. Im internationalen Vergleich besonders differenziert berücksichtigt sind die Bedürfnisse von Familien, wobei auch die ausgebaute Kleinkindbetreuung ins Gewicht fällt, siehe Abschnitt 4.3.6.3. Doch fehlt es an einem der deutschen Sozialhilfe vergleichbaren ›letzten Netz‹ sozialer Rechte für die Bedürftigsten:

»Im Gegensatz zur Sécurité Sociale stellt die Sozialhilfe kein globales System dar. Sie zeigt sich in unterschiedlichsten und unabhängigen Interventionsformen: medizinische Hilfe, Altenhilfe, Hilfe für Behinderte, Familien und Kinder etc. Das Recht auf eine Form der Sozialhilfe ist nie definitiv und die Betroffenen müssen, um in ihren Genuß zu kommen, ihre unglückliche Lage erklären und darlegen. In diesem Sinn haben die Techniken der Sozialhilfe nicht vollständig mit den Praktiken der Mildtätigkeit und der Fürsorge gebrochen.«[524]

Die Kritik am bestehenden System hebt denn auch hervor, daß es nur einen ungenügenden Beitrag zur Reduktion sozialer Ungleichheiten leiste und zu einer wachsenden Exklusion vor allem der Arbeitslosen führe, deren Anteil an den Erwerbspersonen seit den siebziger Jahren kontinuierlich zunimmt. Die vielfältigen Sonderregime, insbesondere diejenigen für die Selbständigen und Beamten, entziehen sich einem solidarischen Ausgleich, und die unüberschaubare Vielfalt der Leistungen ist gerade den Bedürftigsten am schwersten zugänglich. Es wird daher eine stärkere Rolle des Staates und eine Gewährleistung des sozialen Sicherungsstatus unabhängig vom Beschäftigungsstatus gefordert.[525] Die jüngsten Bemühungen um eine stärkere Einbeziehung vor allem der jüngeren Arbeitslosen bedienen sich erneut

524 Saint-Jours, Landesbericht Frankreich, S. 257f.
525 Vgl. beispielsweise Greffe, Xavier: La politique sociale. Etude critique. Paris 1975; Rosanvallon, La nouvelle question sociale; Kaufmann, Otto: Das Problem der Exklusion: Unstete Arbeit und soziale Sicherung. In: Zeitschrift für Sozialreform 41 (1995), S. 822-837; Burdillat, Martine, u. Jean-Luc Outin: Die Interaktion von Beschäftigung, Arbeit und sozialer Sicherung. In: Zeitschrift für Sozialreform 41 (1995), S. 838-859; Hassenteufel, Patrick: L'état-providence ou les métamorphoses de la citoyenneté. In: L'année sociologique 46 (1996), S. 127-149.

der alten republikanischen Programmatik einer ›Solidarité Nationale‹.[526]

4.3.6 Personenbezogene Dienstleistungen

Der Begriff ›Soziale Dienste‹ ist in Frankreich ungebräuchlich, und ähnlich wie in Deutschland werden Bildungs- und Sozialpolitik deutlich getrennt.[527] Dabei zählt die Kleinkindbetreuung zum Bildungswesen. Der Bereich der Gesundheitspolitik und auch der Bereich der direkten Hilfen für unterschiedliche Problemgruppen (›action sociale‹) sind eng mit der ›sécurité sociale‹ verbunden und werden in der Regel in ihrem Zusammenhang abgehandelt. Wir folgen jedoch auch hier unserer einleitend begründeten Systematik.

4.3.6.1 Gesundheitswesen

Die Geschichte des französischen Gesundheitswesens ist – für unsere Zwecke – schnell erzählt: Es handelt sich um eine Geschichte fortwährender Verhinderungen, die schließlich in einer mit großer Macht durchgeführten grundlegenden Reform endete.[528]

Die Strukturen der politischen Willensbildung unter den Verfassungen der III. und IV. Republik ermöglichten es der medizinischen Profession, und insbesondere den tonangebenden Ärzten der Hauptstadt, ihre Interessen auf vielfältigen Wegen durchzusetzen. Hierzu trug nicht zuletzt eine vergleichsweise starke Präsenz von Ärzten in der Politik bei: Vom Einfluß als örtliche Notabeln auf dem Lande bis zum Mandat im Senat oder in der Nationalversammlung, wo der Frontwechsel einzelner Abgeordneter häufig zum Sturz einer Regierung ausreichte. Auf diese Weise wurden bis nach dem Ersten Weltkrieg alle gesundheitspolitischen Initiativen unterdrückt.

526 Vgl. Becker u. Bode, Die Renaissance der nationalen Solidarität, S. 783-789.
527 Eine Ausnahme machen Fournier u. Questiaux, die in ihrem Traité du Social, S. 735-796, auch die Bildungspolitik mitbehandeln.
528 Eine vorzügliche Darstellung, der hier weitgehend gefolgt wird, gibt Immergut, Health Politics, S. 80-128; vgl. auch Fournier u. Questiaux. Traité du social, S. 797-867; Huteau u. Le Bont, Sécurité sociale, S. 131-225.

Aber worin bestanden die Interessen der medizinischen Profession? Der vorherrschenden liberalen Geistesströmung entsprechend entwickelten die Wortführer der hauptstädtischen Elite das *Konzept einer ›liberalen Medizin‹* (1927): (1) Freie Arztwahl, (2) absolute Geltung des Berufsgeheimnisses, (3) Absolute Therapiefreiheit, (4) Freie Aushandelbarkeit der Honorare im direkten Kontakt zwischen Arzt und Patient, ohne das Dazwischentreten einer dritten Partei.[529] Dieses Konzept entstand im Kontext der Auseinandersetzungen um die Einführung einer Krankenversicherung im Rahmen der Sozialgesetzgebung von 1928, die auf Intervention vor allem der städtischen Ärzte, aber auch der ›mutualités‹ und der kleinen Selbständigen, 1930 liberalisiert wurde. Die Landärzte dagegen erkannten schon damals die Möglichkeiten einer Nachfragesteigerung, die sich für ihre wenig zahlungskräftige Klientel durch eine obligatorische Krankenversicherung ergeben würde, und unterstützten das Gesetz. Die 1930 getroffene Regelung wurde beiden Gruppen gerecht: Sie steigerte die Nachfrage auf dem Lande und ließ den städtischen Ärzten die Möglichkeit, übertarifliche Honorare zu verlangen.

Nach dem Zweiten Weltkrieg ergab sich dasselbe Spiel: Die Pläne für ein zentralistisch gesteuertes Gesundheitssystem wurden zunächst durch die Kassenvielfalt, sodann aber auch durch die liberalen Tarifregelungen und flexiblen Beteiligungsmöglichkeiten der Ärzte ad absurdum geführt. Zwar wurde die Krankenversicherung auf weitere Bevölkerungskreise ausgedehnt, aber noch 1954 waren erst 20 % der Versicherten durch Vereinbarungen zwischen Krankenkassen und Ärzten gedeckt, die ihre Kostenbeteiligung auf die gesetzlich vorgeschriebenen Selbstbehalte beschränkte. Die übrigen Patienten zahlten bis zu 70 % der tatsächlichen Arztkosten selbst.[530]

529 Immergut, Health Politics, S. 87.
530 Immergut, Health politics. S. 110. Zur Erläuterung: In Frankreich sind die Arztrechnungen nach wie vor vom Patienten zu bezahlen, der sie seiner Kasse zur Erstattung einreicht. Die Erstattung beträgt je nach Kasse 50-80 % der tariflich für bestimmte Leistungen vorgesehenen Kosten, die grundsätzlich nach dem Einzelleistungsprinzip honoriert werden. Zu den Honorierungsverfahren und zur Honorarpolitik vgl. Huteau u. Le Bont, Sécurité sociale, S. 144-153. Für die von der ›Securité sociale‹ nicht gedeckten Kosten können Zusatzversicherungen bei den ›mutualités‹ und anderen Versicherungsgesellschaften abgeschlossen werden. Praktisch sind es daher meist die Ärmsten, die vom Selbstbehalt direkt betroffen werden.

1958 gelang endlich eine Reform des Krankenhauswesens: Das Belegarztsystem wurde zurückgedrängt und die Krankenversorgung auf der Basis angestellter Ärzte gefördert. Öffentliche und private Krankenhäuser wurden tarifpolitisch weitgehend gleichgestellt und die Arzthonorare tariflich beschränkt. 1960 wurde eine ähnliche Reform für den ambulanten Bereich durchgesetzt, und gleichzeitig wurde den Krankenkassen ihre bisherige Verhandlungsmacht weitgehend zugunsten einer interministeriellen Tarifkommission auf nationaler Ebene entzogen. Diese gegen den Widerstand von Ärzten, Versicherungen, Teilen der Gewerkschaften und der Unternehmerschaft durchgesetzte Reform wurde nur möglich dank der von De Gaulle durchgesetzten Verfassungsreform, welche der Regierung das Regieren durch Dekrete am Parlament vorbei ermöglichte. Die Reformen des Gesundheitswesen waren der Testfall für diese neue Regierungsform und wurden deshalb mit besonderer Unnachgiebigkeit durchgeführt.[531] Dank einer intelligenten Anreizstruktur setzte sich das neue System in der Folge auch bei den Ärzten rasch durch, von denen 96 % sich den Bedingungen der ›sozialisierten Medizin‹ beugten.

Wenn damit auch eine neue Steuerungsstruktur geschaffen wurde, die im Grundsatz bis heute in Kraft ist, so erwies sich doch auch dieses System als anfällig für die allgemeine Tendenz zu überproportionalen Kostensteigerungen im Gesundheitswesen. Diesen wurde zunächst durch Erhöhung von Selbstbeteiligungen zu steuern gesucht, d. h. durch eine erneute Privatisierung von Kosten.[532] Auch eine stärkere Rationalisierung des Gesundheitswesens und eine Umorientierung auf ein steuerfinanziertes System sind in der Diskussion.[533]

531 Immergut, Health Politics. S. 120-124.
532 Zum variablen Umfang der Selbstbeteiligung vgl. Bode, Solidarität im Vorsorgestaat, S. 131-135. Eine gute Übersicht über die neueren Entwicklungen der Gesundheitsversorgung geben Schneider u. a., Gesundheitssysteme 1974, S. 245-264. Ihr ist zu entnehmen, daß die weibliche Bevölkerung in Frankreich heute nach Japan die zweithöchste Lebenserwartung in der Welt hat. Die Kosten haben sich zwischen 1980 und 1991 vor allem im ambulanten Sektor überdurchschnittlich erhöht. Der Anteil der weder durch den Staat noch durch die Sozialbeiträge finanzierten Gesundheitsausgaben, d. h. der Bereich der ergänzenden Versicherungen und der Selbstzahlungen, hat weiter zugenommen.
533 Vgl. Kaufmann, O., Frankreichs solidarische sécurité sociale, S. 5 f.

Wir haben bereits angedeutet, daß die französische Sozialpolitik im Bereich der Hilfe für die Bedürftigsten Lücken aufweist. Ein dem deutschen vergleichbares, Geld- und Sachleistungen integrierendes System der Sozialhilfe und ein allgemeiner Rechtsanspruch auf die Gewährleistung eines Existenzminimums existieren nicht.[534] Auch ist die Wohlfahrtspflege freier Träger, u. a. wegen der strengen Trennung von Kirche und Staat, weit weniger entwickelt als in Deutschland.

Obwohl es an Legaldefinitionen mangelt und der Begriff ›action sociale‹ stärker programmatisch denn institutionell verwendet wird, wird man die Unterscheidung zwischen ›aide sociale‹ und ›action sociale‹ am zweckmäßigsten entlang der Grenze zwischen Geld- und Sachleistungen vornehmen.[535] Man wird ›action sociale‹ also in etwa mit dem Einsatzbereich der Sozialarbeit sowie der Wohlfahrtseinrichtungen in Deutschland vergleichen dürfen.[536]

Während im Bereich der Geldleistungen (aide sociale im engeren Sinn) zwar kein rechtlich expliziter, aber in der Praxis anerkannter subjektiver Anspruch auf eine Vielzahl nur dem Spezialisten überschaubarer Leistungen im Einzelfall besteht,[537] fehlt es an einer entsprechenden Berechtigungsgrundlage für den Bereich der Sachleistungen. Diese beziehen sich vor allem auf die Bereiche der Behinderten-, Alten- und Familien- bzw. Kinderhilfe. Dabei scheint die öffentliche und halböffentliche Hilfe für Mütter und Kinder wesentlich stärker ausgebaut als die Behinderten- oder die Altenhilfe. In den beiden letztgenannten Bereichen dominiert nach wie vor die Tendenz, die Verantwortlichkeiten im familialen Bereich zu belassen, kostspielige stationäre Unterbringungen zu vermeiden und, soweit notwendig und möglich, die Familien durch zugehende Dienste zu entlasten.

---

534 Dieses für die meisten romanischen Länder bisher gültige Urteil gilt – wenngleich in eingeschränktem Maße – auch nach Einführung des RMI. Vgl. Schulte, Die Folgen der EG-Integration, S. 555-558.
535 Vgl. Alfandari, Aide sociale, S. 94-106, 129f.
536 Unterschiedlich akzentuierte Überblicke über den Tätigkeitsbereich geben Alfandari, Aide sociale, passim; Fournier u. Questiaux, Traité du social, S. 949-958.
537 Vgl. Alfandari, Aide sociale, S. 57-72.

Die wichtigsten Träger sind die örtlichen ›bureaux d'aide sociale‹, kommunale oder überkommunale Einrichtungen als Nachfolger der alten Armen- und Krankenfürsorge. Sie sind für die Finanzierung und Organisation von personenbezogenen Hilfen primär zuständig und verfügen über Sonderhaushalte. Sie unterstehen weniger örtlichen als departementalen und damit indirekt staatlichen Kontrollen. Daneben nehmen die örtlichen Büros der Krankenversicherung (régime général) und der Familienkassen an der ›action sanitaire et sociale‹ teil, indem sie beispielsweise individuelle Zuschüsse oder Selbstbehaltsermäßigungen gewähren können; sie sind aber auch an der Gesundheitsvorsorge, der aufsuchenden Familien- und Krankenhilfe sowie an der Unterstützung lokaler freier Initiativen mit sozialen Zielsetzungen beteiligt.[538]

Im Bereich der nichtstaatlichen Wohlfahrtspflege kommt den betrieblichen Sozialmaßnahmen die größte Bedeutung zu. Alle öffentlichen und die meisten privaten Betriebe einer gewissen Größenordnung beschäftigen eigene Sozialarbeiter(innen), denen neben entsprechenden Hilfen für die Betriebsangehörigen nicht selten auch soziale Kontrollaufgaben übertragen sind. Daneben haben sich vor allem in jüngerer Zeit eine Vielzahl freier Initiativen für die verschiedensten Problemgruppen entwickelt, die häufig auch advokatorische Funktionen gegenüber den staatlichen Stellen wahrnehmen. Eine systematische Subventionierung des freien Sektors scheint jedoch nicht stattzufinden. Insgesamt erscheinen somit die sozialen Dienstleistungen nicht als Gegenstand staatlicher Politik, sondern sie verbleiben in der Grauzone kommunaler und verstreuter freier Initiativen.

Ebenfalls von sozialpolitisch untergeordneter Bedeutung blieb in Frankreich die *Wohnungspolitik*. Die öffentliche Förderung des Wohnungsbaus blieb von spezifischen Umständen abhängig und entbehrte der Kontinuität. Der soziale Wohnungsbau hatte weit mehr wirtschaftspolitische und stadtplanerische denn sozialpolitische Bedeutung und war kaum Gegenstand politischer Auseinandersetzungen.[539]

538 Vgl. auch Huteau u. Le Bont, Sécurité sociale, S. 136-138.
539 Vgl. Duclaud-Williams, Roger H.: The Politics of Housing in Britain and France. London 1978.

Bereits unter dem Ancien Régime verfügte Frankreich über ein weitverzweigtes, jedoch unkoordiniertes kirchliches Bildungswesen, in dem die Orden (Jesuiten, Oratorianer u. a.) tonangebend waren.[541] Die französische Revolution hob diese Schulen auf, verpflichtete sich jedoch gleichzeitig programmatisch zum Aufbau eines flächendeckenden, die gesamte Bevölkerung umfassenden staatlichen Bildungswesens, einer ›*Education Nationale*‹, deren Ziel vor allem die Herstellung eines Bewußtseins nationaler Einheit, aber auch die Gewährleistung von mehr Gleichheit werden sollte. Diese im einzelnen recht unterschiedlichen Pläne und Vorschläge wurden jedoch in den unruhigen Revolutionsjahren kaum in die Wirklichkeit umgesetzt. Bis zum Fall Robespierres dominierte das Programm einer ausgleichenden Volksbildung. Nachher setzte sich das bürgerliche Interesse an höherer Schulbildung durch und führte zu einem Gesetz zur Schaffung von ›écoles centrales‹, das jedoch nur ansatzweise umgesetzt wurde. Im Hinblick auf die wohlfahrtsstaatliche Entwicklung ist jedoch festzuhalten, daß hier – weltgeschichtlich zum ersten Mal – der Gedanke eines einheitlichen nationalgesellschaftlichen Bildungs- und Erziehungssystems entworfen wurde, der in der Folge sich in den meisten europäischen Staaten durchgesetzt hat, nicht jedoch in den USA.

Napoleon übernahm den Grundgedanken der ›Education Nationale‹, doch richtete sich sein Interesse lediglich auf die höhere Schulbildung. Die von ihm geschaffene ›Université Impériale‹ (1808) war eine hierarchisch aufgebaute, zentralistisch gesteuerte gesamtstaatliche Korporation mit 17 regionalen ›Akademien‹, die zugleich Aufgaben der heutigen Gymnasial- und Hochschulausbildung wahrnahmen und – im Gegensatz zur Humboldtschen Universitätsreform auf der Basis des umfassenden aufklärerischen Bildungsideals – die Spezialausbildung förderte, vor allem auch für Zwecke des Staates. Eine Reform, welche die Akademien in nach Fakultäten gegliederte Universitäten umformte, erfolgte

540 Einen Gesamtüberblick gibt Lewis, H. D.: The French Education System. London u. Sidney 1985.

541 Vgl. zum folgenden Vaughan, Michalina, u. Archer Scotford, Margaret: Social Conflict and Educational Change in England and France 1789-1848. Cambridge 1971, S. 117-145.

1896.[542] Schließlich erhöhte die Universitätsreform von 1968 auch die Autonomie der Universitäten, die jedoch nach wie vor geringer als in Deutschland bleibt.

Ebenfalls unter Napoleon wurden die ›écoles centrales‹ in ›lycées‹ umgewandelt, welche bis weit ins 20. Jahrhundert die dominierende Schulform für das Bürgertum geblieben sind. Die Volksschulbildung interessierte Napoleon nicht, und sie wurde in der Folge erneut vor allem von kirchlichen Orden in unkoordinierter Weise wahrgenommen, die sich aber auch in der höheren Bildung erneut engagierten. Damit war die Spannung zwischen Staat und Kirche im Bildungswesen angelegt, die sich gegen Ende des 19. Jahrhunderts entlud.

Charakteristisch wurde nunmehr die scharfe Trennung zwischen dem bürgerlichen ›lycée‹, das auch die Grundausbildung vermittelte, und den ›écoles primaires‹ für die breite Bevölkerung, wodurch die sozialen Unterschiede auch politisch verfestigt wurden. Da für den Besuch des ›lycée‹ nicht unerhebliche Schulgelder bezahlt werden mußten, wurde die Bildungsbarierre auch ökonomisch verstärkt. Durch eine Ordonnanz von 1816 wurde zwar erstmals eine allgemeine Schulpflicht verordnet, doch gab es weder Sanktionen noch einen entsprechenden staatlichen Ausbau des Volksschulwesens. Erst die Gesetzgebung von 1881/82 brachte die allgemeine und unentgeltliche staatliche Volksschulbildung für die 6-13jährigen, dieses Mal mit der ausdrücklichen Zielsetzung, die kirchlichen Schulen durch ein laizistisches nationales Bildungssystem zu ersetzen.[543] Die Lehrer der ›écoles primaires‹ wurden nun in besonderen, von der Universität getrennten Einrichtungen qualifiziert und rekrutierten sich selbst aus Absolventen des Volksschulsystems, was die Spaltung noch vertiefte.[544] Auch die Entwicklung beruflicher Ausbildungsinstitutionen orientierte sich systematisch an dieser Zweiteilung.

Versuche, diese strukturellen Bildungsbarrieren zu überwin-

542 Vgl. Ringer, Education, S. 114-116, 122f.
543 Der Ausbau des staatlichen Bildungswesens hat allerdings nicht zum Aussterben des kirchlichen und privaten Bildungswesens geführt: rund ein Fünftel aller Schüler besuchten Mitte der 1990er Jahre (überwiegend katholische) Privatschulen; vgl. Education at a Glance, S. 275.
544 Vgl. Ringer, Education, S. 116-118; Fournier u. Questiaux, Traité du social, S. 738f.

den, führten erst nach dem 2. Weltkrieg allmählich zum Erfolg. Im Grundschulbereich wurde eine einheitliche Schulform eingeführt. Zwischen 1930 und 1975 hat sich die Beteiligung am höheren Bildungswesen verzwölffacht, und auch dessen Sozialstruktur wurde im Sinne einer Verbreiterung der Bildungschancen verändert. Im Zuge der Regionalisierung in den 1980er Jahren wurden auch einige Zuständigkeiten im Bildungswesen dezentralisiert und ein weiterer Ausbau des weiterführenden Bildungswesens in Gang gesetzt, so daß sich derzeit 70 % eines Jahrgangs auf einen höheren (allgemeinbildenden oder beruflichen) Schulabschluß vorbereiten.[545]

Eine grundlegende Schulreform wie in Großbritannien und Schweden hat in Frankreich nicht stattgefunden. Trotz vielfältigen Veränderungen im einzelnen bleibt das französische Bildungswesen in seiner Entscheidungsstruktur zentralistisch und in seiner Versorgungsstruktur ab dem 12. Lebensjahr an der Differenz zwischen Berufsbildung und höherer Bildung orientiert.

Die seit den 1980er Jahren hohe Arbeitslosigkeit, vor allem unter den Jugendlichen, scheint nicht zuletzt mit dem hohen Anteil ungelernter Arbeitskräfte zusammenzuhängen. Es fehlt in Frankreich wie in Großbritannien an einer Tradition der *betrieblichen* Berufsbildung. Man versucht, dem Problem durch die Schaffung neuer berufsbildender Zweige des allgemeinen Bildungswesens zu begegnen. Auch das 1988 eingeführte ›Revenu minimum d'insertion‹ (RMI) soll dazu beitragen, vor allem jüngere Arbeitslose zu qualifizieren.

Zu erwähnen bleibt schließlich, daß der Vorschulbereich ab dem dritten Lebensjahr in der Form der ›écoles maternelles‹ ebenfalls der Education Nationale zugeordnet ist. Auch wenn der Besuch im Grundsatz freiwillig ist, so sind doch bereits die Dreijährigen in ihrer Mehrheit, die Fünfjährigen zu nahezu 100 % erfaßt. Auch im Bereich der Kleinkindbetreuung gibt es – ergänzend zu den ›écoles maternelles‹ – sozialrechtlich abgesicherte Formen privater Kleinkindbetreuung (›Tagesmütter‹) sowie Krippen in erheblichem Umfange, so daß auch rund 45 % der unter Dreijährigen in einem öffentlich geförderten Betreuungsarrangement mit aufwachsen. Dieses öffentliche Interesse für die Kleinkindererziehung und die damit verbundene Ermöglichung einer Erwerbstä-

545 Education at a Glance, S. 273.

tigkeit auch junger Mütter kontrastiert auffallend mit den deutschen Verhältnissen.[546]

4.3.7 Zusammenfassung

Trotz oder vielleicht gerade wegen der umfassenden demokratischen und wohlfahrtsstaatlichen Vision der französischen Revolution, und trotz eines frühen Beginns seiner Industrialisierung, ist Frankreich in beiden Dimensionen – Demokratie und Wohlfahrtsstaatlichkeit – ein europäischer Spätentwickler geworden. Stärker als alle Vergleichsländer ist Frankreich auch eine Gesellschaft der offenkundigen sozialen Ungleichheiten geblieben. Diese beziehen sich heute zunächst auf das Verhältnis von Immigranten und Einheimischen, aber auch immer noch auf das Verhältnis von Land und Stadt, von ›Provinz‹ und Paris, sowie auf dasjenige von Arbeiterschaft, Mittelstand und Eliten.[547] Dagegen sind die sozialen Ungleichheiten, die aus dem Geschlecht und der Übernahme von Elternverantwortung resultieren, geringer als in Großbritannien und Deutschland.

Obwohl Frankreich durch einen hochgradigen politischen Zentralismus gekennzeichnet ist, war dessen Handlungsfähigkeit so lange gebrochen, als die Volkssouveränität in der Nationalversammlung verankert wurde, wie dies in der III. und IV. Republik der Fall gewesen ist. Die Verfassungsreformen der V. Republik haben einerseits plebiszitäre Elemente verstärkt und andererseits die Regierung vom Parlament unabhängiger gemacht. Die er-

546 Vgl. Becker u. Bode, Die Renaissance der nationalen Solidarität, S. 778 f.; Lessenich, Stephan, u. Ilona Ostner: Die institutionelle Dynamik ›dritter Wege‹. Zur Entwicklung der Familienpolitik in ›katholischen‹ Wohlfahrtsstaaten am Beispiel Deutschlands und Frankreichs. In: Zeitschrift für Sozialreform 41 (1995), S. 780-803.

547 Die Messung von Einkommensungleichheiten hängt entscheidend von der statistischen Basis ab. So stellte Atkinson – mangels entsprechender Haushaltseinkommensstudien auf der Basis der offiziellen Einkommensteuerstatistik! – eine mittlere Position Frankreichs mit Bezug auf die Ungleichheit der Einkommensverteilung in 15 OECD-Staaten fest; vgl. Atkinson, Income Distribution. Eine ältere, komplexer angelegte Studie kommt zum Ergebnis, daß Frankreich nicht nur die ungleichste Verteilung der Primäreinkommen von allen damaligen OECD-Ländern aufwies, sondern daß diese auch durch das Steuer- und Sozialleistungssystem kaum verändert werde; vgl. Levy, France, S. 311 f.

höhte Steuerungsfähigkeit der Regierung hat sich vor allem im Bereich des sozialen Sicherungssystems ausgewirkt und trotz vergleichsweise ungünstiger ökonomischer Rahmendaten bisher das bestehende System über Wasser gehalten. Allerdings scheint es bisher noch wenig gelungen, ein synergetisches Verhältnis zwischen Wirtschafts- und Sozialpolitik herzustellen. Es fehlt hierfür insbesondere an einer von funktionsfähigen korporatistischen Strukturen unterstützten Arbeitsmarktpolitik sowie schon an einer ausdifferenzierten Arbeitsverwaltung mit zureichenden Mitteln und Kompetenzen.[548]

Bezogen auf das Arrangement der Wohlfahrtsproduktion fällt es für Frankreich schwer, eindeutige Aussagen zu machen. Der direkte staatliche Einfluß auf die soziale Sicherung erscheint noch schwächer als in den USA, wo die SSA immerhin eine staatliche Einrichtung darstellt. Andererseits durchdringen staatliche Regelungen nicht nur den Bereich der korporatistisch organisierten ›sécurité sociale‹, sondern große Bereiche des Wirtschaftslebens. *Die Vielfältigkeit und Unübersichtlichkeit der Vorsorgeeinrichtungen und die Verflochtenheit ihrer Regelungen mit den spezifischen Eigenarten der einzelnen Berufsgruppen, aber auch mit spezifischen Eigenarten von Familienverhältnissen, stellt das prägnanteste Charakteristikum des französischen Arrangements der Wohlfahrtsproduktion dar.*[549] Beruf und Familie erscheinen somit als strukturierende Momente, teilweise vermittelt über einen hohen Grad assoziativer Organisation. Sowohl der Staat als auch die Marktwirtschaft kommen hier eher in indirekter Weise zur Geltung.

Was die wissenschaftliche Beschäftigung mit Sozialpolitik betrifft, so läßt sowohl die wirtschaftswissenschaftliche als auch die politikwissenschaftliche und soziologische Beschäftigung mit der Thematik in Frankreich zu wünschen übrig. Es dominieren singuläre Arbeiten, institutionelle Schwerpunktbildungen sind kaum sichtbar. Am ergiebigsten sind die meist von Juristen oder Verwaltungsfachleuten geschriebenen Lehrbücher für die verschiedenen Praxisgebiete, in denen auch ökonomische und soziale Fragen des öfteren mit angesprochen werden. Als ein über-

548 Vgl. hierzu Fournier u. Questiaux, Traité du social, S. 325-333.
549 Eine ähnliche Einschätzung gibt Bode, Solidarität im Vorsorgestaat, S. 74-89.

greifendes sozialpolitisches Thema scheint sich neuerdings der Problembereich der ›exclusion‹ herauszuschälen, womit die in der Praxis der französischen Sozialpolitik kaum thematisierte Armutsproblematik endlich einen diskursiven Ort erhält.

5. Und Deutschland?

Was dem deutschen Leser bei einer Betrachtung ausländischer Beispiele als willkommene vereinfachende Übersicht erscheinen mag, wirkt bei größerer Vertrautheit mit den historischen und aktuellen Gegebenheiten leicht unvollständig und einseitig. Demgegenüber sei noch einmal die Intention dieser Studie in Erinnerung gerufen: Es geht um eine Sensibilisierung für Unterschiede der nationalen wohlfahrtsstaatlichen Entwicklungen und damit auch für die spezifischen Eigenarten des je eigenen Falles in international vergleichender Perspektive. Es geht darum, das dem mit einer nationalen Tradition Vertrauten Selbstverständliche seiner Selbstverständlichkeit zu entkleiden. Deshalb wird der deutsche Fall demselben Analyseraster unterworfen wie die vorangehenden Länderstudien. Damit wird – sozusagen indirekt – auch das Abstraktionsniveau des gesamten Vorgehens sichtbar. Die Darstellung orientiert sich nach Möglichkeit an der Perspektive eines nicht national gebundenen Beobachters, der den deutschen Fall einem ausländischen Leser nahebringen will. Denn diesem sind vor allem die von den seinigen abweichenden Selbstverständlichkeiten zu erklären. Daß es auch diesbezüglich Interpretationsunterschiede gibt, die hier nicht angemessen berücksichtigt werden können, sei einleitend betont. Stärker als in den vorangehenden Länderstudien wird jedoch das vergleichende Moment explizit gemacht. Eigenarten deutscher Sozialstaatlichkeit interessieren hier im wesentlichen hinsichtlich der Gemeinsamkeiten oder Unterschiede zu den Vergleichsländern.

Im Unterschied zu allen bisher behandelten Ländern ist die *Identifizierung Deutschlands unter dem Gesichtspunkt seiner geschichtlichen Einheit* nicht ohne Probleme. Im Zentrum Europas gelegen, fehlt es Deutschland an natürlichen Grenzen, und nie hat der deutsche Sprachraum eine einheitliche politische Organisation gefunden. Im deutschen Sprachraum lagen die Kerngebiete der Reformation und der Gegenreformation, und dieser konfessionelle Konflikt wurde durch eine *kleinräumige Herrschaftsstruktur* im Augsburger Religionsfrieden (1555) entschärft. Nach dem Ende des aus dem Ostfrankenreich hervorgegangenen ›Heiligen Römischen Reiches deutscher Nation‹ (1806) brachte der auf dem Wiener Kongreß (1815) beschlossene ›Deutsche Bund‹ die Entstehung von 41 im Rahmen des Bundesvertrags souveränen Einheiten, unter denen Österreich und Preußen dominierten.

Mit der Gründung des ›Deutschen Zollvereins‹ (1834) unter preußischer Führung, jedoch ohne Österreich, entwickelte sich ein zusammenhängendes Wirtschaftsgebiet, das vor allem auch durch den Eisenbahnbau an Dichte und Wirtschaftskraft gewann. Das Scheitern der nationalen Einigung im europäischen Revolutionsjahr 1848/49 führte zur Erosion des Deutschen Bundes und zur Intensivierung der Auseinandersetzung um eine ›großdeutsche‹ (unter der Führung Österreichs) oder ›kleindeutsche‹ (unter der Führung Preußens) Lösung der ›Deutschen Frage‹; so wurde das Problem der nationalen Einigung seit den Befreiungskriegen gegen Napoleon bezeichnet. Die Entscheidung fiel 1866 in der Schlacht bei Königgrätz (Sadowa): Unter Führung Preußens wurde nunmehr der ›Norddeutsche Bund‹ unter Ausschluß Österreichs gegründet. Ihm traten im Zuge des siegreichen Frankreich-Feldzugs von 1870/71 auch die süddeutschen Staaten bei. Seine Umbenennung in ›Deutsches Reich‹ wurde im Januar 1871 mit der Krönung des preußischen Königs Wilhelm I. zum Deutschen Kaiser besiegelt.

Dieses *Kaiserreich* – ein föderatives Gebilde von 22 Fürstenstaaten und 3 Reichsstädten unter der Vorherrschaft Preußens – dauerte bis zum Ende des verlorenen Ersten Weltkriegs (1918). Als ›Deutsches Reich‹ bezeichnete sich auch die ›Weimarer Republik‹ (1919-1933), so benannt nach der in Weimar verabschiedeten ersten demokratischen Verfassung. Infolge der Bedingungen des Versailler Friedensvertrages, aber auch infolge der wirtschaftlichen und innenpolitischen Umstände war die politische Stabilität der *Weimarer Republik* gering. Dies führte ab 1930 zu einem nur als Notordnung vorgesehenen Präsidialregime und endete mit der Machtübernahme der Nationalsozialisten (1933). Das nach dem Führerprinzip autoritär regierte ›Dritte Reich‹ beseitigte alle institutionellen Schutzvorkehrungen gegen eine totalitäre Machtausübung, deren Opfer vor allem ›Fremdrassige‹ und Andersdenkende wurden. Der expansionistische Großmachtanspruch Adolf Hitlers führte zum Zweiten Weltkrieg (1939-45) und zur vollständigen Niederlage.

Aus dem anschließenden Besatzungsregime der vier Siegermächte entstanden infolge des Ost-West-Gegensatzes ab 1949 *zwei getrennte deutsche Staaten*, die Bundesrepublik Deutschland und die Deutsche Demokratische Republik.[550] Da sich letztere ab 1961 nur durch eine durchgehende Grenzbefestigung und die damit verbundene physische Abschottung vom Westen behaupten konnte, führte die Öffnung der ›Mauer‹ 1989 zum Zusammenbruch der bisherigen Herrschaftsstrukturen und 1990 zur *Wiedervereinigung* der beiden deutschen Staaten auf der Basis des Grundgesetzes der Bundesrepublik.

Trotz der Brüche von 1918 und 1945 und der wiederholten territorialen Veränderungen kann mit Bezug auf die hier interessierenden Fragen von einer Kontinuität der Staatlichkeit seit 1870 ausgegangen werden, ein wesentlich geringerer Zeitraum als in unseren Vergleichsländern. Um den sozialgeschichtlichen Vergleich zu vervollständigen, wird daher auch die weiter zurückreichende Geschichte der deutschen Hegemonialmacht Preußen kurz angeschnitten, das zur Zeit der Reichsgründung bereits rd. zwei Drittel des Gesamtterritoriums beherrschte.

5.1 Staat und Gesellschaft

Keines unserer Vergleichsländer ist so sehr von *Staatsgedanken* geprägt worden wie Deutschland. Dies hat seinen Ursprung in den Maßnahmen, mit denen das mit Bodenschätzen nicht gesegnete, von der Natur her karge, standortmäßig eher ungünstig gelegene Herzogtum Brandenburg-Preußen, das im Dreißigjährigen Krieg noch kaum eine Rolle gespielt hatte, seit dem Westfälischen Frieden (1648) zur europäischen Großmacht und schließlich zum Führungszentrum des Deutschen Reichs aufgestiegen ist: Durch die Schaffung eines stehenden Heeres unter dem Kommando des einheimischen Adels, durch die Bildung eines nach

550 Auf die Geschichte und Sozialpolitik der DDR muß im folgenden nicht eingegangen werden, da deren institutioneller Einfluß auf die Sozialpolitik der Bundesrepublik minimal geblieben ist. Mit dem Beitritt der DDR zur Bundesrepublik wurden deren sozialpolitische Institutionen nahezu vollständig auf die Neuen Bundesländer übertragen. Zur Sozialpolitik in der DDR vgl. Manfred G. Schmidt: Grundlagen der Sozialpolitik in der Deutschen Demokratischen Republik. In: Geschichte der Sozialpolitik in Deutschland seit 1945. Hg. Bundesministerium für Arbeit und Sozialordnung und Bundesarchiv, Band 1: Grundlagen der Sozialpolitik. Baden-Baden 2001, S. 685-798.

einheitlichen Prinzipien operierenden Beamtenstandes sowie durch eine staatliche Politik der Wirtschaftsentwicklung.

Preußen bildete ein Pionierland *moderner* Staatlichkeit, in dem nicht mehr das persönliche Regiment des Herrschers, sondern der *anstaltliche Charakter der Herrschaft* ins Zentrum gerückt wurde. Zum Vergleich: Im architektonischen Zentrum des Schlosses Ludwigs XIV. in Versailles, in der Mitte des Spiegelgalerie, verkündet eine Inschrift: ›Le Roi règne par soi-même‹. Der Wahlspruch preußischer Könige dagegen folgte der Maxime des Deutschen Ordens: ›Ich dien‹! Der ›aufgeklärte Absolutismus‹ der Könige von Preußen als ›oberste Diener des Staates‹ setzte auf Machtentwicklung durch die Stärkung der inneren Wohlfahrt und durch eine straffe, landesweite Organisation des Staatswesens. Dabei wurden die althergebrachten Patrimonialrechte des Adels nicht abgeschafft, aber der Adel wurde in den Dienst des Staates genommen. Frühe Maßnahmen zur Verbreitung der allgemeinen Schulbildung und eine disziplinierende Wohlfahrtspolitik sorgten für die Entfaltung der Humanressourcen des Landes.[551] Die politischen Tendenzen wurden durch den Kameralismus auch verwaltungswissenschaftlich untermauert:

»Dem rationalistischen Ideal einer einheitlichen Staatspolitik entsprachen sowohl zentrale Planung als auch zentral gesteuerte Aktivität der Behörden. Verwaltungstheorie bot sich dem politischen Denken unter einem absolutistischen Regime als bevorzugtes Betätigungsfeld geradezu an. Kein Wunder, daß der zukünftige ›Beamtenabsolutismus‹ nach 1800 von den Justi, Sonnenfels, Svarez und anderen zustimmend vorausgesagt wurde. [...] Die mehr oder minder effektive Organisation der Bürokratie machte, so gesehen, einen entscheidenden Unterschied zwischen der Stärke oder Schwäche eines Staates aus.«[552]

Man wird es auch für die Folgezeit als Charakteristikum der deutschen Staatsentwicklung bezeichnen dürfen, daß dem *Einfluß geistiger Vordenker für das staatliche Selbstverständnis* vergleichsweise große Wirkung zukam. Das gilt für Kant ebenso wie für Hegel oder für die Konservativen Friedrich Julius Stahl und Heinrich von Treitschke und später Carl Schmitt. Aber auch Lorenz von Stein, Hugo Sinzheimer und zahlreiche Mitglieder des

551 Vgl. Dorwart, The Prussian Welfare State before 1740.
552 Wehler, Hans-Ulrich: Deutsche Gesellschaftsgeschichte. Bd. 1. Vom Feudalismus des Alten Reiches bis zur Defensiven Modernisierung der Reformära: 1700-1815. München 1987, S. 234.

Vereins für Sozialpolitik hatten maßgeblichen Anteil an der Entwicklung des sozialstaatlichen Denkens in Deutschland.[553]

Der rationale Charakter der preußischen Politik wurde besonders deutlich im 1794 in Kraft getretenen Allgemeinen Preußischen Landrecht: »Nach fast 50jähriger Vorbereitungszeit wurde in ihm auf 2500 Druckseiten in rund 19 000 Paragraphen, die alle aus je einem Satz bestanden, eine gewaltige Rechtsmaterie in sprachlich imponierender Form zu ordnen versucht.«[554] Die vom aufklärerischen Naturrechtsdenken geprägte Kodifikation bildete die rechtliche Grundlage der preußischen Sozialverfassung bis zum Inkrafttreten des reichsweiten Bürgerlichen Gesetzbuches (1900).

Die Modernisierung Preußens erfolgte als *Reform von oben*, auch nach der Niederlage gegen Napoleon. Regierungs- und Verwaltungsreform, Bauernbefreiung und Entfeudalisierung der Bodenordnung, die Einführung der Gewerbefreiheit sowie Finanz- und Heeresreform verwandelten Preußen zwischen 1807 und 1820 in ein institutionell modernes, auf den Prinzipien der bürgerlichen Freiheiten, der Rechtsstaatlichkeit und der Marktwirtschaft beruhendes Gemeinwesen, und dies im Gegensatz zu den beharrenderen Staaten im Süden Deutschlands. Letztere gingen dagegen im Bereich des Konstitutionalismus und Parlamentarismus voran. Der König von Preußen gewährte erst nach der gescheiterten Revolution von 1848 eine weiterhin vom Primat der Regierung geprägte *Verfassung*, deren parlamentarische Komponente unter dem Einfluß Bismarcks noch weiter geschwächt wurde. Die Abgeordneten wurden in drei Zensusklassen gewählt, und dabei blieb es im maßgeblichen Preußen bis 1918. Die Einführung des allgemeinen Männerwahlrechts für die Wahlen zum Reichstag des Norddeutschen Bundes und dann des Kaiserreichs kann angesichts der geringen verfassungsmäßigen Entscheidungsbefugnisse des Reichstags nur als bescheidener Schritt in Richtung Demokratisierung gewertet werden. Allerdings wuchs der politische Einfluß des Reichstags im Laufe der Zeit, und vor allem im Bereich der Sozialpolitik wurde sein Einfluß erheblich. Die Weimarer Reichsverfassung (WRV) von 1919 brachte dann das *allgemeine Wahlrecht für Männer und Frauen*, und zwar auf

553 Vgl. demnächst Kaufmann, Franz-Xaver: Sozialpolitisches Denken: Die deutsche Tradition. Frankfurt/M. 2003.
554 Wehler, Deutsche Gesellschaftsgeschichte, Bd. I, S. 240.

der Basis eines von konservativer Seite als Revolution empfundenen Übergangs zur demokratischen Republik. Neben den wirtschaftlichen Schwierigkeiten trug dieses Legitimitätsdefizit maßgeblich zum reibungslosen Übergang der Ordnung von Weimar in das totalitäre Regime der Nationalsozialisten bei. Das daraus resultierende Trauma und seine Reflexion gehört zu den kulturellen Bedingungen der seit 1949 sich immer stärker liberalisierenden Gesellschaftsordnung der Bundesrepublik.[555]

Zu den preußischen Reformen der napoleonischen Zeit gehörte auch die *Reform des Bildungs- und Universitätswesens*. Die Gründung der Berliner Universität durch Wilhelm von Humboldt (1810) bedeutete eine Absage an das französische Prinzip fachlich spezialisierter Hochschulen. Gegen die Wirklichkeit der ›Lernuniversitäten‹ des 18. Jahrhunderts stellte sie das alte Prinzips der ›universitas litterarum‹ unter der Ägide der Philosophie wieder her, allerdings mit besonderer Offenheit für die sich anbahnenden wissenschaftlichen Neuerungen. Die Institutionen der Berliner Universität wurden wegweisend für die Reform des Universitätswesens in Deutschland und für die führende Rolle Deutschlands im Bereich der Naturwissenschaften wie auch der darauf aufbauenden Elektro- und Chemieindustrie. Aber auch die Beamtenausbildung verblieb Aufgabe der Universität. Besondere Bedeutung für die Ausbildung der höheren Beamten gewannen nach der Kameralistik die sog. Staatswissenschaften, welche auch die Wirtschaftslehre mit umfaßten.[556] Die Lehren von Adam Smith wurden hier vor allem in den ersten Jahrzehnten des 19. Jahrhunderts breit rezipiert und inspirierten den Wirtschaftsliberalismus der preußischen Beamtenschaft. Im Zuge der Durchsetzung des Rechtsstaatsgedankens wurde jedoch die Jurisprudenz zur Leitwissenschaft der Beamtenausbildung, und das ›Juristenmonopol‹ im öffentlichen Dienst wurde erst in den Jahrzehnten nach 1968 aufgebrochen.

In wirtschaftlicher Hinsicht wirkte sich die Liberalisierung zu-

---

555 Prägnante Darstellungen der Verhältnisse in der Bundesrepublik und ihrer Entwicklung aus dem Horizont der erfolgten Wiedervereinigung (1990) geben Greiffenhagen, Martin u. Silvia: Ein schwieriges Vaterland. Zur politischen Kultur im vereinigten Deutschland. München 1993; Ritter, Gerhard A.: Über Deutschland. Die Bundesrepublik in der deutschen Geschichte. München 1998.

556 Vgl als Überblick Maier, Hans: Die ältere deutsche Staats- und Verwaltungslehre.

nächst eher krisenverschärfend im Sinne eines wachsenden Pauperismus aus. Erst ab den 1840er Jahren kam die *Industrialisierung* deutlich in Gang und mündete nach 1849 in die ›Gründerjahre‹, eine gut zwei Jahrzehnte dauernde industrielle Aufholjagd, welche ziemlich bruchlos in die zweite Welle der auf der Anwendung wissenschaftlichen Wissens beruhenden Industrialisierung überging, in der Deutschland führend wurde. Die Entwicklung des Kapitalismus und die Staatsentwicklung gingen dabei Hand in Hand.

»Einen dauerhaft herrschafts- oder staatsfreien Kapitalismus hat es nirgendwo [scil. in Deutschland] gegeben. Wohl aber sind Staatsbildung und Kapitalismusformierung aufs engste miteinander verschränkt. Auch und gerade der Industriekapitalismus hing in einem durchaus prinzipiellen Sinn von der staatlichen Garantie vorteilhafter Rahmenbedingungen, von der staatlichen Rechtssicherheit, von der staatlichen Hilfe beim Aufbau des Arbeitskräftepotentials ab.«[557]

Obwohl also in Preußen durchaus eine ›bürgerliche Gesellschaft‹ im Sinne Hegels und auch ein blühendes bürgerliches Vereinswesen im Sinne der bürgerlichen Gesellschaft Robert von Mohls entstand, blieb deren Einfluß auf die Politik minimal. Der Staat blieb hinsichtlich der ›großen Politik‹ konstitutionell autokratisch, ermöglichte jedoch in seinem Inneren nicht nur durch die *wirtschaftliche Liberalisierung*, sondern auch durch das Prinzip der örtlichen (zunächst nur städtischen) *Selbstverwaltung* ein Maß an administrativer Dynamik, das deutlich über derjenigen Frankreichs und wohl auch Englands lag, wo das sich sehr allmählich entwickelnde ›local government‹ erst ab der zweiten Hälfte des 19. Jahrhunderts an administrativer Professionalität gewann.[558] Dagegen war die Wirtschaftsentwicklung in Großbritannien weit weniger ›staatlich gerahmt‹, von den USA ganz zu schweigen. Hinsichtlich der unhinterfragten Zentralität des Staates ähnelte Preußen am stärksten Schweden, doch der mit der Reichsgründung verbundene Föderalismus ließ diese Parallele in der Folge schwächer werden.

Das *Deutsche Reich* ist aus einem *Staatenbund* hervorgegan-

---

557 Wehler, Deutsche Gesellschaftsgeschichte, Band 2. Von der Reformära bis zur industriellen und politischen ›Deutschen Doppelrevolution‹: 1815-1848/49. München 1987, S. 593.
558 Vgl. Stolleis, Michael: Selbstverwaltung, In: Handwörterbuch der deutschen Rechtsgeschichte, Bd. 4. Berlin 1990, Sp. 1621-1625.

gen, und die weitgehend vom Norddeutschen Bund übernommene Reichsverfassung blieb – den Intentionen Bismarcks entsprechend – ein die Momente der konstitutionellen Monarchie, des ›Fürstenbundes‹, der preußischen Hegemonie und des aus allgemeinen Wahlen hervorgehenden Reichstags machtmäßig austarierendes, für zukünftige Entwicklungen offenes Dokument.[559] Ausschließlich in die Zuständigkeit des Reichs fielen allein die Außen- und Militärpolitik. Doch es entsprach dem Sinn der Reichseinigung, daß auch im Bereich der Rechts- und Wirtschaftsordnung Einheitlichkeit angestrebt werden sollte. Dementsprechend wurde das Straf-, Handels- und Zivilrecht zunehmend vereinheitlicht, und auch das entstehende Arbeits- und Sozialrecht wurde Reichssache. In diesen Bereichen der heute so genannten ›konkurrierenden Gesetzgebung‹ blieben die Gliedstaaten zur Rechtsetzung insoweit befugt, als von seiten des Reiches bzw. Bundes eine gesetzliche Regelung noch nicht erfolgt war.

Auch wenn die Gliedstaaten auf ihre Souveränität verzichtet hatten, garantierte ihnen die Reichsverfassung doch staatliche Hoheitsrechte. Grundsätzlich in die Kompetenz der Gliedstaaten wurde 1871 die Kulturhoheit, die Verwaltungshoheit und die Finanzhoheit gelegt. Auch die Gerichte blieben im Rahmen einer reichsweiten Gerichtsverfassung Angelegenheit der Gliedstaaten, mit Ausnahme des 1877 geschaffenen ›Reichsgerichts‹. Das bedeutete, daß die die Bürger unmittelbar berührenden Aspekte der Staatlichkeit im wesentlichen eine Angelegenheit der Bundesstaaten bzw. später der Länder blieben. Bis heute sind diese Hoheitsrechte grundsätzlich bei den Ländern der Bundesrepublik geblieben, wenngleich – insbesondere im Bereich des Finanzwesens – der zentralstaatliche Einfluß stark zugenommen hat.

Eine eigenständige zentralstaatliche Administration ist erst sehr allmählich entstanden. Im Kaiserreich wurden die Reichsgeschäfte zunächst im wesentlichen durch die preußische Verwaltung geführt; der Reichskanzler als der einzige dem Reichstag Verantwortliche war in der Regel zugleich preußischer Ministerpräsident und für die Außenpolitik zuständig. Erst allmählich entstanden gesonderte ›Reichsämter‹, deren Initiativen jedoch

559 Vgl. Nipperdey, Thomas: Deutsche Geschichte 1866-1918, Band II: Machtstaat vor der Demokratie. München 1992, S. 85-109.

nur über die politische Vertretung Preußens im Bundesrat politisch relevant werden konnten. Mit der Weimarer Reichsverfassung wurde diese Sonderstellung Preußens aufgehoben und die Reichsregierung nach den Prinzipien der ministeriellen Verantwortung reorganisiert. Gleichzeitig wurde der hoheitliche Charakter der Länder beibehalten. Das totalitäre Intermezzo des NS-Staates mit seinem zentralistischen Steuerungsanspruch trug zur Verfestigung eines Mißtrauens gegen zentralisierende Problemlösungen und zu einer Renaissance des Föderalismus wie auch des Gedankens der Selbstverwaltung im Rahmen der Bundesrepublik bei.

Das Grundgesetz der aus den drei Westzonen des Besatzungsregimes hervorgegangenen *Bundesrepublik Deutschland* (1949) hielt an der föderalistischen Struktur des Staatswesens fest, doch wurde die Zahl der Länder reduziert. Seit der Wiedervereinigung ist die Bundesrepublik in 13 Flächenstaaten und drei Stadtstaaten gegliedert, deren Regierungen in der zweiten Kammer, dem Bundesrat vertreten sind. Das Gesetzgebungsrecht liegt grundsätzlich beim demokratisch gewählten deutschen Bundestag, doch stehen der Ländervertretung qualifizierte Mitbestimmungsrechte in allen Angelegenheiten zu, die die Länder mitbetreffen. Die Zuständigkeitsordnung sieht einen breiten Politikbereich der sog. konkurrierenden Gesetzgebung vor, zu dem auch die Materien des Arbeits- und Sozialrechts gehören, d. h. die Gesetzgebungszuständigkeit der Länder bleibt grundsätzlich erhalten, jedoch nur insoweit, als von seiten des Bundes keine bundesweiten Regelungen erlassen worden sind. Die Durchführung der Bundesgesetze obliegt grundsätzlich den Länderverwaltungen. Neben der gewährleisteten Gliedstaatlichkeit und Verwaltungshoheit der Länder gewährleistet das Grundgesetz in Art. 28 auch die Autonomie der kommunalen Ebene. Im Vergleich zu England, Schweden und Frankreich sind somit die zentralstaatlichen Kompetenzen stärker beschränkt, allerdings nicht so sehr wie in den Vereinigten Staaten.

Vom Föderalismus der Vereinigten Staaten unterscheidet sich der *deutsche Föderalismus* in charakteristischer Weise. Im amerikanischen Bundesstaat bleiben die Zuständigkeiten von Bund und Gliedstaaten grundsätzlich getrennt, der Einfluß des Bundes auf die einzelstaatliche Politik ist daher denkbar gering und beschränkt sich im wesentlichen auf das neuerdings wieder zurückgedrängte Prinzip der ›matching grants‹ (vgl. 3.2.3). Dagegen ist es dem ›federal government‹ unbenommen, im Bereich der seiner Gesetzgebungskompetenz unterstehenden Materien auch eigene Fachverwaltungen aufzubauen. In Deutschland dagegen besteht ein verflochtener, im günstigen Falle ›Kooperativer Föderalismus‹: Für die meisten innenpolitisch relevanten Materien gehen die *gesetzlichen Grundlagen* vom Bundesgesetzgeber aus, während die *Durchführung* der Gesetze den Ländern obliegt. Dem preußischen Vorbild entsprechend folgen Rechtsprechung und Verwaltung einheitlichen Grundsätzen auf allen Ebenen. Das Grundgesetz der Bundesrepublik hat auch eine weitgehende Verfassungsgerichtsbarkeit nach amerikanischem Vorbild eingeführt, derzufolge alle Akte des Gesetzgebers und der Verwaltung auf ihre Verfassungsmäßigkeit hin geprüft werden können. Nicht zuletzt die Erfahrungen mit dem nationalsozialistischen Unrechtsstaat haben den Sinn für und den *Glauben an die Rechtsstaatlichkeit als Fundament der Gesellschaftsordnung* in den alten Bundesländern nachhaltig begründet. Die *neuen Bundesländer* haben durch die Oktroyierung der westdeutschen Rechts- und Gesellschaftsordnung und die wirtschaftliche Agilität der im Osten wirksam werdenden westlichen Interessen allerdings andere Erfahrungen gemacht, die sich auch auf das Verhältnis zur Rechtsstaatlichkeit auszuwirken scheinen. Der Sozialstaatlichkeit wird dort eine größere legitimatorische Bedeutung beigemessen.

Die Staatlichkeit bildet bis heute den gedanklichen Rahmen der Gesellschaftsentwicklung in Deutschland. Das gilt auch für die Entwicklung der sogenannten *Sozialen Marktwirtschaft* nach dem Kriege. Der in diesem Zusammenhang einflußreich gewordene deutsche Ordoliberalismus unterschied sich vom angelsächsischen Wirtschaftsliberalismus durch seinen Ansatz bei der *staatlichen* Wettbewerbspolitik. Man wird das Kartellgesetz und die Mitbestimmungsgesetze, die beide Anfang der fünfziger Jahre gegen den Widerstand der Großindustrie durchgesetzt wurden, als Basisdokumente der sozialen Marktwirtschaft bezeichnen dürfen. Aber *diese Staatlichkeit ist nicht nur durch den Föderalismus, sondern auch durch vielfältige, mit dem Recht der Selbstverwaltung ausgestattete Körperschaften des öffentlichen Rechts in sich selbst fragmentiert.* Das Selbstverwaltungsprinzip prägt nicht nur die Gemeindeautonomie, sondern auch weite Bereiche der Sozial- und Wirtschaftsordnung, von den Sozialversicherungen bis zu den Kammern verschiedener Berufs- und Wirtschaftsgruppen. Öffentliche Aufgaben werden in Deutschland in weit stärkerem Maße als in all unseren Vergleichsländern durch nichtstaatliche Organe, jedoch auf gesetzlicher Grundlage wahrgenommen.[560] Wir haben hier eine charakteristische Form der ›Vermittlung‹ von ›Staat‹ und ›bürgerlicher Gesellschaft‹ vor uns, welche bereits von den deutschsprachigen Vordenkern moderner Sozialpolitik um die Mitte des 19. Jahrhunderts als Charakteristikum von ›Sozialpolitik‹ angesehen wurde.

Die zwischen Staat und Gesellschaft vermittelnde Sozialpolitik ist zu einem prägenden Merkmal der deutschen Gesellschaftsentwicklung geworden und hat sich gleichzeitig in stärkerem Maße verselbständigt als in den meisten anderen Wohlfahrtsstaaten.[561] Dies kommt nicht nur in der Autonomie der Sozialversicherungsträger und der starken Stellung der Verbände im Bereich der sozialpolitischen Steuerung zum Ausdruck, sondern vor allem auch in der weitgehenden Differenzierung und Verselbständigung des Arbeits- und Sozialrechts.[562] Diese in sich privatrechtliche und öffentlich-rechtliche Elemente verbindenden Materien verdanken ihre Bedeutung vor allem dem international einmaligen Ausbau der Arbeits- und Sozialgerichtsbarkeit in Deutschland. Erste örtliche Gewerbegerichte waren in Preußen schon vor der Reichsgründung entstanden, und bis 1926 erfolgte dann ein

560 Vgl. Schuppert, Gunnar Folke: Die Erfüllung öffentlicher Aufgaben durch verselbständigte Verwaltungseinheiten. Göttingen 1981.
561 Einen konzisen Überblick über Geschichte und aktuellen Stand der Sozialpolitik in Deutschland geben Schmidt, Sozialpolitik in Deutschland, S. 21-173; Lampert, Heinz: Lehrbuch der Sozialpolitik. 5. Aufl. Berlin u. a. 1998; Ritter, Gerhard A.: Soziale Frage in Deutschland und Sozialpolitik seit Beginn des 19. Jahrhunderts. Opladen 1998; als Nachschlagewerk für historische Details zu empfehlen ist Frerich, Johannes, u. Martin Frey: Handbuch der Geschichte der Sozialpolitik in Deutschland. 3 Bde., 2. Aufl. München 1996. Ferner die im Erscheinen begriffene, auf 11 Bände geplante Geschichte der Sozialpolitik in Deutschland seit 1945. Hg. Bundesministerium für Sozialordnung und Bundesarchiv. Baden-Baden 2001 ff. Unter Betonung der neueren Entwicklung informativ: Drei Wege deutscher Sozialstaatlichkeit. NS-Diktatur, Bundesrepublik und DDR im Vergleich. Hg. v. Hans Günter Hockerts. München 1998; ferner als soziologische Analyse: Alber, Jens: Der Sozialstaat in der Bundesrepublik 1950-1983. Frankfurt/New York 1989.
562 Hierzu Maydell, Bernd Baron von: Zum Verhältnis von Arbeitsrecht und Sozialrecht. In: Arbeitsrecht in der Bewährung. FS Otto Rudolf Kissel. Hg. v. Meinhard Heinze. München 1994, S. 761-772.

sukzessiver Ausbau der Arbeitsgerichtsbarkeit. Die im Zuge der Bismarckschen Sozialreformen geschaffenen Versicherungsämter erhielten auch richterliche Kompetenzen im Bereich dessen, was später ›Sozialrecht‹ genannt wurde. Seit 1954 existieren für das Arbeits- und das Sozialrecht zwei Spezialgerichtsbarkeiten mit drei Instanzen, an denen von den Tarifparteien benannte Laienrichter neben Berufsrichtern mitwirken.[563] Auch in der Rechtswissenschaft ist Deutschland im Bereich des Sozialrechts international führend.[564] Der Systematisierung des Sozialrechts diente bereits die ›Reichsversicherungsordnung‹ von 1911; eine umfassende Kodifizierung aller sozialrechtlichen Materien in einem ›Sozialgesetzbuch‹ wurde 1975 mit einem ›Allgemeinen Teil‹ begonnen und seither mit jeder größeren Teilreform fortgeführt.[565] Dagegen sind Versuche gescheitert, das Arbeitsrecht in einem einheitlichen Zusammenhang zu kodifizieren; die von den z. T. konträren Interessen der Tarifparteien nicht unabhängigen juristischen Auffassungsunterschiede spielen hierfür ebenso eine Rolle wie die Bejahung einer weitgehenden Staatsunabhängigkeit des Tarifvertragssystems in der Bundesrepublik durch beide, Arbeitgeberverbände und Gewerkschaften.

5.2 Die Arbeiterfrage als Leitproblem der deutschen Sozialpolitik

5.2.1 Von der ›sozialen Frage‹ zur ›Arbeiterfrage‹

Älter als der Begriff der ›Arbeiterfrage‹ ist der Begriff ›Soziale Frage‹. Er findet sich zunächst in Frankreich und dann ab 1840 auch im deutschen Sprachschatz als zusammenfassende Kennzeichnung von sozialen Folgen der tiefgreifenden wirtschaftlichen Transformationen, die mit dem Begriff der ›Industrialisierung‹ nur ganz unzulänglich angesprochen werden: Das auslö-

563 Vgl. Maydell, Bernd Baron von: Hundert Jahre sozialgerichtliche Rechtsprechung. In: Verhandlungen des Deutschen Sozialrechtsverbandes. 3. Sozialgerichtstag, 1984 Kassel. Wiesbaden 1985, S. 29-52.
564 Grundlegend Zacher, Hans F.: Abhandlungen zum Sozialrecht. Hg. v. Bernd Baron von Maydell u. Eberhard Eichenhofer. Heidelberg 1993.
565 Vgl. als Überblick: Sozialrechtshandbuch. Hg. v. Bernd Baron von Maydell u. Franz Ruland. 2. Aufl. Neuwied u. a. 1996.

sende Moment war die Abschaffung der feudalen Bindungen und die Umwandlung des Bodens von einem Herrschaftsgrund und Subsistenzmittel der Bevölkerung in ein handelbares Gut. Daraus resultierte ein Verlust an Selbstversorgungsmöglichkeiten und eine neue Form der Armut, die als *Pauperismus* bezeichnet wurde. Die entstehenden industriellen Beschäftigungsmöglichkeiten erscheinen dem gegenüber bereits als potentielle Problemlösung. Allerdings war die damit verbundene Konzentration der Arbeitskräfte vielfach so sehr mit gesundheitsschädigenden Arbeitsbedingungen, moralischen Gefährdungen und ausbeuterischen Entlohnungsbedingungen verbunden, daß das daraus resultierende neuartige Elend weit provozierender wirkte als die diffuse Problematik ländlicher Armut.

Für Preußen war charakteristisch, daß die liberalisierenden ökonomischen Reformen der Industrialisierung um Jahrzehnte vorauseilten. Preußen blieb weiterhin ein Agrarland, und die ständisch orientierten Kräfte leisteten den Reformen hinhaltenden Widerstand. Die Staatsreform gelang, die Gesellschaftsreform nicht, das gilt insbesondere für die Agrarreform.[566] Zwar wurden die personenbezogenen Erbuntertänigkeitspflichten entschädigungslos aufgehoben, aber es gelang nicht, die Eigentumsbildung der frei gewordenen Bauern zu sichern. So verschlechterte sich der faktische Status der nunmehr ›freien Landarbeiter‹, vor allem in den östlichen Landesteilen. Die Zentralisierung des Grundbesitzes in den Händen des Adels schritt weiter fort. Zudem zerstörten die von der bereits entwickelten englischen Industrie billig angebotenen Importprodukte zunehmend die bisherigen protoindustriellen Gewerbeformen. Verstärkt durch ein sich beschleunigendes Bevölkerungswachstum entstand eine ländliche Überschußbevölkerung, die erst in der zweiten Hälfte des 19. Jahrhunderts allmählich durch die Industrialisierung resorbiert wurde. Für diese verelendenden Unterschichten bürgerte sich ab ca. 1835 unter den Publizisten der Begriff ›Proletariat‹ ein.[567] *Die ›soziale Frage‹ bezog sich also zunächst nicht auf die In-*

---

566 Vgl. Koselleck, Reinhart: Preußen zwischen Reform und Revolution: Allgemeines Landrecht, Verwaltung und soziale Bewegung 1791-1848. Sonderausgabe Stuttgart 1987.

567 Vgl. Conze, Werner: Vom ›Pöbel‹ zum ›Proletariat‹. Sozialgeschichtliche Voraussetzungen für den Sozialismus in Deutschland. In: Vierteljahresschrift für Sozial- und Wirtschaftsgeschichte 41 (1954), S. 333-364.

dustriearbeiter, sondern auf die vermögenslosen vorindustriellen Armen. Gleichzeitig reflektierten jedoch die deutschen Publizisten bereits die industriellen Erfahrungen in England und Frankreich, so daß eine merkwürdige Überlagerung der beiden Schichten der ›sozialen Frage‹ entstand. In diesem Kontext ist der Begriff ›Sozialpolitik‹ zuerst entstanden.[568]

Erste Ansätze zu einer *Arbeiterbewegung* in der Revolutionszeit (1848/49) wurden wie alle demokratischen Bestrebungen anschließend unterdrückt. Eine deutliche Differenzierung zwischen der ›Armutsfrage‹ und der ›Arbeiterfrage‹ erfolgte erst nach 1850, und seit der Gründung des ›Allgemeinen Deutschen Arbeitervereins‹ durch Ferdinand Lassalle (1863) dominierte die Problematik der Industriearbeiter und ihrer gesellschaftlichen Integration als ›Arbeiterfrage‹ die öffentlichen Überlegungen. Stand zunächst noch die am britischen Modell gewonnene Hoffnung auf ›Hilfe zur Selbsthilfe‹ der Arbeiter im Vordergrund der Debatten, so wurde seit der Gründung (1869) und den wachsenden Wahlerfolgen der staatskritischen, unter dem Einfluß von Marx und Engels stehenden ›Sozialdemokratischen Arbeiterpartei‹ die Arbeiterfrage *zum Politikum*. So wurde das 1869 im Zuge der liberalen Gewerbeordnung eingeführte Koalitions- und Streikrecht mit strafrechtlichen und administrativen Einschränkungen versehen. Nach dem Zusammenschluß der beiden Arbeiterparteien (1875) wurde deren wachsende Macht von Bismarck als ›staatsbedrohend‹ eingeschätzt und durch das ›Gesetz gegen die gemeingefährlichen Bestrebungen der Sozialdemokratie‹ (›Sozialistengesetz‹, 1878) zu unterdrücken gesucht. 1890 wurde die sich nunmehr ›Sozialdemokratische Partei Deutschlands‹ (SPD) nennende Partei trotz der polizeilichen Behinderungen der Partei- und Gewerkschaftsarbeit zur wählerstärksten Partei im Deutschen Reich. Der junge, zunächst sozialreformerisch gesinnte Kaiser Wilhelm II. entließ Bismarck nicht zuletzt wegen der von diesem geforderten Fortführung und Verschärfung des Sozialistengesetzes. Wenige Jahre später versuchte es der Kaiser jedoch erneut mit einem repressiven Kurs.

Von Anfang an, d. h. seit den 1860er Jahren, orientierte sich die Bildung von *Gewerkschaften* nicht nur an Kriterien des Wohn-

568 Vgl. Pankoke, Eckart: Sociale Bewegung – Sociale Frage – Sociale Politik. Grundfragen der deutschen »Socialwissenschaft« im 19. Jahrhundert. Stuttgart 1970, sowie Kaufmann, Sozialpolitisches Denken, 1. Kapitel.

ortes, des Berufs oder des Wirtschaftszweiges, sondern auch an weltanschaulichen Gesichtspunkten. Es entstanden liberale, sozialistische und christliche ›Richtungsgewerkschaften‹. Das Sozialistengesetz hat die Entwicklung von Gewerkschaften erheblich behindert. Erst nach der Aufhebung des Sozialistengesetzes gelang die Bildung einer Dachorganisation, der Generalkommission der Gewerkschaften Deutschlands, und es entstanden erste Industrieverbände. Die der SPD nahestehenden ›freien‹ Gewerkschaften verbuchten den größten Zulauf. Allerdings blieben Ausmaß und Erfolg ihrer Aktivität von lokalen Umständen abhängig. Erst unter dem Druck des Ersten Weltkriegs wurden die Gewerkschaften politisch als legitime Vertreter von Arbeiterinteressen anerkannt.

5.2.2 Arbeiterfrage und Sozialpolitik

Die ›Arbeiterfrage‹ umfaßte mehrere Problemkreise:

• Zunächst die Frage nach der *Stellung der Arbeiter im Produktionsprozeß*, ihr Schutz vor den Gefährdungen, die sich aus überlangen Arbeitszeiten, dem Umgang mit Maschinen und gesundheitsschädigenden Substanzen und ausbeuterischen Praktiken der Arbeitgeber ergaben, die man für diese Zeit besser noch als ›Dienstherren‹ bezeichnet, denn die betriebliche Herrschaft war nahezu unbeschränkt. In diesem beispielsweise von Robert von Mohl schon frühzeitig angemahnten Bereich[569] geht es um das Arbeitsvertragsrecht und den Arbeitsschutz sowie um das mit den betrieblichen Risiken verbundene Haftungsrecht.

• Sodann die Frage nach der Legitimität und Legalität *kollektiver Interessenvertretung*, also dem Recht zur Bildung von Gewerkschaften, dem Streikrecht und der Anerkennung der Gewerkschaften durch Staat und Unternehmer. Hier geht es insbesondere um das kollektive Arbeitsrecht, aber auch um die repräsentative Wahrnehmung von Arbeiterinteressen im Betrieb und in der öffentlichen Aufgabenerfüllung.

569 Mohl, Robert von: Über die Nachtheile, welche sowohl den Arbeitern selbst, als dem Wohlstande und der Sicherheit der gesamten bürgerlichen Gesellschaft von dem fabrikmäßigen Betrieb der Industrie zugehen und über die Notwendigkeit gründlicher Vorbeugungsmittel. In: Archiv der politischen Ökonomie und Polizeiwissenschaft 2 (1835), S. 141-185.

• Ferner die Frage nach der *Existenzsicherung der erwerbs-losen Arbeiter*. Zwar stiegen die Durchschnittslöhne der Arbeiter in der 2. Hälfte des 19. Jahrhunderts deutlich über das physische Existenzminimum eines Alleinstehenden. Bei Facharbeitern reichte das Einkommen in der Regel auch für den Lebensunterhalt einer Familie, die übrigen Arbeiterfamilien waren auf einen Nebenerwerb der Mutter oder auf Untervermietung angewiesen. Sobald jedoch infolge von Krankheit oder Invalidität oder örtlichem Arbeitsmangel die Erwerbsmöglichkeiten wegfielen, blieb die auch in Deutschland diskriminierende Armenfürsorge für viele der einzige Ausweg.

• Schließlich die Frage nach den *politischen Rechten der Arbeiter*. Das Dreiklassenwahlrecht, aber auch die Wahlkreiseinteilung benachteiligten die parlamentarische Repräsentation der Arbeiter, und bei Abhängigkeit von der Armenfürsorge gingen auch die beschränkten Möglichkeiten des Wahlrechts verloren.[570]

5.2.2.1 *Arbeitsvertrag und Koalitionsfreiheit*

Im deutschen Arbeitsvertragsrecht konkurrieren von alters her deutschrechtliche und römisch-rechtliche Auffassungen: Nach der deutschrechtlichen Auffassung handelt es sich beim Arbeitsverhältnis um ein umfassendes, personenbezogenes Verhältnis, das Fürsorgepflichten des Arbeitgebers und Treueverpflichtungen des Arbeitnehmers einschließt. Nach der römisch-rechtlichen Auffassung ist der Arbeitsvertrag wie jeder Vertrag ein ausschließliches Tauschverhältnis.[571] In der mit der Reichsgründung einhergehenden liberalen Phase deutscher Wirtschaftspolitik dominierte die römisch-rechtliche Auffassung, die sich auch in Art. 611 BGB niederschlug. Nach der liberalen Auffassung sollten alle personenbezogenen Bindungen aus dem Vertragsverhältnis eliminiert werden:

---

570 In der sozialreformerischen Literatur der Zeit wurden zahlreiche weitere Themen angesprochen: Bodenreform und Wohnungsfrage, Recht auf Arbeit, Arbeiterbildung, Konsum- und Produktivgenossenschaften usw. Die obige Systematik orientiert sich somit bereits an den tatsächlich eingeschlagenen Wegen der sozialpolitischen ›Lösung der Arbeiterfrage‹.
571 Vgl. Wiedemann, Herbert: Das Arbeitsverhältnis als Austausch und Gemeinschaftsverhältnis. Karlsruhe 1966.

»Der Gedanke, daß Unternehmer und Arbeiter in persönlicher Gemeinschaft zur Erreichung eines gemeinsamen Zieles zusammenwirken, [...] trat mehr und mehr zurück. [...] Der Arbeitsvertrag wurde so ein lediglich auf Austausch von Lohn und Arbeit gerichteter, rein schuldrechtlicher Vertrag, der Unternehmer suchte die ›Ware‹ Arbeit, die für ihn lediglich einen Produktionsfaktor neben anderen bedeutete, möglichst billig zu erhalten, der Arbeiter seine Arbeitskraft möglichst teuer zu verkaufen.«[572]

Dementsprechend galt z. B. ein Dienstvertrag als jederzeit kündbar. Dies wurde als Ausdruck der Dispositionsfreiheit beider Vertragsparteien verstanden. Bis zum Ersten Weltkrieg blieb es im wesentlichen bei dieser rechtlichen Auffassung des Arbeitsverhältnisses.[573]

Die grundsätzliche Einführung der Koalitionsfreiheit durch die liberale Gewerbeordnung von 1869 brachte den Arbeitern erstmals die Möglichkeit, über die Arbeitsbedingungen mit ihren Arbeitgebern nicht nur individuell, sondern kollektiv zu verhandeln. Dies geschah zunächst meist auf betrieblicher Ebene, insoweit eine freiwillige Verhandlungs- und Bindungsbereitschaft des Unternehmers herbeigeführt werden konnte. 1873 wurde sodann ein erster berufsspezifischer Tarifvertrag für die Buchdrucker abgeschlossen; die tarifvertragliche Bewegung breitete sich rasch aus, und »1913 waren es 12 369 [scil. Tarifverträge] für 193 000 Betriebe mit etwa 1,8 Millionen Beschäftigten.«[574]

Tarifvertragliche Bindungen beruhten zunächst ausschließlich auf Freiwilligkeit und genossen als Kollektivvertrag keinen gerichtlichen Schutz. Erst im Zuge der Mobilisierung aller Arbeitskräfte während des Ersten Weltkriegs und in der unmittelbaren Nachkriegszeit gewannen die Gewerkschaften rechtliche Anerkennung (vgl. 5.3.2). Nunmehr entstand ein vom Dienstvertragsrecht des BGB abgelöstes, teils durch Tarifvertrag oder Betriebsvereinbarung ausgehandeltes und staatlich gewährleistetes, teils durch staatliche Gesetzgebung unmittelbar bindendes *Sonderrecht für die betrieblich Tätigen*, das sehr bald unter dem Titel

---

572 Hueck Alfred, u. Hans Carl Nipperdey: Lehrbuch des Arbeitsrechts. Bd. 1, 6. Aufl. Berlin u. Frankfurt/M. 1959, S. 8f.

573 Die einzige, bereits im Allgemeinen preußischen Landrecht ausgeprochene Beschränkung der Vertragsfreiheit bezog sich auf das sog. Truck-Verbot: Löhne mußten in bar und durften nicht in der Form von (oftmals minderwertigen) Naturalien bezahlt werden.

574 Hueck u. Nipperdey, Arbeitsrecht, Bd. 1, S. 12.

›Arbeitsrecht‹ auch wissenschaftlich abgehandelt wurde. Ferner wurde schon vor Kriegsende ein Reichsarbeitsamt und 1919 ein Reichsarbeitsministerium geschaffen Die Weimarer Reichsverfassung übertrug dem Reich eine konkurrierende Zuständigkeit für die Arbeitsgesetzgebung und legte in Art. 157 fest: »Das Reich schafft ein einheitliches Arbeitsrecht.« Dazu ist es in der Folge nie gekommen. Das Arbeitsrecht entwickelte sich in der Weimarer Zeit im wesentlichen als staatliches Verordnungsrecht in Verbindung mit dem kollektiven Tarifvertragsrecht. Die schlechten wirtschaftlichen Verhältnisse und die erneut zunehmende Spannung zwischen Unternehmerverbänden und Gewerkschaften veranlaßten einen Ausbau des staatlichen Schlichtungswesens, das sich immer mehr zu einem Instrument der Zwangsschlichtung und damit einer staatlich induzierten Lohnpolitik entwickelte.[575]

»Der verbindliche Schiedsspruch hatte die rechtliche Wirkung eines Tarifvertrages und verpflichtete die Parteien, den Streit um die nunmehr geregelten Arbeitsbedingungen zu beenden. Diese Regelung hatte mancherlei Nachteile zur Folge. Denn statt sich ernsthaft um eine Einigung zu bemühen, zogen es die Gewerkschaften und Arbeitgeberverbände häufig vor, die Verantwortung auf den Staat abzuwälzen. Auch standen bei den Entscheidungen des Reichsarbeitsministeriums die politischen Erwägungen manchmal zu stark im Vordergrund.«[576]

Das so entstandene kollektive Arbeitsrecht wurde durch die nationalsozialistische Herrschaft zwar hinsichtlich seiner Inhalte nicht völlig aufgehoben, aber in seinem Charakter vollständig verändert. Schon im Mai 1933 wurden die der Sozialdemokratie nahestehenden freien Gewerkschaften zerschlagen, und bald darauf sämtliche staatsunabhängigen Verbände aufgelöst. Ebenso wurden die gewählten Betriebsräte und die Betriebsvereinbarungen abgeschafft. Grundlage des Arbeitsrechts wurde das ›Gesetz zur Ordnung der nationalen Arbeit‹ (1934): Die Leitung der Wirtschaft oblag nun neu geschaffenen Reichsbehörden, die Arbeiter wurden in der ›Deutschen Arbeitsfront‹ als Annex der Nationalsozialistischen Deutschen Arbeiterpartei verfaßt. Die staat-

575 Vgl. Preller, Ludwig: Sozialpolitik in der Weimarer Republik. Nachdruck Düsseldorf 1978, S. 255-261, 310-324, 358-363, 399-418; Feldman, Gerald D.: Vom Weltkrieg zur Weltwirtschaftskrise. Göttingen 1984.
576 Nikisch, Arthur: Arbeitsrecht. Bd. 1: Allgemeine Lehren und Arbeitsvertragsrecht. 3. Aufl. Tübingen 1961, S. 23.

liche Lohnpolitik der späten Weimarer Zeit ging ziemlich bruchlos in ein obrigkeitliches Lohndiktat über.[577]

Angesichts dieses Traditionsbruchs hat das Arbeitsrecht in der Zeit nach dem Zweiten Weltkrieg zwar an die Weimarer Tradition angeknüpft, aber doch auch in charakteristischer Weise sich davon abgesetzt. Der staatliche Einfluß auf das tarifvertragliche Geschehen wurde stark zurückgedrängt und das Arbeitsvertragsrecht zur ausschließlichen Domäne der Tarifpartner. Auf der Basis des noch vor der Selbständigkeit der Bundesrepublik erlassenen Tarifvertraggesetzes (1949) wurde das Arbeitsvertrags- und Arbeitskonfliktrecht in der Folge nahezu ausschließlich durch die Rechtsprechung fortgebildet, insbesondere durch das 1953 errichtete Bundesarbeitsgericht. Entsprechend unübersichtlich bleibt die Materie für den juristischen Laien.

5.2.2.2 *Arbeitsschutz und Berufsunfallversicherung*

In Preußen hatten seit 1818 Verwaltungsberichte auf die Unzuträglichkeiten der Kinderarbeit hingewiesen, welche 1839 zu einem ersten ›Regulativ‹ zur Einschränkung der Kinderarbeit führten. Auch der technische und gesundheitliche Arbeitsschutz entwickelte sich unter dem Namen ›Gewerbehygiene‹ früh in Form administrativer Eingriffe. Die mangelhafte Einhaltung dieser Bestimmungen führte zu weiterreichenden Maßnahmen und zur Einrichtung einer zunächst fakultativen Fabrikinspektion (1853), die sich aber nur allmählich durchsetzte, da sie personell schwach war und keine polizeilichen Befugnisse hatte. Nach der Reichsgründung waren es vor allem die katholische Zentrumspartei, die Sozialdemokraten und Teile der Administration, aber auch Vertreter der Großindustrie, die auf eine Ausweitung des Arbeitsschutzes drängten und eine Effektivierung der Fabrikinspektion erreichten, doch Bismarck befürchtete von weiteren staatlichen Eingriffen in den Produktionsbereich »eine Untergrabung der Autorität der Unternehmer durch ein dilettantisches Hineinregieren in die Betriebe, eine Einschränkung der freien Verfügung der Arbeiter über ihre eigne Arbeitskraft und die ihrer Familie und eine Schwächung der internationalen Wettbewerbs-

577 Hierzu Mason, Timothy W.: Sozialpolitik im Dritten Reich. Arbeiterklasse und Volksgemeinschaft. 2. Aufl. Opladen 1978.

fähigkeit der deutschen Wirtschaft«[578] und setzte entsprechende Maßnahmen nicht auf die politische Tagesordnung. Immerhin brachte die Gewerbeordnung von 1869 erstmals eine Verpflichtung der Fabrikanten, Schutzvorrichtungen für ihre Arbeiter vorzusehen, und ihre Bestimmungen wurden 1878 auf alle Betriebe ausgeweitet. Gleichzeitig wurde die Fabrikinspektion für alle deutschen Staaten verbindlich gemacht. Damit bestand nun eine ordentliche Behörde zur Kontrolle der Arbeitsschutzmaßnahmen und der bestehenden Arbeitszeitbeschränkungen für Jugendliche und Frauen. 1890 wurde ihr Zuständigkeitsbereich auf alle Gewerbebetriebe ausgedehnt und die bis heute bestehende Form der *staatlichen Gewerbeaufsicht* festgelegt.[579]

Insbesondere die Frage der Arbeitsunfälle blieb jedoch drängend: Anders als die britische und französische Rechtsprechung waren die deutschen Gerichte nicht bereit, die Verschuldenshaftung des Unternehmers weit auszulegen, so daß die Geschädigten angesichts der hohen Beweislasten vor Gericht meist leer ausgingen. Um den zunehmenden Initiativen auf Verschärfung des Arbeitsschutzes und der Fabrikinspektion den Wind aus den Segeln zu nehmen, favorisierte Bismarck eine *sozialversicherungsrechtliche Lösung der Unfallfrage* (vgl. 5.2.2.3). Nach mehrfachen kontroversen Beratungen sah das schließlich 1884 verabschiedete Gesetz über die Berufsunfallversicherung die Zwangsversicherung der Unternehmer in neu zu gründenden, nach Wirtschaftszweigen gegliederten ›Berufsgenossenschaften‹ vor. Das Gesetz nahm den Arbeitern das Recht auf eine zivilrechtliche Geltendmachung des vollen Schadenersatzes und gewährleistete statt dessen die Heilungskosten und eine gesicherte Unfallrente in der Höhe von zwei Dritteln des letzten Lohnes, sofern eine dauerhafte Erwerbsunfähigkeit vorlag. Dabei wurde das bereits 1838 im preußischen Eisenbahngesetz neu eingeführte Prinzip der Haftung aufgrund der Gefährlichkeit des Betriebs auf Gefahren der Fabrikarbeit ausgedehnt. Es genügte nun der Nachweis eines kausalen Zusammenhangs zwischen Betriebsgefahr und Unfall, um in den Genuß von Versicherungsleistungen zu gelangen. Im Vergleich zu Frankreich (vgl. 4.3.5.1) war dies eine ›staatsnähere‹, aber gegenüber den Arbeitern auch großzügigere Lösung. Den

578 Ritter, Soziale Frage, S. 27.
579 Vgl. Windhoff-Heritier u. a., Verwaltungen im Widerstreit, S. 15 20.

Berufsgenossenschaften wurde zunächst fakultativ das Recht, dann ab 1900 die Pflicht zum Erlaß von Unfallverhütungsvorschriften aufgegeben.

Man hat an dieser Lösung kritisiert, daß sie zu einer ›politischen Dethematisierung‹ der betrieblichen Risiken der Industriearbeit geführt und daher den konflikthaften Charakter der Arbeitsbeziehungen verschleiert habe.[580] Eben darin lag aber ihr nachhaltig pazifizierender Charakter. Die Externalisierung der betrieblichen Unfallkosten und ihre versicherungstechnische Behandlung machte diese Risiken zu kalkulierbaren Größen. Und in der Folge entwickelten sich die Berufsgenossenschaften zu wichtigen Agenten der Unfallprävention, da sie aufgrund ihrer nach Wirtschaftszweigen spezialisierten Struktur eine Vertrautheit mit branchenspezifischen Risiken und mit Mitteln zu deren Geringhaltung entwickelten. Unfallprävention wurde so auch zu einem Interesse der Unternehmer, da dadurch die vom Kostenumfang abhängigen Versicherungsbeiträge gesenkt werden können. In institutioneller Hinsicht wird somit der Arbeitsschutz in Deutschland durch zwei voneinander unabhängige Organisationen – die staatliche Gewerbeaufsicht und die in der Verantwortung der Unternehmer liegende Berufsgenossenschaft – vorangetrieben, deren Zuständigkeiten nicht eindeutig geklärt sind und die gelegentlich auch unterschiedliche Interessen verfolgt haben.[581]

Dennoch blieben wichtige Anliegen für die Verbesserung der Stellung der Arbeiter im Produktionsprozeß infolge Bismarcks Widerstand unerledigt. Die Entlassung Bismarcks durch den jungen Kaiser Wilhelm II. hatte ihre aktuelle Ursache in den Differenzen hinsichtlich der Behandlung der Arbeiterfrage. Wilhelm II., unterstützt vom Handelsminister Hans von Berlepsch, brachte 1890/92 wesentliche Reformen des Arbeitsschutzes auf

580 Machtan, Lothar: Arbeit und Krankheit in der Konstruktion der Unfallversicherungsgesetzgebung im Bismarckreich. In: Berufsarbeit und Krankheit. Hg. v. Dietrich Milles u. Rainer Müller. Frankfurt/New York 1985, S. 53-63.
581 Vgl. Simons, Rolf: Staatliche Gewerbeaufsicht und gewerbliche Berufsgenossenschaften. Entstehung und Entwicklung des dualen Aufsichtssystems im Arbeiterschutz in Deutschland von den Anfängen bis zum Ende der Weimarer Republik. Frankfurt/M. 1984; zur Durchführung und Entwicklung des Arbeitsschutzes: Windhoff-Heritier u. a., Verwaltungen im Widerstreit, S. 24-27, 123-144.

den Weg: Den 11stündigen Normalarbeitstag für Frauen und Jugendliche, die Sonntagsruhe, den Ausbau der Gewerbehygiene, obligatorische Fabrikordnungen für Betriebe mit mehr als 20 Arbeitern, Anhörungsrechte für Arbeiter, und nicht zuletzt die Einführung einer Arbeitsgerichtsbarkeit für gewerbliche Arbeiter.[582] Diese Reformen wurden von einer Initiative zur internationalen Sozialpolitik flankiert, nämlich der Einladung zur ersten internationalen Arbeitsschutz-Konferenz nach Berlin. Deutschland erschien nun auf sozialpolitischem Gebiete international führend. Allerdings beschränkten sich die institutionellen Pionierleistungen auf den Bereich der Sozialversicherung. Im Bereich des Arbeitsschutzes waren die Schweiz (Fabrikgesetz 1877) und z. T. England längst vorangegangen.

5.2.2.3 Die Bismarcksche Sozialreform[583]

Das Projekt der Berufsunfallversicherung stand im größeren Kontext einer arbeiterbezogenen ›positiven Sozialreform‹, mit der Bismarck – nach der Repression der sozialistischen Arbeiterbewegung mittels des Sozialistengesetzes – die Arbeiter für das Kaiserreich gewinnen und national integrieren wollte. Ferner trieb ihn die Sorge um die Überlastung der Armenfürsorge, der die meisten Industriearbeiter im Falle des Verlustes ihres Arbeitsvermögens anheimfielen. Es waren also staatspolitische wie auch sozialpolitische Gründe, die Bismarck zu diesen Initiativen bewogen, und diese Verknüpfung hat sich auch im wissenschaftlichen Nachdenken über Sozialpolitik ausgewirkt, insofern als die Stellungnahme des Staates zum Verhältnis zwischen den sozialen Klassen zu einem bis in die Zeit nach dem Zweiten Weltkrieg erwähnten Begriffsmerkmal von ›Sozialpolitik‹ wurde.

Seit 1880 vorbereitet und im November 1881 durch eine Kaiserliche Botschaft angekündigt, umfaßte die Bismarcksche Sozi-

---

582 Vgl. Berlepsch, Hans-Jörg von: ›Neuer Kurs‹ im Kaiserreich? Die Arbeiterpolitik des Freiherrn v. Berlepsch 1890-1896. Bonn 1987.
583 Hierzu ausführlich Stolleis, Michael: Historische Grundlagen. Sozialpolitik in Deutschland bis 1945. In: Geschichte der Sozialpolitik in Deutschland seit 1945. Hg. Bundesministerium für Arbeit und Sozialordnung und Bundesarchiv. Band 1, Baden-Baden 2002, S. 199-332, hier S. 233-267; Ritter, Sozialversicherung, S. 28-52; zum neuesten Forschungsstand vgl. Ritter, Soziale Frage, S. 27-41.

...orm drei epochemachende Gesetzeswerke zur Absicherung gegen die Risiken Krankheit (1883), Berufsunfall (1884), Alter und Invalidität (1889). Die wesentlichen gemeinsamen Merkmale dieser ›Arbeiterversicherungen‹ – wie sie damals genannt wurden – sind:

- Obligatorische (›Zwangs-‹)versicherung der Arbeiter[584] bestimmter Wirtschaftszweige (kategorial festgelegte Versicherungspflicht);
- Gliederung der Versicherungsträger nach Risiken;[585]
- Finanzierung durch Beiträge der Arbeitgeber und Arbeitnehmer,[586] grundsätzlich ohne staatliche Zuschüsse;[587]
- Selbständige Organisation der Versicherungen in Form von Körperschaften des öffentlichen Rechts mit Selbstverwaltungsrechten von Arbeitgebern und Arbeitnehmern nach Maßgabe ihrer Beteiligung an der Finanzierung; Ausschluß privatrechtlicher Alternativen;
- Rechtsanspruch auf die ihrer Höhe nach gesetzlich festgelegten Leistungen und Einräumung eines Rechtswegs: Versicherungsämter mit dem Reichsversicherungsamt als Spitze (1885) bzw. ab 1954 dreistufige Sozialgerichtsbarkeit.

Dieses institutionelle Ergebnis entsprach den Bismarckschen ›staatssozialistischen‹ Intentionen nur teilweise. Als Träger der Berufsunfall- und der Invalidenversicherung schwebten ihm zunächst ›Reichsanstalten‹, also staatliche Behörden und erhebliche ›Reichszuschüsse‹ aus Steuermitteln vor, um das besondere Interesse des Reichs an den Arbeitern zu symbolisieren. Das ›reichs-

---

584 Den Arbeitern gleichgestellt wurden (im heutigen Sinne) Angestellte mit niedrigem Einkommen, doch bildete sich diese allgemeine Kategorie erst später heraus. Vgl. Kocka, Jürgen: Die Angestellten in der deutschen Geschichte 1850-1980: Vom Privatbeamten zum angestellten Arbeitnehmer. Göttingen 1981.

585 Die Aufteilung der Sozialreform in drei getrennte Gesetzeswerke entsprach nicht sachlichen, sondern taktischen Überlegungen, um überhaupt die schwierigen Materien durch den Reichstag zu bringen. Vgl. Syrup, Friedrich, u. Otto Neuloh: Hundert Jahre staatliche Sozialpolitik 1839-1939. Stuttgart 1957, S. 124f.

586 Die Berufsunfallversicherung wird aufgrund ihres die Haftpflicht ersetzenden Charakters ausschließlich durch Arbeitgeberbeiträge finanziert. Der Beteiligungsschlüssel von Arbeitgebern und Arbeitnehmern beträgt heute in allen anderen Sozialversicherungszweigen je 50%.

587 In der Invalidenversicherung gab es von Anfang an einen bescheidenen Staatszuschuß.

zentrierte Modell‹ scheiterte jedoch an Widerständen der Liberalen wie auch der Föderalisten.

Das Modell von sich selbst verwaltenden Körperschaften des öffentlichen Rechts hatte in der Form der preußischen Knappschaften des Bergbaus bereits Vorläufer. Im Rahmen der Krankenversicherungsreform galt es, die bereits existierenden rd. 6000 freien und kommunalen Hilfskassen, die sich in den Jahrzehnten seit Erlaß der Gewerbeordnung von 1845 gebildet hatten, zu integrieren und gleichzeitig ein flächendeckendes System von Hilfskassen aufzubauen, deren örtliche Verankerung von der Struktur des Risikos ›Krankheit‹ nahegelegt wurde. Der damit geschaffene neue Typus öffentlich-rechtlicher, durch Zwangsbeiträge finanzierter ›Sozialversicherungen‹ als vom öffentlichen Budget getrennter Verwaltungseinheiten hat inzwischen weltweit Schule gemacht; die wohlfahrtsstaatliche Alternative sind aus staatlichen Budgets finanzierte und dann in der Regel auch staatlich administrierte Leistungssysteme.

5.2.2.4 Das partizipatorische Defizit

Zwar ermöglichten die Selbstverwaltung in der Sozialversicherung und die Gewerbegerichtsbarkeit die institutionelle Beteiligung von Arbeitern, und die Gewerkschaften machten von diesen Einflußmöglichkeiten regen Gebrauch. Aber hinsichtlich ihrer Anerkennung als kämpferische Wahrer von Arbeiterinteressen blieb es auch nach der Aufhebung des Sozialistengesetzes bei – regional unterschiedlichen – administrativen Behinderungen.

»Der Historiker kann feststellen, daß Streiks und der Zusammenstoß der öffentlichen Macht mit Streikenden anderswo viel gewalttätiger verliefen (mit Blut und Toten, am wildesten in den USA, wo es bewaffnete ›Streikbrecher‹ und angeheuerte Betriebsschutzgruppen gab), daß der deutsche, rechtlich eingehegte Polizeistaat dagegen geradezu ›zivil‹ war; aber das berührte nicht die Erfahrungswelt der Arbeiter, für sie blieb die Nicht-Neutralität des Staates, seine Nähe zur Unternehmerklasse das Ausschlaggebende.«[588]

Ebenso blieb es bei einer Benachteiligung der Arbeiter im Wahlrecht, vor allem durch das Dreiklassenwahlrecht in Preußen und

---

588 Nipperdey, Thomas: Deutsche Geschichte 1866-1918. Band 1: Arbeitswelt und Bürgergeist. München 1990, S. 365.

Sachsen. Je mehr die Verstädterung fortschritt, desto weniger repräsentativ wurde aber auch der Zuschnitt der Wahlkreise im Rahmen der Reichtstagswahlen. Das Jahrzehnt vor dem Ersten Weltkrieg ist in sozialpolitischer Hinsicht als Pattsituation zwischen der Arbeiterbewegung und einer breiten Bewegung bürgerlicher Sozialreform einerseits und dem dominierenden Einfluß unternehmerischer Interessen auf die Reichsregierung andererseits beschrieben worden.

Entscheidend für die komparatistische Pespektive ist jedoch die Beobachtung, *daß die Formierungsphase der deutschen Sozialpolitik ganz durch die Auseinandersetzung mit der Arbeiterfrage dominiert wurde.* Nur die (hinsichtlich ihres Begriffsumfangs variabel bestimmte) ›Arbeiterschaft‹ stand im Zentrum des politischen Interesses. Dies kommt auch in der Bezeichnung des 1919 geschaffenen zuständigen Ministeriums als ›Reichs*arbeits*ministerium‹ zum Ausdruck. Der ›Verein für Sozialpolitik‹ als maßgebliche intellektuelle Instanz sozialpolitischer Reflexion allerdings betrachtete die ›soziale Frage‹, also die Folgen der sozioökonomischen Transformation, nicht nur unter dem Gesichtspunkt der ja insgesamt im Aufstieg begriffenen gewerblichen Arbeiterschaft, sondern auch unter Einschluß der Gruppen der Verlierer, insbesondere auch der Landbevölkerung und des Handwerks. Aber die institutionellen Innovationen, welche die Struktur der deutschen Sozialpolitik geprägt haben, orientierten sich am Leitbild des Industriearbeiters. Demzufolge wurde ›Sozialpolitik‹ – der Name bürgerte sich im Anschluß an die Bismarckschen Sozialreformen ein – als *Summe von Arbeiterschutz und Arbeiterversicherung* verstanden. Ausgeklammert blieb das Fürsorgewesen und damit die Armutsfrage, aber auch die in Frankreich aktuelle Familienfrage. Und von ›Gleichheit‹ im schwedischen Sinne konnte schon gar nicht die Rede sein.

Das Innovative der von Bismarck eingeleiteten ›Sozialpolitik‹ – der Begriff hat sich erst sehr allmählich international durchgesetzt – lag weniger im Bereich der Einzelmaßnahmen, für die sich Vorläufer in Preußen und anderswo ausmachen lassen. Entscheidend war vielmehr die neuartige Konzeption, *die Arbeiter als einheitlichen ›Stand‹ oder ›Klasse‹ zu begreifen und die Verbesserung ihrer Gesamtsituation zum Ziel staatlichen Handelns zu machen.* Daß dies primär aus staatspolitischen Gründen geschah, um dem noch fragilen Reich die befürchteten und in Frankreich real zu beobachtenden revolutionären Auseinandersetzungen zu ersparen, tut der historischen Bedeutung dieser neuartigen politischen Orientierung keinen Abbruch. Sie verdankt ihre Entstehung sowohl den altpreußischen wohlfahrtsstaatlichen Traditionen als auch der frühzeitigen sozialwissenschaftlichen Reflexion der ›sozialen Frage‹ und ihrer gesellschaftstheoretischen Deutung bei Lorenz von Stein. Seine Idee des ›sozialen Königtums‹ wurde Bismarck vor allem durch Lassalle nahegebracht und konnte sich mit den zeitgenössischen konservativ-protestantischen Ideen eines ›christlichen Staates‹ verbinden. Es ist *das Zusammentreffen* von funktionalen Erfordernissen, politischen Machtkalkülen, administrativen Kompetenzen und kulturellen Voraussetzungen, was den Durchbruch zur modernen wohlfahrtsstaatlichen Entwicklung zuerst im Deutschen Reich ermöglicht hat. Daß dabei die Demokratisierung keine Rolle spielte, ja daß die Sozialpolitik im Deutschen Reich eher als eine die Herrschaftsverhältnisse nicht tangierende Alternative zur Demokratisierung gesehen wurde, gehört zu den Eigenarten des deutschen Falles.[589]

5.3 Wirtschaftssystem und kollektives Arbeitsrecht

5.3.1 *Wirtschaftsfreiheit und Staatsinterventionismus*

Wie bereits erwähnt, wurde die Freiheit von Handel und Gewerbe in Preußen schon im Zuge der nach-napoleonischen Reformen grundsätzlich eingeführt, und sie wurde trotz erheblicher Widerstände, insbesondere von seiten des Handwerks, beibehalten. Die Gewerbeordnung von 1845 brachte erstmals einheitliche Grundsätze für ganz Preußen, und die Gewerbeordnung des Norddeutschen Bundes von 1869 bildete die Grundlage für eine liberale Wirtschaftsordnung des gesamten Kaiserreichs, die von einer einheitlichen Währungspolitik auf der Basis des Goldstandards durch die 1876 gegründete Reichsbank flankiert wurde. Die

---

589 Die in der neueren Wohlfahrtsstaatstheorie gelegentlich zu findende Parallelisierung zur »bonapartistischen« Politik in Frankreich vor 1870 geht an den historischen Tatsachen weitgehend vorbei. Denn die bescheidenen Fördermaßnahmen Napoleons III. für die Hilfskassen hatten weder eine exklusive Orientierung auf die Arbeiter noch stellten sie die liberalen Grundsätze der politischen Gesellschaftsgestaltung in Frage.

industrielle Krise der 1870er Jahre und die wachsenden Schwierigkeiten der Landwirtschaft führten jedoch zu einer Abkehr vom seit den 1850er Jahren dominierenden Freihändlertum. Auch im Bereich der akademischen Nationalökonomie verdrängte der 1872 gegründete ›Verein für Sozialpolitik‹ allmählich den am ungebundenen britischen Kapitalismus orientierten ›Kongreß deutscher Volkswirte‹, der sich schließlich selbst auflöste. Ohne die liberale marktwirtschaftliche Ordnung im Inneren in Frage zu stellen, suchte Bismarck nunmehr durch Schutzzoll- und Sozialpolitik die unerwünschten Folgen der Liberalisierung mittels staatlicher Maßnahmen einzudämmen. Dabei blieb es dann grundsätzlich bis zum Kriegsausbruch.

Der Erste Weltkrieg führte zum Zusammenbruch des internationalen Goldstandards und zu einer hochgradigen Verschuldung des Reichs gegenüber seinen Bürgern. Die Kriegsfinanzierung geschah teilweise durch Anleihen, die vor allem vom Bürgertum gezeichnet wurden, zunehmend aber auch durch die Notenpresse mit entsprechenden inflationären Konsequenzen. Verstärkt durch die Auflagen des Friedensvertrags von Versailles wurde die Kalamität der Wirtschaftslage in der Hyperinflation von 1921/23 auf die Spitze getrieben, in der vor allem die bürgerlichen Mittelschichten den Rest ihrer Finanzvermögen und damit auch ihre Altersvorsorge verloren. Eine vergleichbare, jedoch dieses Mal politisch gesteuerte Dezimierung der Ersparnisse fand nach dem Zweiten Weltkrieg im Rahmen der Währungsreform in den Westzonen (1948) statt.

Diese zweimalige Enteignung aller Ersparnisse innerhalb einer Generation hat im politischen Bewußtsein der Bundesrepublik eine im internationalen Vergleich *außergewöhnliche Aufmerksamkeit für das Problem der Geldwertstabilität* entstehen lassen, was sich sowohl in der starken Stellung der Deutschen Bundesbank als auch bis heute in der zumeist hohen Priorität des Ziels der Inflationsbekämpfung niederschlägt, auch gegenüber demjenigen der Vollbeschäftigung. Sie erklärt aber auch das hohe Vertrauen in die Gesetzliche Rentenversicherung, deren Leistungen als einzige durch die Währungskrisen nicht grundsätzlich entwertet worden sind.

Die wirtschaftlichen Schwierigkeiten der Weimarer Zeit führten politisch zu einem wachsenden Staatsinterventionismus, der u. a. auch die Lohnpolitik betraf. Das nationalsozialistische Dritte

Reich setzte diesen Kurs verstärkt fort, der schließlich in eine weitgehend verstaatlichte Kriegswirtschaft mündete. Nach dem Zusammenbruch des Dritten Reiches stellte das Besatzungsregime in der britisch-amerikanischen Zone schon früh die Weichen für ein marktwirtschaftliches System, während die Sozialdemokraten – und tendenziell zunächst auch die CDU – für weitgehende Verstaatlichungen in der Wirtschaft eintraten. Das Grundgesetz ließ die Frage der Wirtschaftsordnung offen; sie wurde durch die knappe bürgerliche Mehrheit im ersten Bundestag im Sinne einer ›sozialen Marktwirtschaft‹ – so das durch Wirtschaftsminister Ludwig Erhard propagierte Leitbild – entschieden.[590] Mit ihrem ›Godesberger Programm‹ (1959) hat auch die Sozialdemokratische Partei auf die Forderung nach einer sozialistischen Umgestaltung der Wirtschaftsordnung verzichtet, so daß seither die Prinzipien einer sozialpolitisch flankierten marktwirtschaftlichen Ordnung zum Basiskonsens der großen Volksparteien und Wirtschaftsverbände gehören.

Was unter einer *sozialen* Marktwirtschaft genau zu verstehen sei, blieb umstritten.[591] Bei Erhard dominierte die Auffassung, daß die Freisetzung der produktiven Kräfte durch Konkurrenz und das daraus resultierende Wirtschaftswachstum, also die allgemeine Wohlstandssteigerung das Soziale der Marktwirtschaft ausmache. Diese Auffassung war situationsbedingt richtig, insofern als die sozialpolitische Rahmung der Marktwirtschaft in Deutschland damals nicht in Frage gestellt schien. In der Folge setzten sich jedoch Auffassungen durch, die in der *Komplementarität* von staatlichen Vorgaben im Bereich der Wirtschaftsordnungs- und Sozialpolitik einerseits und von einer marktmäßigen Steuerung des Wirtschaftsablaufs andererseits das Wesentliche sahen. In diesem Sinne können die Begriffe ›Soziale Marktwirt-

---

590 Zur Entstehung des Leitbildes vgl. Helmstädter, Ernst: Die Wirtschaftsordnung in der Bundesrepublik Deutschland: Soziale Marktwirtschaft. In: Deutschland-Handbuch. Eine doppelte Bilanz 1949-1989. Hg. v. Werner Weidenfeld u. Hartmut Zimmermann. Bonn 1989, S. 241-257, hier S. 247-249.

591 Vgl. als Übersicht Blum, Reinhard: Soziale Marktwirtschaft. In: Staatslexikon, 7. Aufl., Bd. 4, Sp. 1240-1250; sowie Zacher, Hans F.: Grundlagen der Sozialpolitik in der Bundesrepublik Deutschland. In: Geschichte der Sozialpolitik in Deutschland. Hg. Bundesministerium für Arbeit und Sozialordnung und Bundesarchiv. Band 1, Baden-Baden 2001, S. 333-684, hier S. 459-477.

schaft‹ ebenso wie ›Sozialstaat‹ als spezifisch deutsche Ausformulierungen der wohlfahrtsstaatlichen Programmatik gelten. Cha-rakteristisch für diese deutsche Auffassung ist die Maxime, daß es Aufgabe des Staates sei, einerseits durch Wettbewerbspolitik dem Entstehen ökonomischer Macht entgegenzuwirken und mittels Globalsteuerung die Marktwirtschaft auf einem inflationsfreien Wachstumskurs zu halten; andererseits gelten staatliche Interventionen zur Gewährleistung des sozialen Ausgleichs insoweit als akzeptabel, als sie ›marktkonform‹ sind, d. h. den Wettbewerb und das Wachstum im Bereich der Produktion nicht beeinträchtigen. Selbst im Rahmen der gegenwärtigen Auseinandersetzungen um einen ›Umbau des Sozialstaates‹ steht nicht diese komplexe Maxime an sich, sondern nur ihre Auslegung in der gegebenen Situation zunehmender internationaler Standortkonkurrenz wirklich zur Debatte.

5.3.2 Betriebsverfassung und kollektives Arbeitsrecht

Insoweit sich die Interessen der Arbeiter in Deutschland kollektiv artikulierten, stand weder der syndikalistische Anspruch auf revolutionäre Überwindung des Kapitalismus (wie in Frankreich) noch das Prinzip der kollektiven Selbsthilfe (wie in England) noch der schlichte Kampf um höhere Löhne (wie in den USA) im Vordergrund. Vielmehr blieb auch die deutsche Arbeiterbewegung in dem Sinne *staatszentriert*, als es ihr vor allem um *Rechte* ging. Die Erfahrung, daß an sich gewährleistete Rechte wie das Koalitions- und Streikrecht immer wieder polizeilich und administrativ behindert wurden, wie auch die Benachteiligungen im Rahmen des Wahlrechts, haben die tonangebende sozialistische Arbeiterbewegung in Deutschland tief geprägt. Ebenso ging es den freien Gewerkschaften gegenüber den Unternehmern nicht primär um höhere Löhne, sondern um ihre *Anerkennung* als Verhandlungspartner und um Mitspracherechte in den die Arbeiter betreffenden Belangen. Selbst als 1918 die Revolution zum Greifen nahe schien, entschloß sich nicht nur die sozialdemokratische Mehrheitspartei, sondern auch ein erheblicher Teil der einer Rätedemokratie zuneigenden Unabhängigen für eine die Kontinuität des Übergangs wahrende Regierungsverantwortung unter dem Sozialdemokraten Friedrich Ebert. Nicht der Staat als solcher, sondern nur der Militarismus und die jede Demokratisierung ablehnende Monarchie sollten abgeschafft werden.

Für den Übergang der Sozialpolitik von der autokratischen Monarchie zur demokratischen Republik wurde die Gründung der ›Zentralarbeitsgemeinschaft‹ von Unternehmerverbänden und Gewerkschaften maßgeblich. Waren schon während des Ersten Weltkrieges die administrativen Diskriminierungen der Sozialdemokraten abgebaut worden, so erfolgte hier die offizielle Anerkennung der Gewerkschaften als »berufene Vertreter der Arbeiterschaft«, und als gleichberechtigte Tarifpartner.[592] Die Weimarer Reichsverfassung (WRV) enthielt sodann als erste Verfassung der Welt ausführliche Regelungen zur Wirtschafts- und Sozialordnung, unter Einschluß von Mitbestimmungsmöglichkeiten der Arbeiter auf betrieblicher und überbetrieblicher Ebene (Art. 165). Allerdings kam bereits dieser Verfassungsartikel nur als »Formelkompromiß« zustande, »hinter dem sich stark divergierende Auffassungen über die richtige wirtschaftliche Ordnung, den Grad der Staatsintervention und deren Instrumente verbargen.«[593] Daß es überhaupt zur verfassungsmäßigen Verankerung einer wirtschaftsbezogenen Parallelstruktur zur parlamentarischen Repräsentation kam, resultierte aus der Konvergenz sehr unterschiedlicher gesellschaftspolitischer Vorstellungen, nämlich zum einen auf die bis zu Bismarcks Plänen eines ›Deutschen Volkswirtschaftsrats‹ zurückzuverfolgende Vorstellung einer gesonderten berufsständischen Repräsentation, die in der Folge vor allem vom Zentrum vertreten wurden; und zum anderen von den radikal-sozialistischen Forderungen nach politisch und wirtschaftlich einflußreichen ›Arbeiterräten‹, schließlich aber auch aus dem bei den Unternehmern wie auch bei den gemäßigten Gewerk-

---

592 Die Grundlage bildete das unmittelbar nach der Kapitulation am 15. 11. 1918 abgeschlossene und nach den Verhandlungsführern benannte *Stinnes-Legien-Abkommen*. Neben der Vereinbarung eines institutionellen Rahmens für die Tarifverhandlungen enthielt das Abkommen eine Vereinbarung über die paritätische Verwaltung des Arbeitsnachweises, die Einführung des Achtstundentages und die obligatorische Einführung von Arbeiterausschüssen in Unternehmen mit über 50 Arbeitern. Text siehe Stegerwald, Adam: Arbeitsgemeinschaft I. In: Staatslexikon, 5. Aufl., Bd. 1, Freiburg i. Br. 1926, Sp. 294-296.

593 Ritter, Gerhard A.: Die Entstehung des Räteartikels 165 der Weimarer Reichsverfassung. In: Historische Zeitschrift 258 (1994), S. 73-112, Zitat S. 108.

schaften vorherrschenden Interesse an gedeihlichen industriellen Beziehungen.[594] Die schließlich verabschiedete Fassung des hart umstrittenen Art. 165 WRV verschob die eigentlichen politischen Entscheidungen auf die Gesetzgebungsphase, und hier gelang es nur, ein Gesetz über die Schaffung von Betriebsräten zu verabschieden (1920). Ferner wurde ein ›Vorläufiger Reichswirtschaftsrat‹ auf dem Verordnungswege geschaffen, dem jedoch in der Folge kein wesentlicher Einfluß zukam. Die Gesetzgebung über die Schaffung der vorgesehenen überbetrieblichen ›Arbeiterräte‹ und ›Wirtschaftsräte‹ scheiterte.[595]

Bemerkenswert erscheint im Rückblick vor allem die bis weit ins Bürgertum reichende Skepsis gegenüber einer freien, ›kapitalistischen‹ Wirtschaftsform, welche sich infolge der Konsensunfähigkeit der Beteiligten dennoch ankündigte und schließlich im wesentlichen durch autoritäre staatliche Maßnahmen verhindert wurde. Die desaströsen Wirtschaftsverhältnisse der Nachkriegszeit und das Bestehen der Arbeiter auf den erworbenen ›Rechten‹ führten zur Aufkündigung des Achtstundentages seitens der Arbeitgeber und in der Folge auch zu einer ›Krise der Sozialpolitik‹, die in einer Finanzkrise endete und schließlich auch zum Bruch der letzten parlamentarischen Koalitionsregierung führte.[596]

Das Scheitern des mit dem Stinnes-Legien-Abkommen und der WRV vorgezeichneten ›wohlfahrtsstaatlichen Kompromisses‹ und die dadurch veranlaßte Delegitimierung der Verfassung wurde ein wesentlicher Grund für die Offenheit des Grundgesetzes der Bundesrepublik hinsichtlich der Wirtschafts- und Sozialordnung. Im Rahmen der sog. Sozialstaatsklauseln und weiterer hierauf nur indirekt bezogener Verfassungsnormen sollte die Wirtschafts- und Sozialordnung im einzelnen durch den ordentlichen Gesetzgeber geschaffen werden.[597]

594 Vgl. Ritter, Entstehung, S. 74-82.
595 Vgl. Ritter, Entstehung, S. 102-107.
596 Vgl. Timm, Helga: Die deutsche Sozialpolitik und der Bruch der großen Koalition im März 1930. Düsseldorf 1952; Maurer, Ilse: Reichsfinanzen und große Koalition. Zur Geschichte des Reichskabinetts Müller (1928-1930). Frankfurt/M. 1973. – Zur Debatte über die ›Krise der Sozialpolitik‹ vgl. Kaufmann, Sozialpolitisches Denken, Abschnitt 3,1.
597 Vgl. hierzu Zacher, Hans f. Sozialpolitik und Verfassung im ersten Jahrzehnt der Bundesrepublik Deutschland. Berlin 1980.

In diesem verfassungsmäßigen Rahmen entstand zum einen ein von staatlichen Einflüssen weitgehend befreites *System der Tarifverhandlungen*, das sich zwar auf gesetzlicher Grundlage (1949), im übrigen aber lediglich flankiert von einer ausgebauten Arbeitsgerichtsbarkeit weiterentwickelt.[598] Nach dem Zweiten Weltkrieg wurde auf die Wiederherstellung der Richtungsgewerkschaften verzichtet und eine nach Wirtschaftszweigen gegliederte *Einheitsgewerkschaft* geschaffen. Flächentarifverträge nach Wirtschaftszweigen haben sich dabei als ein insgesamt effektives Regulierungssystem erwiesen. Anfang 1989 waren rd. 32 000 Tarifverträge in Kraft, von denen rd. 90 % aller Arbeitnehmer betroffen wurden.[599] Allerdings wird seit der Vereinigung der beiden deutschen Staaten und unter dem Druck wachsender Standortkonkurrenz der Flächentarifvertrag vermehrt in Frage gestellt und mancherorts durch Firmentarifverträge ersetzt.

Eine Besonderheit des deutschen Arbeitsrechts stellt die weitreichende rechtliche Regulierung von Partizipationsrechten der Arbeitnehmer im Rahmen der *Unternehmensverfassung* dar. Schon während des Ersten Weltkriegs wurde die Bildung von Betriebsräten in größeren Unternehmen gesetzlich vorgeschrieben und ihnen Einfluß auf die kriegswirtschaftlich bedingte Zwangsverpflichtung zur Arbeit eingeräumt. Weiterreichende Forderungen nach ›Wirtschaftsdemokratie‹ hatten in die Weimarer Reichsverfassung Eingang gefunden, doch wurden die entsprechenden Verfassungsbestimmungen nur in der Form des Betriebsrätegesetzes verwirklicht. Nachdem sich nach dem Zweiten Weltkrieg die Durchsetzung eines ›demokratischen Sozialismus‹ infolge der Mehrheitsverhältnisse im Bundestag als illusorisch erwies, kämpften die Gewerkschaften für die Erhaltung der zunächst von den Großunternehmen des Montanbereichs freiwillig angebotenen ›paritätischen Mitbestimmung‹, die schließlich unter der Drohung eines Großstreiks zur gesetzlichen Regelung der gleichberechtigten Mitbestimmung im Aufsichtsrat der Montanunternehmen und zur Einrichtung eines von der Arbeitnehmerseite zu benennenden Arbeitsdirektors im Unternehmensvorstand führte (1951). Das nachfolgend verabschiedete ›Betriebsverfassungsge-

---

598 Verschiedene Initiativen auf weiterreichende *gesetzliche* Regelungen des Arbeitsrechts sind am Widerstand der Tarifparteien gescheitert.
599 Frerich u. Frey, Handbuch, Bd. 3, S. 223.

setz‹ (1952), das die Mitbestimmung in den größeren Unternehmungen *außerhalb* des Montanbereichs regelte, ging weniger weit und stärkte die innerbetriebliche Verhandlungsebene, indem es die Unabhängigkeit der Betriebsräte von den Gewerkschaften vorsah. Die damit gefundene Kompromißlage hat sich trotz gelegentlicher Modifikationen als weitgehend stabil erwiesen und kann als neue Form des ›wohlfahrtsstaatlichen Kompromisses‹ in Deutschland gelten.[600] Zugespitzt formuliert, hat die Mitbestimmung in Deutschland eine ähnlich zentrale Bedeutung für den wohlfahrtsstaatlichen Kompromiß wie die Einbindung der Gewerkschaften in die makroökonomische Steuerung in Schweden. Der deutsche Begriff zur Kennzeichnung des pazifizierten Konflikts zwischen Arbeit und Kapital lautet ›*Sozialpartnerschaft*‹:

»Das Prinzip friedlicher, kooperativer Konfliktaustragung [...] hat für die Arbeitsbeziehungen im deutschen Sozialmodell eine ausgeprägt verhaltensnormierende Verbindlichkeit erlangt. Durch die institutionelle Ausdifferenzierung dreier relativ autonomer Konfliktarenen – Betrieb, Unternehmen, Tarifvertrag – ist ein [...] Mechanismus der Problemverlagerung mit elastischen Austragungschancen etabliert worden, der die flexible Regulierung von Konflikten in einem stabilen institutionellen Rahmen erlaubt.«[601]

600 Vgl. Kaufmann, Franz-Xaver: Normative Konflikte in Deutschland: Basiskonsens, Wertewandel und soziale Bewegungen. In: Die Grenzen der Gemeinschaft: Konflikt und Vermittlung in pluralistischen Gesellschaften; ein Bericht der Bertelsmann Stiftung an den Club of Rome. Hg. v. Peter Berger. Gütersloh 1997, S. 155-197, hier S. 164-176; Mitbestimmung und neue Unternehmenskulturen – Bilanz und Perspektiven. Bericht der Kommission Mitbestimmung. Hg. Bertelsmann Stiftung u. Hans-Böckler-Stiftung. Gütersloh 1998. Zur weit zurückreichenden Vorgeschichte vgl. Teuteberg, Jürgen: Geschichte der industriellen Mitbestimmung in Deutschland. Ursprung und Entwicklung ihrer Vorläufer im Denken und in der Wirklichkeit. Tübingen 1961.
601 Lessenich, Stephan: Dynamischer Immobilismus. Zur Dialektik von Kontinuität und Wandel im deutschen Sozialmodell. Habilitationsschrift. Sozialwissenschaftliche Fakultät der Georg-August-Universiät Göttingen, Ms., 2001, S. 120.

5.4 Staatliche Politik der Einkommenssicherung

5.4.1 Sozialversicherung

Stärker als in allen Vergleichsländern beruht die Finanzierung der sog. ›zweiten Einkommensverteilung‹ auf dem Prinzip der Sozialversicherung. Die beitragsfinanzierte öffentliche Zwangsversicherung gegen charakteristische Lebensrisiken ist die wichtigste, von Deutschland ausgehende sozialpolitische Innovation (vgl. 5.2.2.3).

Die Bismarckschen Sozialversicherungen waren dazu bestimmt, die Arbeiter vor der erniedrigenden Armenfürsorge zu bewahren, aber ihre Leistungen, insbesondere im Bereich der Invaliden- und Alterssicherung, reichten zur Deckung des Existenzminimums zunächst nicht aus und ließen auch die Hinterbliebenen ohne Schutz. Dennoch brachte ihre Errichtung nicht nur weitreichende Impulse für die Sozialpolitik anderer Staaten, sondern setzte auch innerhalb des Deutschen Reichs vielfältige Dynamiken in Gang. Es kam jedoch – anders als in England und Frankreich – nach dem Zweiten Weltkrieg zu keinen grundlegenden Systemreformen, sondern zu einer Fortentwicklung in den durch Bismarck gelegten Geleisen.

Die erste Dynamik bezog sich auf den *Bereich der Leistungen*: Stand in der Krankenversicherung zunächst die Zahlung von Krankengeld noch im Vordergrund, wie dies schon für die vorangehenden ›Hilfskassen‹ charakteristisch gewesen war, so entwickelte sich in der Folge die gesetzlich ebenfalls vorgesehene ärztliche Hilfe mit den parallelen medizinischen Fortschritten immer stärker (vgl. 5.5.1). Die Berufsgenossenschaften erweiterten ihren Aktivitätsbereich in den Bereich der Rehabilitation und Prävention und entschädigten zunehmend nicht nur Betriebsunfälle, sondern auch Berufskrankheiten. Auch in der Alters- und Invaliditätsversicherung, die eine Rente wegen Alters zunächst nur insofern kannte, als bei Erreichung des für Arbeiter ohnehin biblischen Alters von 70 Jahren die Erwerbsunfähigkeit unterstellt wurde, und bei der die Versorgung von Witwen und Waisen zunächst ausgeschlossen blieb, wurde 1911 die Hinterbliebenenfürsorge eingeführt; die Einführung eines Ruhestandsalters von 65 Jahren erfolgte dann im Zuge der Konzessionen während des Ersten Weltkriegs. Die Ausweitung und Verbesserung des Leistungsspektrums bildet einen fortgesetzten Trend der Sozialversicherung, weil es sich hierbei um politisch attraktive Projekte handelt, die in der Bundesrepublik zeitweise sogar zu einer Politik der ›Wahlgeschenke‹ degenerierten. Grenzen der Expansion bilden im wesentlichen nur wirtschaftliche Schwierigkeiten und die dadurch intensivierten Verteilungskonflikte. Selbst in der ökonomisch besonders beengten Weimarer Zeit wurde die Arbeitslosenversicherung neu eingeführt, deren nicht einhaltbare Versprechungen maßgeblich zur Krise der ›Weimarer Koalition‹ beigetragen haben. Die vorläufig letzte *institutionelle* Ausweitung der Sozialversicherung bildet die Pflegeversicherung (1995).

Die zweite Dynamik bezieht sich auf den *Kreis der Versicherten*: Immer neue Wirtschaftszweige und zunehmend auch Berufsgruppen wurden in die verschiedenen Zweige der Sozialversicherung einbezogen. Eine Sonderentwicklung ergab sich dabei im Bereich der Alterssicherung, wo für die damals noch meist als ›Privatbeamte‹ bezeichneten Angestellten 1911 eine gesonderte ›Reichsversicherungsanstalt für Angestellte‹ mit höheren Beiträgen und großzügigeren Leistungen als im Bereich der Arbeiterversicherung eingerichtet worden war. In der Folge entwickelte sich auch im Bereich der Krankenversicherung eine deutliche Zweiteilung zwischen ›Arbeitern‹ und ›Angestellten‹. Die sozialrechtliche Gleichstellung mit den politisch als privilegiert geltenden Angestellten wurde zu einer wesentlichen Forderung der Arbeiterbewegung, die aber erst nach dem Zweiten Weltkrieg erfüllt worden ist.

Bezieht man den Umstand in die Betrachtung ein, daß für die Staatsbeamten schon aus vorindustriellen Zeiten eine staatliche *Versorgung* bestand[602] und daß auch für die Bergleute in Preußen schon 1854 ein System sich selbst verwaltender ›Knappschaften‹ als versicherungsartige Zwangskorporationen geschaffen worden war, so wird der *gegliederte Charakter des deutschen Systems sozialer Sicherung* und damit der bis heute andauernde Widerstand gegen eine die gesamte Bevölkerung umfassende Einheitsversicherung verständlicher. Vor allem die privilegierte Stellung der Beamten hat bis heute eine organisatorische und leistungsmäßige Vereinheitlichung verhindert.[603] Die Konsequenz dieses somit auf

602 Vgl. hierzu Frerichs u. Frey, Handbuch, Bd. 1., S. 69-74.
603 Zu den Auseinandersetzungen zwischen den Proponenten einer ›Einheitsversicherung‹ und den Vertretern des ›gegliederten Systems der so-

frühe Entscheidungen zurückgehenden institutionellen Entwicklungspfades war die allmähliche Entstehung gesonderter gesetzlicher Sicherungsschemata auch für die Selbständigen: Für die Handwerker (1938), die Landwirte (1957) und schließlich auch die Künstler (1981).[604] Das hatte insofern Vorteile, als die Regelungen damit in besonderer Weise auf die Interessen der betreffenden Berufsgruppen abgestimmt werden konnten; doch entstand dadurch gleichzeitig ein in sich heterogener Regelungskomplex, der um so schwerer zu handhaben ist, je größer das Gewicht gesamtwirtschaftlicher und demographischer Überlegungen für die Steuerung der Sozialversicherung wird. Die gegliederten Systeme Frankreichs und Deutschlands erweisen sich hier als politisch wesentlich resistenter und für Gruppeninteressen anfälliger als die ›universalistischen‹ skandinavischen Systeme.

Die das öffentliche Bewußtsein am stärksten prägende Sozialgesetzgebung seit dem Zweiten Weltkrieg war die *Rentenreform von 1957*. Sie ist der einzige realisierte Teil der von Bundeskanzler Adenauer 1953 angekündigten »umfassenden Sozialreform«.[605] Sie brachte zum einen eine Vereinheitlichung der Grundsätze der Alters- und Invaliditätsversicherung für Arbeiter, Angestellte und Bergleute, und zum anderen eine beträchtliche Aufwertung der bisherigen Rentenansprüche durch den Übergang zum Prinzip der ›dynamischen Rente‹. Hatte die Bismarcksche Invalidenversicherung *einen Zuschuß* zum immer noch familiär konzipierten Lebensunterhalt im Alter gebracht, so sollte die neue Rente den lebenslang Erwerbstätigen *die Aufrechterhaltung ihres bisherigen Lebensstandards und eine Beteiligung an der fortgesetzten Produktivitätssteigerung der Wirtschaft* ermöglichen. Diese Reform hat die Rentenversicherung zum finanziell aufwendigsten Bestandteil des Sozialbudgets werden lassen. Dem damit erreich-

zialen Sicherung‹ nach dem Zweiten Weltkrieg vgl. Hockerts, Hans Günter: Sozialpolitische Entscheidungen im Nachkriegsdeutschland. Aliierte und deutsche Sozialversicherungspolitik 1945 bis 1957. Stuttgart 1980, S. 21-84.

604 Für die in öffentlich-rechtlichen Kammern verfaßten freien Berufe (Mediziner, Anwälte, Architekten) entstanden nach Landesrecht eigene Versorgungswerke. Ferner erhielten 1972 weitere Berufsgruppen eine freiwillige Möglichkeit zum Eintritt in die Gesetzliche Rentenversicherung zu besonders günstigen Konditionen.

605 Die Entstehungsgeschichte der Rentenreform von 1957 wird von Hockerts, Sozialpolitische Entscheidungen, S. 216-425, grundlich dargestellt.

ten hohen gesetzlichen Sicherungsstandard für die ›Normalarbeitsverhältnisse‹ entspricht ein geringer Ausbau der betrieblichen Altersversorgung, welche im wesentlichen nur für Führungskräfte eine größere Rolle spielt.

Allen Systemen staatlich regulierter Vorsorge für die Risiken des Lebens ist in Deutschland gemeinsam, daß sie auf dem *Beschäftigungsverhältnis* aufbauen. Anwartschaften werden durch Berufsarbeit und (mit Ausnahme der Beamtenversorgung) einkommensabhängige *Beiträge* erworben. Anlog zum Versicherungsdenken in der Privatversicherung ist auch der Grundsatz einer *Äquivalenz von Beiträgen und Leistungen* weithin anerkannt: Krankengeld, Arbeitslosengeld, Erwerbsunfähigkeits- und Altersrenten richten sich ihrer Höhe nach grundsätzlich am versicherungspflichtigen Einkommen aus.[606] Daraus folgt, daß die Geldleistungen der Sozialversicherung bis heute keine existenzsichernden Minima gewährleisten. In der neueren Terminologie: Sie bieten zwar zugleich Grund- und Aufbausicherung für die lebenslang Erwerbstätigen, sie gewährleisten jedoch keine Grundsicherung für jedermann. Hinsichtlich des Fehlens einer Grundsicherung außerhalb der Sozialhilfe unterscheidet sich das deutsche Alterssicherungssystem von nahezu allen ausländischen Systemen.[607]

Eine besondere Herausforderung hat die deutsche Sozialversicherung durch den Beitritt der ehemaligen DDR zur Bundesrepublik erfahren. Die Modalitäten des Vereinigungsvertrages legten fest, daß die Sozialleistungsansprüche der Ostdeutschen nach den Regeln des bisherigen westdeutschen Rechtes bestimmt werden und daß die entsprechenden Kosten durch die westlichen Sozialversicherungsträger auf dem Wege des Finanzausgleichs zu tragen sind, während die Nichtsozialversicherten, also insbesondere die Beamten und die Freien Berufe, von der Mitfinanzierung

---

606 Typisch für das deutsche System ist die Begrenzung der Beitragspflicht durch sog. Beitragsbemessungsgrenzen. Dadurch wird einer Umverteilung zu Lasten der Wohlhabenderen im Rahmen des Sozialversicherungssystems ein wirksamer Riegel vorgeschoben. Vertikale Einkommensumverteilungen sollen nach herrschender Auffassung ausschließlich im Rahmen des Steuersystems erfolgen.

607 Vgl. Hinrichs, Karl: Rentenreformpolitiken in OECD-Ländern. Deutschland im internationalen Vergleich. In: WeltTrends Nr. 24 (Herbst 1999), S. 7-28.

ausgenommen wurden.[608] Das führte zu erheblichen Zusatzbelastungen der Haushalte der Sozialversicherungsträger, insbesondere im Bereich der gesetzlichen Renten- und Arbeitslosenversicherung. Die absehbaren Finanzierungsdefizite wurden im wesentlichen durch Beitragserhöhungen ausgeglichen, wodurch die in Deutschland ohnehin weit überdurchschnittlichen Lohnnebenkosten weiter in die Höhe getrieben wurden. Die im letzten Jahrzehnt verschärften Verteilungskonflikte sind weniger auf die sogenannte Globalisierung oder die absehbaren demographischen Verwerfungen zurückzuführen denn auf die Finanzierungsmodi der deutschen Einigung.

5.4.2 Sozialhilfe

Die skizzierten Eigenarten des deutschen Systems sozialer Sicherung sind durch die frühzeitige Entkoppelung von ›Arbeiterfrage‹ und ›Armutsfrage‹ bedingt. Die *Armenfürsorge*[609] fand in Preußen erstmals im Rahmen des Allgemeinen Preußischen Landrechts gesamtstaatliche Aufmerksamkeit, und die Gesetzgebung von 1842 löste das bisher geltende Heimatprinzip der Fürsorgezuständigkeit durch das Wohnortprinzip ab; für die nicht eindeutig Zuordenbaren und Nichtseßhaften waren schon seit 1795 überörtliche Behörden zuständig. Diese Zweiteilung in örtliche und überörtliche Aufgaben der Sozialhilfe hat sich bis heute erhalten.

Anders als in England spielte die Armutsfrage in der deutschen sozialpolitischen Diskussion kaum eine direkte Rolle. Allerdings ist die Entstehung des Hilfskassenwesens und vor allem auch der Sozialversicherung auch durch das Bestreben motiviert worden, die Armenfürsorge durch obligatorische Vorsorge seitens der Arbeiter und ihrer Dienstherren zu entlasten und die Rückkehr der erwerbsunfähig gewordenen Arbeiter in den Bereich ihrer meist ländlichen Herkunft zu unterbinden. Und dies entsprach nicht

608 Zu den besonderen Problemen der Wiedervereinigung vgl. Sozialpolitische Folgen der Wiedervereinigung. Hg. v. Petra Buhr, Monika Ludwig u. Stephan Leibfried. Zeitschrift für Sozialreform 37 (1991), H. 11/12; Sozialpolitik im Prozeß der deutschen Vereinigung. Hg. v. Wilfried Schmähl. Frankfurt/New York 1992.
609 Vgl. hierzu als Standardwerk Sachße, Christoph, u. Florian Tennstedt: Geschichte der Armenfürsorge in Deutschland. 3 Bde., Stuttgart 1980-1992.

nur einem Sicherungsinteresse der Arbeiter, sondern auch den Neigungen des Bürgertums, eine klare Grenze zwischen den ›redlichen Arbeitern‹ und den entweder als arbeitsunfähig oder als arbeitsscheu geltenden ›Armen‹ zu ziehen.[610] Letztere blieben im Schatten der deutschen Sozialpolitik.

Die Regelung der Armenfürsorge blieb Aufgabe der Einzelstaaten, und ihre Durchführung oblag den Kommunen. Daneben entwickelte sich im 19. Jahrhundert eine teils christlich motivierte, teils bürgerlich-pragmatische ›Liebestätigkeit‹, die sich bestimmter Gruppen von Armen, insbesondere der Kinder und Jugendlichen sowie der Kranken annahm, aber auch allgemeine Not zu lindern suchte. Im Bereich der großen Konfessionen entstanden auch schon früh (1848, 1897) zentrale Wohlfahrtsverbände, denen später weitere mit anderer weltanschaulicher Ausrichtung folgten. Diese *Doppelstruktur von kommunal-öffentlicher und privater ›freier Wohlfahrtspflege‹* hat sich bis in die Gegenwart erhalten, wobei beide Formen der sozialen Hilfe sich teils ergänzen, teils miteinander in Konkurrenz liegen.[611]

Der erste Weltkrieg und insbesondere der anschließende Währungszusammenbruch schufen neue Notlagen, die bis weit in die Arbeiterschaft und den Mittelstand hineinreichten. Diese der Armenfürsorge zu überlassen hätte nicht nur die Kommunen überfordert, sondern auch zu persönlichen Degradationen geführt, deren Unruhepotential die junge Republik fürchten mußte. So entstanden neue, bundesstaatlich regulierte und z. T. finanzierte Fürsorgeformen für Kriegshinterbliebene, Kriegsbeschädigte, Währungsgeschädigte, Erwerbslose usw.[612] Obwohl die Zuständigkeit für diese Maßnahmen beim Reichsarbeitsministerium lag, wurden sie in der Weimarer Zeit noch nicht zur ›Sozialpolitik‹ gezählt.[613]

---

610 Vgl. Sachße u. Tennstedt. Geschichte, Bd. 1: Vom Spätmittelalter bis zum 1. Weltkrieg. Stuttgart 1980, S. 188-221; Ritter, Sozialversicherung, S. 32-36.

611 Zu dieser im internationalen Vergleich auffällig starken Stellung der Wohlfahrtsverbände vgl. Schmid, Wohlfahrtsverbände, S. 121-125, 195-198.; zur historischen Entwicklung vgl. Wohlfahrtsverbände im Wohlfahrtsstaat. Hg. v. Christoph Sachße. Kassel 1994.

612 Näheres bei Stolleis, Historische Grundlagen, S. 265-283.

613 Einen systematischen Integrationsversuch unternahm erst Achinger, Hans: Sozialpolitik und Fürsorge. Ein Abgrenzungsversuch, begründet aus den Ursachen der Notstände. Berlin 1939.

Der Einfluß des die Gesamtbevölkerung und nicht mehr nur die Arbeiter oder Arbeitnehmer ins Auge fassenden wohlfahrtsstaatlichen Denkens, wie es sich im Anschluß an die Atlantikcharta und den Beveridge-Plan international entwickelte, schlug sich nach dem Zweiten Weltkrieg in Deutschland in der Weise nieder, daß nunmehr die vielfältigen Formen der Einkommenssicherung in einer gemeinsamen Perspektive der ›sozialen Sicherung‹ betrachtet und nach den ihnen zugrundeliegenden ›Prinzipien‹ – Versicherung, Versorgung, Fürsorge – unterschieden wurden. Der Tatbestand der ›Versorgung‹, d. h. einer Anspruchsberechtigung auf Unterhalt aus öffentlichen Mitteln, wurde nun vom Prinzip der Beamtenversorgung auf die meisten Entschädigungstatbestände verallgemeinert, die sich aus Krieg und Kriegsfolgen ergaben. Das ›Versicherungsprinzip‹ vereinigte in sich die unter 5.2.2.3 genannten Merkmale sowie das Prinzip der grundsätzlichen Äquivalenz von Beiträgen und Leistungen. Das ›Fürsorgeprinzip‹ deckte als Restkategorie nun im wesentlichen die Tatbestände der alten Armenfürsorge, die jedoch ihres diskriminierenden Charakters als obrigkeitliche Ermessensangelegenheit entkleidet werden sollte.

Das geschah im ›Bundessozialhilfegesetz‹ (BSHG, 1961).[614] Ohne die Zuständigkeit der Länder und Kommunen grundsätzlich in Frage zu stellen, räumt das Gesetz den Hilfebedürftigen erstmals ein einklagbares *Recht auf Hilfe* ein.[615] Dabei werden zwei grundsätzliche Hilfearten unterschieden: (1) die ›Hilfe zum Lebensunterhalt‹ als je nach finanzieller Bedürftigkeit regelgebunden zu gewährende *Geldleistung*; und (2) die ›Hilfe in besonderen Lebenslagen‹ als an Tatbestände besonderer Bedürftigkeit (z. B. Mutterschaft, Behinderung, Pflegebedürftigkeit) anknüpfende Finanzierung von *Sach- und Dienstleistungen*, deren Bezahlung den Bedürftigen angesichts ihrer Einkommens- und Vermögensverhältnisse nicht zugemutet werden kann. Vor allem in der Kombination der beiden Hilfearten wurde hier ein überaus

---

614 Vgl. als Überblick Giese, D(ieter): 25 Jahre Bundessozialhilfegesetz. Entstehung – Ziele – Entwicklung. In: Zeitschrift für Sozialhilfe und Sozialgesetzbuch 25 (1986), S. 249-258.
615 Im Rahmen der Armenfürsorge bestand zwar eine Pflicht der Kommunen, die »unabweisbare Hilfe« zu leisten, doch stand dieser kein subjektiver Rechtsanspruch der Bedürftigen gegenüber, die somit nur auf das wohlwollende Ermessen der Behörden hoffen konnten.

flexibles und differenziertes Instrument der Hilfe für alle Arten von Bedürftigkeit geschaffen, dessen sachgerechte Anwendung eine *Professionalisierung der sozialen Arbeit* erforderte, welche etwa parallel dazu in Gang kam. Das BSHG[616] bildet eine Rahmengesetzgebung für die Sozialpolitik der Länder und Kommunen, aber auch der freien Wohlfahrtspflege, der – insbesondere im Bereich der sozialen Dienste – sogar ein gewisser Vorrang eingeräumt wird.

Mit Bezug auf die Einkommenssicherung ist das BSHG als Ergänzung zur großen Reform der Gesetzlichen Rentenversicherung von 1957 zu verstehen. Der Verzicht auf ein Rentenminimum, d.h. die konsequente Durchführung des Äquivalenzprinzips, ließ sich nur durch die Perspektive einer zweckmäßigen Regelung der *Mindestsicherung im Rahmen der Sozialhilfe* rechtfertigen. Dies ist 1960 in vergleichsweise effizienter Form geschehen, da die Regeln zur Gewährung der ›Hilfe zum Lebensunterhalt‹ sich an periodisch zu revidierenden ›Warenkörben‹ eines *sozialen* Existenzminimums sowie an der Zusammensetzung des Haushalts und den tatsächlichen Zahlungsverpflichtungen der Bedürftigen für Wohnung, Krankenversicherung u. ä. orientierten.[617] Die bedarfsorientierte Festsetzung der Hilfe zum Lebensunterhalt hat allerdings dazu geführt, daß bei größeren Haushalten die gezahlte Gesamtsumme höher als die Lohneinkommen für einfache Arbeit liegen können. Dies und die wachsende Finanzknappheit hat in den letzten Jahren zu einer Abkoppelung der Berechnungsregeln vom Prinzip des ›Warenkorbs‹ geführt. Die Höhe der Sozialhilfesätze ist damit zu einer politischen Ermessensfrage geworden. Administrative Reformen auf der kommunalen Ebene tragen seit den 1990er Jahren zu einer Effektivierung der Sozialhilfe bei.[618]

616 Und ebenso das 1922 geschaffene und zuletzt 1990 novellierte Jugendhilfegesetz des Bundes.
617 Zur Vorgeschichte vgl. Leibfried, Stephan, Eckhard Hansen u. Michael Heisig: Sozialpolitik und kommunale soziale Grundsicherung: Zur Verrechtlichung des Existenzminimums nach dem Zweiten Weltkrieg und der Entstehung des Warenkorbs 1955. In: Staat, intermediäre Instanzen und Selbsthilfe. Bedingungsanalysen sozialpolitischer Intervention. Hg. v. Franz-Xaver Kaufmann. München 1987, S. 41–66.
618 Vgl. Leisering, Lutz: Wissenskulturen im lokalen Sozialstaat. Wissen als Steuerungsressource in der Reform der kommunalen Sozialhilfeverwal-

Im internationalen Vergleich kann die deutsche Sozialhilfe als ein vergleichsweise effektives Instrument der Bekämpfung von Bedürftigkeiten aller Art gelten, das insbesondere den französischen und britischen und erst recht den US-amerikanischen Regelungen an Differenziertheit überlegen ist. Allerdings sind die Verfahren der Leistungsgewährung stark verrechtlicht und daher umständlich, so daß die Wirksamkeit im Sinne einer Erreichung gerade der Bedürftigsten umstritten bleibt.

5.4.3 Familienlastenausgleich[619]

Wenngleich bereits in der Weimarer Zeit familienpolitische Forderungen laut geworden waren, so brachte doch erst die nationalsozialistische Bevölkerungspolitik erste Maßnahmen der Familienförderung, allerdings mit einer rassistischen Schlagseite. Dies führte dazu, daß die Alliierten nach Kriegsende die Fortzahlung des Kindergeldes verboten.

Auch in der Bundesrepublik blieben familiäre Belange lange Zeit ein Stiefkind der Sozialpolitik.[620] ›Familie‹ galt in Deutschland als Inbegriff der Privatsphäre, und das im Bürgerlichen Gesetzbuch 1900 festgeschriebene Prinzip der Hausfrauenehe machte den Ehemann für den Unterhalt der Familie allein verantwortlich. Noch 1953 löste die Gründung eines ›Bundesministeriums für Familie‹ (1953) den Protest eines führenden Familiensoziologen aus.[621]

Im Rahmen der Einkommensbesteuerung wurden zwar Kinderfreibeträge gewährt, doch kamen diese nur denjenigen Familien zugute, deren Einkommen die Bereiche der Steuerpflicht er-

tung. In: Sozialhilfe effektiv steuern [...] Zwischen Wunsch und Wirklichkeit. Hg. v. Heiner Brülle u. Claus Reis. Neuwied 2002.

619 Für einen systematischen Überblick in international vergleichender Perspektive vgl. Neubauer u. a., Zwölf Wege der Familienpolitik in der Europäischen Gemeinschaft, insbesondere Lohkamp-Himmighofen, Marlene: Deutschland, ebda., Band 2, S. 81-148.

620 Allerdings wird der Bedarf von Kindern im Rahmen der Sozialhilfe voll anerkannt; Erhöhungen des Kindergeldes führen demzufolge zu entsprechenden Reduktionen der ›Hilfe zum Lebensunterhalt‹.

621 Vgl Schelsky, Helmut: Der Irrtum eines Familienministers. In: ders.: Wandlungen der deutschen Familie in der Gegenwart. 4. Aufl. Stuttgart 1960, S. 376-393.

reichte. Ab 1954 wurde zusätzlich ein Kindergeld[622] eingeführt, so daß nun grundsätzlich ein ›duales‹ System des Familienlastenausgleichs entstanden war, das in der Folge politisch sehr umstritten blieb. Erst 1990 gelang eine gesetzgeberische Lösung, welche Kindergeldzahlungen im Sinne einer negativen Einkommensteuer als Komplement zu den Steuerermäßigungen vorsieht. Die wichtigsten Impulse zum Ausbau des Familienlastenausgleichs gingen in den letzten Jahrzehnten nicht von Regierung und Parlament, sondern vom Bundesverfassungsgericht aus, das den die Familie betreffenden Art. 6 Abs. 1 GG entsprechend auslegte. Die Politik ist diesen Vorgaben nur sehr zögerlich gefolgt.

Das Grundkonzept der deutschen Sozialpolitik ging seit jeher von der ›Hausfrauenehe‹, d. h. der Nichterwerbstätigkeit der Ehefrau aus. In dem Maße, wie seit den 1960er Jahren die außerhäusliche Erwerbstätigkeit auch der verheirateten Frauen allgemein wurde, entstanden Disproportionalitäten zwischen den Doppelverdienerpaaren und den Einverdienerhaushalten, welche die ökonomischen Nachteile des Kinderhabens noch verstärken.[623] In diesem Zusammenhang wurden flankierende Geldleistungen wie Wohngeld und Erziehungsgeld für die Mütter von Kleinkindern eingeführt. Die Berücksichtigung von Erziehungszeiten in der Gesetzlichen Rentenversicherung wurde mit der Rentenreform von 1989 zwar begonnen, doch vorläufig in vergleichsweise bescheidenem Umfang. Zunehmend rückte dabei das Problem der schwierigen Vereinbarkeit von Familientätigkeit und Erwerbstätigkeit für die Mütter in den Vordergrund, das sich durch Geldleistungen allein nicht lösen läßt. Hier stehen Reformen im Dienstleistungssektor an, die bisher noch nicht recht in Gang gekommen sind (vgl. 5.5.2 und 5.5.3).

5.5 Soziale Dienste

Daß die Marktwirtschaft von sich aus nicht in der Lage ist, den Unterhalt der nicht Arbeitsfähigen oder sonstwie Erwerbslosen

---

622 Kindergeld gab es zunächst nur ab dem dritten Kind, da die Auffassung vorherrschte, daß die Arbeitslöhne ausreichten, um zwei Kinder aufzuziehen.

623 Vgl. Kaufmann, Franz-Xaver: Zukunft der Familie im vereinigten Deutschland. München 1995, S. 138-144.

sicherzustellen, leuchtet auch radikalen Verfechtern marktwirtschaftlicher Ideen ein. Die Umverteilung von Einkommen, d. h. ihre Abschöpfung durch Steuern und Sozialversicherungsbeiträge und ihre Neuverteilung in der Form monetärer Sozialleistungen beeinträchtigt auch nicht das Funktionieren des Marktmechanismus und gilt daher als ›marktkonform‹. Insofern war der Ausbau der monetären Sozialleistungen, insbesondere die Reformen der Alterssicherung und der Sozialhilfe, mit dem Konzept der ›Sozialen Marktwirtschaft‹ durchaus vereinbar. Das gilt jedoch nicht für den Bereich der Sach- und Dienstleistungen. Im internationalen Vergleich ist hier das staatliche Engagement als durchaus zurückhaltend zu bezeichnen. Deutschlands Wohlfahrtsstaatlichkeit gilt deshalb als ›sozialversicherungslastig‹ und im Bereich der Steuerung der sozialen Dienstleistungen als eher defizitär. Dabei werden aber die vielfach indirekten staatlichen Steuerungsleistungen häufig unterschätzt.

5.5.1 Gesundheitswesen[624]

Im Unterschied zu Großbritannien und Schweden, jedoch ähnlich wie in Frankreich wird das Gesundheitswesen zum großen Teil durch Versicherungsbeiträge und nicht durch Mittel der öffentlichen Haushalte finanziert. Während zunächst die Finanzierung von Lohnersatzleistungen im Falle von Krankheit im Zentrum der Krankenversicherung stand, hat sich das Schwergewicht der Ausgaben heute ganz in den Bereich der Dienst- und Sachleistungen verschoben.

Mit der Bismarckschen Reform des Hilfskassenwesens (1883) wurde die medizinische ›Krankenhilfe‹ zur Pflichtleistung der Kassen. Sie konnten diese Verpflichtung zunächst auf unterschiedliche Weise nach den Prinzipien der Vertragsfreiheit erfüllen. Während der ersten Jahrzehnte ihrer Existenz gab es Ärzte mehr als genug, die deshalb die neue ›Kassenmedizin‹ auch zu den von den Krankenkassen diktierten ungünstigen Vertragsbedingungen übernahmen. In dieser von vielen Ärzten als ökonomische und standesmäßige Demütigung empfundenen Situation

624 Vgl. als Überblick Alber, Jens: Das Gesundheitswesen der Bundesrepublik Deutschland. Entwicklung, Struktur und Funktionsweise. Frankfurt/New York 1992.

wurde der ›Verband für die Ärzte Deutschlands zur Wahrung ihrer wirtschaftlichen Interessen‹ gegründet (1900, heute ›Hartmann-Bund‹), um die Verhandlungmacht der Ärzte gegenüber den Krankenkassen zu stärken. Diese gewerkschaftsähnliche Organisation focht in den folgenden Jahren hunderte von örtlichen Tarifkämpfen meist erfolgreich durch. Zwischen 1894 und 1912 schlossen sich auch die Krankenkassen zu vier reichsweiten Verbänden zusammen. Als der Ärzteverband 1913 mit einem reichsweiten Generalstreik drohte, bemühte sich das damals für die Sozialversicherung zuständige Reichsamt des Inneren um eine vertragliche Lösung zwischen den Spitzenverbänden. Daraus resultierte das erste ›Berliner Abkommen‹, eine Art Rahmenvertrag, der die Zulassung zur kassenärztlichen Praxis regelte und für alle wichtigen Probleme die Schaffung ›Gemeinsamer Ausschüsse‹ von Vertretern der Ärzte und Krankenkassen vorsah. Für die politisch entscheidenden Fragen wurde ein kleiner paritätischer ›Zentralausschuß der Ärzte und Krankenkassen‹ geschaffen, dessen Mitglieder sich einer Schweigepflicht über die Verhandlungen unterwarfen. Daraus entwickelte sich ein insgesamt sehr effektives Gremium der korporativen Selbststeuerung des deutschen Gesundheitswesens.[625]

Das ›Berliner Abkommen‹ war der Beginn des *verbandlichen Steuerungssystems in der deutschen Krankenversorgung*, das in seinen Grundprinzipien bis heute Bestand hat.[626] Weil das zunächst auf 10 Jahre geschlossene freiwillige Abkommen auf dem Höhepunkt der Wirtschaftskrise 1923 auslief, wurde es von der Regierung per Notverordnung verlängert und dadurch von einem privatrechtlichen zu einem öffentlich-rechtlichen Verhältnis, zu einer *Zwangsarbeitsgemeinschaft* der beteiligten Verbände. Aus dem ›Zentralausschuß‹ wurde nun ein ›Reichs- (später Bundes-) ausschuß‹. Die dadurch erreichte *staatliche Verbandsdome-*

625 Vgl. Döhler, Marian, u. Philip Manow-Borgwardt: Korporatisierung als gesundheitspolitische Strategie. In: Staatswissenschaften und Staatspraxis 3 (1992) S. 64-106; dies., Gesundheitspolitische Steuerung zwischen Hierarchie und Verhandlung. In: Politische Vierteljahresschrift 33 (1992), S. 579-596.
626 Näheres bei Kaufmann, Franz-Xaver: Die Entwicklung der korporatistischen Steuerungsstrukturen ambulanter Krankenversorgung in Deutschland und ihre verteilungspolitischen Implikationen. In: Perspektiven einer sozialstaatlichen Umverteilung im Gesundheitswesen. Hg. v. Gerhard Igl u. Gerhard Naegele. München u. Wien 1999, S. 27-49.

stikation bewährte sich und wurde im ›Zweiten Berliner Abkommen‹ (1931) wiederum per Notverordnung institutionell ausgebaut. Es wurden nun öffentlich-rechtliche ›Kassenärztliche Vereinigungen‹ geschaffen, die als Vertragspartner der Krankenkassen und als Abrechnungs- sowie Kontrollinstanzen gegenüber den Ärzten fungieren. Seither stehen die grundsätzlich freiberuflichen Kassenärzte unter einem gesetzlichen Auftrag, dem sie sich nur durch Rückgabe der Kassenberechtigung entziehen können. In den 1950er und 1960er Jahren wurde der ursprünglich vereinbarte pauschale Honorierungsmodus durch eine Einzelleistungsvergütung ersetzt, was sehr zur Expansion der Krankheitskosten beitrug. Auch der seit 1972 bundesstaatlich geförderte Ausbau des Krankenhauswesens wirkte in dieselbe Richtung, so daß ab den 1970er Jahren von einer »Kostenexplosion im Gesundheitswesen« die Rede war, was die Sozialpolitiker veranlaßte, nach neuen Wegen der Kostenkontrolle zu suchen. Dies gelang im Vergleich zu ausländischen Kostendämpfungsversuchen lange Zeit relativ erfolgreich.[627] Allerdings bleibt die Kostendämpfung und mit ihr die gesetzliche Steuerung des Gesundheitswesens ein politischer Dauerbrenner.

Auch wenn – vor allem in jüngster Zeit – gewisse Kostenbeteiligungen und Leistungseinschränkungen Platz gegriffen haben, darf das deutsche System der gesetzlich geregelten Krankenversorgung als vergleichsweise liberal (freie Arztwahl), qualitativ hochstehend (hoher Versorgungsstandard) umfassend (nahezu die ganze Bevölkerung ist gesetzlich oder freiwillig versichert) und effizient (mittlere Kostenintensität) gelten. Der Steuerungsmodus über mehrstufige Verhandlungen (›Korporatistische Steuerung‹) wurde 1992 auch auf den Bereich der Krankenhäuser ausgedehnt. Ob sich die gegenwärtig verfolgte Maxime einer ›einnahmeorientierten Ausgabenpolitik‹, der zufolge die Aufwendungen für Gesundheitsleistungen nicht stärker als das Beitragsaufkommen bei konstanten Beitragssätzen steigen darf, auf Dauer halten läßt, ist umstritten. Sie hat jedenfalls wesentlich zu einer

627 Das Wachstum der Gesundheitsausgaben war zwischen 1980 und 1992 (pro Kopf und hinsichtlich des Anteils am Volkseinkommen) nur in Schweden, den Niederlanden und Dänemark geringer als im Raum der ›alten‹ Bundesrepublik; vgl. Schneider u. a., Gesundheitssysteme 1974, S. 5. In jüngster Zeit hat die Kostendynamik allerdings wieder zugenommen.

Dämpfung des Kostenanstiegs beigetragen und bisher nicht zu unkontrollierbaren Zuzahlungen wie in Frankreich oder zu einer frei finanzierten Parallelmedizin außerhalb der Gesetzlichen Krankenversicherung wie in England geführt. Obwohl nicht verstaatlicht, sondern privatwirtschaftlich oder gemeinnützig organisiert, unterliegt das deutsche Gesundheitswesen einer erheblichen Kostenkontrolle, die im wesentlichen durch eine *staatlich verordnete verbandliche Selbstkontrolle* erreicht wird. Es bedarf jedoch möglicherweise des für Deutschland bisher charakteristischen hohen Respekts vor staatlichen Normen, um ein solches System funktionsfähig zu halten. Ähnliche Versuche in Frankreich erscheinen weniger erfolgreich.

Den jüngsten Zweig staatlicher Sozialpolitik im Gesundheitssektor stellt die *Pflegeversicherung* (1995) dar.[628] Während in zahlreichen ausländischen Systemen öffentlicher Krankenversorgung auch das Risiko langfristiger Pflegebedürftigkeit mit abgesichert ist, gilt dies für die Gesetzliche Krankenversicherung in der Bundesrepublik nicht.[629] Die Langfristpflege wurde als Aufgabe der Familie betrachtet und lediglich durch ambulante Dienste unterstützt. Sofern eine Heimpflege erforderlich wurde und nicht von den Familienangehörigen zu finanzieren war, mußte die kommunale Sozialhilfe einspringen. Diese Kosten hatten in den siebziger und achtziger Jahren stark zugenommen und bildeten den Ausgangspunkt der Diskussion um ein Pflegegesetz. Das bereits unter den Bedingungen fiskalischer Knappheit und zunehmender Kritik der Arbeitgeberverbände an der Höhe der Lohnnebenkosten diskutierte, stark umstrittene Gesetz weicht von den bisherigen Prinzipien der deutschen Krankenversicherung insoweit ab, als nicht mehr die Höhe der tatsächlichen Kosten, sondern nur eine von der Schwere der Behinderung abhängige Pauschale erstattet wird. Sollte dieses Beispiel Schule machen, könnte sich das deutsche Gesundheitswesen französischen Verhältnissen annähern, doch ist dies bisher nicht ernsthaft in der Diskussion.

---

628 Zur Entstehung vgl. Götting, Ulrike, u. Karl Hinrichs: Probleme der politischen Kompromißbildung bei der gesetzlichen Absicherung des Pflegefallrisikos – eine vorläufige Bilanz. In: Politische Vierteljahresschrift 34 (1993), S. 47-71; als Überblick: Rothgang, Heinz: Ziele und Wirkungen der Pflegeversicherung. Frankfurt/New York 1997.

629 Vgl. Bräutigam u. Schmid, Pflege im modernen Wohlfahrtsstaat. Der deutsche Fall in vergleichender Perspektive.

5.5.2 Arbeitsförderung

Zu den Mißständen, welche die Arbeiter von Anfang an belasteten, gehörte auch das Problem des Nachweises von Arbeitsmöglichkeiten. Nicht selten nutzten skrupellose ›Arbeitsvermittler‹
die Notlage Arbeitsloser aus. Um diesen Mißständen entgegenzuwirken, einigten sich in zahlreichen Kommunen Gewerkschaften und Unternehmer auf die Einrichtung paritätisch beaufsich-
tigter Arbeitsnachweise.[630] Die Verallgemeinerung und Verstaatlichung des Arbeitsnachweises war daher ein Postulat der
Arbeiterbewegung, dem die Reichsregierung mit der Schaffung
eines *Reichsarbeitsamtes* (1918) noch kurz vor Kriegsende entsprach. Daraus entwickelte sich in der Weimarer Zeit unter Beteiligung der Tarifparteien eine reichsweite Struktur der Arbeitsvermittlung mit örtlichen Büros, die auch bereits Fördermaßnahmen
wie Eignungsprüfungen, Berufsberatung und Umschulungen
vorsah. Als ›Reichsanstalt für Arbeit‹ übernahm sie ab 1927 auch
die Verwaltung der Arbeitslosenversicherung, deren Problematik
bald alle anderen Aufgaben überschattete.

Eine Reform dieser Einrichtungen erfolgte 1969 unter arbeitsmarktpolitischen Gesichtspunkten. Nachdem Vollbeschäftigung
damals zum Dauerzustand zu werden schien, ging es in erster Linie darum, die Flexibilität der Arbeitskräfte angesichts des dynamischen Strukturwandels der Beschäftigung sicherzustellen. Die
Bundesanstalt für Arbeit wandelte sich auf der Basis des neuen
›Arbeitsförderungsgesetzes‹ von einer Zahlstelle des Arbeitslo-
sengeldes zu einer Dienstleistungsorganisation des Arbeitsmarktes, die sich die Förderung der Qualifikationen von Arbeitskräften und von deren Vermittelbarkeit zum Ziel setzte. Mit der
erneuten Zunahme der Arbeitslosigkeit nach 1975 wurde sie auch
zur Administratorin von Programmen öffentlich subventionierter Beschäftigung.

Die deutsche Arbeitsverwaltung ist damit zu einem eigenständigen sozialen Dienstleistungssystem geworden, das unter der
Ägide des ›Bundesministeriums für Arbeit und Sozialordnung‹
sich selbst unter Beteiligung der Tarifparteien verwaltet, die auch
auf die Durchführung der Beschäftigungsprogramme auf örtlicher Ebene Einfluß nehmen. Dennoch ist es weniger als in Schwe-

630 Vgl. Ritter, Soziale Frage, S. 60f.

den gelungen, die Arbeitsämter zu Koordinationsstellen einer örtlichen Arbeitsmarktpolitik zu machen. Die Nachrangigkeit der Beschäftigungspolitik im Vergleich zu anderen wirtschafts- und sozialpolitischen Zielen kommt auch darin zum Ausdruck. Bis vor kurzem konnte jedoch von einer im Vergleich zu Frankreich und England durchaus leistungsfähigen Struktur der Arbeitsmarktpolitik die Rede sein. In jüngster Zeit mehrt sich die Kritik an der deutschen Arbeitsverwaltung angesichts der vergleichsweise bescheidenen Erfolge in der Bekämpfung von Arbeitslosigkeit. Stärker als bürokratische Ineffizienz dürfte allerdings die Rigidität arbeitsrechtlicher Regulierungen zur Stagnation der Beschäftigung in Deutschland beitragen.

5.5.3 Bildungswesen

Die Bildungspolitik wird bis heute in Deutschland gemeinhin nicht zur Sozialpolitik gezählt, obwohl das Bildungswesen zu den wichtigsten Institutionen einer Verteilung der Lebenschancen und damit als zentraler Faktor der Bekämpfung sozialer Ungleichheit zu gelten hat. Aber zum einen ist ›Soziale Gleichheit‹ ein untergeordnetes Moment der sozialpolitischen Rhetorik in der Bundesrepublik, und zum anderen ist das Bildungswesen von alters her Aufgabe der Gliedstaaten im Rahmen ihrer Kulturhoheit. Auch die Perspektive der Humanressourcen, die schon der älteren, kameralistischen Wohlfahrtstheorie geläufig war, kommt im deutschen Verständnis von Sozialpolitik – im Unterschied zum internationalen Trend der Wohlfahrtsdiskussion – nur wenig zum Tragen.[631]

Der deutsche Sprachraum war das Kerngebiet der Reformation, welche für den Aufschwung und die Ausweitung des europäischen Bildungswesens auslösend geworden ist.[632] Vor allem die Bibellektüre wurde für die Angehörigen der reformatorischen

---

631 Ausnahmen bilden die Begründungen zum Arbeitsförderungsgesetz von 1969 und neuere familienpolitische Argumentationen: Vgl. Familien und Familienpolitik im geeinten Deutschland – Zukunft des Humanvermögens. Fünfter Familienbericht. Hg. Bundesministerium für Familie und Senioren. Bonn 1994.

632 Einen umfassenden Überblick bietet nunmehr das Handbuch der deutschen Bildungsgeschichte. Hg. v. Christa Berg u. a., 6 Bde., München 1987ff.

Bekenntnisse ein Movens der Alphabetisierung, allerdings nur nach Maßgabe der Verbilligung des Buchdrucks. Luther hatte den Landesfürsten bereits die Qualifizierung der Geistlichen aufgetragen, und zunehmend erkannten die Fürsten die Notwendigkeit, auch ihr eigenes Verwaltungspersonal zu qualifizieren. So verfügte der deutsche Sprachraum schon vor der Aufklärung über ein verbreitetes und differenziertes Schul- und Hochschulwesen.

Im 17. Jahrhundert setzte neben der Gymnasial- und Universitätsausbildung das staatliche Interesse an der *Volksbildung* ein. Ein ›Schulzwang‹ wurde zuerst in sächsischen Fürstentümern (Weimar 1619, Gotha 1642) dekretiert;[633] dies beinhaltete die Pflicht, staatlich festgelegte Schulen zu besuchen. Preußen folgte 1716/17 mit der Einführung einer ›allgemeinen Schulpflicht‹, was jedoch die Art der Schule offenließ und in Preußen nicht zu einer Staatsschule, sondern zu einem pluralistischen System kommunaler, kirchlicher, privater und fabrikbezogener Schulen führte. Der Anspruch der Fürsten auf Beschulung aller Kinder ihrer Untertanen konnte aus vielerlei Gründen erst im 19. Jahrhundert einigermaßen konsequent durchgesetzt werden: In Preußen besuchten 1816 erst 54% aller schulpflichtigen Kinder die Elementarschule; diese Quote stieg auf 78% (1846) und 86% bis zur Reichsgründung.[634] Dennoch war Preußen in der Förderung des allgemeinbildenden Schulwesens bahnbrechend, wobei die Zusammenhänge zwischen Schulbildung und wirtschaftlichem Fortschritt frühzeitig erkannt wurden.[635]

Nach dem Wiener Kongreß wurde das Schulwesen neben Armee und Verwaltung zum wesentlichen Integrationsmoment der deutschen Flächenstaaten. Entgegen den Ideen der Aufklärung setzte sich jedoch nicht ein einheitliches, sondern ein nach Gymnasium, Realschule und Volksschule *gegliedertes Schulwesen* durch, das die bestehenden Standesunterschiede konservierte. Während die Gymnasialausbildung in staatliche Regie genommen wurde, blieben die Real- und Volksschulen eine kommunale

633 Paulsen, Friedrich: Das deutsche Bildungswesen in seiner geschichtlichen Entwicklung. 3. Aufl. Leipzig 1912, S. 85 f.
634 Nach Friederich, Gerd: Das niedere Schulwesen. In: Handbuch Bildungsgeschichte, Bd. 3, 1987, S. 123-152, hier S. 127.
635 Vgl. Lundgreen, Peter: Schulbildung und Frühindustrialisierung in Berlin/Preußen. In: Untersuchungen zur Geschichte der frühen Industrialisierung vornehmlich im Wirtschaftsraum Berlin/Brandenburg. Berlin 1971, S. 562-610.

Angelegenheit. Aber auch hier wurde die Qualifizierung des Lehrpersonals durch die Schaffung staatlicher Lehrerseminare vorangetrieben: In Preußen gab es 1837 bereits 45 von ihnen.[636] Die Bildungsreform wurde in Preußen vor allem auf dem Verwaltungswege und – dies im Gegensatz zu Großbritannien und Frankreich – in engem Zusammenhang mit den landeskirchlichen Behörden vorangetrieben: Das für Kirchen- wie für Schulangelegenheiten zuständige »Kultusministerium« wurde bereits 1818 errichtet.

Der praktische Ausbau des Schulwesens litt jedoch das ganze 19. Jahrhundert hindurch unter Finanzierungsschwierigkeiten, besonders auf der kommunalen Ebene. Da auch für den obligatorischen Schulbesuch ein Schulgeld zu entrichten war, dessen Höhe die Lehrergehälter mit bestimmte, blieben die Lehrer an großen Klassen interessiert. In Preußen wurde die Schulgeldfreiheit des Volksschulunterrichts 1888 eingeführt; 1919 wurde sie auf den gesamten Pflichtschulbereich ausgedehnt. Nach dem Zweiten Weltkrieg wurde auch die Gymnasial- und Hochschulausbildung weitgehend unentgeltlich.

Die Reichsgründung veränderte im Bildungswesen nur wenig, da es ausschließlich in der Kompetenz der Staaten bzw. Länder verblieb. Auch in den nicht zu Preußen gehörigen Gebieten hatte sich bereits eine ähnliche Entwicklung vollzogen, und die Vorbildwirkung der Berliner Universitätsreform reichte weit über Preußen hinaus. Mit kleineren Modifikationen herrschte somit im ganzen Reich ein in drei Schulstufen gegliedertes Schulwesen, wobei nur das Gymnasium die Berechtigung zum Hochschulzugang für 1-2 % der Schülerjahrgänge vermittelte. Länderspezifische Unterschiede blieben bestehen hinsichtlich des Verhältnisses von staatlicher und freier, insbesondere kirchlicher Schulformen. Im Hochschulbereich dominierte die primär philosophisch orientierte *Universitätsausbildung*; fachlich orientierte Spezialhochschulen, insbesondere Technische Hochschulen, entstanden erst gegen Ende des 19. Jahrhunderts.

Die Weimarer Zeit war angesichts der wirtschaftlichen Schwierigkeiten wenig dazu angetan, dem Bildungswesen besondere Impulse zu geben, und unter den Nationalsozialisten fiel vor allem

---

636 Jeismann, Karl-Ernst: Zur Bedeutung der ›Bildung‹ im 19. Jahrhundert. In: Handbuch Bildungsgeschichte, Bd. 3, S. 1-21, hier S. 9.

die vollständige Verstaatlichung des allgemeinbildenden Schulwesens ins Gewicht. Nach dem Zweiten Weltkrieg blieb eine der britischen und schwedischen vergleichbare *Bildungsreform* zunächst aus; die Entwicklung zielte vielmehr auf die Restauration der Verhältnisse vor dem Dritten Reich. Dabei ist der damals wesentlich höhere Entwicklungsstand des deutschen Bildungswesens zu berücksichtigen. So kam es zu einer Wiederbelebung des Bildungsföderalismus und regional auch des freien, insbesondere des konfessionellen Schulwesens, das jedoch nur einen kleinen Bruchteil des Bildungsangebots ausmacht

Eine gesamtstaatliche bildungspolitische Diskussion entstand erst Mitte der 1960er Jahre unter dem Eindruck sozialwissenschaftlicher Befunde zur Chancenungleichheit im Bildungswesen. Eine ›Bildungskatastrophe‹ wurde diagnostiziert und ihre Ursache im mangelhaften Ausbau des Bildungswesens durch die Länder verortet.[637] Verstärkt durch die Studentenbewegung, setzte die sozialliberale Koalition unter Willy Brandt die *Bildungspolitik* und die Gewährleistung eines ›Bürgerrechtes auf Bildung‹[638] an die Spitze der politischen Agenda und brachte dadurch die Bildungspolitik auch in den Horizont sozialstaatlicher Argumentationen. Durch eine Reform des Grundgesetzes wurden Möglichkeiten bildungspolitischer Aktivitäten auf Bundesebene überhaupt erst eröffnet: Die Errichtung eines Bundesministeriums für Bildung (1969), die finanzielle Förderung des Hochschulbaus (1969) und eine Rahmengesetzgebung für das Hochschulwesen (1976); ferner die Errichtung von gemeinsamen Instanzen der Bildungsplanung durch Bund und Länder und ein Berufsbildungsgesetz (1969). Die wesentlichen Veränderungen der Bildungslandschaft vollzogen sich jedoch auf der Ebene der Bundesländer, wo es insbesondere zu einem flächendeckenden Ausbau des weiterführenden Schulwesens, zur Errichtung von Fachhochschulen und zu einer Reorganisation der universitären Selbstverwaltung gekommen ist: von der ›Ordinarienuniversität‹ zur ›Gruppenuniversität‹. Entscheidend für die gesamtstaatliche Koordination blieb dabei eine ständige Konferenz der zuständigen Landesminister.

Der Impuls zur Einheitsschule, der im britischen und schwedi-

637 Vgl. Picht, Georg: Die deutsche Bildungskatastrophe. München 1965.
638 Vgl. Dahrendorf, Ralph: Bildung ist Bürgerrecht. Plädoyer für eine aktive Bildungspolitik. Hamburg 1965.

schen Schulwesen sich weitgehend durchgesetzt hat, wurde in der Bundesrepublik nur in einigen sozialdemokratisch regierten Bundesländern wirksam. Insgesamt hat sich das gegliederte Bildungswesen in etwas flexibilisierter Form erhalten. Als Folge der Ausbaumaßnahmen und der Einführung finanzieller Studienförderungsprogramme nahm jedoch die Bildungsbeteiligung der unteren Sozialschichten und insbesondere der Mädchen stark zu. Allerdings versandete dieser bildungspolitische Impuls in dem Maße, wie nach 1975 die öffentlichen Haushalte knapper wurden. Aufgrund der geltenden Finanzverfassung sind es in Deutschland vor allem die Länder und Kommunen, die in Zeiten finanzieller Schwierigkeiten unter Druck geraten. Demzufolge nehmen sich die öffentlichen Bildungsaufwendungen in Deutschland derzeit im internationalen Vergleich recht bescheiden aus.[639] Mängel des allgemeinbildenden Schulwesens werden neuerdings auch durch internationale Vergleiche von Schulleistungen nahegelegt.[640]

Die *berufliche Ausbildung* hat im deutschen Sprachraum von alters her eine große Bedeutung in der Form der zünftig geregelten Handwerkslehre gehabt. Auch nach der Abschaffung des Zunftzwangs blieb die Tradition der gewerblichen Berufsausbildung erhalten und wurde vielerorts durch staatlich geregelte Lehrabschlußprüfungen und kommunale Fortbildungs- oder Gewerbeschulen stabilisiert. Zu Beginn des 20. Jahrhunderts gelangte die Berufsausbildung in den gesetzlich geregelten Zustän-

639 Laut OECD, Education, S. 56, wies im Jahre 1993 unter den europäischen Staaten lediglich Griechenland einen geringeren Anteil der *öffentlichen* Bildungsausgaben am Volkseinkommen aus. Aus deutscher Sicht werden die Angaben der OECD kritisiert, denn dies werde durch einen überdurchschnittlichen Anteil der *privaten* Bildungsaufwendungen (wohl bedingt vor allem durch von der Wirtschaft getragene Kosten der Berufsbildung) in etwa kompensiert. »Laut Angaben des Bundesbildungsministeriums betrug 1993 das Bildungsbudget von Staat und Privaten rund 219 Milliarden DM. Diese Summe entspricht einer BIP-Quote von 7,1 Prozent – Deutschland würde so in einem Rutsch zu den nordischen Bildungsgrößen [...] aufschließen.« (Informationsdienst des Instituts der deutschen Wirtschaft 23 (1997), Nr. 26, S. 2). Laut OECD beträgt der Anteil der staatlichen Bildungsaufwendungen in Deutschland 1993 4,5 %, derjenige der Privaten 1,4 %, zusammen also 5,9 %. Dies als kleiner Beitrag zur Problematik quantifizierender internationaler Vergleiche!
640 Vgl. Allmendinger, Jutta, u. Stephan Leibfried: Bildungsarmut im Sozialstaat. In: Lebenszeiten. Erkundungen zur Soziologie der Generationen. Hg. v. Günter Burkart u. Jürgen Wolf. Opladen 2002, S. 287-315 (Festschrift Martin Kohli).

digkeitsbereich der gewerblichen Wirtschaft, insbesondere der Industrie-, Handels- und Handwerkskammern, wobei ein ›duales‹ System von betrieblicher Lehre und begleitender Berufsschulbildung vorherrschend geworden ist. An dieser Grundstruktur hat auch das Berufsbildungsgesetz von 1969 nichts Wesentliches geändert.

Vergleichsweise gering ist die staatliche Regulierung der *Erwachsenenbildung*. Es gibt zwar eine unüberschaubare Vielfalt von – auch öffentlich finanzierten oder subventionierten – Weiterbildungsangeboten, die sehr unterschiedlichen – arbeitsmarktpolitischen, kulturpolitischen und hochschulpolitischen – Zielen verpflichtet sind. Abgesehen von Universitäten und kommunalen Einrichtungen (Volkshochschulen) stehen sie fast ausschließlich in freier Trägerschaft. Inwieweit diese unkoordinierte Träger- und Angebotsvielfalt sinnvoll ist, ist aber bisher kein Thema politischer Diskussion geworden.

5.5.4 Örtliche Sozialpolitik

Gemäß der Tradition der freien Reichsstädte und seit der Städteordnung (1808) auch in Preußen spielt das Recht zur Selbstverwaltung – vor allem in den Städten – eine erhebliche Rolle im deutschen Gemeinwesen, die heute in Art. 28, Abs. 2 GG verankert ist. Vor allem zu Beginn des 20. Jahrhunderts spielten viele großstädtische Kommunen unter dem Einfluß der Sozialdemokraten, aber auch anderer sozialreformerisch gesinnter Persönlichkeiten eine erhebliche sozialpolitische Rolle. Nur im Bereich des Armenwesens und der städtischen Hygiene[641] reichte diese Aktivität weit zurück; doch ab 1890 nahmen die Pro-Kopf-Aufwendungen und auch die Verschuldung der Kommunen stark zu.[642] Die ›Kommunale Daseinsvorsorge‹ umfaßte nicht nur den Bereich der Wohnungs- und Infrastrukturpolitik, sondern auch

---

641 Hierzu Labisch, Alfons: Gemeinde und Gesundheit. Zur historischen Soziologie kommunaler Gesundheitspflege in Deutschland. In: Die Zweite Stadt. Neue Formen lokaler Arbeits- und Sozialpolitik. Hg. v. Bernhard Blanke, Adalbert Evers u. Helmut Wollmann. Leviathan – Sonderheft 7, Opladen 1986, S. 275-305.
642 Vgl. Gröttrup, Hendrik: Die kommunale Leistungsverwaltung. Stuttgart u. a. 1973, S. 16.

vielfältige bildungs-, gesundheits- und sozialpolitische Aktivitäten.[643] Diese häufig auch von jüdischen Bürgern vorangetriebenen Aktivitäten fanden im Dritten Reich ein abruptes Ende.[644] Nach dem Zweiten Weltkrieg übernahmen die Kommunen im Bereich der Sozialpolitik eine weit unbedeutendere Rolle als im Rahmen des britischen oder schwedischen ›local government‹.[645] Wichtige Zuständigkeiten, z. B. für die Sozialversicherung, die Versorgung Behinderter und die Arbeitsmarktpolitik, liegen bei gesonderten Körperschaften oder Verwaltungsstellen der Länder. Auch die Schulverwaltung ist zwischen Land und Kommunen geteilt, und überhaupt unterliegt die lokale Administration weithin der Fachaufsicht von Landesbehörden. Zudem ist das Dienstleistungsangebot freier Träger – von der Wirtschaft bis zu den Kirchen – erheblich. Dieser Pluralismus und die institutionelle Fragmentierung der Dienste auf der örtlichen Ebene ist zwar ein typischer Ausdruck der korporatistischen Ordnungsmuster in Deutschland, erschwert jedoch deren Koordination auf der örtlichen Ebene nachhaltig. Trotz rhetorischer Forderungen nach einer Dezentralisierung und Kommunalisierung der sozialen Problemlösungskompetenzen lassen sich tatsächliche Rückverlagerungen nur selten ausmachen.[646]

Historisch erhebliche Bedeutung hatte die *kommunale Wohnungspolitik*. Vor allem in sozialdemokratisch regierten Städten trug der kommunale Wohnungsbau in den ersten Jahrzehnten des 20. Jahrhunderts wesentlich zur Verbesserung der Wohnsituation der (Fach-)Arbeiter bei. Ähnliches wiederholte sich nach dem

643 Vgl. z. B. Rudloff, Wilfried: Die Wohlfahrtsstadt: Kommunale Ernährungs-, Fürsorge- und Wohnungspolitik am Beispiel Münchens 1910-1933. 2 Bde. Göttingen 1995; sowie zusammenfassend Ritter, Soziale Frage, S. 59-64.

644 Vgl. Leibfried, Stephan, u. Florian Tennstedt: Sozialpolitik und Berufsverbote im Jahre 1933. In: Zeitschrift für Sozialreform 25 (1979), S. 129-153; 211-238.

645 Die kommunale Ebene ist zudem zweistufig organisiert, auf Gemeindeebene und als Kreisebene, und in wenigen Bundesländern kommen noch Landschaftsverbände als kommunale Zusammenschlüsse dazu; doch kann dies für diese grobe Skizze außer Betracht bleiben.

646 Vgl. z. B. Blanke, Bernhard, Hubert Heinelt u. Carl-Wilhelm Macke: Großstadt und Arbeitslosigkeit. Ein Problemsyndrom im Netz lokaler Sozialpolitik. Opladen 1987; Krüger, Jürgen, Manfred Pojana u. Roland Richter: Lokale Handlungsebene und Jugendarbeitslosigkeit. München 1990.

Zweiten Weltkrieg beim Wiederaufbau der Städte, dieses Mal allerdings unter stärkerer finanzieller Beteiligung des Bundes und der Länder. Zur Wohnungsbaupolitik kam mit dem Städtebauförderungsgesetz (1971) auch die Stadtentwicklungsplanung. Mehr und mehr wurde jedoch die Mischfinanzierung zum Prinzip, wodurch die kommunale Autonomie erneut eingeschränkt wurde.

Wesentliche Funktionen kommen den Kommunen im Bereich der *Sozial- und Jugendhilfe* zu, doch haben sie auch hier ihre Zuständigkeit mit den freien Wohlfahrtsverbänden zu teilen. Besonders prägnant kommt dies im Bereich der Jugendhilfe zum Ausdruck, wo in die kommunalen Jugendämter ein ›Jugendwohlfahrtsausschuß‹ mit Beteiligung von Vertretern der freien Wohlfahrtspflege integriert ist. Aber auch im Bereich der Altenhilfe und der vielfältigen Formen der Beratung kommt den freien Trägern in den meisten Bundesländern größere Bedeutung zu. Die Aufgabe der örtlichen Ämter im Bereich der sozialen Dienste liegt dann weit stärker im koordinierenden und subventionierenden als im selber erbringenden Bereich. Da sich auch die kommunalen Beschlußgremien für soziale Fragen meist nur mäßig interessieren, kommen größere sozialpolitische Initiativen der Kommunen nur ausnahmsweise und unter dem Einfluß besonders engagierter, politisch einflußreicher Persönlichkeiten zustande.

Zentrale Verantwortung kommt den kommunalen Behörden für die Durchführung der Maßnahmen der Sozialhilfe zu. Der umfassende Charakter des BSHG (vgl. 5.4.2) macht die Sozialhilfe zum Auffangnetz für alle Notlagen, für die andere Einrichtungen nicht zuständig sind. Geschaffen für den differenzierten Umgang mit komplexen Notlagen, werden die kommunalen Sozialämter zunehmend auch durch die Folgen der Massenarbeitslosigkeit und illegaler Zuwanderungen beansprucht. Der damit steigende finanzielle Aufwand wird von den Ländern nur teilweise ersetzt, so daß die kommunalen Haushalte durch die gestiegenen Sozialhilfeaufwendungen einem erheblichen Finanzdruck ausgesetzt sind.

Die *sozialpolitische Schwäche der kommunalen Ebene* macht sich heute insbesondere im Bereich der Familien-, Jugend- und Altenhilfepolitik bemerkbar. Die Veränderung der privaten Lebensformen in den letzten Jahrzehnten scheint zu einer Schwächung der familialen Netzwerke zu führen, und ein wachsender

Anteil junger Frauen – bald ein Drittel – scheint auf Kinder ganz zu verzichten. Während die 1994 eingeführte Pflegeversicherung geeignet ist, den Bereich der Altenhilfe zu stabilisieren, fehlt es im Bereich der Kinder- und Jugendhilfe an einem entsprechenden sozialpolitischen Willen und an Mitteln. Angebote der Kleinkindbetreuung – etwa den französischen écoles maternelles vergleichbar – fehlen in Deutschland nahezu vollständig. Auch der Ausbau des Kindergartenwesens vollzieht sich trotz entsprechender gesetzlicher Aufträge nur zögernd und beläßt es vielfach bei einer halbtägigen Betreuung. An einer Ganztagsbetreuung fehlt es auch im Grundschulalter, und vielfach gewährleisten die Schulen nicht einmal eine verläßliche Aufsicht über die Kinder während eines konstanten Teiles der Werktage. Die Jugendarbeit ist zudem vom Schulwesen völlig getrennt. Eine kollektive Vorgabe für die Gestaltung des Alltags von Kindern fehlt. All dies beeinträchtigt auch die Möglichkeiten einer Vereinbarkeit von Familientätigkeit und Erwerbstätigkeit erheblich, vor allem für die Frauen.

5.6 Zusammenfassung

Im internationalen Vergleich sticht der deutsche Sozialstaat vor allem durch das bedeutende Gewicht des Arbeitsrechts für die sozialpolitische Entwicklung, durch das Dominieren beitragsfinanzierter Einkommensumverteilung im Vergleich zur staatlichen Bereitstellung sozialer Dienste und durch die Betonung des Subsidiaritätsprinzips, also die Delegation öffentlicher Aufgaben an nichtstaatliche Träger, hervor.

Unter unseren Vergleichsländern kann Deutschland auch als das Land mit der geringsten staatspolitischen Kontinuität und der höchsten sozialpolitischen Kontinuität bezeichnet werden. Es ist beeindruckend, wie sehr die in den Bismarckschen Sozialreformen grundgelegten Strukturen der Sozialversicherung sich durch alle politischen Konjunkturen hindurch erhalten und doch fortentwickelt haben. Größer sind die Diskontinuitäten im Bereich des Arbeitsrechts und der Arbeitsbeziehungen, die bis zum Betriebsverfassungsgesetz (1952) die sozialpolitischen Auseinandersetzungen weit stärker dominiert haben als die Sozialversicherungen und die Sozialhilfe. Aber auch hier haben sich die

Elemente des Stinnes-Legien-Abkommens auf Dauer durchgesetzt.

Das Sozialrecht ist im wesentlichen eine Schöpfung der Administration geblieben, es hat auch selten die Gegensätze der Parteien mobilisiert. Noch heute gehört es zur politischen Weisheit der Bundesrepublik, daß größere Sozialreformen nur im Konsens der großen Volksparteien erfolgreich sein können. Die wirtschafts- und verteilungspolitischen Gegensätze, die sich im letzten Jahrzehnt nicht zuletzt infolge der deutschen Vereinigung und der ungeklärten Zuweisung ihrer Folgekosten verschärft haben, entzünden sich zwar derzeit auch an den – im internationalen Vergleich tatsächlich hohen – Lohnnebenkosten; sie stellen jedoch die institutionellen Arrangements des Sozialsektors nicht grundsätzlich in Frage.[647] Dieser Basiskonsens in den Grundfragen der Sozialpolitik unterscheidet Deutschland von Großbritannien und Frankreich, nicht jedoch von Schweden.[648] Nahezu alle Wohlfahrtsstaaten, die ein komplementäres, synergetisches Verhältnis von Wirtschafts- und Sozialpolitik auf Dauer zustande gebracht haben, zeichnen sich durch einen Basiskonsens zwischen Arbeitgebern und Arbeitnehmern oder zwischen bürgerlichen und Arbeiterparteien aus, der sich vielfach auf explizite Abkommen, ›wohlfahrtsstaatliche Kompromisse‹ zurückführen läßt. Erwähnt seien neben Dänemark, Schweden und Norwegen auch die Niederlande, Österreich und die Schweiz. Deutschland ist unter ihnen mit Abstand das größte Land; vermutlich steigen die Anforderungen für stabile sozialpolitische Kompromisse mit der Größe eines Gemeinwesens.

Die spezifische Form der Staatlichkeit, welche die Bundesrepublik kennzeichnet, mag ein neben den nachwirkenden Erinnerungen an die politische Vergangenheit wichtiger Faktor dieser sozialpolitischen Stabilität sein. Das Verhältnis von Bund und

647 Zu den Einschätzungen des Verfassers hinsichtlich der aktuellen Lage vgl. Kaufmann, Herausforderungen des Sozialstaats, insb. [...] Kap 1 und 11. Für einen ergänzenden Überblick mit insgesamt kritischerer Einschätzung vgl. Leisering, Lutz: Der deutsche Sozialstaat. In: 50 Jahre Bundesrepublik Deutschland: Rahmenbedingungen – Entwicklungen – Perspektiven. Hg. v. Thomas Ellwein u. Everhard Holtmann. Politsche Vierteljahresschrift, Sonderheft 30, Opladen 1999.

648 Vgl. Clasen, Jochen, u. Gould Arthur: Stability and Change in Welfare States: Germany and Sweden in the 1990ies In: Policy and Politics 23 (1995), S. 189-201.

Ländern läßt selten eindeutige politische Mehrheiten erwarten, wie sie z. B. in England die Regel sind. Die meisten sozialpolitischen Einrichtungen sind körperschaftlich selbständig und daher auch selbst bis zu einem gewissen Grade zur Artikulation und Wahrung ihrer Interessen gegenüber der Politik befähigt. Der hohe Grad der Verbandlichung und die Tradition korporatistischer Verhandlungssysteme beschränkt und entlastet die politischen Entscheidungsprozesse von manchen Steuerungsaufgaben. Das in Deutschland dominierende Mißtrauen gegen direkt demokratische Entscheidungsformen tut ein übriges, um einen hoch vernetzten Stil der Politik zu fördern, der sich auch im sozialpolitischen Bereich manifestiert.

Will man das deutsche Arrangement der Wohlfahrtsproduktion beschreiben, so muß zunächst dieser *vernetzte Charakter* hervorgehoben werden, der es so auffällig vom amerikanischen, britischen und schwedischen Fall unterscheidet. Das gedankliche Modell der institutionellen Differenzierung von ›Staat‹ und ›bürgerlicher Gesellschaft‹ (bzw. Marktwirtschaft) und ihrer nachträglichen Vermittlung trifft die geschichtliche Entwicklung zur ›Sozialen Marktwirtschaft‹ recht genau.

Trotz der programmatischen Betonung der Marktwirtschaft ist der Einfluß der betrieblichen Sozialpolitik deutlich geringer als im angelsächsischen Raum, und auch der Druck zur Aufnahme einer Beschäftigung geringer, dies auch im Vergleich zu Schweden. Es scheint vielmehr einen indirekten Konsens zwischen Arbeitgebern und Gewerkschaften zu geben, Beschäftigungsprobleme eher durch Ausgliederung aus dem Arbeitsmarkt (z. B. vorzeitiger Ruhestand, Widerstand gegen subventionierte Beschäftigungsverhältnisse) zu lösen als durch eine aktive Arbeitsmarktpolitik. Den Unternehmern ist dabei an einer Beschäftigung von möglichst hoch produktiven Arbeitskräften, den Gewerkschaften an einer Verknappung des Arbeitsangebots gelegen. Eine hoch effiziente Marktwirtschaft soll durch einen großzügigen Sozialstaat ergänzt werden. Die Bilanz der Beschäftigungspolitik in den letzten Jahrzehnten wirkt dementsprechend ernüchternd.[649]

Wer eine lange Lebensarbeitszeit erreicht hat, kann sich durch

---

649 Vgl. Jochem, Sven, u. Nico A. Siegel: Wohlfahrtskapitalismen und Beschäftigungsperformanz – Das ›Modell Deutschland‹ im Vergleich. In: Zeitschrift für Sozialreform 46 (2000), S. 38-64.

sozialversicherungs- und versorgungsrechtliche Gewährleistungen vergleichsweise gut gesichert fühlen. Dagegen ist der Sicherungsstatus der nicht erwerbstätigen Hausfrauen sowie derjenigen, die keine kontinuierliche Erwerbsbiographie aufweisen, vergleichsweise prekär, vor allem mit Bezug auf Alter und Arbeitslosigkeit. Weit weniger als in den Vergleichsstaaten wird zudem der familiale Status anerkannt: So kommt es, daß die Renten von Alleinstehenden und ›Hausfrauenehen‹ unter sonst gleichen Bedingungen nahezu gleich hoch sind, während Doppelverdienerpaare wesentlich höhere Anwartschaften erreichen. Noch immer prägt das Modell der Hausfrauenehe das deutsche Sozialrecht, obwohl sich die privaten Lebensformen der nachwachsenden Generationen zunehmend davon entfernen. Demographische Schieflagen lassen zudem erhebliche Einschränkungen für die ab ca. 2015 ins Rentenalter gelangenden Generationen erwarten. So gerät das bestehende Rentenversicherungssystem heute aus verschiedenen Richtungen unter Druck. Die jüngste mit dem Namen des Arbeitsministers Walter Riester verbundene Reform hat zwar den Weg in eine staatlich regulierte private Altersvorsorge geöffnet, jedoch im Hinblick auf die absehbaren demographischen Risiken keine überzeugende Lösung gebracht.[650]

Dem vergleichsweise umfassenden Ausbau der staatlich veranlaßten Einkommenssicherung in den drei Formen der Sozialversicherung, der staatlichen Versorgung und der Sozialhilfe steht eine eher bescheidene Rolle des Staates im Bereich der sozialen Dienste gegenüber. Das gilt insbesondere für den Bund, dem hier allerdings auch nur bescheidene Zuständigkeiten zukommen. Aber auch auf der Länderebene wird der staatliche Einfluß durch den Einfluß der Verbände hinsichtlich der Steuerung der Dienstleistungsproduktion stark eingeschränkt. Eine Ausnahme macht hier das Bildungswesen, das dominant einer einzelstaatlichen Steuerung unterliegt, die jedoch nach dem Verlust der früheren nationalistischen Legitimation eines klaren Konzeptes entbehrt und trotz einer großen Tradition in jüngster Zeit vergleichsweise vernachlässigt erscheint.

Trotz eines umfassenden sozialstaatlichen Rahmens bleibt die wohlfahrtsstaatliche Politik in der Bundesrepublik fragmentiert

650 Bedenkenswerte Überlegungen hierzu bei Leisering, Lutz: Selbststeuerung im Sozialstaat: Zur Verortung der Rentenreform 1992 in der Sozialpolitik der 8oer Jahre. In: Zeitschrift für Sozialreform 38 (1992), S. 3–39.

und unübersichtlich. Das liegt weniger an der Gesetzgebung als an der Vielzahl der mit der Gesetzesdurchführung befaßten Träger. Im Unterschied zu den Vereinigten Staaten führt der Föderalismus jedoch nicht zu nachhaltigen Verschärfungen der sozialen Ungleichheit, da der gesetzliche Rahmen für die meisten Materien vom Bund vorgegeben ist und auch die Finanzverfassung einen weitgehenden Ausgleich der unterschiedlichen Finanzkraft der Länder vorsieht. Insofern ähnelt die Bundesrepublik eher den unitarischen Staaten, deren Strukturen jedoch besser überschaubar und stärker politisch steuerbar erscheinen als im Falle der Bundesrepublik. Ob und inwiefern dies ein Vorteil oder ein Nachteil ist, steht hier nicht zur Debatte und ist von den normativen Vorstellungen des Urteilenden mit abhängig. Hier ging es nur darum, Unterschiede, insbesondere institutioneller Art aufzuzeigen und deren implizite Zusammenhänge im Sinne unterschiedlicher ›Kosmologien‹ zu verdeutlichen.

6. Synoptische Schlußbemerkungen

Beim Versuch einer vergleichenden Zusammenschau werden die Schwächen des hier gewählten Vorgehens sichtbar: Indem versucht wurde, die wohlfahrtsstaatlichen Entwicklungen der einzelnen Länder in ihrer komplexen Eigensinnigkeit sichtbar zu machen, mußten die Vergleichsdimensionen zwangsläufig sehr grob gewählt werden, und das heißt, sie beinhalten selbst ein hohes Maß an unterschiedlichen Möglichkeiten und zum Teil divergierenden Zusammenhängen. Deshalb wäre es ein völlig neues Unterfangen, nun im nachhinein diese komplexen Fallstudien auf brauchbare Vergleichsdimensionen zurechtzustutzen. Das Folgende beschränkt sich daher auf zwei Perspektiven: Zunächst sei unter Bezugnahme auf statistische Untersuchungen Dritter die relative Position der Bundesrepublik Deutschland und der hier behandelten Vergleichsländer im Vergleich zu den übrigen Staaten der Europäischen Union sowie zu ausgewählten anderen OECD-Ländern wenigstens angedeutet. Sodann schließe ich mit einigen Bemerkungen zur wohlfahrtsstaatlichen Entwicklung im Rahmen der Europäischen Integration.

6.1 Deutschland im statistischen Vergleich zu den übrigen EU- und OECD-Staaten

Wie bereits in Kapitel 1 erwähnt, setzen internationale statistische Vergleiche eine möglichst weitgehende Standardisierung der nationalen Statistiken voraus und bleiben auch dann häufig noch durch unterschiedliche nationale Definitionen und Erhebungsroutinen mit systematischen Differenzen behaftet, die sich aufgrund der gegebenen Erläuterungen nicht eindeutig klären lassen.[651] Dagegen kann man davon ausgehen, daß bei Zeitreihen die

---

651 Dabei ergeben sich nicht nur Differenzen zwischen Eurostat und OECD als den beiden wichtigsten ›Produzenten‹ international vergleichbarer Datenbasen, sondern auch zwischen unterschiedlichen Publikationen derselben Provenienz. Beispielsweise beträgt die Sozialleistungsquote (1990) für Deutschland, die in unserem Zusammenhang wichtigste synthetische Maßzahl wohlfahrtsstaatlicher Anstrengungen, bei der OECD

zugrunde gelegte Definition grundsätzlich konstant ist, so daß zeitliche Veränderungen mit einigem Zutrauen interpretiert werden dürfen. Konkrete Zahlen werden im folgenden wiederum nur zu Veranschaulichungszwecken erwähnt; die Tendenzen lassen sich weitgehend unabhängig von der jeweils zugrunde gelegten Operationalisierung skizzieren.

Seit der Deregulierung der internationalen Finanzmärkte in den 1980er Jahren und der dadurch verschärften internationalen Konkurrenz um Investitionsstandorte haben auch in Europa politische Stimmen an Einfluß gewonnen, welche die sozialstaatlichen Aufwendungen vor allem als zu reduzierende Belastung und nicht als historischen Erfolg beurteilen. Handelt es sich beim erwähnten Indikator um eine Sozialleistungs- oder um eine Soziallastquote? Bis zu den Bezeichnungen reicht die politische Auseinandersetzung! Unsere Darstellung hat sich um eine möglichst neutrale Darstellung bemüht, und es kann auch nicht Aufgabe dieser abschließenden Bemerkungen sein, auf die ja bald täglich sich verändernden politischen Auseinandersetzungen Bezug zu nehmen. Aber natürlich orientiert sich jede Darstellung auch an den politisch relevanten Dimensionen. Angesichts der verschärften Verteilungskämpfe interessieren heute insbesondere die Höhe der Sozialleistungsquote und ihre Veränderung im Laufe der Zeit, aber auch die Höhe der staatlichen Abgabenquote insgesamt. Dies bezieht sich auf die Aufwandsseite des Sozialsektors, auf die vor allem von wirtschaftsnaher Seite hingewiesen wird. Von nicht geringerem Interesse ist jedoch die Leistungsseite des Sozialsektors, die sich allerdings noch weniger leicht operationalisieren läßt. Eine wertende Beurteilung müßte schließlich die beiden Dimensionen (im Aggregat und mit Bezug auf spezifische Teilsysteme des Wohlfahrtssektors) aufeinander beziehen; leider scheitert dies weithin an der ungenügenden Datenlage. So bleibt für politische Spekulationen ein weiter Raum.

nach einer Quelle (›Historical Statistics‹) 15,2%, nach einer zweiten (›New Orientations for Social Policy‹) 23,5%, und nach Eurostat (›Grundzahlen‹) 27,0%; die offizielle deutsche Quelle nennt dagegen 29,0%. Die Differenzen variieren von Land zu Land außerordentlich, was mit dem unterschiedlichen Gewicht der ein- oder ausgeschlossenen Leistungskategorien zusammenhängt. Seit kurzem bringt die OECD Licht in die Zusammensetzung der nationalen Sozialausgaben und ihre Aggregationsroutinen, vgl. OECD: Social Expenditure Database 1980-1996. Paris 1998.

Betrachtet man die Bundesrepublik Deutschland im Lichte einschlägiger international vergleichender Statistiken, so ist der herausragendste Befund das Fehlen extremer Ausprägungen:

»Als Zwischenfazit bleibt festzuhalten, daß weder das Ausgabevolumen, noch die Kosten, noch das institutionelle Leistungsniveau des deutschen Sozialstaats im europäischen Vergleich herausragend sind. Bei praktisch allen Indikatoren belegt das Land einen unauffälligen Platz im europäischen Mittelfeld. Insofern eignet sich das von Manfred Schmidt (1990) zur Kennzeichnung der deutschen Ordnungspolitik geprägte Bild von der ›Politik des mittleren Weges‹ auch zur Verortung des Landes beim Vergleich quantitativer Kennziffern der Sozialstaatsausdehnung. Abweichungen von der typischen Mittellage Deutschlands ergeben sich allenfalls in jüngster Zeit bei einzelnen Aggregatdaten aufgrund der auffallend kostspieligen deutschen Einigung.«[652]

Während Gesamtdeutschland 1994 nach den Daten von Eurostat die dritthöchste Sozialleistungsquote aufwies, lag die ›alte‹ Bundesrepublik nur auf dem siebten Platz der erfaßten 14 Staaten. Hinsichtlich der Quote der gesamten Staats*abgaben*, aber auch der gesamten Staats*ausgaben* liegt Deutschland seit 1980 – und selbst nach der Vereinigung – konstant unterhalb des europäischen Durchschnitts.[653] Beeindruckend ist insbesondere, daß es Deutschland seit 1965 offenbar besser als nahezu allen anderen europäischen Ländern gelungen ist, seine Abgaben und Sozialleistungen nur im Einklang mit dem Wirtschaftswachstum zunehmen zu lassen. Dies ist sowohl auf eine vergleichsweise geringe Zunahme der alten Menschen in den letzten zwei Jahrzehnten als auch auf eine zwar nicht spektakuläre, aber kontinuierliche Politik der Einschränkung von Sozialausgaben zurückzuführen: »Wo immer in der Sozialpolitik auffallende Zurückhaltung geübt wurde, Deutschland war dabei.«[654]

652 Alber, Jens: Der deutsche Sozialstaat im Licht international vergleichender Daten. In: Leviathan 26 (1998), S. 199-227, Zitat S. 207, unter Bezugnahme auf Schmidt, Manfred G.: Die Politik des mittleren Weges. Besonderheiten der Staatstätigkeit in der Bundesrepulik Deutschland. In: Aus Politik und Zeitgeschichte 1990/B 9-10, S. 23-31.
653 Vgl. Alber, Sozialstaat im Licht, S. 202 u. 210.
654 Alber, Sozialstaat im Licht, S. 213, unter Bezugnahme auf Europäische Kommission: Soziale Sicherheit in Europa 1995. Brüssel u. Luxemburg 1996.

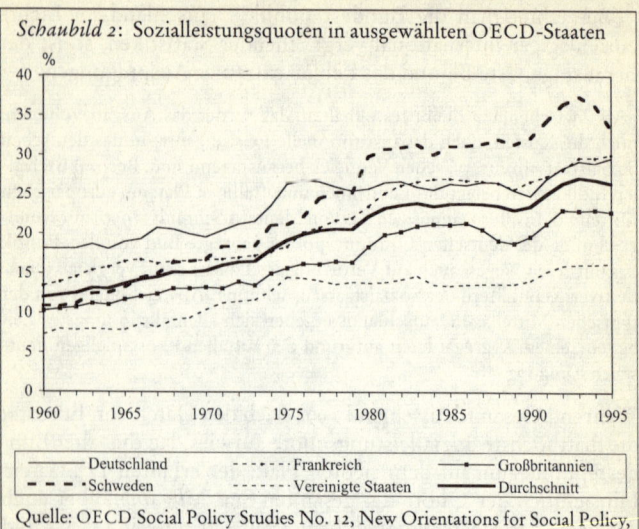

Schaubild 2: Sozialleistungsquoten in ausgewählten OECD-Staaten

Quelle: OECD Social Policy Studies No. 12, New Orientations for Social Policy, 1994; The OECD Social Expenditures Database, 1998.

Schaubild 2 veranschaulicht die langfristige Entwicklung der Sozialleistungsquoten für unsere fünf Vergleichsstaaten sowie für den Durchschnitt aller OECD-Staaten: Während Deutschland im Jahre 1960 noch die höchste aller Sozialleistungsquoten aufwies, hat sich diese vor allem in den achtziger Jahren dem Durchschnitt angenähert, um sich dann infolge der Wiedervereinigung wieder davon zu entfernen. Deutlich wird auch das Umsteuern im Falle Schwedens ab 1990, während die auf Einsparung gerichteten Maßnahmen der britischen Regierung Thatcher erstaunlich gering zu Buche schlagen. Unverkennbar ist auch der wesentlich langsamere Anstieg der Sozialleistungsquote in den Vereinigten Staaten.

Für die Finanzierbarkeit der Sozialleistungen und das Ausmaß der erforderlichen Umverteilungsprozesse ist das Beschäftigungsniveau von entscheidender Bedeutung. Je höher das Beschäftigungsniveau, desto größer der Anteil der Steuer- und Beitragszahler und desto geringer der Anteil der von Umverteilungsprozessen Abhängigen. *Schaubild 3* zeigt für 18 bedeutende OECD-Staaten ihren Ort in einem durch diese beiden Indikato-

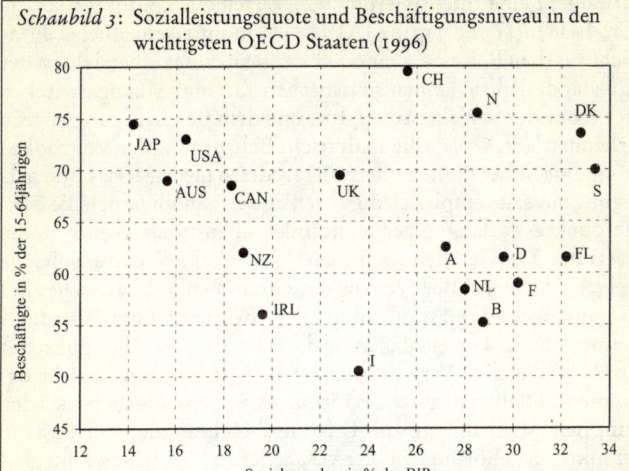

Schaubild 3: Sozialleistungsquote und Beschäftigungsniveau in den wichtigsten OECD Staaten (1996)

Quelle: OECD Statistical Compendium (Economic Outlook) 1998; Revenue Statistics 1998; Max Planck Institut für Gesellschaftsforschung Köln.

ren dimensionierten Raum nach den für 1996 vorliegenden Daten.

Klar erkennbar ist ein Cluster der skandinavischen Staaten (Dänemark-DK, Finnland-FL, Norwegen-N und Schweden-S), die sich durch hohe Sozialleistungsquoten und (mit Ausnahme Finnlands) ein überdurchschnittliches Beschäftigungsniveau auszeichnen. Ebenfalls deutlich zeichnet sich ein Cluster von ursprünglich unter britischem Einfluß stehenden Staaten (Australien-AUS, Canada-CAN, Irland-IRL, Neuseeland-NZ und USA) ab, deren Sozialleistungsquote unterdurchschnittlich bei überwiegend gutem Beschäftigungsgrad ist; das Vereinigte Königreich (UK) gehört nur noch marginal dazu. Die kontinentaleuropäischen Staaten (Österreich-A, Belgien-B, Deutschland-D, Frankreich-F und Niederlande-NL) mit Ausnahme der Schweiz (CH)[655] fallen durch ein unterdurchschnittliches Beschäftigungsniveau bei einer überdurchschnittlichen Sozialleistungsquote auf. Diese Konstel-

---

655 Das Beschäftigungsniveau der Schweiz erreicht seine extreme Höhe infolge der nur im Zähler berücksichtigten Einpendler aus den Grenzgebieten und einem hohen Beschäftigungsgrad älterer Menschen.

lation läßt eine Intensivierung von Verteilungskonflikten erwarten. Italien (I) und Japan (JAP) fallen in unterschiedlicher Hinsicht aus dem Rahmen. Bemerkenswert an dieser Übersicht ist der Umstand, daß sie keinen statistischen Zusammenhang zwischen der Höhe der Sozialleistungquote und dem Beschäftigungsniveau erkennen läßt. Würde die analytische Behauptung der Makroökonomie »je höher die Sozialleistungen, desto niedriger das Beschäftigungsniveau« empirisch durchschlagen, so müßten sich die Länderpunkte entlang einer von links oben nach rechts unten verlaufenden Geraden anordnen.[656] Ähnliche Zusammenhänge zeigen sich bei der Betrachtung des Zusammenhangs zwischen der Gesamtabgabenbelastung und der Beschäftigung; allerdings schneiden hier Deutschland und die Schweiz wesentlich günstiger ab.[657] Was unsere Vergleichsländer betrifft, so zeigt sich die extreme wohlfahrtsstaatliche Position Schwedens, die auch nach den jüngsten Maßnahmen zur Leistungsbeschränkung fortbesteht. Frankreich gehört in den hier verglichenen Hinsichten zum gleichen Cluster wie Deutschland. Großbritannien steht in der Mitte zwischen den restriktiven Ländern des ehemaligen britischen Kolonialreichs (hier vertreten durch die USA) und Kontinentaleuropa.

Soweit die Betrachtung der Aufwandsseite. Für die Leistungsseite fehlt es weitgehend an synthetischen Maßzahlen, denn die Leistungen sind vielfältig und verteilen sich in differenzierter Weise auf unterschiedliche Bevölkerungsgruppen, wobei in Rechnung zu stellen ist, daß deren Wohlfahrt nicht allein von den staatlichen Leistungen, sondern von der kombinierten Wirkung

656 Ein solcher statistischer Zusammenhang ergibt sich allerdings, wenn nur die Korrelation zwischen Sozialleistungsquote und Beschäftigung *in der Privatwirtschaft* betrachtet wird. Die Korrelation wird insbesondere durch den hohen Anteil Beschäftigter *im öffentlichen Sektor* in den skandinavischen Ländern aufgehoben. Während der Anteil der öffentlichen Beschäftigung 1993 in Deutschland und den USA zwischen 14 und 15% lag, betrug er in Schweden, Norwegen und Dänemark über 30%. Ob man dies gutheißt oder als ›Irrweg‹ betrachtet, daran scheiden sich politisch die Geister! Zu den hier nicht zu erörternden beschäftigungspolitischen Zusammenhängen vgl. die klaren Analysen und Empfehlungen bei Scharpf, Fritz W.: Regieren in Europa: effektiv und demokratisch? Frankfurt/New York 1999, S. 111-139.

657 Das heißt, die Position der beiden Länder verschiebt sich in obiger Darstellungsweise nach links, Deutschland liegt dann auf Rang 10 statt auf Rang 5 der Belastungsskala.

des jeweiligen Arrangements der Wohlfahrtsproduktion abhängig ist. Am ehesten messen lassen sich in diesem Zusammenhang Einkommensunterschiede, denen denn auch das Hauptinteresse der international vergleichenden Wohlfahrtsforschung gilt.

Mit Bezug auf die Wirkungen der wohlfahrtsstaatlichen Maßnahmen gilt die *Bekämpfung von Armut* als weitgehend akzeptierte Zielsetzung. Allerdings sind die Armutsdefinitionen selbst umstritten. Am häufigsten verwendet wird eine Armutsgrenze von 50 % der jeweiligen Durchschnittseinkommen eines Landes. Das Statistische Amt der Europäischen Gemeinschaften hat entsprechende Zahlen für 1993 veröffentlicht. Ihm zufolge lebten in Deutschland 13 % der Einkommensbezieher mit weniger als 50 % des Durchschnittseinkommens, das war (nach Dänemark und gleichauf mit Belgien) der niedrigste Wert in der damaligen EU. Frankreich kam auf 16 %, Großbritannien auf 23 %; Schweden und die USA wurden als (Noch-)Nichtmitglieder nicht aufgeführt.[658] Anhand älterer, aber differenzierterer Daten hat Jürgen Kohl für die Schweiz, Deutschland, Großbritannien und Schweden gezeigt, daß die Wirkungen der nationalen Arrangements der Wohlfahrtsproduktion mit Bezug auf die Armutshäufigkeit je nach zugrunde gelegter Armutsgrenze (40 %, 50 %, 60 % des nationalen Durchschnittseinkommens) und nach Lebensalter bzw. Familienstand recht unterschiedlich sind.[659] Am geringsten ist die Armutshäufigkeit in Schweden auf allen Armutsniveaus; bei den über 65jährigen gibt es kaum Personen mit einem Einkommen unterhalb der 50 %-Grenze. Recht effektiv auf dem untersten Niveau (40 %) ist die Armutsbekämpfung auch in Großbritannien und der Schweiz, während in der Bundesrepublik immerhin 5 % der über 70jährigen (wohl überwiegend Frauen) unter der 40 %-Grenze liegen. Im Gegensatz zu den drei Vergleichsländern kennt Deutschland keine Mindestrente im Bereich der Gesetzlichen Rentenversicherung, und das Sozialhilfeniveau lag hier (1985) deutlich niedriger als in den Vergleichsländern.[660] In Deutschland

658 Eurostat: Einkommensverteilung und Armut im Europa der Zwölf – 1993. Brüssel u. Luxemburg 1997, S. 4.
659 Kohl, Jürgen: Minimum Standards in Old Age Security and the Problem of Poverty in Old Age. In: Age, Work and Social Security. Hg. v. Anthony Atkinson u. Martin Rein. London 1992, S. 224-252.
660 Kohl, Minimum Standards, S. 235. Eine mit anderen Methoden arbeitende Studie über alle OECD-Staaten kommt zu etwas abweichenden Ergebnissen: Unter Zugrundelegung verschiedener Haushaltstypen wurde

und der Schweiz steigen die Armutsquoten auf dem 50 und 60%-Niveau nur mäßig an, was auf ein insgesamt wirksames Dispositiv der Armutsbekämpfung durch die kombinierte Wirkung von Sozialversicherung und Sozialhilfe schließen läßt. In Großbritannien dagegen müssen rd. 20% der über 65jährigen mit weniger als der Hälfte, und über 40% mit weniger als 60% des Durchschnittseinkommens auskommen, was für eine insgesamt bescheidene soziale Sicherung im Alter spricht.[661] Eine neuere vergleichende Untersuchung für Deutschland, Großbritannien und Schweden kommt zu tendenziell ähnlichen Ergebnissen, betont jedoch für Schweden und Deutschland admistrative Hindernisse, die einer effektiven Umsetzung der vergleichsweise günstigen gesetzlichen Sicherungsniveaus entgegenstehen, während die bescheideneren britischen Leistungen infolge ihrer administrativen Einfachheit die Armen besser zu erreichen scheinen.[662]

Versuchen wir schließlich noch einen groben Vergleich hinsichtlich der Effektivität wohlfahrtsstaatlicher Umverteilung. Zwar sind auch hinsichtlich der erwünschten Verteilungswirkungen die politischen Auffassungen uneinheitlich, doch erscheint das Ausmaß der Einkommensnivellierung am ehesten eine zusammenfassende Einschätzung zu ermöglichen.[663] Unter Zugrundelegung des Nettoäquivalenzeinkommens ist die Einkommensnivellierung nach Angaben von Eurostat für 1993 in Dänemark (und mutmaßlich auch im noch nicht erfaßten Schweden)

hier das ihnen zustehende Sozialhilfeeinkommen (unter Einschluß der Wohnbeihilfen) in Prozent des mittleren verfügbaren Einkommens derselben Haushaltstypen der Bezieher von Erwerbseinkommen berechnet. Das relative Sozialhilfeeinkommen beträgt dabei im Durchschnitt aller Haushaltstypen in Großbritannien 42%, in Frankreich 43% und in Deutschland 44%, ist also nahezu gleich. Deutlich besser gestellt sind die Sozialhilfeempfänger in der Schweiz (77%) und in Schweden (86%). Umgekehrt zeigt sich auch hier die Schwäche der Armenhilfe in den Vereinigten Staaten: In New York beträgt die Sozialhilfe nur 17%, in Pennsylvania 29% und in Texas sogar nur 6% der Einkommen vergleichbarer Haushalte mit Erwerbseinkommen. Vgl. Eardly, T. u. a.: Social Assistance Schemes in OECD-Countries. London (HMSO) 1995.

661 Kohl, Minimum Standards, S. 239.
662 Behrendt, Die Effektivität der Sozialhilfe.
663 Das Ausmaß der interpersonellen Einkommensspreizung bzw. -nivellierung wird vorzugsweise durch den sog. Gini-Index wiedergegeben: Je niedriger die theoretisch zwischen 0 und 1 variierende Indexziffer, desto nivellierter die Einkommensverteilung.

am stärksten; gefolgt von Deutschland. Auch Frankreichs Gini-Index liegt noch unter dem EU-Mittel, während die Einkommensungleichheit im Vereinigten Königreich nur noch durch Griechenland und Portugal übertroffen wird.[664] Eine auf Haushaltssurveys aus der zweiten Hälfte der achtziger Jahre beruhende britische Studie von 15 OECD-Ländern kommt zum Ergebnis, daß die Einkommensnivellierung in Skandinavien und Belgien am höchsten ist, gefolgt von Deutschland und den Niederlanden. Frankreich und Großbritannien liegen bereits im unterdurchschnittlich nivellierten Bereich, während die Einkommensnivellierung am geringsten in den USA, Irland und der Schweiz ist.[665] Die nationalen Unterschiede hinsichtlich der Einkommensungleichheit sind also tendenziell dieselben wie bei den Armutsquoten: Je höher die Einkommensungleichheit, desto höher die Armutsquoten, und umgekehrt. Nur die Schweiz verbindet hohe Einkommensungleichheit mit einem effektiven System der Armutsbekämpfung.

Vergleicht man die Rangfolge der Gini-Koeffizienten mit derjenigen der Sozialleistungsquoten, so ergibt sich ebenfalls eine starke Korrelation: Je höher die Sozialleistungsquote, desto nivellierter die Einkommensverteilung. Deutschland befindet sich nach der Vereinigung auf der Aufwand- wie auf der Leistungsseite im Bereich der überdurchschnittlichen Umverteilung, ohne jedoch einen Spitzenplatz einzunehmen.

6.2 Europäische Perspektiven

Die gegenwärtige Diskussion um eine ›Krise‹ des Sozial- oder Wohlfahrtsstaates rekurriert im wesentlichen auf zwei Argumentationslinien: Zum einen wird behauptet, die sogenannte Globalisierung verschärfe die Standortkonkurrenz in einer Weise, daß die fortgeschrittenen Wohlfahrtsstaaten um ihrer Konkurrenzfähigkeit willen zu einem Abbau ihrer Sozialleistungen gezwungen würden. Zum anderen wird behauptet, die verstärkte Durchsetzung marktwirtschaftlicher Prinzipien auf der Ebene der EU und der mit dem Beitritt zur EU verbundene Souveränitätsverlust

664 Eurostat, Einkommensverteilung, S. 2.
665 Atkinson, Income Distribution, S. 21.

würden die nationale Handlungsfähigkeit in sozialpolitischer Hinsicht beeinträchtigen. Was das Globalisierungsargument betrifft, so wären vielfältige Differenzierungen notwendig, die hier jedoch nicht erörtert werden können.[666] Wir beschränken uns im folgenden auf die einleitend angesprochenen Fragen, ob die institutionellen Unterschiede der Sozialsektoren in den europäischen Ländern ein Integrationshindernis darstellen und ob vom Ausbau sozialstaatlicher Einrichtungen ›Standortrisiken‹ ausgehen.

Mit der Europäischen Union (EU) ist ein einflußreicher supranationaler Akteur entstanden, der gegenüber den europäischen Mitgliedstaaten bisher erfolgreich die Höherrangigkeit des von seinen Organen, insbesondere auch dem Europäischen Gerichtshof ausgehenden Rechts behauptet.[667] 1957 als bloße Wirtschaftsgemeinschaft von sechs westeuropäischen Staaten gegründet, hat der entstehende gemeinsame Wirtschaftsraum eine erhebliche Attraktivität für andere europäische Staaten entfaltet und schrittweise zu einer stärkeren, auch politischen Verflechtung geführt. Aus einem multilateralen völkerrechtlichen Vertrag ist durch Souveränitätsverzichte der beteiligten Staaten allmählich *ein supranationales Gebilde eigener Art entstanden, dessen Rechtsakte die beteiligten Staaten binden.*

Von der ursprünglichen Zielsetzung einer Liberalisierung des Wirtschaftsverkehrs her schien der Sozialpolitik im Rahmen der europäischen Integration keine besondere Rolle zuzukommen. Vielfach wurde sogar die Befürchtung laut, daß mit der Liberalisierung der Wirtschaftsbeziehungen angesichts des Fortbestehens der nationalen Unterschiede in der Sozialpolitik ein ›Sozialdumping‹ entstehen könne, das die sozialpolitisch fortgeschritteneren Staaten zu einer Senkung ihrer Sicherungsstandards veranlassen müßte.[668] Diese Befürchtung hat sich bisher – jedenfalls in direk-

---

666 Zur diesbezüglichen Position des Verfassers vgl. Kaufmann, Franz-Xaver: Globalisierung und Gesellschaft. In: Aus Politik und Zeitgeschichte, 1998, B 18, S. 3-10; ders., Herausforderungen, S. 114-140.

667 Zum Einfluß des Europäischen Gerichtshofes vgl. Eichenhofer, Eberhard: Die Rolle des EuGH bei der Entwicklung des Europäischen Sozialrechts. In: Sozialgerichtsbarkeit 39 (1992), S. 573-580; Die Rechtsprechung des EuGH zum Arbeits- und Sozialrecht im Streit. Hg. v. Eberhard Eichenhofer u. Manfred Zuleeg. Köln 1995.

668 Gute Überblicke über die Diskussion und die Entwicklung geben Leibfried, Stephan, u. Paul Pierson: Zur Zukunft eines ›sozialen Europa‹. In: Sozialpolitik und Wissenschaft. Festschrift für Dieter Schäfer, Frank-

ter Form – nicht bewahrheitet. Zwar bleibt auch die institutionell verfestigte EU auf die Verwirklichung der ›vier Grundfreiheiten‹ – Freizügigkeit der Güter, der Dienstleistungen, der Arbeit und des Kapitals – festgelegt, was einen ausschließlich den Wirtschaftsbereich betreffenden Freiheitsbegriff erkennen läßt. Aber sämtliche EU-Staaten sind gleichzeitig Mitglieder des bereits 1949 gegründeten Europarates, dessen Konventionen im Hinblick auf die Menschenrechte (1950) und die Sozialrechte (Europäische Sozialcharta 1961, Europäische Konventionen für Soziale Sicherheit und den Rechtsstatus der Wanderarbeitnehmer) eine über das Wirtschaftliche hinausreichende institutionelle Rahmung bilden. Im Zuge der Intensivierung der Europäischen Integration und insbesondere infolge der Rechtsprechung des Europäischen Gerichtshofs haben zudem auch innerhalb der EU sozialpolitische Fragen an Bedeutung gewonnen.[669] Zwar ist es nicht gelungen, soziale Grundrechte für alle Bürger im Rahmen einer Europäischen Sozialcharta zu verwirklichen.[670] Die zudem ohne England verabschiedete »Gemeinschaftscharta der sozialen Grundrechte der Arbeitnehmer« bezieht sich nur auf die Erwerbssphäre und bleibt in ihrem Verbindlichkeitsgrad gering. Aber die Entwicklung der Sozialleistungsquoten zeigt ein deutliches ›Aufholen‹ der Niedriglohnländer, meist verbunden mit einem überdurchschnittlichen Wirtschaftswachstum. So scheint ein allmähliches Konvergieren der Sozialstandards eher wahrscheinlich.[671]

Ausgehend von der Problematik des sozialen Schutzes der Wanderarbeitnehmer zeigte sich immer deutlicher, daß ein funktionsfähiger marktwirtschaftlicher Raum auch zu einer Vereinheitlichung sozialer Standards im Bereich der Produktion drängt, daß also Wettbewerbsvorteile nicht auf einem höheren Risiko der

furt/M. 1992, S. 142-184; Standort Europa: Sozialpolitik zwischen Nationalstaat und Europäischer Integration. Hg. v. Stephan Leibfried u. Paul Pierson. Frankfurt/M. 1998.

669 Vgl. Schulte, Bernd: ›... und für den Arbeitnehmer wenig oder nichts‹? Sozialpolitik und Sozialrecht in den Europäischen Gemeinschaften. In: Kritische Justiz 23 (1990), S. 79-97; ders., Sozialstaat und Europäische Union. In: Bürger Europas. Hg. v. Peter Clever u. Bernd Schulte. Bonn 1995, 62-100.

670 Programmatisch: Soziale Rechte in der EG. Bausteine einer künftigen europäischen Sozialunion. Hg. v. Bernd von Maydell. Berlin 1990.

671 Ähnlich Schulte, Die Folgen der EG-Integration.

Produktionsbedingungen beruhen dürfen. So entwickelte sich – insbesondere seit dem Vertrag von Maastricht – eine europaweite Regulierung des Arbeits- und Gesundheitsschutzes, dessen Niveau teilweise auch die bisherigen Normen in der Bundesrepublik übertrifft.[672] Vielfach wurde hier nach dem Prinzip der ›best practice‹ verfahren, wobei sich in der Durchsetzung dieser Standards zweifellos noch erhebliche nationale Unterschiede beobachten lassen. Nachhaltige soziale Fortschritte hat die Europäische Integration in Deutschland für allem für die Frauen gebracht. Hinsichtlich der Gleichberechtigung der Geschlechter hat Deutschland sowohl seitens der Europäischen Menschenrechtskommission als auch seitens des Europäischen Gerichtshofes in den vergangenen Jahrzehnten auffallend viele Auflagen erhalten.[673]

Nicht zu unterschätzen sind ferner Maßnahmen der interregionalen Einkommensumverteilung, wie sie insbesondere durch den Europäischen Sozialfonds und den Europäischen Fonds für Regionale Entwicklung durchgeführt werden.[674] Zwar resultieren aus diesen Transfers keine individuellen Rechtsansprüche an die EU, doch werden mit den Mitteln vielfältige sozialpolitisch relevante Maßnahmen in den begünstigten Regionen durchgeführt und vor allem die Angleichung der sozioökonomischen Verhältnisse gefördert, oder zum mindesten deren weiteres Auseinanderdriften gehemmt.

Gleichzeitig läßt sich jedoch *eine große Zurückhaltung der EU in allen Fragen der interpersonellen Einkommensverteilung* beobachten. Sowohl die Sozialversicherung als auch die Einkommensteuergesetzgebung stehen nicht zur Harmonisierung an und dürften auch längerfristig nationale Domänen bleiben.[675] Hierfür gibt es gute Gründe, denn noch auf lange Zeit dürfte die nationale

672 Vgl. Majone, Giandomenico: The European Community Between Social Policy and Social Regulation. In: Journal of Common Market Studies 31 (1993), S. 153-170.
673 Zum Einfluß nationaler ›Brechungen‹ auf die Geschlechterpolitik der EU vgl. Ostner, Ilona: Ausgereizt? Eine kurze Geschichte der EU-Frauenpolitik. In: Berliner Journal für Soziologie 5 (1995), S. 175-192.
674 Vgl. Leibfried u. Pierson, Zur Zukunft, S. 151 ff.
675 Einen knappen Überblick über Unterschiede der sozialen Sicherungssysteme in der EU gibt Hauser, Richard: Soziale Sicherung in westeuropäischen Staaten. In: Die westeuropäischen Gesellschaften im Vergleich. Hg. v. Stefan Hradil u. Stefan Immerfall. Opladen 1997, S. 521-545.

Solidaritätsbereitschaft größer als die europäische bleiben. Da es in ideologisch pluralistischen und daher nicht tiefgreifend gespaltenen demokratischen Gesellschaften keinen dauerhaft konfliktträchtigeren Bereich als die Verteilungspolitik gibt, und da sich gerade hier Politiker auf einfache Weise glauben profilieren zu können, ist mit der Abwanderung dieses Politikbereichs auf die europäische Ebene zuletzt zu rechnen. Selbst wenn in derartigen Fragen in Zukunft auf das Einstimmigkeitsprinzip verzichtet würde, scheint es unwahrscheinlich, daß sich hier seitens der Kommission qualifizierte Mehrheiten schmieden ließen.

Aus anderen Gründen ist auch nicht mit einer wesentlichen Europäisierung des Sektors der *personenbezogenen Dienste* zu rechnen. Die Einrichtungen des Gesundheits-, Bildungs- und Sozialwesens haben aufgrund ihres auf den unmittelbaren Kontakt mit den Patienten, Schülern oder Klienten angewiesenen Leistungsprofils auch schon innerhalb der nationalen Wohlfahrtsstaaten eine starke lokale Bindung, so daß auch ihre Steuerung und Kontrolle in der Regel dezentralisierter erfolgt als im Bereich der Geldleistungen. Um so weniger empfiehlt sich hier eine noch ›bürgerfernere‹ Zentralisierung der Politik auf europäischer Ebene. Allerdings ist hier mit indirekten Integrationswirkungen durch die Öffnung der Dienstleistungsmärkte zu rechnen.

Für unsere erste Frage folgt aus diesen Beobachtungen, *daß die europäische Einigung den unterschiedlichen institutionellen Charakter der Einrichtungen des Sozialsektors nicht zwingend tangiert.* Zwar gibt es Zuständigkeits- und Abstimmungsprobleme, die schon früh mit Bezug auf die Wanderarbeitnehmer, aber zunehmend auch mit Bezug auf nicht aus Erwerbsgründen mobile Bürger der EU thematisiert werden.[676] Diese werden aber – so der offiziöse Sprachgebrauch – im Sinne einer ›Koordination‹ und nicht einer ›Harmonisierung‹ der Sozialleistungen zu lösen ver-

---

676 Während hinsichtlich der Wanderarbeitnehmer die Rechtsprechung des EuGH zur Unterstützung der erwünschten Mobilität meist im Sinne des Günstigkeitsprinzips entschied, wird versucht, eine sich primär an Unterschieden der Sozialleistungen orientierende Mobilität – beispielsweise mit Bezug auf die Leistungen der Sozialhilfe oder des öffentlichen Gesundheitswesens – zu unterbinden. Vgl. Schulte, Bernd: Armut und Armutsbekämpfung in der Europäischen Gemeinschaft – Mindesteinkommenssicherung und Sozialhilfe in EG-Sozialrecht und EG-Sozialpolitik. In: Zeitschrift für Sozialhilfe und Sozialgesetzbuch 31 (1992), S. 393-402, 462-472.

sucht. Zwar geht von diesem Koordinationsbedarf ein gewisser Druck auf administrative Abstimmungen aus. Insoweit jedoch Konvergenzen in der Entwicklung der nationalen Sozialgesetzgebungen zu beobachten sind, scheinen sie bisher nicht primär von Entwicklungen auf der europäischen Ebene, sondern allenfalls von Entwicklungen in einzelnen Ländern der EU inspiriert zu sein. Die mit der anstehenden Osterweiterung der EU absehbaren zusätzlichen Wohlstandsgefälle dürften ein weiteres Motiv für die fortgesetzte Zurückhaltung hinsichtlich der Entwicklung europäischer Institutionen der Sozialpolitik oder auch nur gemeinsamer europäischer Standards abgeben. Lediglich von seiten des Europäischen Gerichtshofes könnte ein stärker harmonisierender Einfluß hinsichtlich von Mindeststandards ausgehen, deren Folgen wiederum nach nationalen Kriterien zu verarbeiten wären.

Was den Bereich des *Arbeits- und Gesundheitsschutzes* betrifft, in dem die Europäische Kommission mit Zustimmung des Ministerrates so erfolgreich tätig geworden ist, so handelt es sich hier überwiegend um Maßnahmen, deren Durchführung geeignet ist, langfristig die Arbeitsproduktivität zu steigern und kurzfristige Vorteile von Unternehmungen zu verhindern, die – als ›Trittbrettfahrer‹ – auf entsprechende Maßnahmen verzichten. Ein scharfer Interessengegensatz zwischen Hochlohn- und Niedriglohnländern besteht daher nicht, was unterschiedliche Prioritäten und Einstellungen selbstverständlich nicht ausschließt. Die Durchsetzung von Standards, die vielfach über dem Niveau der bisher fortgeschrittensten Länder liegen, ist hier vor allem auf die Wirksamkeit technischer Komitees zurückzuführen, in denen fortschrittliche Positionen leichter Zustimmung finden. Ferner erhöht ein hoher Regulierungsstandard auch die Autorität der Europäischen Kommission und liegt daher in ihrem Interesse. So gelang es vor allem durch eine Fragmentierung der Entscheidungsprozesse, den Aufbau plausibler Veto-Positionen zu verhindern. Zudem bleiben Durchführung und Kontrolle der Maßnahmen weiterhin in nationaler Zuständigkeit, so daß hier partikulare Interessen weiterhin Einflußmöglichkeiten behalten.[677] Themen der industriellen Beziehungen, die zwischen den

677 Vgl. Eichener, Volker: Entscheidungsprozesse bei der Harmonisierung der Technik in der Europäischen Gemeinschaft. Soziales Dumping oder innovativer Arbeitsschutz? In: Politik und Technikentwicklung in Eu-

Tarifpartnern mehrheitlich kontrovers sind, haben dagegen sehr geringe Chancen, sich auf europäischer Ebene durchzusetzen.[678]

Insoweit als europäische Politik das Nadelöhr einstimmiger oder selbst qualifizierter Mehrheitsentscheidungen des Ministerrates passieren muß, scheint es somit unwahrscheinlich, daß institutionelle Vereinheitlichungen im Sozialsektor auf die europäische Agenda geraten. Die Eigensinnigkeit der nationalen Traditionen dürfte in Verbindung mit den institutionell verfestigten Interessen und den politischen Anhänglichkeiten der Bevölkerung für die bestehenden und daher bekannten Institutionen[679] ein erhebliches politisches Moment gegen derartige Initiativen entwickeln.

Es bleibt die politisch umstrittenste Frage, inwieweit von Größe oder Ausbau des Wohlfahrtssektors eines Landes Nachteile im internationalen Standortwettbewerb zu erwarten sind. Weniger der Umfang der Sozialpolitik an sich, als die mit ihr verbundene Wirtschafts-, Finanz- und Steuerpolitik sind geeignet, Einfluß auf Beschäftigung, Finanzströme und Investitionsentscheidungen zu nehmen. Die politischen Spielräume sind in diesem Zusammenhang weit vielfältiger, als die pauschalisierenden Behauptungen von Freunden und Gegnern des jeweiligen Status quo suggerieren.[680] Zudem umfaßt das wohlfahrtsstaatliche Arrangement ein wesentlich breiteres Spektrum von Maßnahmen, als sie in derartigen Auseinandersetzungen thematisiert werden. Und diese lassen sich nicht beliebig, sondern stets nur im Horizont der bereits bestehenden institutionellen Lösungen verändern. Vor allem dies sollten die vorangehenden Länderstudien zeigen.

ropa. Hg. v. Werner Süß u. Gerhard Becher. Berlin 1993, S. 207-235; Gerlinger, Thomas: Arbeitsschutz und europäische Integration – Europäische Arbeitsschutzrichtlinien und nationalstaatliche Arbeitsschutzpolitik in Großbritannien und Deutschland. Opladen 2000.

678 Vgl. Streeck, Wolfgang: Industrial Citizenship under Regime Competition. The Case of European Work Councils. In: Journal of European Public Policy 4 (1997), S. 643-664.

679 Vgl. zusammenfassend Ullrich, Carsten C.: Die soziale Akzeptanz des Wohlfahrtsstaates: Ergebnisse, Kritik und Perspektiven einer Forschungsrichtung. In: SW 51 (2000), No. 2, S. 131-152.

680 Vgl. z. B. die ebenfalls USA, Großbritannien, Schweden, Frankreich und Deutschland betreffende Studie: Can the Welfare State Compete? A Comparative Study of Five Advanced Capitalist Countries. Hg. v. Alfred Pfaller, Ian Gough u. Göran Therborn. Basingstoke u. London 1991; ferner Scharpf u. Schmidt, Welfare and Work in the Open Economy.

Gleichzeitig dürfte diese Studie deutlich gemacht haben, daß die sozialpolitische Entwicklung in den vier bedeutendsten Wohlfahrtsstaaten Europas trotz bedeutender institutioneller Unterschiede im Ergebnis eines weitreichenden arbeitsrechtlichen Schutzes der abhängig Beschäftigten, des bevölkerungsweiten Schutzes vor extremer Armut und einer weitgehenden Angleichung der Zugangschancen zu sozialen Dienstleistungen erhebliche Ähnlichkeiten aufweist, die das »europäische Sozialmodell« deutlich vom US-amerikanischen, aber auch vom sozialistischen und vom ostasiatischen unterscheidet. Die grundsätzliche Anerkennung sozialer Rechte für jedermann hat ihre kulturellen Wurzeln im abendländischen Christentum und in der europäischen Aufklärung, so daß das institutionelle Ergebnis nicht überraschen sollte. Daß es bei der wohlfahrtsstaatlichen Entwicklung nicht auf einzelne Faktoren, sondern auf die Art des Zusammenwirkens politischer, ökonomischer kultureller und sozialer Bedingungen ankommt, sollte deutlich geworden sein. Dieses Zusammenwirken manifestiert sich vor allem in der Auseinandersetzung um kollektive Problemdefinitionen, die den Raum möglicher politischer Lösungen vorstrukturieren. Ebenso zeigte sich der Einfluß vorhandener institutioneller Vorgaben: von den Strukturen der Staatlichkeit bis zur Pfadabhängigkeit institutioneller Lösungen einzelner sozialpolitischer Probleme. Nur in dem Maße, in dem eine gemeinsame europäische Öffentlichkeit entsteht, lassen sich auch auf europäischer Ebene hochgradig kontroverse Probleme bearbeiten. Bis auf weiteres ist jedoch damit zu rechnen, daß die nationale Ebene auch innerhalb Europas weiterhin die entscheidende sozialpolitische Arena bildet.

Sachregister

Geschichte und Politik
in der edition suhrkamp
Eine Auswahl